Diagnostik in Psychotherapie
und Psychosomatik

Psychotherapeutische Medizin

Herausgegeben von
Paul L. Janssen, Dortmund

Diagnostik in Psychotherapie und Psychosomatik

Herausgegeben von
P. L. Janssen und W. Schneider

mit 25 Abbildungen und 30 Tabellen

SEMPER BONIS ARTIBUS
Gustav Fischer
Stuttgart · Jena · New York · 1994

Anschriften der Herausgeber:

Univ. Prof. Dr. med. Paul L. Janssen
Ltd. Arzt der Westfälischen Klinik für Psychiatrie Dortmund
und Leiter des Bereiches Psychotherapie und Psychosomatik,
Fachvertreter für Psychosomatische Medizin und Psychotherapie
der Ruhr-Universität Bochum
Marsbruchstraße 179, D-44287 Dortmund

Privatdozent Dr. Dr. Dipl.-Psych. Wolfgang Schneider
Ltd. Oberarzt der Abt. Psychotherapie und Psychosomatik,
Klinik der Ruhr-Universität Bochum
Marsbruchstraße 179, D-44287 Dortmund

Die Deutsche Bibliothek – CIP-Einheitsaufnahme

Diagnostik in Psychotherapie und Psychosomatik : mit 30 Tabellen /
hrsg. von P. L. Janssen und W. Schneider. –
Stuttgart ; Jena ; New York : G. Fischer, 1994
(Psychotherapeutische Medizin)
ISBN 3-437-11516-2
NE: Janssen, Paul L. [Hrsg.]

Satz: Hechts Textverarbeitung, Neuhaus/Inn
Gesetzt auf der Monophoto 1000 aus der 10/11 Sabon
Druck: Gulde-Druck, Tübingen
Gedruckt auf 100 g Luxo Samtoffset
Einband: Buchbinderei Nädele, Nehren
Printed in Germany

0 1 2 3 4 5

Anschriften der Autoren

Dr. med. Peter Buchheim, Akad. Oberrat der Psychiatrischen Klinik und Poliklinik, Nußbaumstraße 7, 80336 München

Oberarzt Dr. R. W. Dahlbender, Abt. für Psychotherapie, Psychotherapeutische Ambulanz, Am Hochsträß 8, 89081 Ulm

Prof. Dr. med. H. Dilling, Dir. der Klinik für Psychiatrie der Medizinischen Universität zu Lübeck, Ratzeburgerallee 160, 23562 Lübeck

Prof. Dr. J. Eckert, Psychologisches Institut der Universität Hamburg, Von-Melle-Park 5, 20146 Hamburg

Dr. med. H. J. Freyberger, Klinik für Psychiatrie der Medizinischen Universität zu Lübeck, Ratzeburgerallee 160, 23562 Lübeck

Prof. Dr. med. P. L. Janssen, Leitender Arzt der Westfälischen Klinik für Psychiatrie und Abt. Psychotherapie und Psychosomatik, Marsbruchstr. 179, 44287 Dortmund

Prof. Dr. med. H. Kächele, Abt. für Psychotherapie der Universität Ulm, Am Hochsträß 8, 89081 Ulm

Prof. Dr. med. E. Petzold, Dir. der Klinik für Psychosomatik und Psychotherapie an der RWTH Aachen, Pauwelsstraße 30, 52074 Aachen

Dipl. Psych. P. Scheib, Abt. Psychotherapie und Psychosomatische Medizin, Klinikum der Albert-Ludwigs-Universität, Hauptstr. 8, 79104 Freiburg

PD. Dr. Dr. W. Schneider, Westfälische Klinik für Psychiatrie, Oberarzt der Abteilung Psychotherapie und Psychosomatik, Marsbruchstr. 179, 44287 Dortmund

Prof. Dr. D. Schulte, Fakultät für Psychologie, Klinische Psychologie, Ruhr-Universität Bochum, Universitätsstr. 150, 44801 Bochum

Prof. Dr. Dr. W. Schumacher, Direktor der Universitätsklinik für Psychiatrie Gießen, Mozartstraße 8, 45884 Gießen

Dr. rer. nat. Dipl.-Psych. R.-D. Stieglitz, Klinikum der Albert-Ludwigs-Univ., Abt. Allgemeine Psychiatrie, Hauptstr. 5, 79104 Freiburg

Dr. med. D. Wälte, Klinik für Psychosomatik und Psychotherapie an der RWTH Aachen, Pauwelsstraße 30, 52074 Aachen

Prof. Dr. med. M. Wirsching, Ärztlicher Direktor, Abt. Psychotherapie und Psychosomatische Medizin, Klinikum der Albert-Ludwigs-Universität, Hauptstraße 8, 79104 Freiburg

Inhalt

Einleitung

In der Medizin ist die Diagnose die Beschreibung eines pathologischen Zustandes des Körpers. In die Beschreibungen fließen nach biologischer Auffassung ausschließlich Naturbeobachtungen ein. Der allseits festzustellende Fortschritt in der Medizin liegt in der zunehmenden Erkenntnis- und Datensammlung über die Natur des Menschen, wobei nur naturwissenschaftlich erfaßbare Phänomene als objektive Tatbestände gelten und zur Diagnose herangezogen werden. Diese Position ist uns als naturwissenschaftlich ausgebildete Ärzte vertraut. In ihr sind wir sozialisiert, sie prägten unser Denken, bis wir in der Psychiatrie und erst recht in der Psychosomatischen Medizin und Psychotherapie tätig wurden sowie die psychoanalytische Ausbildung begannen. Wir mußten uns in der Diagnostik neu orientieren.

Einer der Herausgeber (Janssen) arbeitete nach Durchführung der serologischen und mikrobiologischen Diagnostik innerhalb der medizinischen Parasitologie als Psychiatrieassistent mit dem ätiologisch orientierten triadischen Würzburger Diagnoseschema in der Bonner Universitätsnervenklinik. Der andere Herausgeber (Schneider) kam aus der Psychologie, in der Diagnostik vor allem unter methodologischen Aspekten (wie z. B. der Entwicklung von Regeln und Algorithmen des diagnostischen Vorgehens, die Entwicklung von Meßinstrumenten) von Interesse ist und sich auf sehr heterogene Merkmalsbereiche wie z. B. die Intelligenz, Leistungs- oder Entwicklungsdiagnostik bezieht, die vor allem auch nichtklinische Fragestellungen umfassen. Beide stellten sich in der Psychiatrie auf die eher syndromal orientierte Diagnostik im ICD 8 und anschließend im ICD 9 ein.

Es blieb ihnen als Psychoanalytiker und Psychosomatiker eine Unzufriedenheit. Grundsätzliche Kritik an den Systemen psychiatrischer Diagnostik durch die Psychoanalyse und durch die Psychosomatik nährte diese Unzufriedenheit. Insbesondere auch wegen der praktisch relevanten Frage, ob mit solchen Diagnosen nach ICD 9 auch therapeutische Handlungsweisen verbunden sind, was weitgehend verneint werden mußte. Allenfalls setzten sie einen groben Rahmen für Therapieschwerpunkte, eine spezifische therapiesteuernde Wirksamkeit hatten diese Diagnosen jedoch nicht, insbesondere nicht nach einem psychoanalytischen Verständnis.

Sollten wir uns nun antidiagnostisch einstellen wie manche Psychoanalytiker? Wir hielten es nicht für angezeigt, da in poliklinischen Einrichtungen und Kliniken selbstverständlich ist, daß im medizinischen Sinn eine Diagnose gestellt wird. Wir halfen uns oft mit einer doppelten Buchführung, d. h. es

wurden Diagnosen nach ICD 8 oder 9 gestellt, also nach einem deskriptiven Verständnis, und parallel dazu und therapierelevant psychodynamische Diagnosen. Das diagnostische Gespräch trat mehr in den Vordergrund, als die differentielle Indikationsstellung für verschiedene psychoanalytische Therapieformen notwendig wurde. Dabei interessierte nicht so sehr die Symptomdiagnose, sondern eher die auslösenden und aufrechterhaltenden psychodynamischen Bedingungen für eine Symptomatik. Modelle dazu werden ausführlich in diesem Band dargestellt. Auch wenn diese diagnostischen Vorgehensweisen in manchen Aspekten Annäherung an eine deskriptiv psychiatrische Diagnostik sind, gründen sie dennoch auf der Übertragung und Gegenübertragung, also dem Paradigma der Psychoanalyse.
Diese aus der Psychoanalyse entwickelten Diagnostikmodelle sind nur eine Linie in der Diagnostik in der Psychotherapie und Psychosomatik. In den letzten 20 Jahren kamen noch weitere diagnostische Modelle hinzu, die aus der Verhaltenstherapie, der Gesprächspsychotherapie und der Familientherapie entwickelt wurden. Ließ sich aus den Konzepten verschiedener Psychotherapierichtungen immerhin noch eine gemeinsame Diagnostik ableiten, so war dies in der umfassend verstandenen Psychosomatischen Medizin, die einem bio-psycho-sozialen Krenkheitsmodell folgt, und das Erleben des Subjektes in den Mittelpunkt der Diagnostik stellt und nicht die Krankheit allein, noch erheblich schwieriger zu einem Diagnostikmodell zu kommen. Der multidimensionale Ansatz der Psychosomatischen Medizin widersprach radikal den monokausalen naturwissenschaftlichen Ansätzen der Medizin, aber auch der Psychologie.
Bei dieser Heterogenität in den Modellen und Komplexität der diagnostischen Aufgaben bestand sicher die große Gefahr, daß die Psychotherapie und Psychosomatik sich von der Diagnostik im medizinischen Sinne verabschiedete. Daß diese Gefahr rechtzeitig erkannt wurde, zeigt das zunehmende Interesse von forschenden Psychotherapeuten, Psychoanalytikern und Psychosomatikern, Verhaltenstherapeuten und Familientherapeuten auch in Deutschland an der Diagnostik, wie dieser Band pars pro toto ausweist.
Wissenschaftliche Interessen entwickeln sich ja nicht in einem «luftleeren» Raum, sondern leiten sich vom weiteren Kontext der Wissenschaftslandschaft und den damit verbundenen klinischen Fragestellungen ab. So ist es u. a. auch mit unserem Interesse an Fragen der Diagnostik innerhalb unseres Faches gewesen. Haben insbesondere psychoanalytisch orientierte Psychotherapeuten immer betont, daß sich eine handlungsrelevante Diagnostik an einer Vielzahl diagnostischer Ebenen orientieren muß, zu denen z. B. das Entwicklungsniveau der Persönlichkeit, die Art der Abwehr oder die Beziehungsfähigkeit des Patienten, aber auch seine Behandlungsmotivation gehören, so ist die Initiative zu einer systematischen Erforschung dieses «multidimensionalen diagnostischen Raumes» in erster Linie von Psychiatern oder Kinder- und Jugendpsychiatern ausgegangen, auch wenn die diagnostischen Dimensionen innerhalb dieser Fachgruppen andere waren, als die von uns eben angespro-

chenen Merkmalsbereiche (siehe z. B. Essen-Möller 1947, Rutter et al. 1969, Dittmann et al. 1990).
In den siebziger Jahren wurde in der amerikanischen Psychiatrie dann in einem langwierigen und wohl auch ausführlichen Diskussionsprozeß das DSM-III (Diagnostic and statistical manual of mental disorders) entwickelt, und in diesem Kontext engagierten sich auch amerikanische Psychoanalytiker, die essentielle psychoanalytische Fragestellungen durch das neue deskriptive, phänomenologisch orientierte Diagnosensystem eliminiert sahen. Dazu gehörten insbesondere der Ausschluß des Neurosenbegriffes und die Vernachlässigung psychodynamischer Faktoren am Krankheitsgeschehen. Demgegenüber zielten die Vertreter einer operationalisierten, kriterienorientierten Diagnostik auf die Entwicklung eines diagnostischen Instrumentes ab, auf dessen Grundlage «testbare» Hypothesen formuliert werden könnten, und plädierten dafür, daß alle, nicht empirisch gesicherten, «weiten» diagnostischen Begriffe über Bord geworfen werden sollten. Ihre Kritiker bemängelten dann insbesondere die fehlende klinische Validität der nach diesen Maßstäben formulierten diagnostischen Klassen. Mitte der siebziger Jahre spitzte sich der Konflikt zwischen den Psychoanalytikern und der DSM-Task-Force-Gruppe zu; diesmal wurde seitens der Psychoanalytiker insbesondere darauf hingewiesen, daß hinter dem vorgeblich atheoretischen und ätiologiefreien Anspruch des DSM-III handfeste antipsychoanalytische, wissenschaftspolitische Interessen standen, denen es insbesondere um die Verfestigung biologischer Perspektiven im Bereich der psychiatrischen Erkrankungen gehen würde. Wir haben hier in den USA doch ein erhebliches Engagement psychoanalytischer Vertreter bei der Diskussion um das DSM-III gesehen.
Demgegenüber hat sich in Deutschland die Tendenz zu einer operationalisierten Diagnostik in der Psychiatrie, die eben auch die psychoneurotischen, die psychosomatischen Erkrankungen wie auch die Persönlichkeitsstörungen mit beinhaltet, auf der klinischen wie wissenschaftlichen Ebene quasi «leise» durch den Hintereingang eingebürgert, ohne daß es zu einer grundlegenderen Diskussion der damit für psychodynamische Krankheits- und Behandlungskonzepte verbundenen Gefahren gekommen wäre. Dies war wohl vor allem dadurch begründet, daß seit Ende der 70er Jahre insbesondere die ICD 9 (deutschsprachig seit 1979) eine zunehmende klinische Bedeutung erhielt und demgegenüber das DSM-III wie auch das DSM-III-R in Deutschland fast ausschließlich im Rahmen klinisch-psychologischer Forschung verhaltenstherapeutischer Provenience Verbreitung gefunden hat. Mit der ICD 9, ihrem niedrigen Grad der Elaboriertheit der diagnostischen Beschreibungen, ihrer Gebundenheit an die klassische psychiatrische Dichotomie von Neurose vs Psychose und der ihr inhärenten ätiologischen Konzepte, konnten psychodynamisch orientierte Kliniker und Wissenschaftler scheinbar ganz gut leben, wenn man die literarische Abstinenz zu dieser Thematik aus diesem Kreis Anfang der achtziger Jahre richtig interpretiert. So existieren nur wenige Arbeiten, die sich mit den Möglichkeiten und Begrenzungen der Neurosen-

diagnostik sowie der Diagnostik von psychosomatischen Störungen und Persönlichkeitsstörungen in der ICD 9 befaßt haben (siehe z. B. Helmchen und Rüger 1980).
Kaum anders die Reaktion auf das DSM-III Mitte der achtziger Jahre in der Bundesrepublik. Hier finden sich einige wenige engagierte Arbeiten zu den Nachteilen und Gefahren der kategorialen, phänomenologischen Diagnostik für die psychodynamische Psychotherapie und Psychosomatik (siehe z. B. Schuster 1985, Schuster und Strotzka 1985 und Hoffmann 1986). Problematisiert wird z. B., daß sich mit der zunehmenden Technisierung diagnostischer Fragestellungen und Prozesse zukünftig auch auf breitester Ebene psychiatrischen Handelns eine negative Entwicklung einstellen wird, die zu einer Vernachlässigung von individuellen Einzelschicksalen zugunsten der Orientierung an deskriptiven Merkmalen, die eine hohe Affinität zu biologischen Krankheitstheorien hätten, führen würde. Kritisiert wird vor allem, daß trotz des Anspruchs auf «Theorienfreiheit» unter der Hand eine biologische Perspektive des Krankheits-, Diagnostik- und Behandlungsprozesses gefördert wird.
Sicherlich auch unter dem Einfluß des DSM-III entwickelte sich die Arbeit an der 10. Revision zur ICD, die eine breite internationale Unterstützung fand. Diese Fassung der ICD orientiert sich bei der diagnostischen Zuordnung anders als die ICD 9 an einem kriteriellen Ansatz, das heißt, für jede Störung werden Kriterien formuliert, von denen eine bestimmte Anzahl in einem spezifischen Algorithmus gegeben sein müssen, damit eine bestimmte Diagnose gegeben werden kann. Im deutschsprachigen Raum nahmen ab etwa 1987 eine Reihe von psychiatrischen und kinder- und jugendpsychiatrischen Institutionen unter der Federführung der Psychiatrischen Universitätsklinik zu Lübeck an der internationalen Feldstudie zur Einführung der klinisch-diagnostischen Leitlinien des Kapitels V der ICD 10 teil.
Auf diesem Hintergrund entwickelte sich eine zunehmende Beachtung der operationalisierten Diagnostik nicht nur im Bereich der Psychiatrie und Kinder- und Jugendpsychiatrie, sondern auch in der Psychotherapie und Psychosomatik. Die Bedeutung für diese Art von Diagnostik, die sich sowohl im klinischen als auch im wissenschaftlichen Rahmen zukünftig weiter entwickeln wird, war auch für psychoanalytisch orientierte Psychotherapeuten, die ein Interesse für wissenschaftliche Fragen haben, nicht zu übersehen. Von besonderer Dringlichkeit waren in diesem Zusammenhang die Aspekte der klinischen Validität dieser Art von Diagnostik.
Die Ernsthaftigkeit, sich mit diesen Problemen zu befassen, spiegelt sich in der Tatsache wieder, daß seit 1989 eine Gruppe von zumeist universitären psychotherapeutischen und psychosomatischen Kliniken sich an der ICD 10-Forschungskriterienstudie beteiligt hat. In dieser Diagnostikstudie im Bereich der Psychotherapie und Psychosomatik sind über die in der «Kernstudie» gemeinsam mit den psychiatrischen und kinder- und jugendpsychiatrischen Institutionen bearbeiteten Problemstellungen auch Aspekte der Validität und Kom-

patibilität des diagnostischen Vorgehens in der psychodynamischen Psychotherapie und der operationalen Diagnostik untersucht worden (vgl. Schneider et al. 1993). Die hier angesprochenen operationalen diagnostischen Ansätze sind in diesem Buch kompetent vertreten.

Ist nun die Verwendung einer standardisierten, deskriptiven Diagnostik kompatibel mit der psychotherapeutisch-psychosomatischen Diagnostik? Manche psychoanalytisch orientierte Psychotherapeuten sehen darin die Gefahr, daß der betreffende Diagnostiker weniger emphatisch sich auf Patienten einstellt, weniger teilnehmend beobachtet und sich weniger an der «Szene» sowie an der Beziehung zum Patienten orientiert. Andere sehen durchaus eine Vereinbarkeit. Hier unterschieden sich auch die Psychotherapieschulen, wie aus den Arbeiten in diesem Buch hervorgeht. Für die Praxis scheint das Problem der Kompatibilität deskriptiver, operationalisierter Diagnostik und psychotherapeutisch-psychosomatischer Diagnostik bisher ungelöst. Wir haben dies persönlich erfahren bei der Beteiligung an der multizentrischen ICD 10-Forschung-Kriterienstudie. Die Auswertung der Videointerviews hat bei den psychoanalytisch orientierten Psychotherapeuten erhebliche Skepsis hinterlassen.

In dieser sehr komplexen bis zersplitterten Situation der Diagnostik in der Psychotherapie und Psychosomatik unternahmen wir einen ersten Versuch einer Standortbestimmung auf einem Symposion in Dortmund am 12. 10. 1991. Ein Teil der Beiträge wurde in überarbeiteter Fassung in diesen Band aufgenommen. Eine Fortschreibung dieser Standortbestimmung stellt dieses Buch dar. Es soll einen Überblick über die Diagnostik in der Psychotherapie und Psychosomatik geben. Dazu haben wir Beiträge aufgenommen, die psychiatrische und psychotherapeutisch-psychosomatische diagnostische Ansätze in ihrer Unterschiedlichkeit und Vielgestaltigkeit zu Wort kommen lassen. Wir haben auch teilweise Überschneidungen in den Arbeiten belassen, damit die Sichtweise der jeweiligen Autoren besser zum Ausdruck kommt. Eindrücklich wird die Komplexität und Heterogenität deutlich, wenn die diagnostische Praxis in der jeweiligen Institution dargestellt wird. Solche Darstellungen sollen anregen, das diagnostische Vorgehen in der eigenen Institution zu reflektieren.

Wir sind der Ansicht, daß sich die Diagnostik in der Psychotherapie und Psychosomatik in einer Umbruchsituation befindet. Einerseits muß sie sich mit der operationalisierten, psychiatrischen Diagnostik auseinandersetzen, andererseits muß sie ihre eigene Identität auch in der Diagnostik bewahren. Dies umsomehr, als sie sich mit der Einführung des neuen Gebietsarztes für «Psychotherapeutische Medizin» mit eigenen diagnostischen und therapeutischen Konzepten im Kanon der medizinischen Fächer etabliert hat. Es ist also hochaktuell, die Diagnostik in der Psychotherapie und Psychosomatik mit ihren eigenen Modellen und deren Anwendungen in der Praxis darzustellen und zu diskutieren.

Auch die psychodynamisch orientierten Psychotherapeuten sind mittlerweile an einer operationalisierten Diagnostik interessiert. So hat eine Forschergruppe mit S. O. Hoffmann als Sprecher – beide Herausgeber gehören auch zu dieser Gruppe – ihre Arbeit zur «Operationalisierten psychodynamischen Diagnostik (OPD)» aufgenommen. Sie will neben der syndromalen Ebene auch die «Achsen» Beziehung, Konflikt, psychische Struktur und Krankheitsverarbeitung und -erleben operationalisieren. In Zukunft haben wir also noch viele neue Aspekte für die Diagnostik in der Psychotherapeutischen Medizin zu erwarten.

Dortmund, im Juli 1993
Paul L. Janssen   Wolfgang Schneider

Literatur

Dittmann, V., H. J. Freyberger, R. D. Stieglitz: Multiaxiale psychiatrische Klassifikationssysteme. TW Neurologie Psychiatrie 4, 640–648, 1990

Essen-Möller, E.: On classification of mental disorders. Acta Psychiatr. Scand. 37, 119–130, 1947

Helmchen, H., U. Rüger: Neurosen und psychosomatische Erkrankungen als klassifikatorisches und diagnostisches Problem. Zschr. Psychosomat. Med. 26, 205–216, 1980

Hoffmann, S. O.: Zum Beitrag von H.-L. Kröber: Gefährdet Psychopathologie die Psychotherapie? Anmerkungen zur Diskussion um das DSM-III. Psychother. Med. Psychol. 36, 91–93, 1986

Rutter, M., S. Lebovici, L. Eisenberg, A. V. Sneznevskij, R. Sadoun, E. Brooke, T. Liøn: A triaxial classification of mental disorders in childhood. J. Child Psychol. Psychiatry 10, 41–61, 1969

Schneider, W., H. J. Freyberger, A. Muhs, G. Schüßler: Diagnostik und Klassifikation nach ICD-10. Eine kritische Auseinandersetzung, Kap. V, Vandenhoeck u. Ruprecht, Göttingen 1993

Schuster, P.: Zum Problem der Nosologie bzw. Klassifikation in der Psychiatrie anhand des DSM-III unter besonderer Berücksichtigung der Neurosen und Persönlichkeitsstörungen. Psychother. Med. Psychol. 35, 75–77, 1985

Schuster, P. H. Strotzka: DSM-III und die Psychoanalyse. Diskussionsbeiträge zu Harvey Bluestone Aufsatz. Forum Psychoanalyse 1, 157–160, 1985

1 Diagnostische Modelle in der Psychiatrie

H. Dilling

In den letzten Jahren hat die Beschäftigung mit Fragen der Diagnostik große Aktualität gewonnen. Insbesondere seit dem Erscheinen der neuen Diagnosenklassifikation, der *International Classification of Diseases, 10. Revision*, kurz ICD-10 (Weltgesundheitsorganisation 1991), erscheint die Auseinandersetzung mit der von der WHO angebotenen Klassifikation und Diagnostik im psychiatrischen und auch im psychosomatischen Bereich geboten. Zunächst seien mehr theoretische Betrachtungen zu Diagnose und Diagnostik in den Vordergrund gestellt, sodann soll die Position des *Kapitels V (F) «psychische und Verhaltensstörungen»* der ICD-10 näher bestimmt werden.

Vorab einige definitorische *Überlegungen:*
Die Bezeichnung «*Diagnose*» leitet sich aus dem Griechischen ab, als diagnosis, unterscheidende Erkennung, Benennung und Beurteilung von Krankheitsbildern (Kendell 1978). Diagnose kann also einerseits als Kurzformel eines sonst vielleicht umständlich zu beschreibenden Krankheitsbildes verstanden werden, andererseits als Diagnosenstellung (Dilling und Dittmann 1990). Diagnostik ist der Erkenntnisprozeß, der zur Feststellung und Benennung der betreffenden Krankheit führt. – Die Hauptbedeutung der zutreffenden diagnostischen Einordnung liegt in den Konsequenzen für Therapie und Prognose.
Unter *Klassifikation* versteht man zum einen die Einteilung in ein nach Klassen gegliedertes System entsprechend einer vorliegenden Anzahl von Merkmalen oder Fällen, zum anderen dann die Zuordnung einzelner Merkmale bzw. Fälle zu den Klassen eines solchen Systems (Möller, v. Zerssen 1984).
Aus diesen beiden Beschreibungen von Diagnose und Klassifikation wird deutlich, daß beides zusammengehört, Diagnose kann nicht ohne Klassifikation und Klassifikation nicht ohne Diagnosen bestehen. Zugleich stellt sich in diesem Zusammenhang die Frage nach den Zielen von Diagnostik und Klassifikation. Diese sind vielfältig: unterscheidende Deskription, Fallidentifikation, Therapieindikation, Prognose, Dokumentation zu Verwaltungs-, Abrechnungs- und Planungszielen im Rahmen des Gesundheitswesens, Forschung, beispielsweise unterschiedliche Behandlungen mehrerer Gruppen von Patienten mit derselben Erkrankung und schließlich auch Ziele der Didaktik im Studium psychischer Erkrankungen (Maier und Philipp 1988).
Die genannten zahlreichen Aufgaben und Ziele weisen in divergente Richtungen, so daß möglicherweise ein System von Diagnosen, eine Klassifikation nicht einmal ausreicht, um alles Geforderte zu erfüllen.

Den Ausgangspunkt für eine zusammenhängende diagnostische Systematik bot die Entwicklung der ordnenden, deskriptiven Naturwissenschaft im 18. Jahrhundert. So publizierte Karl von Linne nach seinem künstlichen System der Pflanzen 1742 eine Systematik von Krankheiten, die «Genera morborum», an die sich William Cullen mit einer Systematik der Geisteskrankheiten anschloß. In Deutschland arbeitete Heinroth zu Beginn des 19. Jahrhunderts in diesem Sinne ein recht kompliziertes System der psychiatrischen Krankheiten aus, gegliedert in Klassen, Ordnungen, Gattungen und Arten. Für den praktischen Gebrauch dagegen war das Schema von Pinel um 1800 mit nur wenigen Diagnosen einfacher. Der Einfluß dieses Autors, besonders aber auch der seines Schülers Esquirol, war beträchtlich auch in Deutschland, nachdem die romantische Schule an Einfluß verloren hatte. Um die Mitte des 19. Jahrhunderts übte Zeller mit seinen Vorstellungen von der Einheitspsychose, die zunächst auch sein Schüler Griesinger vertrat, großen Einfluß aus. Entscheidende Fortschritte verdankt die psychiatrische Diagnostik dann einigen Autoren zum Ende des 19. Jahrhunderts und um die Jahrhundertwende wie Kahlbaum und Hecker, vor allem aber Kraepelin mit der Beschreibung und dichotomen Einteilung der endogenen Psychosen und auch Eugen Bleuler. Deren Erkenntnisse sind eingeflossen in das Würzburger Diagnosenschema, das im deutschsprachigen Raum bis in die sechziger Jahre hinein allgemein verbreitet war; in vielen Bereichen differenziert es aber nicht ausreichend, so insbesondere nicht bei den psychogenen Störungen, was ja bezeichnend für die damalige Psychiatrie war.

Bei Betrachtung der historischen Entwicklung lassen sich zwei unterschiedliche Tendenzen, nämlich die *syndromatisch deskriptive* und die *nosologische* aufweisen (Strömgren 1991). Bereits Griesinger war sich darüber klargewesen, daß er eher syndromatologisch beschrieb als nosologisch diagnostizierte. Kraepelin ging zunächst ebenfalls von syndromatischen Vorstellungen aus, war dann aber insbesondere aufgrund seiner Verlaufsbeobachtungen der Überzeugung, echte Krankheitseinheiten gefunden zu haben, mit anderen Worten nosologisch vorzugehen. Und in der Tat hat man ja bis heute die Frage nicht entscheiden können, inwieweit er zurecht ätiologisch begründbare Krankheitseinheiten eingeführt hat. Heftig widersprochen wurde Kraepelin von Hoche, der von Symptomenkomplexen sprach und in der Psychiatrie nosologische Diagnosen keinesfalls akzeptieren wollte. Verstärkt wurde dieser Standpunkt später von Bonhoeffer, der im Bereich der körperlich begründbaren psychischen Störungen die exogenen Reaktionstypen beschrieb und darstellte, daß unterschiedliche Syndrome die gleiche Ätiologie haben können, unterschiedliche organpathologische Störungen andererseits aber paradoxerweise die gleiche syndromatische Ausprägung; er legte damit die ätiologische Unspezifität der exogenen Psychosen, bzw. Psychosyndrome dar.

Kurt Schneider ging einen Schritt weiter und stellte ähnlich wie vor ihm schon Kretschmer und Birnbaum zwei Dimensionen nebeneinander: Die körperlichen Störungen und die vom Psychiater beobachteten psychopathologischen

Phänomene. Er äußerte sich sehr vorsichtig über Zusammenhänge, sein Krankheitsmodell war aber ein strikt organmedizinisches. So akzeptierte er auch keine neurotischen Störungen als psychische Krankheiten, sondern er beschränkte sich darauf, von abnormen Spielarten menschlichen Wesens bzw. abnormen Reaktionen zu sprechen.

Die vorgestellten Beispiele verdeutlichen, daß zweierlei Positionen möglich sind: eine syndromatologische, mit der man darauf verzichtet, ätiologische Annahmen zu machen, die darum auch atheoretisch, phänomenologisch deskriptiv vorgeht und Symptomenkomplexe bzw. Syndrome beschreibt, wobei Gesichtspunkte des Verlaufs als zusätzliche Kriterien eingehen können. Demgegenüber steht die nosologische Position, die Ursachen zumindest postuliert, sollte man sie auch noch nicht kennen, vorzugsweise eine Ursache, wie bei vielen körperlichen Erkrankungen, aber auch, um ein Schlagwort zu verwenden, die multifaktorielle Ätiopathogenese. Aufgrund des ätiologisch beschriebenen Krankheitsbildes kann man auch Therapieindikation und Prognose vorgeben.

Für somatische Krankheiten gilt das Prinzip, daß krank und gesund sich ausschließen. Diese Eindeutigkeit eines kategorialen Störungsmodells ist in der Psychiatrie allerdings oft bezweifelt worden. Bei einer schweren symptomatischen Psychose etwa besteht kein Zweifel an der Eindeutigkeit und Ausschließlichkeit der Erkrankung. Bei leichteren Persönlichkeitsstörungen dagegen, die an der Grenze der Krankheitswertigkeit liegen, muß man die *Kategorialität* in Frage stellen, und es kommt der Begriff der *Dimensionalität* herein. Bei dimensionaler Diagnostik besteht kein Ausschließlichkeitsverhältnis, stattdessen kann eine Störung mehr oder weniger typisch vorhanden sein und ist somit auf einer gedachten Achse angeordnet, an deren jeweiligen Enden möglicherweise die typischen Fälle aufgereiht sind, die aber zur Mitte hin beispielsweise weniger typische und nicht einmal eindeutig konstatierbare Störungen aufweist. Schon aus dieser Beschreibung geht hervor, daß es in der dimensionalen Diagnostik wesentlich größere Schwierigkeiten bereitet, anhand von beschreibenden Kriterien die entsprechenden Diagnosen zu stellen. Im Unterschied zur kategorialen Diagnostik mit der Entscheidung, krank/gesund, ist der Begriff Krankheit in der dimensionalen Diagnostik viel weniger angebracht und man bescheidet sich – wie beim syndromatologischen Ansatz – besser damit, von Störungen zu sprechen.

Einfacher ist ein weiteres Begriffspaar nachzuvollziehen, nämlich die *typologische* und die *operationalisierte Diagnostik*. Typologische Diagnosen stützen sich zwar auch auf charakteristische Querschnitts- und Verlaufssymptome, vor allem aber auf typische Falldarstellungen. So erfolgt die Diagnosenstellung unter Beachtung der charakteristischen Symptome nach der maximalen Ähnlichkeit mit einem typischen Fall, dem Prototyp. Hier ist ein beträchtlicher Spielraum gegeben, welche vergleichbaren Fälle der betreffende Diagnostiker derselben Diagnose, dem von ihm verinnerlichten typischen Fall zuordnen will. Wie eine Reihe von Studien, besonders die umfangreiche Studie zur

Diagnostik von Psychosen zwischen England und den USA gezeigt haben, finden sich in verschiedenen geographischen oder kulturellen Regionen sehr große Unterschiede in der Häufigkeit bestimmter Diagnosen, die nicht nur auf tatsächlich unterschiedliche Raten zurückzuführen sind, sondern vor allem auch solche, die auf unterschiedlichen diagnostischen Gewohnheiten basieren. Im Falle der zitierten Untersuchung fanden sich in den USA überproportional viele Schizophrenien, in England übermäßig viele affektive Psychosen (Cooper et al. 1972). Die typologische Diagnose ist zwar anschaulich aber unzuverlässig: Der diagnostische Kerntyp ist umgeben von einem Halo ganz unterschiedlicher Größe. Sie ist somit für Forschungszwecke ungeeignet. Aus diesem Grunde hat man versucht, Diagnosen zu operationalisieren, d.h. präziser zu definieren. Hierzu werden diagnostisch relevante Kriterien aufgeführt, einschließlich Dauer und Intensität der Symptome. Aufgrund eines diagnostischen Algorithmus werden bestimmte Kriterien obligat, andere fakultativ gefordert, um die Diagnose zu konstituieren. Neben Symptomen, etwa psychopathologischen Auffälligkeiten, werden Verlaufskriterien abgefragt, zusätzlich auch Ein- und Ausschlußbedingungen formuliert. Es muß hinzugefügt werden, daß sich typologische und operationalisierte Diagnostik in Bezug auf den diagnostischen Weg unterscheiden: Auch bei der operationalisierten Diagnostik gibt es Prototypen, die den Idealtypen entsprechen, und die dementsprechend sämtliche geforderten Kriterien erfüllen müssen. Die Anzahl der erfüllten Kriterien kann als Indikator für die Prototypizität einer Symptomenkonstellation angesehen werden (Maier und Philipp 1988). Bereits Kretschmer und Birnbaum haben entgegen einer Lehre, die eher eine Ursache zugrunde legen wollte, mehrfache Dimensionen gesehen, die das Kranksein bedingen und denen jeweils nachgegangen werden sollte. Im Unterschied zur Psychopathologie und Nosologie um Kraepelin stellt die Tübinger Schule mit Gaupp die Überschätzung der somatologischen Forschung in Frage (Janzarik 1972). Die Paranoia-Studien Gaupps befaßten sich mit der Entstehung systematisierter Wahnformen aus charakterologischen und situativen Bedingungen. Hieraus entwickelte sich bei Kretschmer die Trias von Charakter, Erlebnis und Milieu als Voraussetzung für die Bildung des sensitiven Wahns. Diese mehrdimensionale Beschreibung ließ Raum für psychotherapeutische Bemühungen auch insofern, als daß Konzept der Endogenität der Psychosen von dieser Schule zumindest nicht fraglos übernommen wurde. Immerhin war Kretschmer einer der wenigen deutschen Psychiater, die Freud in den zwanziger Jahren akzeptierten.

Von der Mehrdimensionalität zur heutigen *Multiaxialität* ist es nur ein Schritt. Die klassische Diagnostik war im wesentlichen monoaxial, d.h. sie beschränkte sich auf psychiatrische und somatische Diagnosen von Krankheiten. Seit vielen Jahren aber gibt es Bestrebungen, den Erkrankten und seine Krankheit auf einer Reihe unterschiedlicher Achsen zu beschreiben. Bereits Essen-Möller und Wohlfahrt (1947) schlugen ein derartiges System vor. Im Lauf der Zeit sind die verschiedensten Achsen vorgeschlagen, als Beispiel sind die Achsen von DSM-III R, der Diagnosenklassifikation der American Psychiatric Association (1987), zu zitieren. Man unterscheidet dort zwischen klinischen Syndromen als I. Achse, Entwicklungs- bzw. Persönlichkeitsstörungen als II. Achse, körperlichen Störungen und Zuständen als III. Achse, dem Schweregrad psychosozialer Belastungsfaktoren als IV. Achse und der Globalbeurteilung des psychosozialen Funktionsniveaus als Achse V. In der Literatur zu diesem Thema hat man darüber hinaus noch viele weitere Achsen vorgeschlagen wie Intelligenzniveau, Schweregrad, Psychodynamik, Unterstützungssysteme, Krankheitskonzepte und zahlreiche weitere (Mezzich 1988). Besonders gut eingeführt und akzeptiert ist das multiaxiale System im Bereich der Kinder- und Jugendpsychiatrie in der Klassifikation nach Rutter (1969).

Nach diesen grundsätzlichen Überlegungen zu Diagnose und Klassifikation, zu syndromatologischer versus nosologischer Diagnostik, zu kategorialer versus dimensionaler, zu typologischer versus operationaler und schließlich multiaxialer Diagnostik möchte ich die *gegenwärtige Situation* darstellen, die durch die Entwicklung der ICD-10 charakterisiert ist. Ausgangspunkt für die Entwicklung operationaler Systeme bildete eine in den späten sechziger bzw. frühen siebziger Jahren immer deutlicher zu Tage tretende «Krise der psychiatrischen Diagnostik» (Saß 1987). Traditionelle diagnostische Ansätze wurden in diesen Jahren vor dem Hintergrund sehr unterschiedlicher Positionen kritisiert: Die von Szasz (1962) oder Laing (1965) vertretene sogenannte «antipsychiatrische» Position stellte Diagnosen schlechthin in Frage und deutete diese im Sinne von Etikettierungen für abweichendes Verhalten, das vor allem in einem gesellschaftlichen Kontext zu verstehen sei. – Von psychoanalytischer Seite wurden psychiatrische Diagnosen als unangemessen betrachtet, da sie entscheidende strukturelle Merkmale des Patienten nicht hinreichend erfassen und für den therapeutischen Prozeß eine geringe Bedeutung aufweisen (Menninger 1948). – Im übrigen beanspruchen die psychoanalytischen Erklärungsmodelle Gültigkeit ohne Unterschied für gesundes und krankes Verhalten (Häfner). – Die Psychiatrie fand sich aufgrund der Polarisierung zwischen traditionellen psychopathologischen Ansätzen sowie sozialpsychiatrischen und biologisch-psychiatrischen Positionen in verschiedenen Lagern, die wenig miteinander korrespondierten. Für die Entwicklung neuer Diagnosensysteme kristallisierte sich aber zunehmend als wesentlicher Aspekt die Notwendigkeit einer differentiellen diagnosenbezogenen Indikationsstellung für neue biologische Therapieverfahren heraus. Dabei ging es in erster Linie um störungs- bzw. syndromspezifische pharmakologische Behandlungsstrategien.
Die extremen Positionen dieser Art, insbesondere die antipsychiatrische, führten sich selbst ad absurdum, andere Einwände gegen die gängige Diagnostik gelten sicherlich heute wie früher. Ihr globaler Wert allerdings kann bezweifelt werden. Gegenüber diesen zweifelnden und zum Teil ablehnenden Stimmen, gewannen diejenigen die Oberhand, die eine pragmatische, für viele der oben genannten Zwecke taugliche Diagnostik und Klassifikation forderten.

Eine wichtige Stimme im Chor der Befürworter war die Forderung nach *Internationalität*. Eine international einheitliche Diagnostik wurde zwar seit langem angestrebt, so aus dem Grunde, um gemeinsam aus den verschiedenen Ländern Forschungsprojekte durchführen zu können, aber auch, um Versorgungsstrategien vergleichen zu können. Nach ersten Versuchen zu Ende des letzten Jahrhunderts bahnte sich eigentlich erst seit 1967, dem Zeitpunkt der Einführung der 8. Revision der Classification of Diseases (ICD-8), eine international übereinstimmende Diagnostik an. Etwa 10 Jahre später wurde eine revidierte Fassung als ICD-9 eingeführt und in vielen Ländern, so auch in Deutschland im psychiatrischen Bereich mit Ausnahme recht weniger Kliniken und Institute weitgehend akzeptiert. Die soeben genannten Klassifikationen ICD-8 und ICD-9 basieren auf typologischer Diagnostik und zogen auch in Einzelheiten Kritik auf sich. Dieses führte dazu, daß die amerikanische psychiatrische Gesellschaft mit dem Diagnostic and Statistical Manual of Mental Disorders (DSM-III) ein erstes übergreifendes System aufgrund operationalisierter Diagnosen herausgab. DSM-III erschien 1980 und wurde bereits 1987 von einer Revision, dem DSM-III R, abgelöst. Diese Entwicklung brachte die Europäer und mit ihnen die WHO in einen gewissen Zugzwang, und so wurden von der WHO eine Reihe von Expertentreffen organisiert, die zur zunächst vorläufigen Fassung einer neuen Klassifikation, der ICD-10, führten.

Die Klassifikationsentwürfe, die ähnlich dem DSM-III R auf operationalisierten Diagnosen basierten, wurden in zahlreiche Sprachen übersetzt. In der Bundesrepublik beschäftigte sich seit 1985 eine von der DGPN eingesetzte Diagnosenkommission, deren Vorsitz ich führe, mit den Vorbereitungen zur Einführung des psychiatrischen Teils der ICD-10. Im Rahmen dieser Kommission bildeten sich Arbeitsgruppen zur Übersetzung der ICD-10 am MPI in München (Mombour und Mitarbeiter), am ZI in Mannheim (Schmidt und Mitarbeiter) und in der Lübecker Klinik (vor allem Freyberger und Markwort). Es wurden eine Reihe von Begleitstudien zur ICD-10 durchgeführt, die Feldstudie zu den klinisch diagnostischen Leitlinien (Dilling et al. 1990, Freyberger et al. 1990), die Merkmalslistenstudie (Dittmann et al. 1992), und die gegenwärtig in mehr als 30 Kliniken der Psychosomatik, Kinder- und Jugendpsychiatrie und Erwachsenenpsychiatrie noch laufende Forschungskriterienstudie; hinzu kommen noch einige weitere Untersuchungen, besonders in Mannheim und Mainz. Wir hatten im Rahmen unserer Mitarbeit bei der WHO Gelegenheit, zahlreiche Änderungen in der Klassifikation zu veranlassen. Nach erfolgter Billigung durch eine sog. Revisionskonferenz 1989 und die Weltgesundheitsversammlung 1990 soll die gesamte neue ICD, die sich ja auf alle körperlichen und psychischen Störungen bezieht, in den kommenden Jahren eingeführt werden. Tatsächlich wird die gesamte Klassifikation in Deutschland aber wohl nicht vor 1996 offiziell eingeführt werden. Die – zunächst inoffizielle – Einführung von Kapitel V (F) sollte aber bereits zum 1. Januar 1993 erfolgen.

Charakteristika des psychiatrischen Teils der ICD-10, des sog. Kapitels V (F) (Dilling et al. 1991) ist der weitgehend atheoretische Ansatz, die phänomenologische Ausrichtung, also die syndromatologische Klassifikation, auch wenn hier und da nosologische Komponenten durchschimmern. Die Diagnostik wird überwiegend kategorial durchgeführt, sie ist operationalisiert, indem jeder Diagnose bestimmte Kriterien beigegeben werden. Geplant ist Multiaxialität mit den folgenden drei Achsen:

Achse I: psychische Störungen, zugrundeliegende oder zusätzliche körperliche Störungen

Achse II: Psychosoziale und Umweltfaktoren

Achse III: Grad der sozialen Anpassung oder Behinderung

Das Konzept der operationalisierten, d.h. an deskriptiven psychopathologischen, Zeit- und Verlaufsmerkmalen orientierten Diagnostik hat sich im psychiatrischen Bereich, vor allem aber auch im gesamten Wissenschaftssektor der psychologischen Medizin durchgesetzt. Auf Kosten zahlreicher traditioneller und durchaus bewährter Modelle, wie etwa des Neurosenkonzepts, wurde eine inzwischen in ihren Auswirkungen zwar heftig umstrittene, aber weithin akzeptierte, deskriptive Diagnostik etabliert (Schneider und Freyberger 1990). Viele psychoanalytisch-psychosomatisch, aber auch verhaltenstherapeutisch orientierte Autoren schwankten bei der Rezeption der neuen Diagnosensysteme zwischen strikter Ablehnung und eher unkritischer Akzeptanz. Während wissenschaftliche Arbeiten, in denen keine operationalisierten Diagnosensysteme verwendet werden, Gefahr laufen, von namhaften Zeitschriften abgelehnt zu werden und die Vergabe von Drittmitteln zunehmend mit der Benutzung operationaler Systeme verknüpft wird, scheint die klinische Praxis anders auszusehen. So hat etwa Wittchen (1991) darauf aufmerksam gemacht, daß die neuen diagnostischen Begriffe in erster Linie einer vorläufigen, eher groben Deskription von Auffälligkeiten der Patienten dienen, während bei der Planung und Durchführung der Therapien andere Konzepte herangezogen werden. So ergibt sich für spezielle Bereiche aber auch für besondere Arten der Anwendung die Notwendigkeit, weiter zu differenzieren oder womöglich auf andere Systeme umzusteigen. Es muß aber auch erwähnt werden, daß neben den seit 1991 publizierten diagnostischen Leitlinien (Weltgesundheitsorganisation 1991) klarer operationalisierte, für wissenschaftliche Studien gedachte Kriterien in Vorbereitung sind und etwa 1994 erscheinen werden.

Zusammenfassend ist festzustellen, daß das jetzt einzuführende System der psychiatrischen Diagnostik gegenüber früheren eine Reihe von Vorteilen aufweist, indem ein dem gegenwärtigen Stand unserer Kenntnisse entsprechendes Modell entwickelt wurde, das einer flexiblen diagnostischen Klassifikation entspricht. Zum einen wird es möglich, im Vergleich zu früheren Klassifikationen genauer, d.h. reliabler und valider zu diagnostizieren, zum anderen beinhaltet die neue Klassifikation die Möglichkeit zu zukünftigen Veränderungen entsprechend den dann vorliegenden Kenntnissen. Aktuelle Diagnose ist somit kein Endgültiges, eine Vorstellung, die wir zunächst als ungewöhnlich empfinden, die aber bei längerer Überlegung durchaus einleuchtet. Bei aller Kritik scheint mir somit das gegenwärtige System das zu verkörpern, was aktuell zu leisten ist: Es ist ein entwicklungsfähiger Kompromiß, mit dem sich eine Auseinandersetzung lohnt.

Sartorius (1991) hat gemeint, Klassifikation sei eine bestimmte Weise, die Welt zu sehen. Das weist auf die Vorteile der diagnostischen Erkenntnis hin, zugleich aber auch auf seine Grenzen und seine Subjektivität. Es steht zu hoffen, daß bei dieser Doppelgesichtigkeit der Diagnostik auf lange Sicht die Vorteile eindeutig überwiegen.

Literatur

American Psychiatric Association: Diagnostic and statistical manual of mental disorders (3rd edition) (DSM-III). APA: Washington DC 1980

Cooper, J. E., Kendell, R. E., Gurland, B. J., Sharpe, L., Copeland, J. R. M., Simon, R.: Psychiatric diagnosis in New York and London. Oxford University Press: London 1972

Dilling, H., Dittmann, V.: Die psychiatrische Diagnostik nach der 10. Revision der Internationalen Klassifikation der Krankheiten. Nervenarzt 61 (1990) 259–270

Dilling, H., Dittmann, V., Freyberger, H. J.: ICD-10 Field trial in German-speaking countries. Pharmacopsychiatry 23 (1990) 135–216

Dittmann, V., Dilling, H., Freyberger, H. J.: Psychiatrische Diagnostik nach ICD-10 – klinische Erfahrungen bei der Anwendung. Hans Huber: Bern 1992

Essen-Möller, E., Wohlfahrt, S.: Suggestions for the amendment of the official Swedish classification of mental disorders. Acta psychiat. Scand. 47 (1947) 551–555

Häfner, H.: Allgemeine und spezielle Krankheitsbegriffe in der Psychiatrie. Nervenarzt 54 (1983) 231–238

Janzarik, W.: Forschungseinrichtungen und Lehrmeinungen in der Psychiatrie: Geschichte, Gegenwart, forensische Bedeutung. In: Göppinger, H., Witter, H. (Hrsg.): Handbuch der forensischen Psychiatrie. Springer: Berlin–Heidelberg 1972, 589–662

Kendell, R. E.: Die Diagnose in der Psychiatrie. Enke: Stuttgart 1978

Laing, R. D.: The divided self. Penguin: London 1965

Maier, W., Philipp, M.: Die empirische Erforschung der Klassifikation psychischer Störungen. Nervenarzt 59 (1988) 449–455

Menninger, K.: Changing concepts of disease. Annuals of Internal Medicine 29 (1948) 318–325

Mezzich, J. E.: On Developing a Psychiatric Multiaxial Schema for ICD-10. British Journal of Psychiatry 152 (1988) 38–43

Möller, H. J., v. Zerssen, D.: III. Klassifikation psychischer Störungen: Probleme und Verbesserungsmöglichkeiten aus der Sicht neuerer Forschungsergebnisse. In: Baumann, U., Berbalk, H., Seidenstücker, G. (Hrsg.): Klinische Psychologie. Huber: Bern–Stuttgart–Wien 1984, 90–130

Rutter, M., Lebovici, S., Eisenberg, L., Sneznevskij, A.V., Sadoun, R., Brooke, E., Lin, T.: A triaxial classification of mental disorders in childhood. Journal of Child Psychology and Psychiatry 10 (1969) 41–61

Sartorius, N.: International Perspectives of Psychiatric Classification. British Journal of Psychiatry 152 (1988) 9–14

Saß, H.: Die Krise der psychiatrischen Diagnostik. Fortschr. Neurol. Psychiat. 55 (1987) 335–360

Schneider, W., Freyberger, H.J.: Diagnostik in der Psychotherapie unter besonderer Berücksichtigung deskriptiver Klassifikationssysteme. Forum der Psychoanalyse 6 (1990) 316–330

Strömgren, E.: Nosology and classification: friends or foes? International Congress on Schizophrenia & Affective Psychoses. Genf, 12.–14.09.91

Szasz, T.S.: The myth of mental illness. Secker & Warburg: London 1962

Weltgesundheitsorganisation: Internationale Klassifikation psychischer Störungen. ICD-10 Kapitel V (F). Hrsg.: Dilling, H., Mombour, W., Schmidt, M.H. Hans Huber: Bern 1991

Wittchen, H.U.: ICD-10 und die Verhaltenstherapie? Verhaltenstherapie 1 (1991) 99–109

2 Operationale Diagnosenmodelle des DSM-III, DSM-III-R, der ICD-9 und der ICD-10

H. J. Freyberger

2.1 Die Entwicklung operationaler Systeme

In den vergangenen Jahren ist es zu einem grundlegenden Wandel unserer diagnostischen Vorstellungen und Modelle gekommen. Das Konzept der operationalisierten, d.h. an deskriptiven psychopathologischen, Zeit- und Verlaufsmerkmalen orientierten Diagnostik hat sich im psychiatrischen Bereich, vor allem aber auch im gesamten Wissenschaftssektor der psychologischen Medizin durchgesetzt. Auf Kosten zahlreicher traditioneller und durchaus bewährter Modelle, wie etwa des Neurosenkonzepts, wurde eine, inzwischen in ihren Auswirkungen zwar heftig umstrittene, aber weithin akzeptierte deskriptive Diagnostik etabliert (vgl. hierzu Schneider und Freyberger, 1990). Mit dem Wandel diagnostischer Begriffe und Konzepte stellt sich immer auch die Frage, in welchen neuen diagnostischen Kategorien oder Clustern die «alten» Entitäten abgebildet werden. Die folgende vergleichende Betrachtung der Diagnosenmodelle des DSM-III (APA, 1980) bzw. DSM-III-R (APA, 1987) und der ICD-10 (Dilling et al., 1991, WHO, 1991a, b, c) setzt, um die zugehörigen theoretischen Konzepte besser verstehen zu können, zunächst einige wissenschaftshistorische Vorbemerkungen voraus.

Ausgangspunkt für die Entwicklung operationaler Systeme bildete eine in den späten 60er bzw. frühen 70er Jahren immer deutlicher zutagetretende «Krise der psychiatrischen Diagnostik» (vgl. hierzu Saß, 1987). Traditionelle diagnostische Ansätze wurden in diesen Jahren vor dem Hintergrund sehr unterschiedlicher Positionen kritisiert:

- Die etwa von Szasz (1962, 1976) oder Laing (1965) vertretene sog. «antipsychiatrische» Position stellte Diagnosen schlechthin in Frage und deutete diese im Sinne von Etikettierungen für abweichendes Verhalten, das vor allem in einem gesellschaftlichen Kontext zu verstehen sei.
- Von psychoanalytischer Seite wurden psychiatrische Diagnosen als unangemessen betrachtet, da sie entscheidende strukturelle Merkmale des Patienten nicht hinreichend erfassen und für den therapeutischen Prozeß eine geringe Bedeutung aufweisen (vgl. etwa Menninger, 1963; Schneider und Hoffmann, 1992).

* Die dieser Arbeit u.a. zugrundeliegende Untersuchung zum Vergleich diagnostischer Systeme wurde aus Mitteln des Bundesministeriums für Gesundheit (Gz.: Z10-4110-7/4) gefördert.

- Die Psychiatrie selbst befand sich aufgrund der in diesen Jahren einsetzenden Polarisierung zwischen traditionellen psychopathologischen Ansätzen sowie sozialpsychiatrischen und biologisch-psychiatrischen Positionen in einem gewissen Dilemma. Für die Entwicklung neuer Diagnosensysteme kristallisierte sich dabei aber zunehmend als wesentlicher Aspekt die Notwendigkeit einer differentiellen diagnosenbezogenen Indikationsstellung für neue biologische Therapieverfahren heraus. Dabei ging es in erster Linie um störungs- bzw. syndromspezifische pharmakologische Behandlungsstrategien.

Neben dieser qualitativen Kritik, entwickelte sich Ende der 60er Jahre eine ernstzunehmende empirische Auseinandersetzung. Biologisch, aber auch sozialpsychiatrisch orientierte Autoren führten in diesen Jahren vor allem im anglo-amerikanischen Raum eine Reihe von multizentrischen diagnostischen Untersuchungen durch (vgl. u. a. Beck et al., 1962; Cooper et al., 1972; Wing et al., 1967), die ein in weiten Bereichen erschreckend niedriges Ausmaß an diagnostischer Übereinstimmung zwischen verschiedenen, unabhängig diagnostizierenden Klinikern ergaben. Dabei wurde die Reliabilität diagnostischer Urteile zunächst als wesentliches, vor allem aber gut und leicht überprüfbares Gütekriterium angesehen.

Tabelle 2-1: Mittlere prozentuale (nach Philipp und Maier, 1987) und zufallskorrigierte (Kappa-Koeffizient) Interraterübereinstimmungen diagnostischer Kategorien (nach Spitzer und Fleiss, 1974, S. 344)

Diagnostische Kategorien	Prozentuale Übereinstimmung	Zufallskorrigierte Übereinstimmung
Intelligenzminderung	–	.72
Organische Psychosen	85–92 %	.77
– akute	–	.44
– chronische	–	.64
Alkoholabhängigkeit	–	.71
Psychosen	71–80 %	.55
– Schizophrenien	–	.57
Affektive Störungen	–	.41
– psychotische Depression	–	.24
– manisch-depressive Erkrankung	–	.33
– Involutionsdepression	–	.30
Persönlichkeitsstörungen	71–74 %	.32
– dissoziale Persönlichkeit	–	.53
Neurosen	52 %	.40
– Angstneurose	–	.45
– neurotische Depression	–	.26

Spitzer und Fleiss (1974) bzw. Philipp und Maier (1987) haben die Ergebnisse der wesentlichen Interraterreliabilitätsstudien zusammengefaßt. Tabelle 2-1 zeigt hierzu im Überblick die gefundenen prozentualen und sog. zufallskorrigierten Übereinstimmungsraten (Kappa)* zwischen den Diagnostikern. Wie aus der Tabelle 2-1 ersichtlich wird, lagen die prozentualen Übereinstimmungswerte zwischen 20 % und 92 % und die zufallskorrigierten Kappawerte zwischen .26 und .75. Auf der Ebene der zufallskorrigierten Übereinstimmungen waren dabei vor allem die Kappa-Werte der diagnostischen Hauptkategorien Persönlichkeitsstörungen (K = .32) und Neurosen (K = .40) bzw. der diagnostischen Subkategorien der affektiven Störungen als äußerst unbefriedigend zu bezeichnen. Spitzer und Fleiss (1974) führten die unzureichenden Übereinstimmungswerte auf verschiedene Ursachen zurück, die sowohl den diagnostischen Prozeß selbst, als auch die Diagnostiker betrafen:

1. Die **Subjektvarianz,** d. h. ein Patient wird an 2 Untersuchungszeitpunkten, in denen er sich in verschiedenen Krankheitszuständen befindet, untersucht;
2. Die **Situationsvarianz,** d. h. ein Patient wird an 2 Untersuchungszeitpunkten, in denen er sich in verschiedenen Phasen oder Stadien derselben Störung befindet, untersucht;
3. Die **Informationsvarianz,** d. h. verschiedenen Untersuchern stehen unterschiedliche Informationen zum Patienten und zur Störung zur Verfügung;
4. Die **Beobachtungsvarianz,** d. h. verschiedene Untersucher kommen zu unterschiedlichen Urteilen und Bewertungen über Vorhandensein und Bedeutung der vorliegenden Symptome;
5. Die **Kriterienvarianz,** d. h. verschiedene Untersucher verwenden unterschiedliche diagnostische Kriterien für die Diagnose derselben Störung.

Wesentliches Ziel bei der Entwicklung und Einführung operationaler Diagnosesysteme war damit eine Reduktion dieser Varianzquellen (vgl. Tabelle 2-2). Der Auffassung von Spitzer und Fleiss (1978), die die Kriterienvarianz als wesentliche Ursache der niedrigen Diagnosenreliabilität ansahen, wurde durch die Einführung operationaler Diagnosensysteme Rechnung getragen. Dabei haben die sog. «Feighner- oder St. Louis-Kriterien» (Feighner et al., 1972), die «Research Diagnostic Criteria (RDC)» (Spitzer et al., 1975), vor allem aber

---

* Der Koeffizient Kappa (Cohen, 1960), der die Reliabilität als Quotient aus zufallsbedingter und tatsächlicher Übereinstimmung ermittelt, berücksichtigt dabei im Gegensatz zu den prozentualen Übereinstimmungswerten auch den Übereinstimmungsanteil, der allein vom Zufall bedingt ist. Bei vollständiger Übereinstimmung ergibt sich ein Kappawert von 1, bei rein zufälliger Übereinstimmung ein Kappawert von 0 und bei extremer Nichtübereinstimmung ein Kappawert von −1. Nach einer Einteilung von Landis und Koch (1977) lassen sich auf der Ebene dreistelliger diagnostischer Kategorien Kappawerte > .81 als ausgezeichnet, von .61–.80 als gut, von .42–.60 als mittelgradig und von .21–.41 als niedrig bewerten. Werte < .21 sind danach als schlecht einzustufen.

Tabelle 2-2: Entwicklung diagnostischer Systeme und Instrumente

Systeme/Instrumente	Autoren
St. Louis-Kriterien	Feighner et al. (1972)
Research Diagnostic Criteria	Spitzer et al. (1975)
DSM-III	American Psychiatric Association (1980)
Französische Kriterien	Pull et al. (1981)
DSM-III-R	American Psychiatric Association (1984)
ICD-10	Weltgesundheitsorganisation (1991)
Present State Examination mit CATEGO-Computersystem (PSE)	Wing et al. (1974)
Schedule for Affective Disorders and Schizophrenia (SADS)	Endicott et al. (1978)
Structured Clinical Interview for DSM-III (SCID)	Spitzer et al. (1985)
Composite International Diagnostic Interview (CIDI)	Robins et al. (1985, Wittchen und Semler (1991)
Schedules for Clinical Assessments in Neuropsychiatry (SCAN)	Wing et al. (1990), Maurer und Hillig (1991)

das DSM-III (APA, 1980) und das DSM-III-R (APA, 1987) wichtige Entwicklungen eingeleitet.

Durch die Einführung strukturierter bzw. standardisierter Interviews, in denen für jedes Symptom oder Kriterium Fragen angegeben werden, hat sich die Informationsvarianz wesentlich senken lassen. Neben dem älteren, an phänomenologischen Gesichtspunkten orientierten PSE von Wing et al. (1974) wurden diese Interviews als Erhebungsinstrumente für spezielle diagnostische Systeme entwickelt. So wird etwa mit dem SADS eine zuverlässige Erhebung der RDC-Kriterien und mit dem SCID der DSM-III- bzw. DSM-III-R-Kriterien erreicht. CIDI und SCAN folgen einem polydiagnostischen Ansatz, d.h. sie erlauben die Erhebung von Kriterien und Diagnosen mehrerer Systeme (DSM-III-R und ICD-10). Grundsätzlich erfordern diese Interviews, sollen sie sinnvoll angewendet werden, aufwendige Trainingsprogramme für Diagnostiker, die zudem die Beobachtungsvarianz vermindern helfen.

2.2 Diagnostische Prinzipien in ICD-9, DSM-III, DSM-III-R und ICD-10

Mit der Veröffentlichung des DSM-III und DSM-III-R wurde endgültig mit der vorwiegend symptomatologischen Diagnostik nach ICD-9 gebrochen. Konzeptuell vertraten die Autoren des DSM-III und DSM-III-R dabei folgende prinzipielle Auffassungen:

A. Für die Klassifikation psychischer Störungen wurde der Anspruch eines sog. **«atheoretischen» Ansatzes** formuliert. Dieser war mit der weitgehenden Aufgabe der traditionellen Differenzierung zwischen Psychosen und Neurosen verbunden, die den Autoren des DSM-III bzw. DSM-III-R weder qualitativ noch quantitativ gerechtfertigt erschien. Der Terminus «psychische Störung» wurde implementiert, die Bezeichnung «psychogen» demgegenüber vermieden.

B. Der im wesentlichen symptomatologische diagnostische Ansatz der ICD-9 wurde zugunsten einer an z.T. komplex formulierten, an **psychopathologischen, Zeit- und Verlaufsmerkmalen** orientierten Diagnostik aufgegeben. Bei diesen Merkmalen liegt das Schwergewicht ganz eindeutig auf relativ einfach zu beobachtenden oder explorierbaren Daten. Komplexere psychopathologische Phänomene oder Aspekte des Erlebens, die einen höheren Grad theoretischer oder interpretativer Abstraktion erfordern, werden weitgehend vernachlässigt. Bestimmte Kombinationen dieser im einzelnen formulierten Kriterien konstituieren unter Befolgung von Verknüpfungsregeln (Algorhithmen) einzelne Diagnosen. Dabei werden Unterteilungen nach dem Schweregrad als fester Bestandteil diagnostischer Verknüpfungsregeln verankert. Die Bedeutung diagnostischer Restkategorien, in denen Patienten diagnostisch abgebildet werden, denen keine spezifische Störung zugeordnet werden kann, wird in einem gestuften hierarchischen System fester Bestandteil dieses Klassifikationsansatzes.

C. Angestrebt wurde, nur solche diagnostischen Kategorien zu berücksichtigen, die minimale **Anforderungen an Reliabilität (und Validität)** erfüllen. Hierzu wurde eine breit angelegte multizentrische Interraterreliabilitätsstudie durchgeführt, in der der Klassifikationsentwurf des DSM-III überprüft wurde (vgl. Spitzer et al., 1979; Spitzer und Foreman, 1979).

D. Realisiert wurde das sog. **Komorbiditätsprinzip.** Danach müssen für jeden Patienten soviele Diagnosen gestellt werden, **wie für die vollständige Abbildung der Symptomatik** notwendig sind. Streng phänomenologischen Gesichtspunkten folgend wurde die Subsummierung multipler Symptome unter eine einzige Diagnose damit aufgegeben. Hauptdiagnose ist dabei in aller Regel die Diagnose mit der größten aktuellen klinischen Bedeutung.

E. Das Prinzip der **Multiaxialität,** d.h. die getrennte diagnostische Erfassung bestimmter Aspekte auf verschiedenen Achsen wurde erstmals in einem offiziellen Diagnosensystem berücksichtigt, wobei im DSM-III-R 5 Achsen vorgesehen wurden:

Achse I:	Klinische Syndrome
Achse II:	Entwicklungs- und Persönlichkeitsstörungen
Achse III:	Körperliche Störungen und Zustände
Achse IV:	Schweregrad psychosozialer Belastungsfaktoren
Achse V:	Globalbeurteilung des psychosozialen Funktionsniveaus

2.3 Klassifikation einzelner Störungsgruppen

Auf der Ebene neurotischer und psychosomatischer Störungen hatten diese Entwicklungen eine teilweise Auflösung der traditionellen Entitäten zur Folge. Während die ICD-9 unter der Hauptkategorie 300 noch die verschiedenen neurotischen Störungen zumindest unter symptomatologischen Gesichtspunkten anordnete, wurde im DSM-III bzw. im DSM-III-R der Neurosenbegriff aufgegeben und die Störungen unter vorwiegend phänomenologischen Aspekten geordnet. Um eine gewisse Kompatibilität mit der ICD-9 aufrechtzuerhal-

Tabelle 2-3: Abschnitte der ICD-10, in denen neurotische und psychosomatische Störungen der ICD-9 klassifiziert werden

F3	**Affektive Störungen**
F32	Depressive Episode
F33	Rezidivierende depressive Störungen
F34	Anhaltende affektive Störungen
F4	**Neurotische, Belastungs- und somatoforme Störungen**
F40	Phobische Störungen
F41	Andere Angststörungen
F42	Zwangsstörung
F43	Reaktionen auf schwere Belastung und Anpassungsstörungen
F44	Dissoziative Störungen (Konversionsstörungen)
F45	Somatoforme Störungen
F48	Andere neurotische Störungen
F5	**Verhaltensauffälligkeiten mit körperlichen Störungen und Faktoren**
F50	Eßstörungen
F51	Nicht-organische Schlafstörungen
F52	Sexuelle Funktionsstörungen, nicht verursacht durch eine organische Störung oder Erkrankung
F53	Psychische oder Verhaltensstörungen im Wochenbett, nicht andernorts klassifizierbar
F54	Psychische Faktoren oder Verhaltenseinflüsse bei andernorts klassifizierten Erkrankungen
F6	**Persönlichkeits- und Verhaltensstörungen**

ten, wurden die Kodierungen der Störungen, soweit möglich, parallelisiert. Die ICD-10 orientiert sich zwar an dem Vorbild des DSM-III-R, weist aber, wie im folgenden anhand ausgesuchter affektiver, neurotischer und psychosomatischer Störungen gezeigt werden soll, eine Reihe von Besonderheiten auf. In der ICD-10 werden die neurotischen und psychosomatischen Störungen der ICD-9 in vier Abschnitten angeordnet, die nach dieser Übersicht (vgl. Tabelle 2-3) im folgenden näher charakterisiert werden. Die depressiven Störungen werden abgesehen von den psychogenen Reaktionen und Anpassungsstörungen im Abschnitt F3 affektive Störungen klassifiziert. Im Abschnitt F4 werden «neurotische, Belastungs- und somatoforme Störungen» abgebildet, im Abschnitt F5 «Verhaltensauffälligkeiten mit körperlichen Störungen und Faktoren». Mit diagnostischen Kategorien des Abschnitts F6 werden «Persönlichkeits- und Verhaltensstörungen» klassifiziert.

2.3.1 Angst- und Zwangsstörungen

Kaum ein Störungsbereich in der operationalen Diagnostik ist so umstritten, wie der der Angststörungen. Wurden bereits im DSM-III-R die ICD-9-Kategorien Phobie und Angstneurose aufgelöst, so vollzieht die ICD-10 die-

Tabelle 2-4: Die Veränderungen bei der Klassifikation von Angststörungen

ICD-9	DSM-III-R	ICD-10	
Phobie		**F40**	**Phobische Störung**
(300.2)	**Agoraphobie**	F40.0	Agoraphobie
	ohne Panikstörung	.00	ohne Panikstörung
		.00	mit Panikstörung
	Soziale Phobie	F40.1	Soziale Phobien
		F40.2	Spezifische (isolierte) Phobien
	Einfache Phobie	F40.8	Andere
		F40.9	Nicht näher bezeichnete
Angstneurose		**F41**	**Andere Angststörungen**
(300.0)	**Panikstörung** (mit/ohne Agoraphobie)	F41.0	Panikstörung
	Generalisierte Angststörung	F41.1	Generalisierte Angststörung
		F41.2	Angst- und depressive Störung, gemischt
		F41.3	Andere gemischte Angststörungen
		F41.8	Andere
		F41.9	Nicht näher bezeichnete

sen Schritt im wesentlichen nach (vgl. Tabelle 2-4). Im Unterschied zum DSM-III-R wird der Panikstörung (Kategorie F41.0) allerdings eine weniger große Bedeutung zugewiesen, da diese Diagnose nur in Abwesenheit phobischer Störungen gestellt werden darf und bei der Agoraphobie (F40.0) lediglich als Indikator des Schweregrades genutzt wird.
Eine Besonderheit in der ICD-10 stellen die Kategorien F41.2 und F41.3 dar, mit denen gemischte Zustandsbilder erfaßt werden sollten, bei denen depressive und Angstsymptome in gleicher Gewichtung und zeitlich parallel auftreten. Tendenziell wird damit das Prinzip der Komorbidität verletzt, zumal sich alternativ eine diagnostische Erfassung durch zwei spezifischere Kategorien aus beiden Störungsbereichen anbietet.

Tabelle 2-5: Gegenüberstellung diagnostischer Einschätzungen ICD-9 vs. ICD-10
ICD-9: 300.0 Angstneurose

	ICD-10-Merkmalslistenstudie (n = 42 Patienten)	Forschungskriterienstudie (n = 212 Einschätzungen)
F40.0 Agoraphobie	19.0 %	7.1 %
F40.1 soziale Phobie	–	1.9 %
F41.0 Panikstörung	23.8 %	21.7 %
F41.1 gen. Angststörung	28.6 %	63.2 %
F41.2 gem. Angststörung	16.7 %	1.9 %
andere	11.9 %	4.2 %

Die Tabelle 2-5 gibt einen Überblick zur Gegenüberstellung diagnostischer Einschätzungen von Angststörungen ICD-9 vs. ICD-10. Berücksichtigt wurden parallele diagnostische Einschätzungen verschiedener Kliniker aus 2 größeren multizentrischen Studien. Der ICD-10-Merkmalslistenstudie (Dittmann et al., 1992; Freyberger et al., 1992a) lagen Ratings auf der Grundlage der klinisch-diagnostischen Leitlinien der ICD-10 zugrunde, die Ratings aus der derzeit laufenden ICD-10-Forschungskriterienstudie (Freyberger et al. 1991b) erfolgten auf der Grundlage der restriktiver formulierten Forschungskriterien. Wie aus Tabelle 5 hervorgeht, ist die in der ICD-10 erfolgte Auflösung der alten ICD-9-Kategorie Angstneurose erwartungsgemäß mit einer diagnostischen Aufsplitterung verbunden. Die sich in der ICD-10 in erster Linie als diagnostische Ersatzkategorien anbietende Panikstörung und die generalisierte Angststörung bilden, werden die klinisch-diagnostischen Leitlinien zugrundegelegt, zusammen 52.4 % der Diagnosen ab. Panikstörung und generalisierte Angststörung zusammen erfassen auf der Ebene der Forschungskriterien 84.9 % der Angstneuroseeinschätzungen, wobei es hier zu einer Verschiebung zugunsten der generalisierten Angststörung kommt.

Tabelle 2-6: Die Veränderungen bei der Klassifikation von Zwangsstörungen

ICD-9	DSM-III-R	ICD-10	
Zwangsneurose (300.3)	**Zwangsstörung**	**F42**	**Zwangsstörung**
		F42.0	Vorwiegend Zwangsgedanken oder Grübelzwang
		F42.1	Vorwiegend Zwangshandlungen
		F42.2	Zwangsgedanken und -handlungen, gemischt
		F42.8	Andere
		F42.9	Nicht näher bezeichnete

In Abhebung zur ICD-9 und zum DSM-III-R werden die Zwangsstörungen in der ICD-10 gemäß der vorherrschenden Zwangssymptomatik weiter klassifiziert (vgl. Tabelle 2-6). Gerade dieser klassifikatorische Ansatz verdeutlicht ein Prinzip operationaler Diagnostik: Die Reduktion diagnostischer Kriterien und Symptome auf beobachtbare Merkmale. Diese werden dann soweit formalisiert und geordnet, daß sinnvolle deskriptive diagnostische Klassen entstehen.

2.3.2 Depressive Störungen

Diesem Prinzip folgt auch die operationale Klassifikation depressiver Störungen. Wie bereits oben angedeutet wurde, wird im DSM-III-R und der ICD-10 die für die ICD-9 noch grundlegende Dichotomisierung zwischen neurotischer und endogener Depression aufgegeben (vgl. Tabelle 2-7). Bereits bei dem Konzept der sog. «major depression» im DSM-III-R werden verlaufsorientiert einerseits einzelne Episoden von rezidivierenden depressiven Störungen unterschieden und andererseits der Remissionsgrad beurteilt. Die allein an psychopathologischen Merkmalen und Angaben zur Dauer der Symptomatik operationalisierte Schweregradeinteilung (leicht/mittelgradig/schwer), findet sich auch in der ICD-10 wieder.
In der ICD-10 wird bei der verlaufsorientierten Klassifikation zwischen Episode, rezidivierender und anhaltender affektiver Störung unterschieden. Neben einer Schweregradeinteilung leicht/mittelgradig/schwer werden hier zudem sog. somatische sowie psychotische Symptome herangezogen. Damit trägt die ICD-10 der in einer Reihe von Studien aufgezeigten Bedeutung spezifischer somatischer und psychotischer Phänomene durch zusätzliche Kodierungen mit der 4. und 5. Stelle Rechnung.
Für die neurotische Depression (ICD-9: 300.4) wurde sowohl im DSM-III-R als auch in der ICD-10 als wesentliche korrespondierende Kategorie die sog. dysthyme Störung zur Verfügung gestellt. Die tatsächliche empirische Verteilung der ICD-9-Kategorie neurotische Depression über die ICD-10-Katego-

Tabelle 2-7: Die Veränderungen bei der Klassifikation von depressiven Störungen

ICD-9	DSM-III-R Major Depression	ICD-10 Depressive Störungen	
Endogene Depression	**Einzelne Episode**	**F32**	**Depressive Episode**
(296.1)	leicht	F32.0	Gegenwärtig leicht
		.00	ohne somatische Symptome
		.01	mit somatischen Symptomen
	mittel	F32.1	Gegenwärtig mittelgradig
		.10	ohne somatische Symptome
		.11	mit somatischen Symptomen
	schwer (ohne/mit	F32.2	Gegenwärtig schwer, ohne psychotische Symptome
	psychotischen Merkmalen)	F32.3	gegenwärtig schwer, mit psychotischen Symptomen
	(partiell/voll remittiert)	F32.8	Andere
		F32.9	Nicht näher bezeichnete
	Rezidivierende Störung	**F33**	**Rezidivierende depressive Störungen**
	leicht	F33.0	Gegenwärtig leicht
		.00	ohne somatische Symptome
		.01	mit somatischen Symptomen
	mittel	F33.1	Gegenwärtig mittelgradig
		.10	Ohne somatische Symptome
		.11	Mit somatischen Symptomen
	schwer (ohne/mit	F33.2	Gegenwärtig schwer, ohne psychotische Symptome
	psychotischen Merkmalen)	F33.3	Gegenwärtig schwer, mit psychotischen Symptomen
	(partiell/voll remittiert)	F33.4	Gegenwärtig remittiert
		F33.8	Andere
		F33.9	Nicht näher bezeichnete
		F34	**Anhaltende affektive Störungen**
Neurotische Depression (300.4)	**Dysthyme Störung**	F34.1	Dysthymia
		F34.8	Andere
		F34.9	Nicht näher bezeichnete

rien zeigt jedoch, daß sowohl auf der Ebene der diagnostischen Leitlinien als auch der Forschungskriterien die Kategorien depressive Episode und rezidivierende depressive Störung relevante Häufigkeiten abbilden (vgl. Tabelle 2-8). Der mit 32.5 % ungewöhnlich hohe Prozentsatz anderer Störungen bei der

Tabelle 2-8: Gegenüberstellung diagnostischer Einschätzungen ICD-9 vs. ICD-10
ICD-9: 300.4 neurotische Depression

	ICD-10-Merkmalslistenstudie (n = 80 Patienten)	ICD-10-Forschungskriterienstudie (n = 43 Einschätzungen)
F32.x depressive Episode	16.3 %	2.3 %
F33.x rez. depressive Störung	25.0 %	32.6 %
F34.1 Dysthymia	58.7 %	32.6 %
andere	–	32.5 %

Klassifikation mit den ICD-10-Forschungskriterien ist dabei im wesentlichen auf die Zuweisung zu diagnostischen Restkategorien zurückzuführen.

2.3.3 Andere neurotische und psychosomatische Störungen

Die Klassifikation psychogener Reaktionen (ICD-9: 308) und Anpassungsstörungen (ICD-9: 309) innerhalb der ICD-9 ist weitgehend mit den Kategorien in der ICD-10 kompatibel. Wie auch im DSM-III und im DSM-III-R wurde in der ICD-10 eine neue diagnostische Kategorie posttraumatischer Belastungsstörungen eingeführt, mit der den besonderen Charakteristika psychischer Störungen nach Extrembelastungen Rechnung getragen wird. Demgegenüber ergibt sich bei der Klassifikation somatoformer und im weitesten Sinne psychosomatischer Störungen ein unübersichtliches Bild (vgl. Tabelle 2-9). Wurden die funktionellen Störungen der ICD-9 (Kategorie 306) in der ICD-10 unter der Kategorie F45.3 noch weitgehend korrespondierend abgebildet, kommt es sowohl bei der hypochondrischen (ICD-9: 300.7) als auch der hysterischen Neurose (ICD-9: 300.1) zu einer erheblichen Aufsplitterung. Dabei wird die hypochondrische Neurose je nach Akzentuierung der Beschwerden jetzt mit den Kategorien F45.0–F45.3 klassifiziert. Die Konversionsstörungen werden in der ICD-10 in der Gruppe der dissoziativen Störungen (F44) zusammengefaßt. Dabei werden nicht weniger als 14 diagnostische Subkategorien zur Verfügung gestellt, mit denen rein phänomenologisch klassifiziert wird. Nacheinander erscheinen dort etwa die dissoziative Amnesie (F44.0), der dissoziative Stupor (F44.2), Trance und Besessenheitszustände (F44.3) und dissoziative Bewegungsstörungen (F44.4) als eigenständige diagnostische Kategorien.
Im DSM-III-R werden die Konversionsstörungen demgegenüber den somatoformen Störungen zugeordnet, während die dissoziativen Störungen eine relativ homogene eigene Gruppe bilden.
Zu umfassenden und folgenreichen klassifikatorischen Veränderungen ist es auch im Bereich der im engeren Sinne psychosomatischen Störungen gekom-

Tabelle 2-9: Die Veränderungen bei der Klassifikation anderer neurotischer und psychosomatischer Störungen I

ICD-9	DSM-III-R	ICD-10	
Psychogene Reaktion (308)		**F43**	**Reaktion auf schwere Belastung und Anpassungsstörungen**
Anpassungsstörungen (309)	Anpassungsstörungen		
	Somatoforme Störungen	**F45**	**Somatoforme Störungen**
	Somatisierungsstörung	F45.0	Somatisierungsstörung
	undiff. somatoforme Störung	F45.1	Undiff. Somatisierungsstörung
Hypochondrische Neurose (300.7)	Hypochondrie	F45.2	Hypochondrische Störung
Funktionsstörungen (300.6)		F45.3	somatoforme autonome Funktionsstörung
	Somat. Schmerzstörung	F45.4	somatoforme Schmerzstörung
	Andere somat. Störungen	F45.8	Andere
		F45.9	Nicht näher bezeichnete
	Körperdysmorphe Störung		
Hysterische Neurose (300.1)	Konversionsstörung		
	Dissoziative Störungen	**F44**	**Dissoziative Störungen (Konversionsstörungen)**

men (vgl. Tabelle 2-10). Läßt sich die ICD-10-Differenzierung der Eßstörungen in Anorexie und Bulimie mit jeweils typischen und atypischen Formen noch als Fortschritt interpretieren, so konnten sich die Autoren der ICD-10 nicht dazu entschließen, psychosomatischen Erkrankungen wie etwa Asthma bronchiale, Morbus Crohn und Colitis ulcerosa im Kapitel zu den psychischen Störungen aufzuführen. Diese Störungen sind im Kapitel zu den internistischen Erkrankungen zu klassifizieren. Im Kapitel V findet sich lediglich die nicht weiter differenzierte Restkategorie F54, mit der psychologische und Verhaltenseinflüsse erfaßt werden sollen, die eine wesentliche Rolle in der Ätiologie dieser Erkrankungen spielen.

Demgegenüber wird den Schlafstörungen (F51) in der ICD-10 mit insgesamt 9 Subkategorien eine besondere Stellung eingeräumt.

Tabelle 2-10: Die Veränderungen bei der Klassifikation anderer neurotischer und psychosomatischer Störungen II

ICD-9	DSM-III-R	ICD-10
Spezielle, nicht klassifizierbare Symptome und Syndrome (307)	(bei Störungen in der Kindheit und Jugend)	F50 **Eßstörungen**
	Schlafstörungen	F51 **nicht-organische Schlafstörungen**
Sexuelle Verhaltensabweichungen und Störungen (302)	sexuelle Funktionsstörungen	F52 **sexuelle Funktionsstörungen**
Anderweitig klassifizierte Erkrankungen, bei denen psychische Faktoren eine Rolle spielen (316)	körperlicher Zustand, bei dem physische Faktoren eine Rolle spielen	F54 **psychische Faktoren und Verhaltenseinflüsse bei andernorts klassifizierten Erkrankungen**
		F59 **nicht näher bezeichnete Verhaltensauffälligkeiten mit körperlichen Störungen oder Faktoren**

Die sexuellen Verhaltensabweichungen und Störungen in der ICD-9 (Kategorie 302) werden in der ICD-10 in zwei Hauptkategorien geteilt. Die sexuellen Funktionsstörungen werden im Abschnitt F52, die Störungen der Geschlechtsidentität (F64) und Sexualpräferenz (F65) im Abschnitt über Persönlichkeitsstörungen abgebildet.

2.4 Empirische Ergebnisse zur Interraterreliabilität und zur Konkordanz ausgewählter diagnostischer Hauptkategorien in der ICD-10

Diese klassifikatorischen Veränderungen waren 1987–1989 Gegenstand einer von der Weltgesundheitsorganisation (WHO) initiierten internationalen Feldstudie (vgl. Sartorius et al., 1993; Dilling et al., 1990; Freyberger et al., 1990a,b), an der 113 Zentren mit 721 Diagnostikern aus 40 Ländern teilnahmen. Überprüft wurde die vorläufige Fassung 1988 der klinisch diagnostischen Leitlinien. Ohne auf die methodischen Einzelheiten der Untersuchung näher einzugehen (vgl. hierzu Sartorius et al., 1993; Dilling et al., 1990), sollen die Ergebnisse zur Interraterreliabilität ausgewählter diagnostischer Kategorien zunächst zeigen, daß der operationale Ansatz der ICD-10 im Vergleich zu den traditionellen Systemen sehr wohl seinen Anspruch reliablerer diagnosti-

Tabelle 2-11: Zufallskorrigierte Interraterreliabilität (Kappa) ausgewählter ICD-10-Kategorien aus der Feldstudie zur Einführung der klinisch-diagnostischen Leitlinien der ICD-10

Kategorie		Internationale Ergebnisse	Ergebnisse der Studie in den deutschsprachigen Ländern
F3	**Affektive Störungen**	.76	.68
F4	**Neurotische, Belastungs- und somatoforme Störungen**	.72	.61
F40	Phobische Störungen	.59	n < 20 Ratings
F41	Andere Angststörungen	.54	.57
F42	Zwangsstörungen	.79	.92
F43	Reaktion auf schwere Belastungen und Anpassungsstörungen	.57	.24
F44	Dissoziative Störungen	.70	.82
F45	Somatoforme Störungen	.66	.52
F5	**Verhaltensauffälligkeiten mit körperlichen Störungen und Faktoren**	.83	.63
F50	Eßstörungen	.89	.54

scher Kategorien einlöst. Mit zufallskorrigierten Kappakoeffizienten zwischen .54 und .79 auf der Ebene der internationalen Ergebnisse und zwischen .24 und .92 auf der Ebene der Ergebnisse in den deutschsprachigen Ländern wird eine z. T. erhebliche Steigerung der Reliabilität erreicht (vgl. Tabelle 2-11). Dabei ist noch zu berücksichtigen, daß aufgrund des niedrigen Vertrautheitsgrades der teilnehmenden Kliniker mit der neuen Klassifikation die Reliabilität im Vergleich zu anderen Studien dieser Art eher zu niedrig bewertet wurde. Ein anderes Ergebnis aus dieser Untersuchung betrifft die Frage, ob die Patienten in den verschiedenen diagnostischen Systemen vergleichbaren diagnostischen Hauptkategorien zugeordnet werden. Wie sich bereits am Beispiel der Angststörungen und depressiven Störungen zeigte, kommt es auf der Ebene diagnostischer Subkategorien im Vergleich der Systeme zu erheblichen Aufsplitterungen und Verschiebungen. Wie jedoch Tabelle 2-12 zeigt, liegen die Übereinstimmungsraten bei den wesentlichen diagnostischen Hauptkategorien in einem befriedigenden Bereich zwischen etwa 80–100 %. Dabei liegen dieser Tabelle parallel gestellte Diagnosen bei insgesamt 35 Patienten zugrunde, so daß die Konkordanz zwischen den Systemen möglicherweise überschätzt wurde (vgl. Freyberger 1990a). Daß dabei vor allem die schizophrenen und schizoaffektiven Störungen eine hohe Konkordanz zeigen, hängt mit der weitgehenden Kompatibilität der formulierten Subkategorien zusammen.

Tabelle 2-12: Konkordanz von Diagnosen nach ICD-9 vs. ICD-10 und DSM-III vs. ICD-10

Diagnostische Kategorien	Übereinstimmung mit ICD-10		
	n	P	Kappa
ICD-9-Diagnosen:			
Schizophrene Störungen (außer schizoaffektive)	105	94.3	.93
Schizoaffektive Störungen	67	94.0	.92
Affektive Störungen	101	95.0	.78
Neurotische Störungen	105	80.8	.85
DSM-III-Diagnosen:			
Schizophrene Störungen	85	95.3	.93
Schizoaffektive Störungen	35	100.0	1.00
Affektive Störungen	68	95.6	.97
Neurotische Störungen	60	98.3	.98

5.5 Diskussion und Schlußfolgerungen

Diese vergleichsweise hohen Übereinstimmungsraten können jedoch nicht darüber hinwegtäuschen, daß sich die psychiatrische Diagnostik zur Zeit in einem, wie es Saß (1987) genannt hat, «polydiagnostischen Dilemma» befindet. Die Vielzahl miteinander konkurrierender Klassifikationsentwürfe (in der Schizophrenieforschung werden derzeit mindestens 11 verschiedene operationalisierte Diagnosensysteme angewendet) führen zu einer fortlaufenden Infragestellung neuerer Forschungsergebnisse. Die verschiedenen Systeme unterscheiden sich dabei vor allem in ihren Subtypisierungen und bei den im einzelnen formulierten Zeit- und Verlaufskriterien (vgl. Freyberger et al. 1992b) und stellen damit die eigentlich mit der operationalen Diagnostik intendierte bessere Vergleichbarkeit von Forschungsergebnissen in Frage. Vor diesem Hintergrund wird von zahlreichen Autoren mit der derzeit erfolgenden Einführung der ICD-10 die Hoffnung verknüpft, daß sich durch diese internationale Klassifikation eine zunehmende Vereinheitlichung der Systeme durchsetzen wird. Hinsichtlich der für 1993 zu erwartenden Einführung des DSM-IV ist eine weitgehende Kompatibilität mit der ICD-10 zu erwarten (Frances et al. 1991), zumal sich die zugehörigen Arbeitsgruppen in einer Reihe von Koordinationstreffen um eine Abstimmung bemüht haben.
Grundsätzlich kann auch kein Zweifel daran bestehen, daß sich die operationalisierte Diagnostik in der wissenschaftlichen Praxis bereits durchgesetzt hat. Nachdem mittlerweile, wie bereits eingangs erwähnt, die Verwendung opera-

tionaler Systeme heute von Drittmittelgebern bei Forschungsprojekten und bei Veröffentlichungen in namhafteren Zeitschriften vorausgesetzt wird, deutet sich jetzt ein weiterer Trend an. Bereits jetzt wird von Experten vorausgesagt, daß sich in einigen Jahren die Verwendung strukturierter bzw. standardisierter Interviews für die Diagnosenstellung in wissenschaftlichen Arbeiten durchsetzen wird.

In der klinischen Praxis wird sich demgegenüber die operationale Diagnostik erst langsam durchsetzen können und aufgrund der mit ihr verbundenen Aufgabe praxisrelevanter Konzepte zunächst eher skeptisch betrachtet werden.

Die Gegenüberstellung der verschiedenen operationalen Systeme und ihr Vergleich mit traditionellen diagnostischen Ansätzen kann dreierlei zeigen:

1. Die prinzipiellen Vorteile operationaler gegenüber traditionellen Ansätzen scheinen in der homogeneren Beschreibung diagnostischer Subgruppen und der besseren Reliabilität dieses Klassifikationsansatzes zu liegen. Die relativ systematische Einbeziehung von Zeit- und Verlaufskriterien und vor allem von teilweise hierarchisierten Schweregradeinteilungen könnte in diesem Zusammenhang dafür sorgen, daß Diagnosen möglicherweise vergleichbarer werden. Nicht verheimlicht werden sollte allerdings, daß Fragen der diagnostischen Validität dieser Systeme noch völlig unzureichend untersucht wurden.
2. Die prinzipiellen Nachteile operationaler Systeme stehen in einem engen Zusammenhang mit dem hinsichtlich der Ätiologie atheoretischen und deskriptiven Anspruch. Dabei darf nicht vergessen werden, daß selbstverständlich DSM-III, DSM-III-R und die ICD-10 sauch nicht ohne allerdings verdeckte ätiologische Annahmen auskommen. Mit der Reduktion der Klassifikation auf vermeintlich objektive Deskription einfacher Verhaltensdaten läuft die diagnostische Situation Gefahr, sich differenzierter psychopathologischer und psychodynamischer Erhebungsmethoden zu berauben. Gerade dies setzt die klinische Brauchbarkeit der operationalen Ansätze herab und könnte dazu führen, daß sie nach Art eines «Feigenblattes» verwendet werden. Dies wird inzwischen selbst von biologisch orientierten Psychiatern so gesehen und hat dazu geführt, multiaxiale Ansätze zu erarbeiten und die mit der operationalen Diagnostik verbundenen Interviewverfahren aus dieser Perspektive zu kritisieren.
3. Aus dem bisher gesagten geht hervor, daß die Schwierigkeit operationaler Ansätze auch darin besteht, daß sie mit dem biologisch-psychiatrischen Validierungsparadigma des Krankheitsmodells verknüpft sind. Die dabei relevanten Validierungsebenen psychopathologische Symptomatologie, genetische und biologische Untersuchungsdaten, Verlauf und Ansprechen auf bestimmte Medikamente sind nicht unumstritten.

Die Standortbestimmung der Psychiatrie gegenüber operationalen Diagnosensystemen ist, wie bereits erwähnt, in Grundzügen bereits abgeschlossen. Die ICD-10 wird in den nächsten Jahren in den Mitgliedsländern der Weltgesund-

heitsorganisation eingeführt und aller Wahrscheinlichkeit nach zum am weitesten verbreiteten Instrument werden. Das ICD-System hat damit den mit der Veröffentlichung des DSM-III verbundenen Vorsprung eingeholt. Das für 1993 zu erwartende DSM-IV wird nicht zuletzt aufgrund seiner restriktiven Operationalisierung verschiedener Störungen vorwiegend mit den Forschungskriterien der ICD-10 in Konkurrenz stehen, wobei daran zu erinnern bleibt, daß es sich bei der ICD um eine internationale und bei dem DSM um eine nationale Klassifikation handelt.
Eine Standortbestimmung vor allem der psychoanalytisch orientierten Psychosomatik und Psychotherapie steht noch aus. Nach einer z. T. heftig geführten Diskussion, vor allem auf Seiten amerikanischer Psychoanalytiker, um die Einführung des DSM-III (vgl. Schneider und Freyberger, 1990), wurden operationale Systeme eher stiefmütterlich behandelt. Fast heimlich fanden sie jedoch breiten Eingang in wissenschaftliche Projekte, ohne daß den deskriptiven Ansätzen brauchbare psychodynamische Konzepte gegenübergestellt wurden. Nach jahrelanger Abstinenz in diesem Bereich ist es gelungen, im Rahmen der multizentrischen Akzeptanz- und Interraterreliabilitätsstudie zur Einführung der ICD-10-Forschungskriterien neben 13 erwachsenpsychiatrischen und 10 kinder- und jugendpsychiatrischen Zentren auch 11 psychosomatische Zentren zur Mitarbeit zu gewinnen. Insofern ist eine Standortbestimmung der Psychosomatik und Psychotherapie gegenüber operationalen Systemen im Gange (vgl. hierzu Schneider et al., 1993). Welchen Weg diese Standortbestimmung gehen wird, deutet nicht zuletzt die Entwicklung des multiaxialen Systems zum DSM-IV an, in dem zumindest optionale psycho-

Tabelle 2-13: Das multiaxiale System des Kapitels V der ICD-10

Achsen		Operationalisierungen der Achsen
I	Klinische Diagnosen	Psychiatrische Diagnosen (Kapitel V) Somatische Diagnosen (aus den anderen Kapiteln der ICD-10)
II	Behinderungen	Disability Assessment Scale der WHO – individuelle soziale Kompetenzen – berufliche Funktionsfähigkeit – familiäre Funktionsfähigkeit – soziales Verhalten
III	Abnorme psychosoziale Situationen	– Entwicklung in der Kindheit – Erziehungsprobleme – Schwierigkeiten in der sozialen Umgebung – besondere berufliche Probleme – juristische u. andere psychosoziale Schwierigkeiten – Familienanamnese psychiatrischer Störungen usw.

dynamische Achsen, wie etwa Abwehrmechanismen oder Aspekte der Krankheitsverarbeitung, einbezogen werden.
Ein multiaxiales System für die ICD-10 befindet sich gegenwärtig in Vorbereitung (vgl. Mezzich, 1992). Es sieht zunächst drei Achsen vor, mit denen klinische Diagnosen, Behinderungen und besondere psychosoziale Situationen erfaßt werden sollen. Für die Adaption operationaler Systeme in der Psychosomatischen Medizin und Psychotherapie wäre es denkbar, daß diese dem Beispiel der Kinder- und Jugendpsychiatrie folgt, und eigene optionale diagnostische Achsen entwickelt.

Literatur

American Psychiatric Association (1980): Diagnostic and statistical manual of mental disorders (3rd edition) (DSM-III), APA, Washington DC: APA

American Psychiatric Association (1987): Diagnostic and statistical manual of mental disorders (3rd edition), revised (DSM-III-R). Washington DC: APA. Deutsch: Diagnostisches und statistisches Manual psychischer Störungen: DSM-III-R. Deutsche Bearbeitung und Einführung von Wittchen, H. U, Saß, H., Zaudig, M. und Koehler, K. Weinheim und Basel: Beltz-Verlag 1989

Beck A.T., Ward C., Mendelson M., Mock J., Erbaugh J. (1962): Reliability of psychiatric diagnoses: 2. A study of consistency of clinical judgements and ratings. Am. J. Psychiatry 119: 210–216

Cohen J. (1960): A coefficient of agreement of nominal scales. Educational and Psychological Measurement 20: 47–46

Cooper J.E., Kendell R.E., Gurland B.J., Sharpe L., Copeland J.R.M., Simon R. (19722): Psychiatric diagnosis in New York and London. London: Oxford University Press. Maudsley Monograph No. 20

Dilling H., Dittmann V. (1990): Die psychiatrische Diagnostik nach der 10. Revision der Internationalen Klassifikation der Krankheiten. Nervenarzt 61: 259–270

Dilling H., Dittmann V., Freyberger H.J. (Copy-Eds.) (1990). ICD-10-field trial in German-speaking countries. Pharmacopsychiatry 23: 135–216

Dilling H., Mombour W., Schmidt M.H. (1991): Internationale Klassifikation psychischer Störungen. ICD-10, Kapitel V (F). Klinisch-diagnostische Leitlinien. Verlag Hans Huber, Bern–Göttingen–Toronto

Dittmann V., Dilling H. & Freyberger H.J. (Hrsg.) (1992): Psychiatrische Diagnostik nach ICD-10 – klinische Erfahrungen bei der Anwendung. Ergebnisse der ICD-10-Merkmalslistenstudie. Huber-Verlag, Bern

Endicott J., Spitzer R.L. (1978): A diagnostic interview: The schedule for affective disorders and schizophrenia. Arch Gen Psychiatry 35: 837–844

Feighner J.P., Robins E., Guze S.B., Woodruff R.A., Winokur G. & Munoz R. (1972): Diagnostic criteria for use in psychiatric research. Archives of General Psychiatry, 26: 57–63

Frances A., Pincus H.A., Widiger T.A., Wakefield Davis W., First M.B. (1990b). DSM-IV: Work in progress. Am. J. Psychiatry 147: 1439–1448

Freyberger H.J., Dittmann V., Stieglitz R.-D., Dilling, H. (1990a): ICD-10 in der Erprobung: Ergebnisse einer multizentrischen Feldstudie in den deutschsprachigen Ländern. Nervenarzt 61: 271–275

Freyberger H.J., Stieglitz R.D., Berner P. (1990b): Neurotic, stress-related and somatoform disorders (section F4) and physiological dysfunction associated with mental or behavioural factors: Results of the ICD-10 field trial. Pharmacopsychiatry 23: 165–170

Freyberger H.J., Dittmann V., Stieglitz R.D. (1992): Zur empirischen Relevanz diagnostischer Zeit- und Verlaufskriterien bei schizophrenen und affektiven Störungen in der ICD-10. In: Dittmann V., Dilling H. & Freyberger H.J (Hrsg.): Psychiatrische Diagnostik nach ICD-10 – klinische Erfahrungen bei der Anwendung. Ergebnisse der ICD-10-Merkmalslistenstudie. Huber-Verlag, Bern, 143–152

Freyberger H.J., Engel R.R., Kanitz R.D. (1992): Die Verteilung von Diagnosen in verschiedenen Systemen – ein Vergleich von ICD-9-, ICD-10- und DSM-III-R-Diagnosen. In: Dittmann V., Dilling H. & Freyberger H.J. (Hrsg.): Psychiatrische Diagnostik nach ICD-10 – klinische Erfahrungen bei der Anwendung. Ergebnisse der ICD-10-Merkmalslistenstudie. Huber-Verlag, Bern, 121–130

Freyberger H.J., Stieglitz R.D., Dilling H. (1991c): Konzept und Versuchsplan der ICD-10-Forschungskriterienstudie in den deutschsprachigen Ländern. Unveröffentlichtes Manuskript, Klinik für Psychiatrie der Medizinischen Universität Lübeck

Laing R.D. (1965): The divided self. Penguin, London

Landis J.R., Koch G.G. (1977): The measurement of observer agreement for categorical data. Biometrics 33: 159–174

Maurer K., Hillig A. (1990): Vorläufige deutsche Übersetzung der «Schedules for Clinical Assessments in Neuropsychiatry (SCAN)». Unveröffentlichtes Manuskript. Mannheim: ZI.

Maurer K., Hillig A., Freyberger H.J., Velthaus S. (1991): Erfahrungen mit dem PSE-10 und den «Schedules for Clinical Assessment in Neuropsychiatry (SCAN)» im Rahmen einer multizentrischen Feldstudie. Schweiz. Arch. Neurol. Psychiat. 142: 225–235

Menninger K. (1963): The vital balance: The life process in mental health and illness. Viking Press, New York

Mezzich J.E. (1992): Multiaxiale Diagnostik und internationale Klassifikationsansätze in der Psychiatrie. Fundamente psychiatrica 6: 150–153

Philipp M., Maier W. (1989): Diagnosensysteme endogener Psychosen. Heidelberg, Berlin; Springer

Pull C.B., Pull M.C., Pichot P., Licet S. (1981): Une liste intégrée de critéres d' Evaluation taxonomique póur les psychoses nonaffectives. Journal de Psychiatrie biologique et thérapeutique 1: 44–37

Robins L.N., Wing J.K., Helzer J.E. (1985): WHO-ADAMHA Composite International Diagnostic Interview, revised 8/1/85. Geneva: World Health Organization

Saß H. (1987): Die Krise der psychiatrischen Diagnostik. Fortschr. Neurol. Psychiat. 55: 355–360

Sartorius N., Kaelber C.T., Cooper J.E., Roper M.T., Rae D.S., Gulbinat W., Üstun T.B., Regier D.A. (1993): Progress toward achieving a common language in psychiatry: results from the field trial acconpanying the WHO classification of Mental and Behavioural Disorders in ICD-10. Arch. Jen. Psychiatry 50: 115–124

Schneider W., Freyberger H.J. (1990): Diagnostik in der Psychotherapie unter beson-

derer Berücksichtigung deskriptiver Klassifikationssysteme. Forum der Psychoanalyse 6: 316–330
Schneider W., Hoffmann S. O. (1992): Diagnostik und Klassifikation neurotischer und psychosomatischer Störungen. Fundamenta psychiatrica 3, 137–142
Schneider W., Freyberger H. J., Muhs A., Schüßler G. (1993): Diagnostik und Klassifikation nach ICD-10. Eine kritische Auseinandersetzung. Van den Hoeck u. Ruprecht, Göttingen
Spitzer R., Fleiss J. L. (1974): A re-analysis of the reliability of psychiatric diagnosis. Brit. J. Psychiatry 125: 341–347
Spitzer R. L., Endicott J. & Robins E. (1975): Research Diagnostic Criteria. Psychopharmacological Bulletin, 11: 22–25
Spitzer R. L., Forman J. B. W., Nee J. (1979): DSM-III field trials: I. Initial interrater diagnostic reliability. Am. J. Psychiatry 136: 815–817
Spitzer R. L., Forman J. B. W. (1979): DSM-III field trials: II. Initial experience with the multiaxial system. Am. J. Psychiatry 136: 818–820
Szasz T. S. (1962): The myth of mental illness. Secker & Warburg, London
Szasz T. S. (1976): Schizophrenia: The sacred symbol of psychiatry. Br. J. Psychiatry 129: 300–316
Wing J. K., Birley J. L. T., Cooper J. E., Graham P., Isaacs A. D (1967): Reliability of a procedure for measuring and classifying «present psychiatric state». Br. J. Psychiatry 113: 499–515
Wing J. K., Babor T., Brugha T., Burke J., Cooper J. E., Giel R., Jablensky A., Regier D., Sartorius N. (1990). SCAN: Schedules for Clinical Assessment in Neuropsychiatry. Arch. Gen. Psychiat. 47: 589–593
Wittchen H. U (1991): ICD-10 und die Verhaltenstherapie? Verhaltenstherapie 1: 99–109
Wittchen H. U., Semler G. (1991): Composite International Diagnostic Interview. Interviewheft und Manual. Beltz Test, Weinheim, Basel
World Health Organization (1991a): ICD-10, 1991 Draft of Chapter V (F), Categories F00–F99. Mental and Behavioural Disorders (including disorders of psychological development). Clinical-diagnostical Guidelines. Geneva: WHO
World Health Organization (1991b): ICD-10, 1991 Draft of Chapter V (F), Categories F00–F99. Mental and Behavioural Disorders (including disorders of psychological development). Diagnostic Criteria for Research. Geneva: WHO
World Health Organization (1991c): ICD-10, 1991 Draft of Chapter V (F), Categories F00–F99. Mental and Behavioural Disorders (including disorders of psychological development) Short Glossary. Geneva: WHO

3 Selbst- und Fremdbeurteilung in der psychologisch-psychiatrischen Diagnostik und Therapieforschung

R.-D. Stieglitz

3.1 Einleitung

Die reliable und valide Erfassung klinisch bedeutsamer Variablen ist eine Grundvoraussetzung für die Evaluation der Effektivität therapeutischer Interventionen. Nicht zuletzt durch die Neuentwicklung psychologischer Behandlungsverfahren und ihre fortschreitende Differenzierung hat die therapiebezogene Diagnostik als ein wichtiger Teil des diagnostischen Prozesses an Bedeutung gewonnen (Wittchen, 1988).

Unter therapiebezogener Diagnostik sollen nach Wittchen (1988) diejenigen Untersuchungsmaßnahmen und Entscheidungsprozesse verstanden werden, die vor und im Verlauf einer Therapie

- zur selektiven bzw. adaptiven Indikation sowie
- zur Messung von Veränderungen und Therapieerfolg

eingesetzt werden (vgl. auch Baumann, 1981).

Selbst- und Fremdbeurteilungsverfahren kommt hierbei insbesondere im Hinblick auf die Evaluation eine wichtige Funktion zu. Bereits vor 15 Jahren konstatierten Baumann & Seidenstücker (1977) eine Überrepräsentativität beider Verfahrensgruppen gegenüber beispielsweise Verhaltensbeobachtungen oder objektiven Tests. Dieser Trend hat sich im Bereich klinisch-psychologischer und psychiatrischer Forschung und Praxis bis heute fortgesetzt, eher sogar noch verstärkt.

Im folgenden sollen beide Verfahrensgruppen voneinander abgegrenzt sowie ihre Möglichkeiten und Grenzen aufgezeigt werden. Es werden Evaluationskriterien vorgestellt, anhand derer es möglich ist, Verfahren zu beurteilen und auszuwählen.

Probleme und Möglichkeiten der Veränderungsmessung sollen angerissen werden sowie Überlegungen und empirische Ergebnisse zur Mehrebenendiagnostik diskutiert werden.

Die nachfolgenden Ausführungen beziehen sich hauptsächlich auf Selbst- und Fremdbeurteilungsverfahren, die beanspruchen,

- zeitvariable Merkmale i. S. von States zu erfassen und
- dimensionale (syndromatologische) Beschreibungen erlauben.

Abschließend werden Verfahren zur nosologischen Diagnostik vorgestellt.

Tabelle 3-1: Unterschiede und Gemeinsamkeiten von Selbst- und Fremdbeurteilungsverfahren (modifiziert nach Paykel & Norton, 1986)

	Selbstbeurteilung	Fremdbeurteilung
Untersuchte Bereiche		
– Subjektive Gefühle/ Stimmungen	ja	weniger
– verbale Berichte über Symptome	ja	ja
– beobachtbares Verhalten	nein	ja
Spezifität	mehr global	mehr spezifisch
Schweregrad der Störung	weniger schwer gestörte Patienten	ganze Bandbreite, ev. weniger sensitiv bei leichten Graden
Durchführung	Kooperation, Motivation, Konzentration	weniger Kooperation notwendig
Kosten	kurz, ökonomisch	länger, professionelle Rater
Potentielle Fehlerquellen	Response sets complaining sets	Rater sets und Fehler

3.2 Selbst- und Fremdbeurteilungsverfahren

3.2.1 Abgrenzung

Selbst- und Fremdbeurteilungsverfahren lassen sich anhand verschiedener Merkmale unterscheiden, haben jedoch auch eine Reihe von Gemeinsamkeiten, wie aus Tabelle 3-1 zu ersehen.

Wichtige Punkte sind hierbei u. a. die erfaßten Bereiche, der Differenziertheitsgrad, anwendungsbezogene Aspekte (z. B. Durchführbarkeit oder Kosten) oder mögliche Fehlerquellen. Auf einige dieser Punkte wird im folgenden noch näher eingegangen werden.

Betont werden muß an dieser Stelle jedoch ausdrücklich, daß die Trennung von Selbst- und Fremdbeurteilung letztlich natürlich keine absolute ist, denn fast alle Fremdbeurteilungsverfahren umfassen auch Items, die z. T. oder sogar ausschließlich auf Selbstaussagen basieren (vgl. z. B. AMDP: Stieglitz, 1992).

Eine Klassifikation und Einteilung der Verfahren ist nach verschiedenen Merkmalen möglich (z. B. Skalierung, Dimensionalität), die gebräuchlichste ist eine Einteilung anhand der erfaßten Bereiche.

Tabelle 3-2: Klinische Selbst- und Fremdbeurteilungsverfahren (Beispiele)

Bereich	Selbstbeurteilung	Fremdbeurteilung
Gesamtpsychopathologie	Self-Report Symptom Inventory (SCL-90; Derogatis et al., 1976)	AMDP-System (AMDP, 1979)
Depressivität	Depressivitäts-Skala (D-S; von Zerssen, 1976b)	Hamilton Depression Scale (HAMD; Hamilton, 1976)
	Beck Depressions Inventar (BDI; Beck et al., 1986)	Bech Rafaelsen Melancholia Scale (BRMES; Bech & Rafaelsen, 1986)
Ängstlichkeit	Self-Rating Anxiety Scale (SAS; Zung, 1976) State-Trait-Angst-Inventar (STAI; Laux et al., 1981)	Anxiety Status Inventory (ASI; Zung 1974)
Befindlichkeit/ Stimmung	Befindlichkeits-Skala (Bf-S; von Zerssen, 1976c) Eigenschaftswörterliste (EWL; Janke & Debus, 1978)	
Beschwerden	Beschwerden-Liste (B-L; von Zerssen, 1976d)	

Die klassischen Bereiche sind Depressivität, Ängstlichkeit, Befindlichkeit/ Stimmungen und Beschwerden. Hierzu gibt es eine Vielzahl von Verfahren. In Tabelle 3-2 konnten daher nur einige wenige exemplarisch aufgenommen werden (vgl. im Überblick Stieglitz, 1988; van Riezen & Segal, 1988). Wie man der Tabelle auch entnehmen kann, sind bestimmte Merkmalsbereiche nur durch Selbstbeobachtung zu erfassen (z. B. Beschwerden). Entsprechend gibt es natürlich auch Bereiche, die nur durch Fremdbeurteilungsverfahren erfaßt werden wie z. B. die Negativsymptomatik bei schizophrenen Patienten (vgl. Stieglitz, 1991). Letzterer Bereich gehört zu jenen, die in den letzten Jahren in das psychiatrische Forschungsinteresse getreten sind. Darüberhinaus sind Selbst- oder/und Fremdbeurteilungsverfahren zu zahlreichen anderen aktuellen Themenbereichen entwickelt worden wie z. B. Coping/Bewältigungsverhalten (vgl. Rüger et al., 1990) oder Lebenszufriedenheit/Wohlbefinden (vgl. Abele & Becker, 1991). Unter methodischem Aspekt sind zudem weitere Trends zu erkennen wie die Entwicklung von Interviews zur Erhöhung der Reliabilität bei Fremdbeurteilungsverfahren (vgl. z. B. Williams, 1988 zur Hamilton Depressions Skala) resp. von Kurzskalen (vgl. Stieglitz, 1988) oder Skalen zur klassifikatorischen Diagnostik (z. B. Zimmerman et al., 1986) bei den Selbstbeurteilungsverfahren.

3.2.2 Möglichkeiten und Grenzen von Selbst- und Fremdbeurteilungsverfahren

Betrachtet man die Literatur, so wird man feststellen, daß die Bandbreite der Einsatzmöglichkeiten von Selbst- und Fremdbeurteilungsverfahren fast unbegrenzt zu sein scheint. Diese große Bandbreite der Möglichkeiten ist sicherlich als ein wesentlicher Vorteil dieser Verfahrensgruppen anzusehen.

Tabelle 3-3: Anwendungsbereiche von Selbst- und Fremdbeurteilungsverfahren in Anlehnung an von Zerssen (1979)

Bereiche	Beispiele
Selektion	Auswahl von Patienten für Studien
Deskription	Beschreibung von Patienten
Klassifikation	Unterstützung syndromatologischer und/oder nosologischer Diagnostik
Prädiktion	Beitrag zur Vorhersage von Therapieresponse und Krankheitsverlauf
Hypothesenbildung	Überprüfung der Kovariation psychologischer und biologischer Variablen
Hypothesenprüfung	Abhängige Variable in Therapiestudien
Methodenvergleich	Spezifische Informationsanteile

Versucht man die Indikationsbereiche beider Verfahrensgruppen zu strukturieren, so bietet sich eine Unterteilung von von Zerssen (1979) an. Von Zerssen bezieht diese zunächst auf Selbstbeurteilungsverfahren, sie läßt sich jedoch gleichermaßen auch auf Fremdbeurteilungsverfahren ausweiten. Von Zerssen schlägt folgende Anwendungsbereiche vor: Selektion, Deskription, Klassifikation, Prädiktion, Hypothesenbildung, Hypothesenprüfung und Methodenvergleich.

Neben der Vielzahl von möglichen Anwendungsbereichen sind weitere gemeinsame und spezifische Vorteile beider Verfahrensgruppen zu nennen.

1) Selbstbeurteilung

- Ein Großteil von klinisch relevanten Informationen (z. B. Befindlichkeiten oder bestimmte psychopathologische Phänomene) sind am leichtesten oder aber auch ausschließlich nur mittels Selbsteinschätzungen zu erheben.
- Unter praktischen wie versuchsplanerischen Überlegungen spielt zudem der Faktor Ökonomie der Durchführung eine wichtige Rolle.
- Der Aspekt der Objektivität ist bei den meisten Verfahren kein Problem mehr (insbesondere Durchführungs- und Auswertungsobjektivität).

- Zudem sind die meisten Verfahren teststatistisch überprüft und es existieren Normwerte.
- Möller (1990) betont zudem die Möglichkeit, Selbstbeurteilungen in sehr kurzen Zeitintervallen einsetzen zu können, um so die Lücke zwischen Fremdbeurteilungen zu schließen und diese Daten dann auch gegebenenfalls einzelfallstatistisch auswerten zu können.

2) **Fremdbeurteilung**
- Einige dieser genannten Vorteile gelten natürlich auch für Fremdbeurteilungsverfahren.
- Darüber hinaus sind Reliabilitätsverbesserungen bei Fremdbeurteilungen durch Training und die Einführung von Interviews möglich.
- Fremdbeurteilungen sind auch bei schwerer gestörten Patienten möglich.

Gerade unter dem methodischen Blickwinkel gibt es jedoch auch eine Reihe von eher kritischen Punkten in bezug auf beide Verfahrensgruppen zu bedenken:

- **Reliabilität**

Nach Snaith (1991) werden oft Instrumente eingeführt ohne Reliabilitätsangaben (gilt auch für andere Verfahrensgruppen) oder noch häufiger bleibt die Frage unbeantwortet, ob Instrumente präzise sind bei unterschiedlichen Schweregraden einer Störung.

- **Validität**

Die Validitätsangaben zu vielen Verfahren sind eher als unbefriedigend zu bezeichnen. Dies betrifft nicht nur die Bewertung der vorliegenden Validitätshinweise sondern gleichermaßen das Fehlen der Überprüfung wichtiger Validitätsaspekte (z.B. divergente/konvergente oder prognostische Validität).

- **Konzeptuelle Probleme**

Ein wesentliches Problem vieler Skalen betrifft das Fehlen theoretischer Konzeptionen über die zu erfassenden Bereiche, d.h. der den Skalen zugrundeliegenden Konstrukte.
Die Skalenbildung erfolgt zumeist ausgehend von intuitiven Überlegungen über faktorenanalytische Methoden. Rationale Skalenkonstruktionen i.S. der Ableitung aus Konstrukten sind die Ausnahme (zur Unterscheidung vgl. Lösel, 1988, S. 306). Darüberhinaus herrscht in vielen Bereichen keine Einigkeit darüber, welche Inhalte die deskriptiven Konstrukte überhaupt umfassen sollen. Deutlich wird dies am Beispiel der Diagnostik der Depressivität. Nach Snaith (1991) besteht hinsichtlich depressiver Störungen keine Übereinstimmung bezüglich des Konzepts, was darunter zu subsummieren ist, d.h. der Begriff wird unterschiedlich verwendet, und es wird implizit von unterschiedlichen theoretischen Ansätzen ausgegangen. Thomson (1989; zit. nach Snaith,

1991) weist in einem Review über verschiedene Depressionsskalen daraufhin, daß die Orientierung variiert von somatisch bis hin zu kognitiv. Dies hat Konsequenzen auf die Interpretation von Ergebnissen. Schlüsse können nicht verallgemeinert werden (Problem der externen Validität). So kann dadurch z. B. der therapeutische Response durch eine Skala aufgezeigt, eventuell durch eine andere Skala nicht bestätigt werden. Ein Teil der in der Literatur oft zu findenden widersprüchlichen Ergebnisse läßt sich sicherlich mit auf dieses Problem zurückführen.

Tabelle 3-4: Fehlerquellen von Selbst- (S) und Fremdbeurteilungsverfahren (F) in Anlehnung an Klapprott (1975), Lösel (1988), Möller (1990)

	S	F
1. Fehlerquellen bedingt durch Testkonstruktion		
z. B. – unklare Formulierungen	×	(×)
– Interpretationsspielraum	×	(×)
2. Unwissentliche Fehler bedingt durch Erinnerungs-, Selbstbeobachtungs- oder Selbstdarstellungsfehler		
z. B. – Selbsttäuschung	×	
– Erinnerungs- und Gedächtnisfehler	×	
3. Absichtliche Verfälschungen		
z. B. – Simulation	×	
– Bagatellisierung	×	
4. Response Sets		
z. B. – soziale Erwünschtheit	×	
– Tendenz zu alternativen oder extremen Antworten	×	×
– Tendenz zur Mitte	×	×
– seriale Positionseffekte	×	×
5. Fehler durch falsche Schlußfolgerungen		
z. B. – logische Fehler		×
– Halo-Effekt		×
– Kontrastfehler		×

– Fehlerquellen

Darüber hinaus wird immer wieder auf das Problem von Fehlerquellen hingewiesen.

Hier läßt sich folgende Unterteilung treffen (vgl. auch Lösel, 1988, S. 309; Möller, 1990; Klapprott, 1975).

a) Fehlerquellen bedingt durch die Testkonstruktion
b) unwissentliche Fehler bedingt durch Erinnerungs-, Selbstbeobachtungs- und Selbstdarstellungsfehler
c) absichtliche Verfälschungen

d) Response-Sets
e) Fehler durch falsche Schlußfolgerungen.
Wie man der Tabelle 3-4 entnehmen kann, lassen sich auch hier für beide Verfahrensgruppen gemeinsame wie spezifischen Fehlerquellen erkennen. Einige Fehlerquellen wie Response Sets sind kontrollierbar durch visuelle Inspektion von Antwortmustern oder Kontrollskalen bei Selbstbeurteilungsverfahren oder intensives, kontinuierliches Training bei Fremdbeurteilungsverfahren.

3.2.3 Evaluationskriterien

Die Anzahl existierender Selbst- und Fremdbeurteilungsverfahren ist selbst für Experten auf diesem Gebiet kaum noch überschaubar. Nach Snaith (1991) sind einige als Standard akzeptiert, gegen die andere zu beurteilen sind oder einige dienen sogar zur Definition einer Störung, wobei das Erreichen eines bestimmten Testwertes als Indikator für das Vorhandensein der Störung akzeptiert wird. Es werden jedoch auch Instrumente oft unkritisch akzeptiert bedingt durch das Prestige des Autors oder aufgrund einer allgemeinen Etablierung einer Skala.
Als klassisches Beispiel hierfür kann sicherlich die Hamilton Depressions Skala (CIPS, 1986; AMDP & CIPS, 1990) angesehen werden. Diese Skala
- wird in fast allen Depressionsstudien (insbesondere zu Psychopharmaka) eingesetzt,
- dient als Standard zur Evaluierung von neu entwickelten Skalen oder
- findet als Selektions- oder Outcomekriterium in Studien Anwendung aufgrund mehr oder weniger intuitiv festgelegter Cut-Off-Werte im Hinblick auf das Vorliegen einer Depression oder nicht (z.B. < 18 leichte Depression).

Das wieder erstarkte Interesse an diagnostischen Fragen in den letzten Jahren hat zudem die Entwicklung einer Fülle von neuen Instrumenten mit sich gebracht. Um eine unkritische Anwendung von Meßinstrumenten zu vermeiden resp. Möglichkeiten zu haben, welche Instrumente im Einzelfall für eine bestimmte Fragestellung auszuwählen sind, bedarf es Kriterien anhand derer die jeweiligen Instrumente zu beurteilen sind.
Hilfestellungen hierbei können sicherlich entsprechende Handbücher (z.B. Brickenkamp, 1975, 1983; CIPS, 1988: AMDP & CIPS, 1990) oder systematische Testbesprechungen in Fachzeitschriften (z.B. Diagnostica, Zeitschrift für Differentielle und Diagnostische Psychologie) geben. Darüberhinaus gibt es Überblicksarbeiten zu Untersuchungsinstrumenten für bestimmte Störungsgruppen (Depression: z.B. Sartorius & Ban, 1986; Röhrle, 1988), Verfahrensgruppen (z.B. Selbst- und/oder Fremdbeurteilungsverfahren; z.B. Stieglitz, 1988; Stieglitz et al., 1990) oder für bestimmte Anwendungsbereiche (z.B. Psychopharmakastudien: van Riezen & Segal, 1988).

Darüberhinaus können jedoch Kriterienkataloge im Einzelfall helfen, selbst Entscheidungen zu treffen. Hierzu finden sich in der Literatur verschiedene Vorschläge. Die bekanntesten sind sicherlich die von Lienert (1969) vorgeschlagenen sog. Haupt- und Nebengütekriterien von Tests. Darüberhinaus gibt es jedoch auch eher anwendungsbezogene (z. B. Hall, 1980) oder solche, wo psychometrische und anwendungsbezogene Kriterien enthalten sind (z. B. Snaith, 1991; Stieglitz, 1990).

Tabelle 3-5: Kriterien der Testbeurteilung des «Testkuratoriums der Föderation deutscher Psychologenverbände» (Diagnostica 1986, 32, 358–360)

1. **Testgrundlage**
   - 1.1. Diagnostische Zielsetzung
   - 1.2. Theoretische Grundlagen
   - 1.3. Nachvollziehbarkeit der Testkonstruktion
2. **Testdurchführung**
   - 2.1. Durchführungsobjektivität
   - 2.2. Transparenz
   - 2.3. Zumutbarkeit
   - 2.4. Verfälschbarkeit
   - 2.5. Störanfälligkeit
3 **Testverwertung**
   - 3.1. Auswertungsobjektivität
   - 3.2. Zuverlässigkeit
   - 3.3. Gültigkeit
   - 3.4. Normierung
   - 3.5. Bandbreite
   - 3.6. Informationsausschöpfung
   - 3.7. Änderungssensitivität
4. **Testevaluation**
   - 4.1. Ökonomie
   - 4.2. Fairness
   - 4.3. Akzeptanz
   - 4.4. Vergleichbarkeit
   - 4.5. Bewährung
5. **Äußere Testgestaltung**

Die umfangreichste und elaborierteste Liste von Kriterien im deutschsprachigen Bereich wurde vom «Testkuratorium der Föderation deutscher Psychologenverbände» (1986) vorgelegt. Die einzelnen Kriterien lassen sich unter folgende Hauptthemen subsummieren (vgl. Tabelle 3-5):
(1) Testgrundlage
(2) Testdurchführung
(3) Testverwertung

(4) Testevaluation
(5) Äußere Testgestaltung
Anhand der Beurteilung der einzelnen Kriterien, die jedoch nicht alle gleichgewichtig sind, läßt sich eine differenzierte Beschreibung des Instruments erreichen und damit Entscheidungskriterien zur Beurteilung des Instruments finden. Betont werden muß jedoch zunächst, daß die zur Beantwortung der Kriterien notwendigen Informationen i.d.R. nicht alle im Testmanual enthalten sind, so daß man zumeist darauf angewiesen ist, sich zusätzlicher Quellen zu bedienen (z.B. Publikationen in Fachzeitschriften). Gerade der Bereich der Validierung eines Verfahrens als letztlich ein nie abgeschlossener Prozeß macht dies notwendig. Es ist jedoch zu fordern, daß sich zu den meisten der genannten Kriterien, bereits Angaben im Testmanual finden.

3.3 Veränderungsmessung

Die meisten Selbst- und Fremdbeurteilungsverfahren haben den Anspruch, Veränderungen zu erfassen. Auf die damit verbundenen allgemeinen Probleme der Veränderungsmessung kann an dieser Stelle nicht eingegangen werden (vgl. hierzu im Überblick Baumann et al., 1990), sondern nur auf einige insbesondere in bezug auf Selbst- und Fremdbeurteilung relevanten methodischen Aspekte. Für die Erfassung von Veränderungen ergibt sich u.a. die Frage, welche Meßmodelle und testtheoretischen Konzepte adäquat sind. Zur Diskussion stehen vor allem die Modelle der klassischen und probabilistischen Testtheorie (vgl. Spada, 1983). Trotz umfassender Diskussionen haben sich bisher für den Anwendungssektor kaum Konsequenzen ergeben. Die probabilistische Testtheorie konnte sich in der Praxis bisher nicht durchsetzen (vgl. Kubinger, 1988, S. 271).
Das bei der Skalenbildung gängige Vorgehen umfaßt daher auch heute noch folgende Schritte (vgl. Baumann et al., 1990):
- Itemsammlung
- Skalenkonstruktion mittels Faktorenanalyse
- mit anschließender Itemanalyse (Schwierigkeit, Trennschärfe, Reliabilität)
- Skalenwerte durch Aufsummierung der Items.

Die Veränderungserfassung erfolgt dann meist durch Differenzwertbildung der so gebildeten Skalen, wobei keine Überprüfung der Zeitstabilität der Kennwerte der Testkonstruktion stattfindet.
Wie dies erfolgen könnte, sei exemplarisch an der Beschwerden-Liste von von Zerssen demonstriert. Stieglitz et al. (1980) fanden in zwei unterschiedlichen Patientenstichproben im Zeitverlauf im bezug auf teststatistischen Kennwerte folgende Ergebnisse (vgl. Tabelle 3-6):
- Die Trennschärfen und Reliabilitäten der Beschwerden-Liste sind zu allen Untersuchungsterminen befriedigend hoch
- und sind zudem zeitlich stabil.

Tabelle 3-6: Überprüfung der Zeitinvarianz (Stieglitz et al., 1980) der «Beschwerden-Liste» (B-L, B-L') von von Zerssen (1976)

	Kurpatienten		Psychiatriepatienten			
	B-L		B-L		B-L'	
	1. Wo.	4. Wo.	A	E	A	E
Trennschärfe						
M	.51	.53	.53	.59	.52	.58
Min.	.33	.34	.33	.30	.30	.33
Max.	.65	.70	.70	.79	.68	.75
Reliabilität						
– Halbierung (Odd-Even)	.81	.84	.84	.83	.89	.86
– Innere Konsistenz (K-R-8)	.89	.93	.90	.94	.90	.94
Faktorenanalyse						
– Lambda (λ)	31 %	35 %	35 %	42 %	34 %	40 %
– Ladungen						
M	.55	.58	.53	.63	.57	.62
Min.	.36	.41	.37	.33	.33	.35
Max.	.72	.75	.73	.79	.75	.79

Wo.: Woche; A: Aufnahme; E: Entlassung

– Zu allen Zeitpunkten läßt sich die Eindimensionalität der Skala bestätigen mittels faktorenanalytischer Überprüfungen.

Die Grundprobleme der Erfassung von Veränderungen in der klassischen Testtheorie (vgl. Stieglitz, 1986) sind natürlich auch dadurch nicht lösbar. Solche Lösungsvorschläge wie z. B. formale, inhaltliche oder statistische Anforderungen an Verfahren (z. B. Stieglitz et al., 1980) sind daher eher pragmatischer Art. Aufgrund dieser Schwierigkeiten der Erfassung von Veränderungen im Rahmen der klassischen Testtheorie wurde versucht, insbesondere bei Selbstbeurteilungsverfahren andere Herangehensweisen zu wählen, von denen einige kurz genannt sein sollen (vgl. Tabelle 3-7).

1) Paralleltestentwicklungen

Paralleltestentwicklungen haben eine Reihe von Vorteilen wie z. B. Ausschaltung von Erinnerungseffekten. Paralleltestentwicklungen sind jedoch sicherlich Grenzen gesetzt, da das Universum von Items begrenzt ist. Schwierigkeiten ergeben sich bei der Erstellung von Paralleltests auch dann, wenn psychometrische Kriterien erfüllt werden sollen (z. B. Äquivalenzkriterien teststatistischer Kennwerte; vgl. Lienert, 1969). Zu den meisten Verfahren gibt es daher auch keine Paralleltests. Wenn ja, sind es zumeist nur 2 Parallelformen (z. B. Skalen von von Zerssen, 1976a–d).

Tabelle 3-7: Alternative Ansätze zur Veränderungsmessung

Ansatz	Beispiele
Paralleltestentwicklung	– Parallelformen der «Beschwerden-Liste» (B-L, B-L'), «Befindlichkeits-Skala» (Bf-S, Bf-S'), «Paranoid-Depressivitäts-Skala» (PD-S, PD-S') (von Zerssen, 1976 a–d) – Untersuchungsbatterie für Verlaufsstudien (Fahrenberg et al., 1977)
Konzept der Änderungssensitivität	– «Kieler Änderungssensitive Symptomliste» (KASSL) von Zielke (1979)
Direkte Veränderungs-diagnostik	– «Veränderungsfragebogen des Erlebens und Verhaltens» von Zielke & Kopf-Mehnert (1978) – «Fragebogen zu erlebten gesundheitlichen Veränderungen» von Krampen & von Delius (1981) – «Veränderungsprozeßbogen» (VPB) von Grawe (1982) – «Fragebogen zur Erfassung psychischer Gesundheit» (PSYGE) von Eckert et al. (1983)

2) Änderungssensitivität
Der Grundgedanke dieses Ansatzes besteht darin, solche Items zu selegieren, die sich z. B. aufgrund von Interventionen hinsichtlich bestimmter teststatistischer Kennwerte ändern und von denen angenommen wird, daß sie dadurch sensitiv zur Abbildung von Veränderungen sind. Jedoch gibt es hier eine Reihe neuer inhaltlicher wie methodisch-statistischer Probleme (vgl. im Überblick Stieglitz, 1986), so daß auch dieser Ansatz keine große Verbreitung gefunden hat.

3) Direkte Veränderungsdiagnostik
Die direkte Veränderungsdiagnostik stellt den interessantesten neueren Ansatz dar. Die Vorgehensweise besteht darin, daß eine stattgefundene Veränderung von einer Person direkt eingestuft wird, wobei die Aussagen zur Umschreibung von Veränderungen in Komparativform gekleidet sind (z. B. besser, schlechter). Dieser intra-individuelle Prä-Post-Vergleich entspricht sicherlich der Eigenart menschlichen Urteilsprozesses, nämlich in Relationen wahrzunehmen und zu quantifizieren (Deneke, 1982). Es gibt einige Instrumente (vgl. Tabelle 3-7) und Methodenstudien, die die Angemessenheit des Ansatzes zur Abbildung von Veränderungen unterstreichen (z. B. Stieglitz, 1986; Baltissen & Boucsein, 1987). In der Forschung wurde diese Vorgehensweise jedoch bisher kaum eingesetzt.

3.4 Mehrebenendiagnostik

3.4.1 Grundgedanken

Es besteht Einigkeit darüber, daß menschliches Erleben und Verhalten auf unterschiedlichen Ebenen zu erfassen ist (Seidenstücker & Baumann, 1978, 1987). Hierfür wurden die Begriffe multimethodale, multimodale oder Mehrebenendiagnostik eingeführt. Bei einer derartigen Vorgehensweise sind verschiedene Gesichtspunkte zu unterscheiden (Seidenstücker & Baumann, 1978, 1987):

(1) **Datenebenen** als Grundeinheiten der Beschreibung (z. B. psychologische, ökologische, biochemische)

(2) **Datenquellen** als Informationsgeber (z. B. Patient, Arzt, Pflegepersonal, Angehörige)

(3) **Funktionsbereiche** als Teilaspekt innerhalb jeder Datenebene (z. B. psychologische: Erleben, Verhalten, Leistung)

So gibt es für die psychologische Datenebene unterschiedliche Möglichkeiten der Kombination von Funktionsbereichen und Datenquellen. Das Erleben läßt sich z. B. nur durch Berichte oder Angaben des Patienten erfassen, das Verhalten dagegen aufgrund sehr unterschiedlicher Datenquellen. Innerhalb eines multimodalen Ansatzes wird also versucht, diagnostische Entscheidungen i. w. S. mit Hilfe mehrerer systematisch ausgewählter Meßmethoden zu treffen (Seidenstücker & Baumann, 1978).

Als Beispiel einer multimodal konzipierten Evaluationsstudie aus der Psychotherapieforschung sei die NIMH Depressionsstudie von Elkin et al. (1985) erwähnt (vgl. Tabelle 3-8; Seidenstücker & Baumann, 1987).

Tabelle 3-8: Multimodaler Evaluationsplan für eine vergleichende Therapiestudie zur Depressionsbehandlung von Elkin et al. (1985; Auszug aus Seidenstücker & Baumann, 1987)

Konstrukte/ Funktionsbereiche	Instrument (Beispiel)	Datenquelle
Wirkungskonstrukte ohne Bezug zu Behandlungskonstrukten		
Depressive Symptomatik	Hamilton Depressions-Skala	GB, T
Allgemeine Symptomatik	Global Assessment Scale	GB
Wirkungskonstrukte mit Bezug zu Behandlungskonstrukten		
Methodenaspekt	Dysfunctional Attitude Scale	P
	Social Adjustment Scale	GB

GB: geschulter Beobachter; T: Therapeut; P: Patient

Bei den unabhängigen Variablen sind unterschiedliche Datengeber und Konstrukte/Funktionsbereiche zu unterscheiden, wobei einige Verfahren einen direkten Bezug zu den Behandlungszielen haben, andere nicht. So beziehen sich z. B. die Dysfunctional Attitude Scale auf die Interventionstheorie Becks und die Social Adjustment Scale auf die Interventionstheorie Klermans, während die Hamilton Depressions Skala und die Global Assessment Scale eher allgemeine, unspezifische Effekte therapeutischer Interventionen abbilden.
Allgemein muß man jedoch festhalten, daß die Auswahl von Erhebungsinstrumenten sich eher an technologischen Kriterien wie Bewährung oder Bekanntheitsgrad orientieren als an theoretischen Konzepten einzelner Therapieansätze (vgl. Baumann et al., 1990; Grawe et al., 1990).
Aufgrund der bereits erwähnten Praktikabilität werden im Rahmen einer multimodalen Strategie auf der Ebene der Datenquellen insbesondere Selbst- und Fremdbeurteilungsverfahren eingesetzt. Auf die beiden Verfahrengruppen eigenen Fehlerquellen wurde bereits hingewiesen. Nachfolgend noch einige methodische Aspekte zur Relation von Selbst- und Fremdbeurteilung aus dem Depressionsbereich, da hier die meisten Arbeiten vorliegen.

3.4.2 Empirische Ergebnisse zur Relation von Selbst- und Fremdbeurteilung aus dem Depressionsbereich

3.4.2.1 Einstufung des gleichen Sachverhalts mittels gleicher Methode durch Patient und Rater

Querschnitt

Im Querschnittsvergleich oder der Statusdiagnostik geht es zunächst darum, das Ausmaß der Übereinstimmung zwischen Selbst- und Fremdbeurteilung zu untersuchen, d. h. die Konkordanz oder Diskordanz (Seidenstücker & Baumann, 1978) beider Informationsquellen. Unabhängig von den erfaßten Bereichen kann man nach Seidenstücker & Baumann (1978) davon ausgehen, daß Selbst- und Fremdbeurteilung im Bereich .11–.76 kovariieren. Die meisten Korrelationen liegen zwischen .40–.60 (Baumann et al., 1990).
Betrachtet man den Bereich der Depressivität etwas genauer, so zeigen sich ähnliche Ergebnisse:

- Faravelli et al. (1986) kommen zu Korrelationen im Bereich .24–.82,
- Paykel & Norton (1986) zwischen .20–.80 und
- Deluty et al. (1986) zwischen .21–.82.

Insgesamt weisen die Korrelationen somit auf einen maximalen gemeinsamen Varianzanteil von 67 % hin, der jedoch auch bei einzelnen Vergleichen unter 10 % liegen kann. I. d. R. kann man somit kaum von Konkordanz ausgehen.
Betrachtet man exemplarisch die Korrelationen zwischen der am häufigsten eingesetzten Depressionsskala, der Hamilton Depressions Skala und Selbstbeurteilungsverfahren, so bestätigt sich das bisherige Bild (vgl. Tabelle 3-9). Auch hier zeigt sich eine maximale gemeinsame Varianz von 70 %.

Tabelle 3-9: Korrelationen zwischen der Hamilton Depressions Skala und anderen Depressionsskalen (Selbstbeurteilung)

Verfahren	Quelle	Korrelationen
Beck Depressions Inventar (BDI)	Möller (1990)	.33 – .82
	Deluty et al. (1986)	.66
	Bailey & Coppen (1976)	.68
	Davies et al. (1975)	.73
	Steer et al. (1983)	.86
	Steer et al (1987)	.54
Zung Self-Rating Depression Scale (SDS)	Möller (1990)	.41 – .56
	Hedlung & Vieweg (1979)	.38 – .62
Inventory to Diagnose Depression (IDD)	Zimmerman et al. (1986)	.80

Tabelle 3-10: Korrelationen (r) zwischen inhaltlich korrespondierenden Selbst- und Fremdbeurteilungsverfahren

Fremdbeurteilung	Selbstbeurteilung	r	Quelle
Hamilton Depression Scale (HAMD)	Caroll Rating Scale for Depression (CRS)	.71 – .75	Möller (1990)
Depression Status Inventory (DSI)	Self-Rating Depression Scale (SDS)	.87	Zung (1986)
Anxiety Status Inventory (ASI)	Self-Rating Anxiety Scale (SAS)	.66 – .74	Zung (1974)
Beck Depression Inventory (modified)	Beck Depression Inventory (BDI)	.76	Deluty et al. (1986)
Clinician-Rated Anxiety Scale (CRAS)	Patient-Rated Anxiety Scale (PRAS)	.69 – .82	Albus et al. (1990)

Für einige Verfahren gibt es korrespondierende Versionen für die Selbst- und Fremdbeurteilung. Diese sind in Tabelle 3-10 enthalten.
Erwartungsgemäß liegen die Korrelationen hier höher, jedoch von einer vollständigen Korrespondenz oder Konkordanz kann man auch hier nicht sprechen.
Für diese, insbesondere bei nicht korrespondierenden Verfahren, z.T. doch geringen Kovariationen sind verschiedene Faktoren verantwortlich.
Ein wichtiger Punkt betrifft die Inhalte der einzelnen Verfahren. Analysiert man die einzelnen Verfahren nach den von ihnen erfaßten und abgebildeten Bereichen, so lassen sich verschiedene Bereiche depressiver Symptomatik unterscheiden (u. a. depressive Verstimmung, Angst, körperliche Symptome; vgl.

z. B. Faravelli et al., 1986). Diese Teilaspekte werden von den einzelnen Verfahren in unterschiedlicher Weise erfaßt (vgl. auch Abschnitt 2.2), d. h. den einzelnen Verfahren liegen unterschiedliche Konzepte von Depressivität zugrunde (z. B. Hamilton Depressions Skala mit mehr somatischen Aspekten der Depression, Beck Depressions Inventar mit kognitiven Aspekten). Allein daher sind neben Konkordanzen auch Diskordanzen zu erwarten.
Darüberhinaus sind natürlich weitere Unterschiede zwischen Verfahren zu berücksichtigen (vgl. z. B. Albus et al., 1990; Maier et al., 1990):
- unterschiedliche Itemzahlen oder
- unterschiedliche Skalierungen.

Verlauf
Betrachtet man die Korrespondenz zwischen Selbst- und Fremdbeurteilung im Zeitverlauf, so stellt sich die Frage nach Synchronizität und Desynchronizität (Seidenstücker & Baumann, 1978).
Bei depressiven Erkrankungen zeigt sich, daß bei Therapiebeginn die Korrelationen in der Regel gering sind (z. B. Fava et al., 1986; White et al., 1984). Jedoch werden die Übereinstimmungen im Zeitverlauf deutlich größer, wobei bereits nach einer Woche deutlich höhere Korrelationen resultieren können, wie eine Untersuchung von White et al. (1984) zeigen konnte. Ähnliche Ergebnisse ergaben auch Untersuchungen bei schizophrenen Patienten (z. B. Maurer & Dittrich, 1979).
Exemplarisch sei die Zunahme der Korrelationen im Zeitverlauf aus einer Arbeit von Möller (1990) gezeigt (vgl. Tabelle 3-11). Selbst- und Fremdbeurteilung korrelieren bei Aufnahme in die Klinik nur gering, bei Entlassung deutlich höher, wenngleich auch hier keine sehr hohe Übereinstimmung erreicht wird. Auch in einer eigenen Studie zur Lichttherapie bei depressiven Patienten zeigte sich ein ähnliches Bild (Stieglitz et al., 1989).

Tabelle 3-11: Korrelationen zwischen Selbst- und Fremdbeurteilung bei endogen-depressiven Patienten: Aufnahme (A) und Entlassung (E); Möller (1990)

Fremdbeurteilung	Selbstbeurteilung			
IMPS-Syndrome	D-S		Bf-S	
	A	E	A	E
Depressives Syndrom	.23	.43	.14	.37
Erschöpfungssyndrom	.34	.53	.38	.38
Apathisches Syndrom	.08	.33	.16	.29

IMPS: Inpatient Multidimensional Psychiatric Scale
D-S : Depressions-Skala
Bf-S : Befindlichkeits-Skala

3.4.2.2 *Einstufung des gleichen Sachverhalts mittels unterschiedlicher Methoden durch Patient und Rater*

Die in Studien interessierenden Bereiche lassen sich durch unterschiedliche Methoden erfassen. Am häufigsten vorzufinden sind Erhebungen auf Skalenebene, d.h. durch Aufsummierung von einzelnen Items (additive Skalen), jedoch auch Globalskalen finden aufgrund ihrer Ökonomie immer wieder Anwendung. So fanden z. B. Deluty et al. (1986) zwischen der Globaleinschätzung der Depressivität durch Patienten und der Hamilton Depressions Skala eine Korrelation von .47, während beide Globaleinschätzungen zu r = .61 korrelierten. Auch bei diesen Vergleichen zeigt sich eine Zunahme der Korrelationen zu späteren Zeitpunkten einer Therapie (z.B. Debus, 1974; Stieglitz et al. 1989).

3.4.2.3 *Strukturvergleiche*

Strukturvergleiche zwischen Selbst- und Fremdbeurteilungsverfahren mittels Faktorenanalysen geben Hinweise darauf, wie differenziert ein (psychopathologischer) Zustand abgebildet werden kann. Allgemein angenommen wird, daß Selbstbeurteilungsdaten ein weniger differenziertes Bild geben als Fremdbeurteilungsdaten (z.B. Möller, 1990, 1991).

So führten z.B. von Zerssen & Cording (1978) über die Syndrome der «Inpatient Multidimensional Psychiatric Scale» (IMPS) und den klinischen Selbstbeurteilungsskalen von von Zerssen bei einer heterogenen Stichprobe psychiatrischer Patienten eine gemeinsame Faktorenanalyse durch (vgl. Tabelle 3-12). Es zeigte sich dabei, daß die Selbstbeurteilungsskalen primär auf einem Faktor lagen, während die Fremdbeurteilungsverfahren sich in 5 Faktoren aufteilen ließen. Dies konnte auch in anderen Studien bestätigt werden (z.B. Tegeler et al., 1980), wenngleich auch hier die Ergebnisse nicht durchgängig konsistent sind (vgl. z.B. Faravelli et al., 1986).

3.4.2.4 *Sensitivität*

Geringe Korrelationen zwischen Selbst- und Fremdbeurteilungsverfahren können keine Auskunft darüber geben, welche Quelle sensitiver zum Nachweis von Behandlungseffekten ist. Hierzu bedarf es weiterführender Untersuchungen. Eine Möglichkeit besteht in der Bestimmung sog. **Effektstärken** (ES) als Indikatoren zum Nachweis unterschiedlicher Sensitivität.

Für den Bereich depressiver Erkrankungen liegen eine Reihe von Arbeiten vor, in denen versucht wurde über die zusammenfassende Bewertung einzelner Studien, d.h. sog. **Metaanalysen,** Aussagen über die Sensitivität verschiedener Verfahren zu bekommen.

So fanden Lambert et al. (1986) signifikant höhere ES für die Hamilton Depressions Skala gegenüber 2 Selbstbeurteilungsverfahren (Self-Rating Depression Scale von Zung, Beck Depressions Inventar), d.h., daß sich in der Hamilton Depressions Skala Besserungen stärker abzuzeichnen scheinen als in den anderen Verfahren. Inwieweit es sich hierbei um tatsächliche Unter-

Tabelle 3-12: Faktorenanalyse (Varimax-rotierte Faktoren) der «Inpatient Multidimensional Psychiatric Scale» (IMPS) und den Klinischen Selbstbeurteilungsskalen (KSb-S) von von Zerssen bei psychiatrischen Patienten (modifiziert nach von Zerssen & Cording, 1978)

		Faktoren					
KSb-S		I	II	III	IV	V	VI
Befindlichkeits-Skala	Bf-S	×					
	Bf-S'	×					
Beschwerden-Liste	B-L	×					
	B-L'	×					
Depressions-Skala	D-S	×					
	D-S'	×					
Krankheitsverleugnung	Kv	×					
	Kv'	×					
Paranoide Tendenzen	P	×		×	×		
	P'	×		×			
IMPS							
Erregung	EXC		×				
Gereiztheit	HOS		×				
Verwirrtes Denken	CNP		×				
Störung der Psychom.	MTR		×				
Größenwahn	GRN		×				
Wahnhaftigkeit	PAR			×			
Trugwahrnehmung	PCP			×			
Depressive Verst.	ANX				×	×	
Verlangsamung/Ap.	RTD				×		×
Erschöpfung/Vit.	IMP				×		
Zwänge/Phobien	OBS					×	
Orientierungsst.	DIS						×

× : / Ladungen / > .40

schiede handelt oder aber um methodische Artefakte, läßt sich abschließend noch nicht beurteilen (vgl. hierzu Lambert et al., 1986). In der Arbeit von Katz et al. (1987; Wetzler & Katz, 1989) wurden zusätzlich noch andere Bereiche untersucht. Hier zeigte sich, daß Arzt und Pflegepersonal nach einwöchiger antidepressiver Behandlung deutliche Besserungen in der depressiven Symptomatik beobachteten, der Patient nicht, dieser jedoch Veränderungen im Bereich Angst und Hostilität feststellt. Es werden somit von den einzelnen Gruppen unterschiedliche Veränderungen wahrgenommen.
Versucht man die bisherigen Ergebnisse zur Relation von Selbst- und Fremdbeurteilung zusammenzufassen, so scheinen folgende Faktoren für Diskor-

danzen und Konkordanzen von Selbst- und Fremdbeurteilungsverfahren verantwortlich zu sein:
- Zeitpunkt der Messung
- Typ des verwendeten Meßinstruments.

Darüberhinaus sind weitere Faktoren von Bedeutung wie der Schweregrad der Erkrankung. Es ist insbesondere zu bedenken, daß schwerer gestörte Patienten Probleme mit Selbstbeurteilungsverfahren haben (Baumann et al., 1985; Faravelli et al., 1986) und sich zudem der Vorgang bei der Beantwortung der Fragen zu verändern scheint (Lehrl, 1977).

3.5 Selbst- und Fremdbeurteilung als Grundlage von Erhebungsinstrumenten für DSM-III-R und ICD-10

Nicht direkt Selbst- oder Fremdbeurteilungsverfahren zuzuordnen ist eine Gruppe von Verfahren, die in den letzten 15 Jahren im Zusammenhang mit der Entwicklung operationalisierter Diagnosesysteme (vgl. Freyberger in diesem Band) entwickelt worden sind. Es handelt sich dabei um sog. Checklisten und strukturierte resp. standardisierte Interviews zur Diagnostik psychischer Störungen nach DSM-III-R und ICD-10 (vgl. Tabelle 3-13).

In den Instrumenten gilt es für den Untersucher eine Vielzahl von Symptomen, von Zeit- und Verlaufskriterien für die Diagnosestellung zu berücksichtigen.

Die Angaben basieren i.d.R. auf Selbst- und Fremdbeurteilungen. Um dem Ziel der Reliabilitätsverbesserung auch auf Diagnosenebene nahezukommen ergibt sich die Notwendigkeit der Entwicklung geeigneter Instrumente (Reduzierung der Varianzquellen für mangelhafte Reliabilität, insbesondere Informations-, Beobachtungs- und Kriterienvarianz).

Die einfachste Art, die zur Diagnosenstellung notwendigen Kriterien zusammenzufassen, stellen sog. **Kriterien- oder Checklisten** dar. Die einzelnen Kriterien werden dabei meist in einem freien klinischen Interview erhoben. Für die Störungsbereiche von DSM-III-R und ICD-10 liegen gegenwärtig zwei unterschiedliche Ansätze vor, die **ICD-10-Merkmalsliste** (ICDML; Dittmann et al., 1992) und die **Münchner Diagnosen Checklisten** (MDCL; Hiller et al., 1990). Beide sind vom Anspruch her für die ambulante wie stationäre Praxis und für Forschungszwecke konzipiert. Ihre Anwendung setzt umfassende psychopathologische Kenntnisse und die Vertrautheit mit der ICD-10 voraus. Bei beiden handelt es sich um Fremdbeurteilungsverfahren, es sind jedoch neben den Einschätzungen des Diagnostikers weitere Informationsquellen zu berücksichtigen wie subjektive Angaben des Patienten, fremdanamnestische Angaben (z.B. Angehörige), frühere Befunde (z.B. Angaben aus Krankengeschichten) oder auch Verhaltensbeobachtungen. Während die ICDML und die MDCL ein weites Spektrum unterschiedlicher Störungen der ICD-10

Tabelle 3-13: Erhebungsinstrumente für DSM-III-R und ICD-10

Name	Abk.	Autor(en)	dt.	Art
ICD-10 Merkmalsliste	ICDML	Dittmann et al. (1992)	ja	CL
Münchner Diagnose-Checkliste	MDCL	Hiller et al. (1990)	ja	CL
Münchner Diagnose-Checkliste Persönlichkeitsstörungen	MDCL-P	Bronisch et al. (1991)	ja	CL
Integrierte Merkmalsliste für Persönlichkeitsstörungen	IMPS	Saß & Mende (1990)	ja	CL
Strukturiertes Klinisches Interview für DSM-III-R (Version 2.0)	SKID	Wittchen et al. (1990)	ja	SI
Schedules for Clinical Assessment in Neuropsychiatry	SCAN	Wing et al. (1990)	i. V.	SI
Strukturiertes Interview für die Diagnose der Demenz, ...	SIDAM	Zaudig et al. (1990)	ja	SI
International Personality Disorders Examination	IPDE	Loranger et al. (1987)	i. V.	SI
Composite International Diagnostic Interview (Version 1.0)	CIDI	Wittchen & Semler (1990)	ja	SDI

Abk.: dt. : deutschsprachige Version
CL : Checkliste
SI : Strukturiertes Interview
SDI: Standardisiertes Interview

abzubilden erlauben, gibt es noch eine von Saß & Mende (1990) entwickelte Liste speziell für die Persönlichkeitsstörungen.

Checklisten haben nach Hiller et al. (1990) den Vorteil, daß der Untersucher sofort bei den für den Patienten relevanten Beschwerden beginnen kann. Sie sind auch bei schwerer gestörten resp. wenig belastbaren Patienten einsetzbar und benötigen i. d. R. weniger Zeit als Interviews.

Auf einer hinsichtlich der Standardisierung höheren Stufe sind die sog. **diagnostischen Interviews** einzuordnen.

Es lassen sich verschiedene Arten von Interviews unterscheiden bezüglich des Ausmaßes der Freiheit oder der Strukturierung resp. Standardisierung der Informationserhebung. Nach Wittchen et al. (1988, S. 59) werden bei strukturierten Verfahren verbale Informationen systematisiert unter größtmöglicher Kontrolle der Befragung, wobei Wortlaut der Fragen, Reihenfolge und Antwortkategorien im wesentlichen festgelegt sind, während bei standardisierten

Verfahren alle Ebenen der Informationssammlung spezifisch festgelegt sind, d. h. von den zu stellenden Fragen über die Kodierung bis hin zur Diagnosestellung. Es läßt sich also ein Kontinuum vom freien klinischen Interview bis zu einer vollstandardisierten Vorgehensweise annehmen.
Das **Strukturierte Klinische Interview für DSM-III-R** (SKID, Wittchen et al., 1990; engl. Structured Clinical Interview for DSM-III-R, SCID, Spitzer et al., 1988) ermöglicht primär Diagnosen nach DSM-III-R, jedoch liegt auch ein Modul für ICD-10 (und RDC) vor. SKID setzt nach Wittchen & Unland (1991) klinisch-psychiatrische Erfahrung, umfassende Kenntnisse des Manuals und ein zweitägiges Training voraus. Die Beurteilung der einzelnen Merkmale basiert nicht nur auf Aussagen der Patienten, sondern erfolgt aufgrund des Gesamturteils des Klinikers für jedes Merkmal. Für die einzelnen Merkmale gibt es 4 Kodierungsmöglichkeiten (1 = nicht vorhanden, 2 = vorhanden, nicht kriterienmäßig ausgeprägt, 3 = sicher vorhanden, kriterienmäßig, ? = unsicher, zu wenig Informationen). Eine Reihe von Studien belegen die Reliabilität und Validität des SKID (vgl. z. B. Wittchen et al., 1991).
Das **Schedule for Clinical Assessment in Neuropsychiatry** (SCAN; Wing et al., 1990) entstand i. A. der WHO und stellt eine Weiterentwicklung des bewährten Present State Examination (PSE-9) dar, dessen 10. Fassung Kernstück von SCAN ist. Es besteht aus über 800 Einzelitems, die in 60 Itemgruppen zusammengefaßt sind. Die Merkmale können in Bezug auf folgende drei Beurteilungszeiträume eingeschätzt werden: derzeitiger Zustand, repräsentative Episode oder gesamte Erkrankungsdauer. Die Bewertung der Symptomatik erfolgt hinsichtlich Dauer, Häufigkeit und/oder Schwere. Nach ersten Erfahrungen dauert die Durchführung zwischen 60–190 Minuten (Maurer et al., 1991), jedoch ist u. a. in Abhängigkeit von der Störung des individuellen Patienten mit großen Unterschieden zu rechnen, was auch für alle anderen Instrumente gilt. Insbesondere das Baustein- oder Modulprinzip erlaubt die Möglichkeit des Zuschnitts der Erfassung auf den jeweiligen Einzelfall. Die Anwendung setzt ein einwöchiges Training voraus. Gegenwärtig liegen erste empirische Daten zur Reliabilität vor (vgl. Tomov et al., 1990), eine abschließende Bewertung hinsichtlich Reliabilität aber auch Validität ist gegenwärtig noch nicht möglich, Feldstudien laufen jedoch. Über die Möglichkeiten und Grenzen dieses Instruments müssen daher nachfolgende Studien Auskunft geben. Auch im Hinblick auf die Benutzer- und Anwenderfreundlichkeit sind noch nicht alle Probleme gelöst (vgl. Maurer et al., 1991).
Beim **Strukturierten Interview für die Diagnose der Demenz vom Alzheimer Typ, der Multiinfarkt-Demenz und Demenzen anderer Ätiologie nach DSM-III-R und ICD-10** (SIDAM; Zaudig et al., 1990) handelt es sich um ein kurzes Screeninginstrument zur Erfassung und Schweregradbestimmung kognitiver Funktionsdefizite. Es dient zur klassifikatorischen Diagnostik nach DSM-III-R und ICD-10, ermöglicht jedoch auch eine syndromatologische Diagnostik (u. a. SIDAM-Score, Mini-Mental-State). Es besteht aus zwei Hauptteilen

(standardisierter Leistungsteil, klinische Beurteilungen unter Einbeziehung von fremdanamnestischen Angaben) sowie einem halbstrukturierten klinischen Überblick. Die Dauer der Durchführung beträgt durchschnittlich 28 Minuten. Es liegen bereits einige Angaben zur Reliabilität und erste Validitätshinweise (Übereinstimmung mit anderen Verfahren) vor (vgl. Zaudig et al., 1990).
Als bisher einziges standardisiertes Interview zu DSM-III-R und ICD-10 kann das **Composite International Diagnostic Interview** (CIDI; Robins et al., 1988; dt.: Wittchen & Semler, 1990) angesehen werden. Das CIDI stellt eine Integration und Erweiterung des Diagnostic Interview Schedule (DIS) und des Present State Examination (PSE-9) dar. Es handelt sich wie das SCAN um ein im Auftrag der WHO entwickeltes Instrument, das Diagnosen nach ICD-10 sowie DSM-III-R, Feighner, RDC und ICD-9 erlaubt. Ebenso wie das SCAN ist es modular aufgebaut, ist jedoch im Gegensatz zu diesem auch von trainierten Laien anwendbar. Es besteht aus unterschiedlichen Fragetypen und Kodierungsmustern. Bis auf einige Fragen zu Verhaltensmerkmalen dienen im Gegensatz zu den anderen erwähnten Verfahren nur die Patientenaussagen als Grundlage der Beurteilung, d. h. es ist keine klinische Erfahrung notwendig. Anhand einer sog. Prüffragenprozedur wird entschieden, ob ein Merkmal für die Diagnosenstellung relevant vorhanden ist. Bei einer Reihe von Fragen wird zusätzlich z. B. nach dem ersten und letzten Auftreten der Symptomatik gefragt.
Die Standardisierung betrifft alle diagnostischen Fragen, deren Kodierung ebenso wie die computerisierte Auswertung. Es ermöglicht u. a. 64 ICD-10 Diagnosen und dauert nach Angaben von Wittchen & Unland (1991) 75 Minuten, bei schwerer gestörten Patienten resp. bei solchen mit einer Vielzahl von Symptomen aus unterschiedlichen Störungsbereichen vermutlich jedoch deutlich länger.
Das CIDI erlaubt eine Querschnittsdiagnostik für verschiedene Zeitabschnitte sowie eine Life-Time-Diagnose.
Das Interview wurde primär für epidemiologische Studien entwickelt und hier auch umfassend erprobt, ist jedoch auch für andere Forschungszwecke sowie in der klinischen Praxis einsetzbar. Vor der Anwendung des Interviews ist ein intensives einwöchiges, standardisiertes Training unbedingt notwendig, insbesondere im Hinblick auf den z. T. komplexen Kodierungsvorgang der Kriterien. Das CIDI ist in langjähriger Entwicklungsarbeit konzipiert worden, so daß zwischenzeitlich eine Vielzahl von Reliabilitäts- und Validitätsstudien vorliegen (z. B. Semler, 1990) sowie praktische Erfahrungen in unterschiedlichen Populationen und Kulturen. Es kann gegenwärtig als das am besten untersuchte Erhebungsinstrument für DSM-III-R und ICD-10 Störungsgruppen angesehen werden.

3.6 Schlußfolgerungen

Selbst- und Fremdbeurteilungen als Verfahrensgruppen sind wichtige Outcomevariablen in Therapiestudien. Darüberhinaus gehen Selbst- und Fremdbeurteilungen in die für eine nosologische Diagnostik psychischer Störungen entwickelten Instrumente (Checklisten und Interviews) ein. Zwischen einzelnen Verfahren bestehen jedoch große Unterschiede hinsichtlich ihrer empirischer Absicherung, was insbesondere für die zur syndromatologischen Diagnostik entwickelten Verfahren gilt. Von daher sollten in Zukunft nicht immer neue Verfahren konzipiert werden, sondern bereits existierende hinsichtlich ihrer Möglichkeiten und Grenzen überprüft werden resp. bei Neukonstruktionen die Schwächen älterer eliminiert werden.

Sofern Selbst- und Fremdbeurteilungsverfahren gleichermaßen anwendbar sind, können sie vergleichbare Informationen bringen bzw. haben sich ergänzende Funktionen, wodurch ein breiteres Wirkungsspektrum abgebildet werden kann. Dies hängt jedoch von den zu untersuchenden Konstrukten ab und ist nicht eindeutig i. H. auf Ergänzung oder Redundanz zu beantworten (Baumann et al., 1985). Von daher sind Forderungen, Selbst- und Fremdbeurteilungsverfahren aneinander zu validieren zu kurz gegriffen (Möller, 1990), da der eine Standpunkt einseitig als korrekt unterstellt würde.

Beide betrachten denselben Gegenstandsbereich oder Teile dieses Gegenstandsbereiches aus unterschiedlichen Perspektiven, die alle i. H. auf eine Fragestellung von Bedeutung sind resp. sein können.

Die Validierung von Selbst- und Fremdbeurteilung muß an anderen Kriterien erfolgen (Paykel & Norton, 1986) wie

- Differenzierungsfähigkeit zwischen Gruppen,
- Erfassung von Veränderungen im Verlauf von Erkrankungen oder
- Differenzierung der Effekte unterschiedlicher Behandlungen.

Erst bei einem empirischen Nachweis hoher Redundanz könnte – nach dem Prinzip der Sparsamkeit – auf eine Beschreibungsebene verzichtet werden (Fahrenberg, 1982). Hiervon ist man jedoch noch weit entfernt, und es ist fraglich, ob dies jemals erreichbar ist. Therapiestudien bedürfen daher weiterhin einer multidimensionalen Erfassung des Outcomes mittels unterschiedlicher Datenquellen, wobei Selbst- und Fremdbeurteilung eine wichtige Funktion zukommt.

Literatur

Abele, A. & Becker, P. (Hrsg.) (1991). Wohlbefinden. Weinheim: Juventa

Albus, M., Maier, W., Shera, D. & Bech, P. (1990). Consistencies and discrepancies in self- and observer-rated anxiety scales. European Archives of Psychiatry and Clinical Neuroscience, 240, 96–102

AMDP (1979). Das AMDP-System. Berlin: Springer

AMDP & CIPS (1990). Rating scales for psychiatry. Weinheim: Beltz

Bailey, J. & Coppen, A. (1976). A comparison between the Hamilton Rating Scale and the Beck Inventory in the measurement of depression. British Journal of Psychiatry, 128, 486–489

Baltissen, R. & Boucsein, W. (1987). Vergleichende Untersuchungen zur Zustandsskalierung und Veränderungsskalierung bei der Beurteilung subjektiver Streßwirkungen in psychophysiologischen Experimenten. Zeitschrift für Differentielle und Diagnostische Psychologie, 8, 1–23

Baumann, U. (Hrsg.) (1981). Indikation zur Psychotherapie. München: Urban & Schwarzenberg

Baumann, U. & Seidenstücker, G. (1977). Zur Taxonomie und Bewertung psychologischer Untersuchungsverfahren bei Psychopharmakaprüfungen. Pharmakopsychiatrie Neuro-Psychopharmakologie, 10, 165–175

Baumann, U., Eckmann, F. & Stieglitz, R.-D. (1985). Self-rating data as a selecting factor in clinical trials of psychotropic drugs. European Archives of Psychiatry and Neurological Sciences, 235, 65–70

Baumann, U., Fähndrich, E., Stieglitz, R.-D. & Woggon, B. (1990). Probleme der Veränderungsmessung in Psychiatrie und klinischer Psychologie. In: U. Baumann, E. Fähndrich, R.-D. Stieglitz & B. Woggon (Hrsg.), Veränderungsmessung in Psychiatrie und Klinischer Psychologie (S. 15–43). München: Profil

Bech, P. & Rafaelsen, O. J. (1986). The Melancholia Scale: Development, consistency, validity, and utility. In: N. Sartorius & T. A. Ban (Eds.), Assessment of depression (pp. 259–269). Berlin: Springer

Beck, A. T., Rush, A. J., Shaw, B. F. & Emery, G. (1986). Kognitive Therapie der Depression (2. Aufl.). München: Psychologie Verlags Union

Brickenkamp, R. (1975). Handbuch psychologischer und pädagogischer Tests. Göttingen: Hogrefe

Brickenkamp, R. (1983). Erster Ergänzungsband zum Handbuch psychologischer und pädagogischer Tests. Göttingen: Hogrefe

Bronisch, T., Hiller, W., Zaudig, M. & Mombour, W. (1991). MDCL-P. Münchner Diagnosen Checklisten für die DSM-III-R/ICD-10 Persönlichkeitsstörungen. München: Unveröffentlichtes Manuskript

Carroll, B. J., Feingerb, M., Smouse, P. E., Rawson, S. G. & Greden, J. F. (1981). The Carroll Rating Scale for Depression. I. Development, reliability and validation. British Journal of Psychiatry, 138, 194–200

CIPS (1986). Internationale Skalen für Psychiatrie (3. Aufl.). Weinheim: Beltz

Davies, B., Burrows, G. & Poynton, C. (1975). A comparative study of four depression rating scales. Australian and New Zealand Journal of Psychiatry, 9, 21–24

Debus, G. (1974). Selbst- und Fremdeinstufung des aktuellen Befindens in psychopharmakologischen Längsschnittuntersuchungen. Arzneimittel-Forschung, 24, 996–1001

Deluty, B. H., Deluty, R. H. & Carver, C. S. (1986). Concordance between clinicians and patients rating of anxiety and depression as mediated by private self-consciousness. Journal of Personality Assessment, 50, 93–106

Deneke, F.-W. (1982). Analytische Gruppentherapie. Göttingen: Verlag für Medizinische Psychologie

Derogatis, L. R., Lipman, R. S. & Covi, L. (1976). Self-report Symptom Inventory. In:

W. Guy (Ed.), ECDEU assessment manual for psychopharmacology (pp. 313–331) (rev. ed.). Rockville: National Institute of Mental Health

Dittmann, V., Freyberger, H.J., Stieglitz, R.-D., Krüger, H., Zaudig, M., Dilling, H., Engel, R. & Gugel, P. (1992). Methodik der Untersuchung und Entwicklung der Merkmalsliste. In: V. Dittmann, H. Dilling & H.J. Freyberger (Hrsg.), Psychiatrische Diagnostik nach ICD-10 – klinische Erfahrungen bei der Anwendung (S. 21–32). Huber: Bern

Eckert, J., Biermann-Ratjen, E.-M. & Tönnies, S. (1982). PSYGE. Ein neu entwickelter Fragebogen zur Erfassung psychischer Gesundheit. In: H. Bommert & F. Petermann (Hrsg.), Diagnostik und Praxiskontrolle in der Klinischen Psychologie (S. 19–24). München: Steinhauer & Rau

Elkin, I., Parloff, M.B., Hadley, S.W., & Autry, J.H. (1985). NIMH treatment of depression collaborative research program. Archives of General Psychiatry, 42, 305–316

Fahrenberg, J. (1982). Probleme der Mehrebenen-Beschreibung und Prozeß-Forschung (Forschungsbericht Nr. 8). Freiburg i. Br.: Psychologisches Institut, Forschungsgruppe Psychophysiologie

Fahrenberg, J., Kuhn, M., Kulick, B. & Myrtek, M. (1977). Methodenentwicklung für psychologische Zeitreihenstudien. Diagnostica, 23, 15–36

Faravelli, C., Albanesi, G. & Poli, E. (1986). Assessment of depression: A comparison of rating scales. Journal of Affective Disorders, 11, 245–253

Fava, G.A., Kellner, R., Lisansky, J., Park, S., Perini, G.I. & Zielezny, M. (1986). Rating depression in normals and depressives: Observer versus self-rating scales. Journal of Affective Disorders, 11, 29–33

Grawe, K. (1982). Der Veränderungsprozeßbogen. In: M. Zielke (Hrsg.), Diagnostik in der Psychotherapie (S. 231–252). Stuttgart: Kohlhammer

Grawe, K., Caspar, F. & Ambühl, H. (1990). Die Berner Therapievergleichsstudie: Fragestellung und Versuchsplan. Zeitschrift für Klinische Psychologie, 19, 294–315

Hall, J.N. (1980). Ward rating scales for long-stay patients. Psychological Medicine, 10, 277–288

Hamilton, M. (1978). HAMD. Hamilton Depression Scale. In: W. Guy (Ed.), ECDEU assessment manual for psychopharmacology (pp. 179–192) (rev. ed.). Rockville: National Institute for Mental Health

Hedlung, J.L. & Vieweg, B.W. (1979). The Zung Self-rating Scale: A comprehensive review. Journal of Operational Psychiatry, 10, 51–63

Hiller, W., Zaudig, M. & Mombour, W. (1990). MDCL. Münchner Diagnosen Checklisten für DSM-III-R und ICD-10. München: Logomed

Janke, W. & Debus, G. (1978). Eigenschaftswörterliste (EWL). Göttingen: Hogrefe

Katz, M.M., Koslow, S.H., Maas, J.W., Frazer, A., Bowden, C.L., Casper, R., Croughan, J., Kocsis, J. & Redmond, E. (1987). The timing, specificity and clinical prediction of tricyclic drug effects in depression. Psychological Medicine, 17, 297–309

Klapprott, J. (1975). Einführung in die psychologische Methodik. Stuttgart: Kohlhammer

Krampen, G. & Delius, A.v. (1981). Zur direkten Messung subjektiv erlebter gesundheitlicher Veränderungen. Medizinische Psychologie, 7, 166–174

Kubinger, K.D. (1988). Testtheorie: Probabilistische Modelle. In R.S. Jäger (Hrsg.), Psychologische Diagnostik (S. 264–276). München: Psychologie Verlags Union

Lambert, M.J., Hatch, D.R., Kingston, M.D. & Edwards, B.C. (1986). Zung, Beck, and Hamilton rating scales as measures of treatment outcome: A meta-analytic comparison. Journal of Consulting and Clinical Psychology, 54, 54–59

Laux, L., Glanzmann, P., Schaffner, P. & Spielberger, C.D. (1981). Das State-Trait-Angstinventar (STAI). Weinheim: Beltz

Lehrl, S., Gallwitz, A., Nusko, G. & Burland, G. (1977). Warum geben Selbstbewertungsverfahren schwere Depressionen falsch wieder? Therapeutische Umschau, 34, 687–693

Lienert, G.A. (1969). Testaufbau und Testanalyse. Weinheim: Beltz

Lösel, F. (1988). Persönlichkeitsdaten (Tests). In R.S. Jäger (Hrsg.). Psychologische Diagnostik (S. 303–320). München: Psychologie Verlags Union

Loranger, A.W., Lehmann-Susman, V., Oldham, J.M. & Russakof, L.M. (1987). The Personality Disorder Examination: A preliminary report. Journal of Personality Disorders, 1, 1–13

Maier, W., Albus, M., Buller, R., Nutzinger, D., Shera, D. & Bech, P. (1990). Self- and observer assessment in anxiolytic drug trials: A comparison of their validity. European Archives of Psychiatry and Clinical Neuroscience, 240, 103–108

Maurer, Y. & Dittrich, A. (1979). Vergleich von Selbst- und Fremdbeurteilung bei schizophrenen Patienten. Pharmakopsychiatrie Neuropsychopharmakologie, 19, 375–382

Maurer, K., Hillig, A., Freyberger, H.J. & Velthaus, S. (1991). Erfahrungen mit den «Schedules for Clinical Assessment in Neuropsychiatry (SCAN)» im Rahmen einer multizentrischen Feldstudie. Schweizer Archiv für Neurologie und Psychiatrie, 142, 235–245

Möller, H.-J. (1990). Möglichkeiten und Grenzen von Selbstbeurteilungsskalen zur Verlaufsbeurteilung depressiver Symptomatik im Rahmen der Therapieevaluation. In: U. Baumann, E. Fähndrich, R.-D. Stieglitz & B. Woggon (Hrsg.), Veränderungsmessung in Psychiatrie und Klinischer Psychiatrie (S. 307–328). München: Profil

Möller, H.-J. (1991). Qutcome criteria in antidepressant drug trials: Self-rating versus observer-rating scales. Pharmacopsychiatry, 24, 71–75

Paykel, E.S. & Norton, K.R.W. (1986). Self-report and clinical interview in the assessment of depression. In N. Sartorius & T.A. Ban (Eds.), Assessment of depression (pp. 356–366). Berlin: Springer

Rietzen, H.v. & Segal, M. (1988). Comparative evaluation of rating scales for clinical psychopharmacology. Amsterdam: Elsevier

Robins, L.N., Wing, J., Wittchen, H.-U., Helzer, J.E., Babor, T.F. & Burke, J., Farmer, A., Jablenski, A., Pickens, R., Regier, D.A., Sartorius, N. & Towle, L.H. (1988). The Composite International Diagnostic Interview. Archives of General Psychiatry, 45, 1069–1077

Röhrle, B. (1988). Fragebogen zur verhaltenstherapeutischen Diagnostik depressiver Störungen. Tübingen: Deutsche Gesellschaft für Verhaltenstherapie

Rüger, U., Blomert, A.F. & Förster, W. (1990). Coping. Göttingen: Verlag für Medizinische Psychologie

Sartorius, N. & Ban, T.A. (Eds.) (1986). Assessment of depression. Berlin: Springer.

Saß, H. & Mende, M. (1990). Zur Erfassung von Persönlichkeitsstörungen mit einer integrierten Merkmalsliste gem. DSM-III-R und ICD-10 bei stationär behandelten psychiatrischen Patienten. In: U. Baumann, E. Fähndrich, R.-D. Stieglitz & B. Woggon (Hrsg.), Veränderungsmessung in Psychiatrie und Klinischer Psychologie (S. 195–206). München: Profil, 1990

Seidenstücker, G. & Baumann, U. (1978). Multimethodale Diagnostik. In: U. Baumann, H. Berbalk & G. Seidenstücker (Hrsg.), Klinische Psychologie, Trends in Forschung und Praxis. Bd. 1 (S. 134–182). Bern: Huber
Seidenstücker, G. & Baumann, U. (1987). Multimodale Diagnostik als Standard in der Klinischen Psychologie. Diagnostica, 33, 243–258
Semler, G. (1990). Reliabilität und Validität des Composite International Diagnostic Interview (CIDI). Regensburg: Roderer
Snaith, R.P. (1991). Measurement in psychiatry. British Journal of Psychiatry, 159, 78–82
Spada, H. (1983). Die Analyse von Veränderungen im Rahmen unterschiedlicher testtheoretischer Modelle. In: W.-R. Minsel & R. Scheller (Hrsg.), Brennpunkte der klinischen Psychologie. Bd. V Diagnostik (S. 83–105). München: Kösel
Spitzer, R.L., Williams, J.B.W., Gibbon, M. & First, M.B. (1988). Structured Clinical Interview for DSM-III-R. New York: New York State Psychiatric Institut, Biometric Research Department
Steer, R.A., McElroy, M.G. & Beck, A.T. (1983). Correlates of self reported and clinically assessed depression in outpatient alcoholics. Journal of Clinical Psychology, 39, 144–149
Steer, R.A., Beck, A.T., Riskind, J.H. & Brown, G. (1987). Relationship between the Beck Depression Inventory and the Hamilton Psychiatric Rating Scale for Depression in depressed outpatients. Journal of Psychopathology and Behavioral Assessment, 9, 327–339
Stieglitz, R.-D. (1986). Erfassung von Veränderungen. Theoretische und empirische Beiträge. Berlin: Oberhofer
Stieglitz, R.-D. (1988). Klinische Selbst- und Fremdbeurteilungsverfahren. Diagnostica, 34, 28–57
Stieglitz, R.-D. (1990). Möglichkeiten und Grenzen von Fremdbeurteilungsverfahren. TW Neurologie Psychiatrie Schweiz, 1, 157–160
Stieglitz, R.-D. (1991). Assessment of negative symptoms: Instruments and evaluation criteria. In: A. Marneros, N.C. Andreasen & M.T. Tsuang (Eds.), Negative versus positive schizophrenia (pp. 52–70). Berlin: Springer
Stieglitz, R.-D. (1992). Die Bedeutung von Verhaltensmerkmalen in der psychiatrischen Diagnostik endogener Psychosen. In: W. Gaebel & G. Laux (Hrsg.), Biologische Psychiatrie – Synopsis 1990/91 (S. 140–142). Berlin: Springer
Stieglitz, R.-D., Baumann, U., Tobien, H. & Zerssen, D.v. (1980). Zur Stichproben- und Zeitinvarianz von Testkennwerten bei einer Beschwerdenliste. Zeitschrift für experimentelle und angewandte Psychologie, 27, 631–654
Stieglitz, R.-D., Mackert, A. & Volz, H.-P. (1989). Übereinstimmung von Selbst- und Fremdbeurteilung im Rahmen einer Lichttherapie bei depressiven Patienten. Poster auf dem AGNP-Symposium 1989, Nürnberg, 4.–7. 10. 1989
Stieglitz, R.-D., Dittmann, V. & Freyberger, H.J. (1990). Klinisch-psychiatrische Selbstbeurteilungsverfahren. TW Neurologie Psychiatrie Schweiz, 1, 151–158
Tegeler, J., Lehmann, E. & Quadbeck, H. (1980). Teststatistischer Vergleich von Fremdbeurteilungs (AMP)- und Selbstbeurteilungs-Verfahren (EWL-K) bei Schizophrenen. Arzneimittel-Forschung, 30, 1210
Testkuratorium der Föderation deutscher Psychologenverbände (1986). Beschreibung der einzelnen Kriterien für die Testbeurteilung. Diagnostica, 32, 358–360
Tomov, T. & Nikolov, V. (1990). Reliability of SCAN categories and scores. Results of

the field trials. In: C.A. Stefanis, A.D. Rabavalias & C.R. Soldatos (Eds.), Psychiatry: A world perspective. Vol. 1 (pp. 107–112). Amsterdam: Excerpta Media

Wetzler, S. & Katz, M.M. (1989). Problems with the differentiation of anxiety and depression. Journal of Psychiatric Research, 23, 1–12

White, J., White, K. & Razani, J. (1984). Effects of endogenicity on consistency of standard depression rating scale. Journal of Clinical Psychiatry, 45, 260–261

Williams, J.B.W. (1988). A structured interview guide for the Hamilton Depression Scale. Archives of General Psychiatry, 45, 742–747

Wing, J.K., Babor, T., Brugha, T., Burke, J., Cooper, J.E., Giel, R., Jablenski, A., Regier, D. & Sartorius, N. (1990). SCAN. Schedules for Clinical Assessment in Neuropsychiatry. Archives of General Psychiatry, 47, 589–593

Wittchen, H.-U.(1988). Therapiebezogene Diagnostik. In: R.S. Jäger (Hrsg.), Psychologische Diagnostik (S. 184–196). München: Psychologie Verlags Union

Wittchen, H.-U. & Semler, G. (1990). Composite International Diagnostic Interview. Weinheim: Beltz

Wittchen, H.-U. & Unland, H. (1991). Neue Ansätze zur Symptomerfassung und Diagnosestellung nach ICD-10 und DSM-III-R: Strukturierte und standardisierte Interviews. Zeitschrift für Klinische Psychologie, 20, 321–342

Wittchen, H.-U., Semler, G., Schramm, E. & Spengler, P. (1988). Diagnostik psychischer Störungen mit strukturierten und standardisierten Interviews: Konzepte und Vorgehensweisen. Diagnostica, 34, 58–84

Wittchen, H.-U., Schramm, E., Zaudig, M., Spengler, P., Rummler, R. & Mombour, W. (1990). Strukturiertes Klinisches Interview für DSM-III-R. Weinheim: Beltz

Wittchen, H.-U., Zaudig, M., Spengler, P., Mombour, W., Hiller, W., Essau, C.E., Rummler, R., Spitzer, R.L. & Williams, J. (1991). Wie zuverlässig ist die operationalisierte Diagnostik? Die Test-Retest-Reliabilität des Strukturierten Klinischen Interviews für DSM-III-R. Zeitschrift für Klinische Psychologie, 20, 136–153

Zaudig, M., Mittelhammer, J. & Hiller, W. (1990). SIDAM. Strukturiertes Interview für die Diagnose der Demenz vom Alzheimer Typ, der Multiinfarkt-Demenz und Demenzen anderer Ätiologie nach DSM-III-R und ICD-10. München: Logomed

Zerssen, D.v. (1976a). Klinische Selbstbeurteilungsskalen. Weinheim: Beltz

Zerssen, D.v. (1978b). Die Paranoid-Depressivitätsskala. Weinheim: Beltz

Zerssen, D.v. (1976c). Die Befindlichkeitsskala. Weinheim: Beltz

Zerssen, D.v. (1976d). Die Beschwerdenliste. Weinheim: Beltz

Zerssen, D.v. (1979). Klinisch-psychiatrische Selbstbeurteilungs-Fragebögen. In: U. Baumann, H. Berbalk & G. Seidenstücker (Hrsg.), Klinische Psychologie, Trends in Forschung und Praxis Bd. 2 (S. 130–159). Bern: Huber

Zerssen, D.v. & Cording, C. (1978). The measurement of change in endogenous affective disorders. Archiv für Psychiatrie und Nervenkrankheiten, 226, 95–112

Zielke, M. (1979). Die Kieler Änderungs-Sensitive-Symptomliste (KASSL). Weinheim: Beltz

Zielke, M. & Kopf-Mehnert, C. (1978). Veränderungsfragebogen des Erlebens und Verhaltens (VEV). Weinheim: Beltz

Zimmerman, M., Corryel, W., Wilson, S. & Corenthal, C. (1986). Evaluation of symptoms of major depressive disorder. Self-report vs. clinician ratings. Journal of Nervous and Mental Disease, 174, 150–153

Zung, W.W.K. (1974). The measurement of affects – Depression and anxiety. In: P. Pichot (Ed.), Psychological measurements in psychopharmacology (pp. 170–188). Basel: Karger

Zung, W. W. K. (1976). SAS. Self-rating Anxiety Scale. In: W. Guy (Ed.), ECDEU assessment manual for psychopharmacology (pp. 337–340) (rev. ed.). Rockville: National Institute for Mental Health

Zung, W. W. K. (1986). Zung Self-Rating Depression Scale and Depression Status Inventory. In: N. Sartorius & T. A. Ban (Eds.), Assessment of depression (pp. 221–231). Berlin: Springer

4 Psychodynamische versus psychiatrische Diagnose. Aspekte der unbewußten Bedeutung und Anwendung der Diagnose für Patienten und Therapeuten

W. Schumacher

«Vor die Therapie haben die Götter die Diagnose gestellt». Diese, bereits Hippokrates zugeschriebene Forderung erscheint zunächst selbstverständlich. Keinem rational vorgehenden Mediziner würde es einfallen, eine Behandlung vorzunehmen, ohne sich vorher Klarheit darüber zu verschaffen, was der Gegenstand des Behandlungseingriffes ist oder was dieser Eingriff an diesem Gegenstand – sprich: Krankheit – bewirken soll. Erst beim Nachdenken wird deutlich, daß dieses Postulat in wichtigen Kernbereichen der Therapie – vor allem der Arzneimitteltherapie – bis heute nie eingehalten wurde. Gehört es doch beispielsweise zu den großen Ärgernissen der modernen Psychiatrie, daß eine weltweite Pharmaindustrie hoch wirksame Mittel anbietet, ohne daß – von Hypothesen abgesehen – bekannt ist, wo und wie diese wirken. Nicht wenige Psychiater kehren sogar den hippokratischen Grundsatz um, indem sie – beispielsweise bei der Differentialdiagnose: endogene Depression versus neurotische Depression – die Diagnose nach dem Erfolg einer thymoleptischen Pharmakotherapie stellen. Ähnliches sehen wir auch in jenem anderen Feld, der psychoanalytischen Therapie. Auch hier gibt es die Praxis, den Erfolg der Behandlung über die Diagnose entscheiden zu lassen, sofern diese dann letztlich überhaupt noch interessiert. Dennoch wird keiner, weder der Psychiater noch der Psychoanalytiker, auf die Instrumente jeweils seiner Diagnostik verzichten können. Jeder weiß, daß sich beispielsweise hinter einer endogendepressiv aussehenden Verstimmung ein langsam wachsender Hirntumor verbergen kann, der ohne eine ausreichende, auch körperliche Vordiagnostik übersehen würde. Etwa die Hälfte der in einer psychiatrischen Klinik behandelten psychischen Störungen sind **hirnorganisch** begründet. Sie zu differenzieren und dann einer entsprechenden Therapie zuzuführen, ist klinisch-diagnostischer Alltag. Auch der Analytiker in seiner Praxis wird sich – wenn er seine Patienten nicht vordiagnostiziert zugewiesen erhält – fragen müssen, welchem **nosologischen Bereich** er eine gegebene psychische Störung zuzuordnen hat. Ist eine Arbeitsstörung, eine depressiv hypochondrische Klagsamkeit etc. Ausdruck einer beginnenden psychotischen oder – etwa bei einem älteren Patienten – einer organischen Hirnerkrankung? Liegt eine depressive Psychose vor oder handelt es sich um eine reaktiv ausgelöste depressive Symptomneurose? Man sieht, daß es an den **nosologischen Grenzlinien: Psychoorganik, Psychose, Neurose** wichtig und notwendig ist Diagnostik im Sinne des **medizinischen Modells** zu betreiben.

Ein besonderes Problem bieten – speziell was den Bereich der «psychodynamischen Diagnose» anbetrifft – die Forderungen der Krankenkassen zur Prüfung der Kostenübernahme. Auch jenseits der eben genannten und sicher notwendigen nosologischen Grunddiagnostik werden hier – per Verordnung – Psychoanalytiker und Kassengutachter gezwungen, bis ins einzelne gehende «psychodynamische Diagnosen» zu erstellen. So erklären sich Krankenkassen zur Kostenübernahme nur dann bereit, wenn es sich um eingegrenzte, konfliktzentrierte, nach Möglichkeit situativ exarzerbierte Symptomneurosen handelt. Es ist einer eigenen Diskussion wert, ob und ggf. welchen Einfluß dieses kassentechnisch erzwungene Prozedere auf die Auswahl der Patienten und auf das Behandlungsvorgehen des Analytikers hat. Immerhin weist die Tatsache, daß die «psychodynamische Diagnose» zur Einstiegspforte in das medizinische Versorgungssystem genommen wird, auf die besondere Bedeutung hin, die eben dieses System der «Diagnose» beimißt. Sie ist in der Tat ein zentraler Teil jenes **Paradigmas,** das wir das «Medizinische Modell» nennen. Als Merkmale dieses speziellen Auffassungsmodells von Medizin lassen sich formulieren: **1.** Krankheit und Störung – auch psychische Störung – ist eine den normalen Lebensvollzug beeinträchtigende, in ihn einbrechende Veränderung. Durch sie wird der Mensch zum Leidenden bzw. – wenn er im medizinischen Institutionenfeld auftaucht – zum Patienten. **2.** Den sichtbaren oder vom Patienten erlebbaren Krankheitsvorgängen liegen jeweils spezifische innere Veränderungen kausal wirksam zugrunde. D.h. die als Krankheit oder Störung wahrnehmbaren bzw. zutagetretenden Erscheinungen haben für sich allein lediglich **Symptomcharakter. 3.** Pathogenetisch maßgebend sind dahintergelegene Prozesse, seien diese – wie bei Infektionskrankheiten – in den Organismus eingedrungene Fremdorganismen oder seien sie durch körpereigene Fehlbildungen oder Fehlentwicklungen entstanden. **4.** Aufgabe des Arztes ist es, die zugrundeliegenden **Ursachenfaktoren** anhand der jeweils spezifischen Symptome zu erkennen und sie – nicht die Symptome – zu behandeln. Das Mittel zur Erkennung bzw. den Weg dorthin nennt man «Diagnose». Durch sie – d. h. den Vorgang des «Durch-Schauens» – gewinnt der Therapeut Einblick in die hinter den Krankheits- oder Störungserscheinungen kausal wirksamen Kräfte. Erst dadurch vermag er rational, d. h. erkennend und zielabgestellt in diese einzugreifen, sie zu verändern und so ihre Auswirkungen, nämlich die Krankheit, zu beheben. Dieses, die Medizin auch heute weithin beherrschende Paradigma – genannt das «Medizinische Modell» – geht also davon aus, daß allen Krankheitserscheinungen – auch dem Bereich der psychischen Störungen – ein innerer, kausal wirksamer Prozeß zugrundeliege. Beispiel hierfür wäre etwa der Diabetes, bei dem hinter den äußerlich sichtbaren Erscheinungen der Zuckerkrankheit eine Insuffizienz des Inselapparates als kausal wirksame Ursache zu Grunde liegt.

Die Schulpsychiatrie sieht – mindestens für den Bereich der Psychosen – diese kausal wirksamen Faktoren in biologischen Fehlsteuerungen, heute etwa in solchen der synaptischen Transmittersysteme. Die Erfolge der Psychopharmakologie scheinen diese Annahmen zu bestätigen. Allerdings ist zu sagen, daß erst dann, wenn eine somatologische Reduktion im o.g. Sinne gelingen sollte, sich die psychiatrische Diagnostik voll in das medizinische Modell einfügen lassen könnte. Vorerst ist dies lediglich putativ der Fall. D.h. die psychiatrische Diagnostik ist – vorläufig, wie diejenigen sagen, die im medizinischen Modell denken – phänomenorientiert. Seit Kraepelin über Schneider bis hin zum DSM-III beschreibt sie die jeweils vorfindbaren Phänomene, ordnet, klassifiziert sie, wobei natürlich unterschiedliche Perspektiven und Gewichtungen zutage treten. Im medizinischen Modell gedacht, befindet sich die Psychiatrie auch heute noch etwa in der Situation, in der die innere Medizin sich hinsichtlich der Zuckerkrankheit befand, bevor das Insulin und seine pathogenetische Bedeutung entdeckt wurden.

Die vielleicht schärfste Formulierung von Psychiatrie im Sinne des «Medizinischen Modells» stellt die von Kurt Schneider vertretene **Unverständlichkeitshypothese** psychotischer Erlebnisabwandlungen dar (Schneider, 1971). Den endogenen Psychosen lägen – so das Postulat – somatische, die Sinnkontinuität der Lebensentwicklung zerreißende und daher verstehend nicht mehr nachvollziehbare Krankheitsprozesse zugrunde.

Die Nichtverstehbarkeit – das «Nichtverstehbarkeitstheorem» – wurde – und wird auch noch heute von weiten Teilen der Schulpsychiatrie – geradezu zum Diagnostikum psychotischer Erlebnisveränderungen genommen. Auch der Psychoanalyse fernstehende Psychiater haben sich dabei immer wieder provoziert gefühlt, gerade dieses Theorem verstehenspsychologisch zu durchbrechen, wobei sich natürlich vor allem die Phänomene des Wahns in ihrer Vielfalt und Eigenart hierzu anboten. Jedoch auch alle diese Bemühungen – Daseinsanalyse, Existenzanalyse, anthropologische Psychiatrie – vermochten nicht eigentlich den Boden des medizinischen Modells zu verlassen. Sie blieben systemtheoretisch zumeist in dem, was man seit Gaupp und Kretschmer «mehrdimensionale Diagnostik» nennt und was Freud – einige Zeit vorher – mit dem Begriff der «Ergänzungsreihe» zu erfassen versucht hatte.

In diese scheinbar festgefügte Eratik des «Medizinischen Modells» sind nun in den letzten Jahrzehnten bemerkenswerte Einbrüche erfolgt. Nicht zufällig wurde – bezogen auf die Gesamtmedizin – die Psychiatrie hierbei zum Vorreiter. Die am deutlichsten formulierte Abkehr der Psychiatrie vom Medizinischen Modell finden sich in Denkrichtungen, die als sog. «Antipsychiatrie» zusammengefaßt wurden. Hier ist «seelische Krankheit» nicht mehr eine Entität des Patienten oder am Patienten, sondern Ergebnis der Definition, der sozialen Stigmatisierung, Rollenzuweisung usw. durch die umgebende Gesellschaft. Nicht der Patient ist der Kranke, sondern seine Umwelt, die ihn damit sozial ausgrenzt. Sie benutzt ihn, macht den vielleicht Störenden zum Gestörten. Auch wenn man diese Extrempositionen nicht teilt, so ist doch die Abwendung vom – man könnte sagen – ontologischen Krankheitsverstehen des herkömmlichen Medizin-Modells (die Krankheit als Seinseigenschaft am Patienten) unverkennbar. Weite Teile der sog. «sozialpsychiatrischen Bewegung» fassen heute seelische Krankheit oder Störung primär auf als Ausdruck gestörter Beziehungen in einem den Patienten übergreifenden Sozialgefüge. So wendet sich auch die Diagnostik vom Patienten ab zu jenen, als pathogen erkannten Beziehungsfeldern, wie Familie, Arbeitsplatz, umgebende Sozialstrukturen etc.

Der **Paradigmenwandel** liegt in der Wendung des Blickes von einer bisherigen «Individualpathologie» zu einer «Pathologie des Umfeldes bzw. der hier herrschenden Beziehungen». Herkömmliche Diagnose und Diagnostik bleiben hiervon nicht unberührt. Sie werden im Gegenteil zum Ärgernis. Dies insofern sie geradezu als «Vehikel des Krankmachens» erkannt werden (labeling-Ansatz). Folgerichtig sind alle sozialpsychiatrischen Richtungen – und hierin zeigt sich ein Paradigmawandel – diagnosefeindlich. Das herkömmliche Psychiatriesystem wird gewissermaßen umgewendet. Psychiatrische Diagnostik wird selber als potentiell pathogen in Verdacht genommen. Allerdings ist festzustellen, daß die sozialpsychiatrischen Bewegungen merkwürdig untheoretisch geblieben sind. Durchgreifende Modelle – z. B. im Sinne einer ausformulierten Beziehungspathologie – wurden (obzwar implizit vorhanden) nicht ausentwickelt. Die Bewegung im ganzen – so kann man sagen – bleibt in einem sozial engagierten, teilweise sich sogar explizit als atheoretisch verstehenden sozialen Aktionismus stecken.

Wo nun – so ist zu fragen – steht in diesem Zusammenhang die Psychoanalyse bzw. ihr Zugangsinstrument, die «psychodynamische Diagnose»?

Freud hat in der Entdeckung der **Übertragung** – Übertragung verstanden als Rekonstellation der infantilen Beziehungspathologie – bereits früh eine entscheidende Abkehr vom herrschenden Medizinmodell vollzogen. Psychische Veränderung und Kranksein waren nun nicht mehr – wie im herrschenden Medizinmodell – eine Eigenschaft am Patienten, die durch Defizienz oder somatische Fehlsteuerung entstanden war, sie gewannen vielmehr einen – bis zur Psychose hin – **verstehbaren** Stellenwert im dynamischen Beziehungsgeflecht des Patienten mit seiner Umwelt. In diesem Gegensatz der Sichtweisen lag und liegt letztlich die Unvereinbarkeit von Psychoanalyse und Schulpsychiatrie, sofern sich letztere – was in weitem Umfange der Fall ist – dem Medizinischen Modell allein verpflichtet fühlt. Es ist von daher kein Zufall, daß alle sozialpsychiatrischen Richtungen wie selbstverständlich ihre Anlehnung entweder an die Psychoanalyse bzw. die von ihr entwickelte Psychodynamik oder an kommunikationstheoretische Modelle suchten.

In der Entdeckung der **Übertragung** und damit im Verständnis neurotischer und psychotischer Störungen als Ausdruck je bestimmter Beziehungsabwandlungen (und nicht als quasi seinshafte Eigenschaften am Patienten), wurde ein grundsätzlicher Auffassungswandel vollzogen. Was nun die psychoanalytische Diagnostik betrifft, so blieb sie – wiederum merkwürdigerweise – teilweise bis heute vom herrschenden Medizinmodell geprägt. So spricht man z. B. von einer Zwangsneurose, was zu dem Denkansatz verleitet, daß das Symptom «Zwang» eine abnorme Eigenschaft am Patienten sei, gleichwie die

psychiatrische Diagnostik ebenfalls von «Zwangskrankheit» oder einer «anankastisch-abnormen Persönlichkeitsstörung» spricht. Die Beziehungsstrukturen des Patienten gelangen hierbei nicht ins Blickfeld. Die regelhaft schweren sadistischen Einwirkungen des Patienten auf seine Umgebung, die mühsam, in einer fließenden Dynamik hiergegen aufgebaute, im «Symptom Zwang» funktional sich äußernde Abwehr, dies alles wird als «Eigenschaft am Patienten» apostrophiert. Statt den deskriptiven Begriff «Zwangsneurose» zu verwenden (womit man zwar den Anschluß an das herrschende Medizinmodell behält), könnte oder sollte man von einer «oral- oder analsadistischen Beziehungsstörung mit zwangssymptomhaften Reaktionsbildungen» sprechen. Man mag einwenden, daß derartige Diagnosen zu unhandlich seien. Dies muß jedoch nicht sein. Im Zweifel sollte man bei der Erstellung einer «psychodynamischen Diagnose» eine längere Formulierung in Kauf nehmen, wenn damit die zu beschreibende Störung in ihrer Eigenschaft als **Beziehungsstörung** kenntlich wird. Überschaut man «psychodynamische Diagnosen» wie sie z. B. von jungen Analytikern als Überschrift für ihre Fallberichte gewählt werden, so bemerkt man häufig eine Art Unsicherheit. Teilweise werden nosologisch-deskriptive, teilweise auch dynamisch-interaktionale Begriffe verwendet, oft sogar in einer Überschrift kombiniert.
Das gleiche gilt für Falldarstellungen, die an Krankenkassen zur Kostenübernahme gerichtet werden und eine «psychodynamische Diagnose» enthalten sollen. Auch hier findet man teilweise statisch-nosologische Begriffe in Art des herrschenden schulpsychiatrischen Modells, teilweise Formulierungen, die die Abwandlung von Beziehungen beschreiben bzw. das Symptom kenntlich machen als Funktionselement im herrschenden Beziehungsgefüge.
Noch einmal sei auf das in diesem Sinne echte **aliud** hingewiesen, das zwischen psychiatrischer und psychodynamischer Diagnose besteht. Der grundsätzliche Unterschied beruht auf den dahinterstehenden, je verschiedenen Auffassungssystemen. Die im Paradigma des Medizinischen Modells eingebundene Psychiatrie faßt seelische Krankheit und Störung auf als eine am Patienten vorfindbare, gesunderweise nicht dahingehörende Eigenschaft. Im Gegensatz hierzu sieht die psychodynamische Psychologie das Symptom nicht als Eigenschaft des oder am Patienten an, sondern als dynamisch notwendige oder sogar sinnvolle Bildung im Fließgleichgewicht eines so oder so beschaffenen Beziehungsgeschehens. Das Postulat einer spezifischen, symptombegründenden – biologisch gedachten, oder auch multifaktoriell vorstellbaren – Kausalität entfällt, wenngleich biologische Dispositionen, etwa im Sinne des Risikofaktorenmodells oder auch des Freud'schen Begriffes der «Ergänzungsreihen» miteinbezogen werden können.
Die Tatsächlichkeit des «versus» zwischen psychiatrischer und psychodynamischer Diagnose wird vollends dann deutlich, wenn man die Instrumente betrachtet, mit denen man zu den jeweiligen dagnostischen Feststellungen gelangt. Das klassische Verfahren der psychopathologischen Diagnostik ist die «psychiatrische Exploration», das der psychodynamischen Diagnostik, das

«psychoanalytische Interview». Die Handhabung der psychiatrischen Exploration geschieht im Sinne einer phänomenologischen Analyse. Phänomenologisch meint hier das einfache, möglichst vorurteilslose, vollständige Erfassen und Beschreiben der am Objekt – sprich: Patient – vorfindbaren Gegebenheiten. Es ist die Absicht, auf diesem Wege einen möglichst genauen Überblick über die bei einem Patienten vorliegenden Symptombestände zu erhalten, sie in ihrer Beschaffenheit, ihrer syndromartigen Zusammengehörigkeit usw. kenntlich zu machen, um so schließlich zu einer «Diagnose» zu gelangen. Methodisches Prinzip ist die «geplante Beobachtung». Der Untersucher verhält sich dem Patienten gegenüber aktiv, er greift in die Phänomene ein, fragt sie u. U. heraus, nimmt sie gewissermaßen in die Hand, prüft sie, dringt ggf. von hier aus weiter in das Symptom- bzw. Syndromfeld ein, bis sich ein für ihn verläßliches Bild hergestellt hat. Der Patient selbst ist hier lediglich Träger – quasi Objektträger – der den Psychiater interessierenden Eigenschaften. Er, der Patient, verschwindet sozusagen hinter seinen Symptomen.
In allem geradezu umgekehrt ist das Vorgehen bei der psychodynamisch-erfassenden Technik des psychoanalytischen Interviews. Der Untersuchende verhält sich hier weitmöglich passiv. Der Patient ist der Bestimmende, er übernimmt die Gestaltung des Gesprächs. Auf Einzelinhalte – sog. psychopathologische Phänomene, auf die der Psychiater so großen Wert legt – kommt es hier gar nicht an. Alleiniger Gegenstand der Erfassung sind Verlauf, Qualität, evtl. Änderungen des sich aufbauenden **Beziehungsfeldes** zwischen Patient und Untersucher. Mit dem Mittel der Gegenübertragungswahrnehmung versucht der Untersucher die überwiegenden Anteile der vom Patienten angebotenen Beziehungsmuster und deren Änderungen im Verlaufe der Begegnung zu erfassen. Er wird die mitschwingenden Gefühle, das, was der Patient gefühlshaft im Untersucher auslöst, registrieren. Er wird diese dann auf die Thematik des Patienten hin reflektieren, um so zu einer «psychodynamischen Diagnose» zu gelangen. Interventionen dienen – neben dem Inganghalten des Interaktionsprozesses – allein dem Zweck, mittels Probedeutungen in das dynamisch wechselvolle Beziehungsfeld einzugreifen, dieses dadurch zu verändern, um so zu erspüren, was der Patient mit den ihm probeweise angebotenen Deutungen macht. Entgegengesetzt zur psychiatrischen Exploration ist das methodische Prinzip hier das des «Experimentes». Dies insofern man – mittels Deutungen – gezielt in das Geschehen eingreift, die Wirkung des hierdurch gesetzten Eingriffsreizes beobachtet, um so zu einer Überprüfung der eigenen Hypothesen und damit schließlich zu einer diagnostischen Aussage zu gelangen. Ist der Patient für die psychiatrische Diagnostik «Objekt der Beobachtung», so ist er im psychodynamisch vorgehenden Setting «Subjekt» im wechselhaften Geschehen des sich aufbauenden, im Schwergewicht von ihm organisierten Beziehungsfeldes.
Ein weiterer wichtiger Problemkreis ergibt sich aus der Frage der «Bedeutung der Diagnose für den Diagnostizierten und auch den Diagnostizierenden». Wir alle kennen die möglichen sozialen Konsequenzen speziell psychiatrischer

Diagnosen. Nicht selten führen wir eine Art doppelter Buchführung in Sachen Diagnose, indem wir Behörden gegenüber andere allgemeinere, unbestimmtere Formulierungen verwenden, als wir dies für uns und unsere eigene Kartei tun. Dies, weil wir die Wirkung von Zuschreibungsprozessen, des labelling-effects, sowohl für die Bewußtseinsbildung unserer Patienten, für deren Krankheits- und Heilungsverlauf, wie auch für ihre Umgebung kennen. Wir wissen um die Verfestigungswirkung, den Ettikettiereffekt, den die Diagnosestellung auch für den Therapeuten selbst und sein Verhältnis zum Patienten haben kann. Wir verstehen von daher – und teilen zum Teil – die Diagnosefeindlichkeit vieler sozialpsychiatrisch orientierter Richtungen. Wir gehen hier allerdings nur bis zu dem Punkte mit, wo die Diagnoseabstinenz zur Gefahr werden kann für den Patienten, was in jenem schon mehrfach erwähnten **diagnostischen Grenzlinienbereich** der Fall ist. Wir gehen nicht so weit, psychische Krankheit ausschließlich als Ergebnis normativer Bewertung oder Zuschreibungen durch Sozialprozesse der (auch frühen) Umgebung verstehen zu wollen. Wir nehmen dennoch den hohen Stellenwert zur Kenntnis, den soziale (Ausgrenzungs-)Mechanismen für die Frage Krankheit oder Gesundheit haben, sowie die besondere Bedeutung, die hierbei gerade dem Faktor: **Diagnose** mit ihrer sozialen Dreh- und Angelfunktion zufällt.
Von diesen sozialpsychiatrischen Gesichtspunkten abgesehen, interessieren uns als Psychoanalytiker natürlich in besonderem Maße die **unbewußten** Prozesse, die im Zusammenhang mit der Diagnosestellung angestoßen werden bzw. die diesen Vorgang steuern oder mitbeeinflussen. Die überwiegenden Reaktionen des Diagnostizierenden werden dabei oft andere sein als die des Patienten. Nicht selten lassen sich jedoch in beiden auch ähnliche Abläufe erkennen. Die unbewußten Reaktionen, wie z. B. Angstvermeidungen, Schuldentlastung, Abspaltung von Kränkungen etc., werden andere sein, je nachdem, ob im klassischen Paradigma der Schulpsychiatrie oder in den interaktionalen Kategorien der Psychodynamik diagnostiziert wird. Diese, im einzelnen sehr unterschiedlichen Aspekte der **unbewußten** Funktion von Diagnose und des Diagnostiziervorganges verdienen besondere Beachtung. Dies, weil sie im Gegensatz zu den vorgenannten sozialpsychologischen Wirkfaktoren weniger gesehen und diskutiert werden. Unbewußte Prozesse spielen im Problemfeld Diagnose und Diagnosestellung eine wichtige Rolle.
In zum Teil eindrucksvollen soziologischen Untersuchungen des Medizinsystems wurden die Vorgänge der Entstehung der Patientenkarriere und speziell die Bedeutung der «Diagnose» hierbei diskutiert. So spricht man von Diagnose als «sozialer Reaktion», schärfer noch formuliert: Diagnose als «soziales Fallbeil». Im Rahmen einer längerdauernden, u. U. mit Mechanismen des Aushandelns einhergehenden Diagnosephase – jenem Übergang vom «anomischen» zum «identifikatorischen Stadium» – entscheidet sich nicht selten die soziale Existenz einer Person. Die Diagnose wird zum «sozialen Wendepunkt» in der Biographie eines Menschen. Von enormer Bedeutung sind in der Tat jene Prozesse, die etwa den «Alkoholtrinker» zum «Alkoholi-

ker» oder gar zum «Alkoholkranken» stigmatisieren, die Menschen mit psychischen Sonderbarkeiten, einfache Sonderlinge, zu Schizophrenen oder beispielsweise die, die ein betontes Sauerkeitsverhalten einer Hausfrau zum Anlaß nehmen, diese zur Zwangsneurotikerin zu stigmatisieren. Merkwürdigerweise bleibt bei den meisten derartigen Überlegungen das Eingreifen ubw. Prozesse unberücksichtigt, obwohl deren Wirksamkeit doch auf der Hand liegt.

Betrachtet man unter dem Aspekt der hier beteiligten unbewußten Prozesse zunächst die psychiatrische Diagnose bzw. Diagnostik so fällt jedem, der als Analytiker hiermit umgeht, die enorme Vielfalt auf, mit der diese in die ubw. Dynamik aller Beteiligten: Arzt, Patient, Familie eingreifen kann. Sowohl in der Binnenregulation, z. B. der Selbstwertregulation eines Patienten, wie in der Therapeut-Patient-Beziehung und in den Beziehungen des Patienten zu seinem Umfeld – hier insbesondere zu seiner Familie – spielen ubw. Prozesse eine wichtige Rolle, die durch das Stigma Diagnose ausgelöst werden bzw. – auch umgekehrt – die ihrerseits den Vorgang der Diagnosestellung mitsteuern.

An erster Stelle zu nennen ist hier die «Abwehrdienlichkeit der psychiatrischen Diagnose». Mittels der Einordnung psychischer Störerscheinungen in ein bestimmtes Diagnoseschema werden eben diese Erscheinungen ubw. vom Patienten abgespalten. Das Medizinmodell erlaubt es, Patient und Krankheit voneinander zu trennen. Dabei wird mittels Diagnose ubw. Angst gebannt. Er, der Patient, ist lediglich – nach dem Modell etwa einer Infektionskrankheit – momentan von einer bestimmten, eben durch das Instrument Diagnose festgemachten Störung befallen. In dieser Weise schafft die Diagnose Distanz zwischen dem potentiell gesunden Menschen und dem, der mehr oder minder zufällig von einer Krankheit, etwa einer Schizophrenie, befallen wurde. Die Illusion, d. h. die Rettung der Annahme einer «grundsätzlich gesunden Identität mit zufälligem Krankheitsbefall», dürfte – von der Ebene des Unbewußten aus gesehen – eine wichtige Funktion des «Medizinischen Krankheitsmodells» überhaupt darstellen. Dies wird nirgendwo deutlicher, als gerade am Beispiel der psychiatrischen Nosologie. Die Entlastung ist hierbei beiderseitig. Arzt und Patient verbinden sich gegen eine fremde biologische Kausalität, sprich seelische Krankheit. Die Diagnose ist ubw. das Dingfestmachen jener eingedrungenen (biologisch wirksamen) Fremdgesetzlichkeit, die es zu bekämpfen und zu eliminieren gilt. Nicht umsonst läßt der Zustand einer ungeklärten Diagnose viele Mediziner nicht zur Ruhe kommen. Ist die Diagnose, sprich die Krankheit, gestellt, so ist – auf der Ebene des Ubw. – die eigene Unversehrtheit gerettet. Es bedarf ja nur noch der Beseitigung der festgemachten Störung. Im Erleben von Krankheit als Kränkung, vermag psychiatrische Nosologie – per Abspaltung – zu entlasten. In diesem vielfachen Sinne läßt sich Diagnostik ubw. als **Angstabwehr** einsetzen. Auch kann das Mitglied einer Familie mittels Diagnose ausgegrenzt werden. Von der Ebene der ubw. Familiendynamik her gesehen ist es stets wichtig zu fragen, warum und warum zu diesem Zeitpunkt ein bestimmtes Familienmitglied – per Diagnose – dem psychiatrischen Institutionenfeld übergeben wurde. Wie kommt es, daß der immer schon auffällig gewesene Großvater plötzlich als senile Demenz, warum ein anderer als schizophren usw. diagnostiziert wird. Wenn auch die Bedeutung der Psychopharmaka in keiner Weise geschmälert werden soll, so ist es doch bemerkenswert, wie sehr gerade von hier, von der Industrie her, die Mechanismen der Abspaltung und Distanzschaffung gefördert werden.

Betrachten wir die andere Seite, die ubw. Aspekte der «psychodynamischen Diagnose». Auch hier wird eine Reihe augenfälliger Mechanismen erkennbar. Um nur einige zu nennen: Die narzißtische Kränkung, die Kranksein ubw. bedeuten kann, wird durch Bezugsbildung auf früher – wie oft ist in psychodynamischen Diagnosen von «frühen Störungen» die Rede – weg-kausalisiert. Man könnte von einer Art Verschiebung sprechen vom quälenden Hier und Jetzt auf das, was früher in den pathogenen Bezügen der Kindheit war. Niemand wird die Bedeutung der infantilen Neurose leugnen. Aber erliegen wir nicht oft – mit unseren Patienten gemeinsam – der Gefahr, unerträgliche Realzustände im Hier und Jetzt von Familie, Beruf und Gesellschaft in pathogene Frühfeldbedingungen zu verlagern und damit gewissermaßen aus der Gegenwart wegzuschieben. Auch hierbei, bei der Verlagerung nicht veränderbarer Unerträglichkeiten des Jetzt auf bearbeitbare Fehlentwicklungen des Früher, spielt die Diagnose eine wichtige Rolle. In ihr drückt sich oft programmhaft das Bündnis aus, das Patient und Analytiker gegen die «bösen Eltern der Frühzeit» eingehen, um damit der gemeinsamen Ohnmacht gegenüber dem Jetzt zu entkommen.

Noch ein anderer, letzter Gedanke sei angefügt. Ist es überhaupt möglich, mittels Diagnose – der psychodynamischen Diagnose – den psychoanalytischen Prozeß angemessen zu beschreiben? Geschieht nicht hier die unzulässige Übertragung eines Begriffselementes des «Medizinischen Modells» auf den Prozeßcharakter der Analyse. Ist das, was Analyse ausmacht, gewissermaßen gerinnbar in **eine** Entität nach dem Muster des Medizinischen Paradigmas? Wir alle haben die Erfahrung gemacht, daß wir bei langjährigen Analysen jedes halbe Jahr eine andere Diagnose stellen oder gestellt hätten. Ist es nicht so, daß wir durch den «Akt der Diagnose» uns unseren eigenen Blick verstellen für den in Gang befindlichen Prozeß? Warum also Diagnose und welche ubw. Bedeutung könnte dahinter stehen? Abgesehen von einer Art Zugeständnis, einer Fügsamkeit der uns umgebenden Medizinwelt gegenüber (zu der zuvorderst ja auch die Krankenkassen gehören), könnte ubw. eine Entlastung durch Kausalisierung gesucht werden. Es kann Angst machen, ohne Vorbedingungen sich einfach so in eine analytische Beziehung einzulassen. Hier können Instrumente wie Diagnose, Indikationsstellung ubw. Boden schaffen und Angst wegnehmen. Der Versuch einer «Strukturierung per Diagnose» – auch wenn ihr Charakter als nur vorläufig, als Scheinorientierung erkannt wird – kann ubw. die Unsicherheit, das Unbehagen einer undefinierten, offenen Beziehung vermindern helfen.

Fragt man nach dem Fazit, sozusagen nach der «Diagnose der Diagnostik», so wird man sagen müssen, daß im seelischen Bereich jede Diagnostik ein mit vielen Fragwürdigkeiten behaftetes Instrument darstellt. Immer sind Diagnosen in erster Linie Nominal- und nicht Realdefinitionen. Generell gilt: die Erfassung von Wirklichkeit vollzieht sich in den Sicht- und Denkkategorien des Erfassenden. Das Erfaßte – hier der diagnostizierte Patient – ist mit Ergebnis des Erfassenden. Am ehesten zur Geltung kommen wird die Wirklichkeit noch dort, wo die Umbrüche oder Grenzlinien liegen, etwa der organischen Psychosyndrome gegenüber den nicht organisch begründeten Störungen oder der Psychosen gegenüber den Neurosen. In diesem Sinne wird speziell an jenen **Grenzlinien** – und vielleicht nur dort – Diagnose und Diagnostik wichtig werden, wobei dann allerdings die Verschiedenartigkeit der Erfassungszugänge und deren Notwendigkeiten zu beachten sind. Die Bandbreite und Fülle der Gesichtspunkte, die sich mit dem Problemfeld «Diagnose und Diagnostik» verbinden, reichen von soziologisch-sozialmedizinischen Faktoren über wissenschaftstheoretische Überlegungen bis hin zu psychodynamisch-analytisch wirksamen Einflüssen. Sie konnten hier nur unvollständig genannt, eigentlich nur angerissen werden. Notwendig erscheint jedoch, daß – wenn immer man Diagnostik betreibt oder ganz konkret eine «Diagnose» stellt – man sich der Problembeladenheit dessen, was man tut, bewußt bleibt.

Literatur

Becker, H.S. (Hrsg.): The Other Side. New York: Free Press of Glencoe 1964

Freidson, E.: The Profession of Medicine. New York: Dodd, Mead 1970. dt.: Der Ärztestand, Stuttgart: Enke 1979

Freidson, E.: Professional Dominance. Chicago: Aldine 1971

Glatzel, J.: Das psychisch Abnorme. München, Wien, Baltimore: Urban u. Schwarzenberg 1977

Goffman, E.: Asylums. New York: Doubleday 1961. dt.: Asyle. Frankfurt: Suhrkamp 1972

Goffman, E.: Stigma: Notes on the Management of Spoiled Identity. Englewood Cliffs: Prentice Hall 1963. dt.: Stigma. Frankfurt: Suhrkamp 1975

Heimann, H.: Psychopathologie. In: Psychiatrie der Gegenwart Bd. 1, Grundlagen und Methoden der Psychiatrie, Teil 1. Berlin, Heidelberg, New York: Springer-Verlag 1979, S. 1–42

Hughes, D.: Everyday and medical knowledge in categorizing patients. In: Health Care and Health Knowledge, hrsg. von R. Dingwall et al., 1977

Kuhn, Thomas S.: Die Entstehung des Neuen. Studien zur Struktur der Wissenschaftsgeschichte. Suhrkamp 1977

Laing, R.D. und Esterton, A.: Family, Madness and Sanity. London: Tavistock 1964. dt.: Familie und Wahnsinn. Köln: Kiepenheuer und Witsch 1975

Lemert, E.: Social Pathology. New York: McGraw Hill 1951

Lemert, E.: Human Deviance, Social Problems and Social Control. Englewood Cliffs: Prentice Hall 1967

McIntire, S. und Oldman: Coping with migraine. In: Medical Encounters 1977
Mead, G.H.: Mind, Self, and Society from the Standpoint of a Social Behaviourist. Hrsg. v. W. Morris, Chicago: Chicago Univ. Press 1934. dt.: Geist, Identität und Gesellschaft. Frankfurt: Suhrkamp 1968
Parsons, T.: The Social System. Glencoe/Ill: Free Press 1951. dt.: Kap. 10 in: R. König u. E. Tönnesmann, Probleme der Medizinsoziologie, Opladen: Westdeutscher Verlag 1958
Scheff, T.: The labeling theory of mental illness. Am. Sociol. Rev. 39, 1974, 444–452
Scheff, T. (Hrsg.): Labeling Madness. Englewood Cliff: Prentice Hall 1975
Schneider, K.: Klinische Psychopathologie. Stuttgart: Thieme Verlag 1971. 9. Aufl.
Schumacher, W.: Wandlungen der psychiatrischen Krankheitsauffassung durch Sozialpsychiatrie. Dynamische Psychiatrie, 3. Jg., 1970, 3. Heft
Szasz, T.: The Myth of Mental Illness: Foundations of a Theory of Personal Conduct. New York: Hoeber-Harper 1961

5 Zur psychoanalytischen Diagnostik

P. L. Janssen

5.1 Einleitung

Dilling hat in seinem einleitenden Artikel die Orientierung der psychiatrischen Diagnostik an dem Paradigma der deskriptiven Naturwissenschaften, besonders der Biologie, dargelegt. Diagnostik ist die «unterscheidende Erkennung, Benennung und Beurteilung von Krankheitsbildern», also die Beschreibung eines pathologischen Zustandes. Nach der medizinisch-naturwissenschaftlichen Auffassung fließen nur Beobachtungen in die differenzierende Unterscheidung ein, die als objektive Tatbestände betrachtet werden. Der Kranke wird daraufhin untersucht, welche Symptome festgestellt werden können und auf welche Krankheit sie hinweisen. In diesem Sinn ist psychiatrische Diagnostik eher *produktorientiert*, d. h. orientiert an der Benennung eines Krankheitsbildes.

Dilling benennt in seinem Beitrag aber auch ein *prozeßorientiertes* Verständnis von Diagnose. Die erkennende Diagnostik ist ein Prozeß der Begegnung des Kranken mit dem Arzt. Diese Auffassung läßt sich mit dem Paradigma der Psychoanalyse vereinbaren, daß psychische oder psychosomatische Erkrankungen auch Ausdruck vergangener und gegenwärtiger Störungen in den Beziehungen zu signifikanten anderen sind. Das Beziehungsparadigma der Psychoanalyse, d. h. das Paradigma von der Wiederherstellung infantiler Objektbeziehungen in der Übertragung-Gegenübertragung zwischen Therapeut und Patient, ist auch das Grundprinzip der psychoanalytischen Diagnostik: Die Symptome, mit denen der Patient sich an den Psychoanalytiker wendet, sollen sinnvoll und verstehbar auf dem Beziehungshintergrund, und zwar dem aktuellen wie dem infantilen, werden.

Dem diagnostischen Gespräch wurde in den Anfängen der Psychoanalyse mit Skepsis begegnet. Freud entwickelte keine eigene Interviewtechnik (vgl. Kerz-Rühling 1984). Er wußte, daß in der Erstbegegnung der Keim für die Übertragungsentwicklung lag, er wollte sie nicht durch eine explorative, psychiatrische Diagnostik stören. Andererseits muß er auch dem Beginn der Behandlung eine besondere Chance für eine systematische Untersuchung eingeräumt haben. Er schrieb: «Wer das edle Schachspiel aus Büchern erlernen will, der wird bald erfahren, daß nur die Eröffnungen und Endspiele eine erschöpfende systematische Darstellung gestatten, während die unübersehbare Mannigfaltigkeit der nach der Eröffnung beginnenden Spiele sich einer solchen versagen». (Freud 1913). Es sollte noch einige Zeit dauern bis dieser Satz Freuds in intensiven Untersuchungen des Erstgesprächs verwirklicht wurden (s. u.).

Freud (1913) hat zunächst eine Probebehandlung von etwa 20 Stunden vorgeschlagen, um festzustellen, ob der Patient «geeignet» ist für die psychoanalytische Methode. Dem folgten andere Analytiker (z. B. Fenichel 1941, Greenson 1967). Die Probeanalyse sollte der erweiterten Indikationsstellung dienen. Es stellte sich heraus, daß dieses Verfahren aus ethischen, therapeutischen und ökonomischen Gründen in den meisten Fällen nicht zu vertreten ist.
Von den Anfängen an hat die Psychoanalyse – orientiert am psychoanalytischen Prozeß – im allgemeinen eine anti-diagnostische Einstellung. Sie hat auch wenig Interesse an einer systematischen, klassifizierenden Darstellung von Erkrankungen (vgl. Meyer 1972, Reimer und Burzig 1978). Schon für Freud galt es zu Beginn der Behandlung lediglich, körperliche Erkrankungen oder eine Psychose auszuschließen. Er glaubte an die große Reichweite der psychoanalytischen Methode für Übertragungsneurosen, hingegen nicht für narzißtische Neurosen (Freud 1914).
Waren elementare Voraussetzungen gegeben, z. B. allgemeine psychosoziale Faktoren, wie Vorbildung, Alter, Motivation, so konnte eine psychoanalytische Behandlung beginnen. Die ausführliche Erhebung der Lebensgeschichte verlegte er in die erste Behandlungsphase (vgl. Freud 1909).
Heute hat die allgemeine Psychopathologie auch in der Erstuntersuchung des Psychoanalytikers für eine vorläufige Diagnose ihren Stellenwert. Eckstaedt (1991) schreibt: «Eine vorläufige Diagnose aus der allgemeinen Psychopathologie ist notwendig im Hinblick auf das, was mit einer Wahrscheinlichkeit

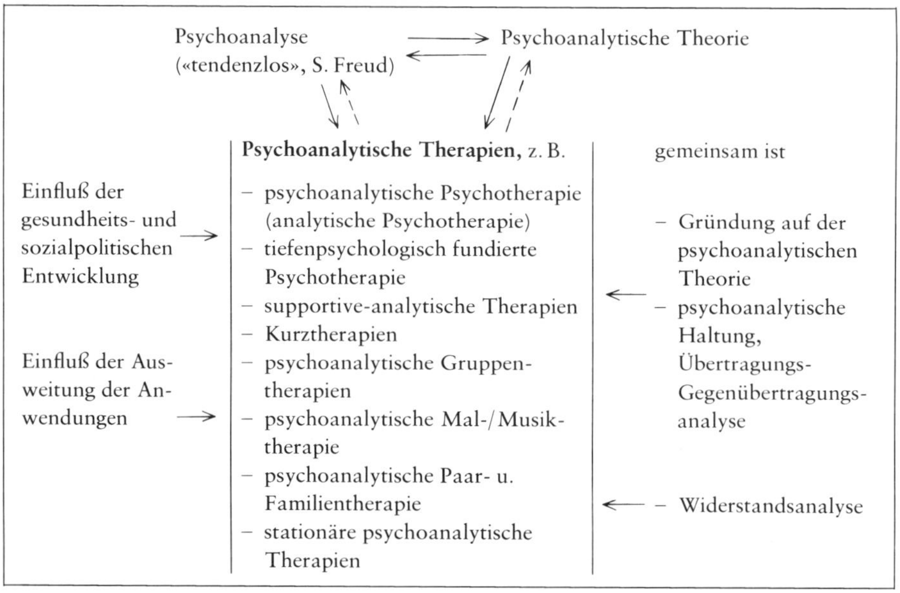

Abb. 5-1: Psychoanalytische Therapien

hinsichtlich des Konfliktes wie der zugehörigen Abwehr im späteren analytischen Prozeß zu erwarten ist.» Weiterhin führten die Anwendungsformen der tendenzlosen Psychoanalyse wie analytische Psychotherapie, Fokaltherapie, Kurztherapie, Gruppenpsychotherapie, Paar- und Familientherapie, stationäre Psychotherapie (vgl. Abb. 5-1) zu einem verstärkten Interesse an der diagnostischen Funktion der Erstuntersuchung und der differentiellen Indikationsstellung für die verschiedenen Verfahren, die sich unter bestimmten sozial- und gesundheitspolitischen Bedingungen entwickelt haben.
Auch wenn diese Entwicklung, besonders gefördert von den zunehmenden Ansprüchen nach Versorgungsleistung an die psychoanalytischen Praxen und von den poliklinischen Einrichtungen und Ambulanzen, andere Anforderungen an eine psychoanalytische Erstuntersuchung stellen und die sogenannten «Vorfeldphänomene» (Argelander 1970) einen Einfluß auf die psychoanalytische Diagnostik haben, bleibt die Haltung in einem «reinen» psychoanalytischen Erstgespräches grundlegend für Modifikationen.

5.2 Das Psychoanalytische Erstgespräch als Einleitung eines psychoanalytischen Prozesses

Das Erstgespräch eines Patienten mit einem Psychoanalytiker ist mehr eine Begegnung denn eine diagnostische Situation. Der Patient, ein möglicher Analysand, ist ein Leidender, Rat- oder Hilfesuchender, dessen Motivation für psychoanalytische Therapie über den Leidensdruck gesichert ist. Er wird dann eine positive Entscheidung für ein Bündnis mit dem Analytiker und dessen Methode treffen, wenn die aktuelle Begegnung mit ihm seine Bereitschaft fördert, sich auf einen klärenden Prozeß der Begegnung mit sich selbst und seinem Verhalten einzulassen. Das vorrangige Ziel des psychoanalytischen Erstgespräches muß daher sein, mit dem Patienten eine Beziehung zu initiieren und zu erproben. Das Ziel des Analytikers ist darüber hinaus, dem Patienten erste Einsichten zu vermitteln, ihm zu verdeutlichen, warum das Verstehen der verborgenen und abgelehnten Selbstaspekte, des eigenen Unbewußten sinnvoll ist und inwieweit ein verstehender Prozeß ihm helfen kann, sein Leiden zu überwinden oder zu lindern. Nach dem Verständnis der Psychoanalyse als Verfahren zur Gewinnung von Selbsteinsicht ist die Erstuntersuchung die Einleitung eines psychoanalytischen Prozesses und daher sind die Verhaltensweisen des Psychoanalytikers an den Bedingungen für diesen Prozeß orientiert. Auch die Erstuntersuchung soll eine initiale psychoanalytische Selbsterfahrung (Schubart 1989) werden, die entscheidend sein kann für die weitere Entwicklung des Analysanden.
Leupold-Löwenthal (1985), der jede vom Behandlungsprozeß abgegrenzte diagnostische Situation als «Medicozentrismus» ablehnt, ist der Auffassung, daß der Analytiker mit seiner neutralen Haltung (nicht fordernd, nicht zuge-

wandt, nicht kritisierend) eine «Holding-Situation» schaffen müsse, in der der Patient «genügend Illusion von Sicherheit und Geborgenheit» erfahren könne, um seine Probleme darzustellen. Jede Haltung, die mütterlich, hilfreich, fürsorglich ist oder das nosologische Kriterium in das Gespräch einbringt, sei ein «Störmoment». Wegner (1992) beschreibt die Haltung des Analytikers ähnlich. Er solle durch seine Haltung ein Optimum an «arglosen» Mitteilungen auf Seiten des Patienten ermöglichen.

Diese Einstellung zum Erstgespräch ist nur auf dem Hintergrund des Prozeßverständnisses der Psychoanalyse zu verstehen, woraus sich durchaus auch unterschiedliche Haltungen ergeben können. Rangell (nach Cremerius 1977) definiert Psychoanalyse unter konfliktpsychologischen Gesichtspunkten als

«eine therapeutische Methode, durch die die günstigsten Bedingungen für das Zustandekommen einer Übertragungsneurose geschaffen werden, in der die Vergangenheit in der Gegenwart wieder hergestellt wird, damit es über einen mit systematischen Deutungen arbeitenden Angriff auf die vorhandenen Widerstände zu einer Auflösung der Neurose kommt mit dem Ziel, strukturelle Veränderungen im psychischen Apparat des Patienten hervorzubringen, die diesen zu einer optimalen Anpassung an seine Lebensumstände befähigen.»

Eine solche Zielsetzung erfordert von Anfang an eher eine deutende Haltung, während aus der Zieldefinition von Sandler und Sandler (1984) mehr eine gewährende, aufnehmende, mit Interpretation vorsichtig und zurückhaltend umgehende Haltung folgt. Ziel jeder psychoanalytischen Therapie sei es

«dem Patienten zu ermöglichen, sich mit seinen früher inakzeptablen Seiten anzufreunden, mit bisher bedrohlichen Wünschen und Phantasien gut umgehen zu können. Um das zu erreichen, muß der Analytiker durch seine Deutung und die Art, wie er sie dem Patienten anbietet, eine Atmosphäre der Toleranz für das Infantile, Perverse und Lächerliche herstellen, eine Atmosphäre, die sich der Patient als Haltung sich selber gegenüber aneignet, die er mit dem Verstehen, das er zusammen mit dem Analytiker erworben hat, internalisieren kann».

Nach diesen Zieldefinitionen beginnt mit dem psychoanalytischen Erstgespräch möglicherweise «eine neue aufklärerische Epoche» (Eckstaedt 1991) in dem Leben des Patienten. Eine Epoche, die ein intensiver, selbstreflexiver, kognitiv-emotionaler Prozeß ist, der auch nach Abschluß in der Dyade als selbstanalytischer Prozeß weitergeht.

Für den Psychoanalytiker ist das Erstgespräch der Beginn einer jahrelangen Arbeit, die an ihn als Person eine hohe Herausforderung stellt. Daher ist die Entscheidung für eine Analyse mit diesen Patienten auch immer eine höchstpersönliche. Das wird in der Empfehlung von Eckstaedt (1991) deutlich: «Einen Patienten, mit dem man sich nicht irgendwo verbunden oder in Übereinstimmung fühlt, sollte man nicht in Analyse nehmen – dies wird sonst zu einer qualvollen Pflichtübung.»

Darüber hinaus ist die Entscheidung des Analytikers, einen Behandlungskontrakt einzugehen, komplexer als die des Patienten. Sie ist nicht nur bestimmt

von seiner Gegenübertragung, sondern auch von seinen psychoanalytisch-diagnostischen Kenntnissen wie auch von einer Reihe realer Faktoren wie Finanzierung, Wohnort des Patienten, Zeitaufwand, Überlegungen zur akzeptierbaren Dauer der Behandlung. Mit seinen psychoanalytisch-diagnostischen Kenntnissen entwickelt er eine erste Hypothese über die Konflikte des Patienten, über seine Übertragungsbereitschaft, Reflexionsfähigkeit, seine Ich-Funktionen und Abwehrstrukturen, seine Motivation und nicht zuletzt seine Analysierbarkeit. Fenichel (1941) hat dieses Kriterium die «Zugänglichkeit» für den psychoanalytischen Prozeß genannt. Leupold-Löwenthal (1985) nennt als wesentlichen Gesichtspunkt für das Erstgespräch die Ermittlung der Behandelbarkeit oder Analysierbarkeit.
Tyson und Sandler (1974) arbeiten Eignungskriterien heraus, die an die Persönlichkeitsstruktur des Patienten gebunden sind. Unter Eignungskriterien fassen sie das Alter des Patienten im Sinne der Beurteilung der altersbedingten Veränderung, die Intelligenz (der Patient soll eine wache, normale Intelligenz haben) zusammen. Auch ethische und moralische Gesichtspunkte, insbesondere aber der Leidensdruck und das Ausmaß des sekundären Krankheitsgewinnes, nennen sie als Kriterien. Weiterhin soll der Patient über ein intaktes Ich verfügen, eine adäquate Beziehung zur Realität aufrechthalten können, eine Ich-Spaltung in einen erlebenden und einen beobachtenden Anteil vollziehen und einen Pakt mit dem analysierenden Ich des Analytikers eingehen können.
Auch wenn das psychoanalytische Erstgespräch solche diagnostische Anteile enthält, werden heute mehr die Persönlichkeitsmerkmale des Analytikers als bedeutsamer Faktor für das Gelingen des Prozesses in den Vordergrund gerückt. Schacht (1990) stellt z. B. fest: «Zunehmend wird der psychoanalytische Prozeß als eine sich entfaltende, interpersonale Interaktion verstanden, die, bei konsequenter Anwendung der psychoanalytischen Technik, in ihrer Ausgestaltung vom Beitrag des Analysanden ebenso wie von dem des Analytikers abhängt». Übertragungsangebote des Patienten sind von Anfang an wirksam (Gill 1984). Der Analytiker wird sich fragen, ob er bereit ist, sich mit diesem Patienten in die infantilen Verwicklungen, die in der Übertragungsneurose wiederbelebt und wiederholt werden, einzulassen bereit ist, ein Prozeß, der über viele Jahre gehen kann und in dem er zur zentralen Figur des Erlebens des Patienten wird. Mit der Zielsetzung, über die Durcharbeitung der Übertragungsneurose und deren Auflösung zu einer intrapsychischen Veränderung zu kommen, involviert er sich sozusagen in eine zweite Kindheit des Patienten.
Die Wechselseitigkeit des Prozesses zwischen Patient und Analytiker ist heute das vorherrschende Verständnis vom psychoanalytischen Prozeß. Er ist eine unlösbare Verbindung von Übertragung und Gegenübertragung. Der Analytiker wird auf die Übertragung des Patienten, z. B. auf eine autistische, eine perverse, eine psychotische oder neurotische Übertragung, eine spezifische Gegenübertragung ausbilden. Dieses Verständnis von den «evozierten, kom-

plementären Gegenübertragungsformen» (Eckstaedt 1991) spezifisch zu den Übertragungen des Patienten ist aus dem objektbeziehungsanalytischen Aspekt der Wechselseitigkeit in dem dyadischen Geschehen abgeleitet und charakterisiert schon das Erstgespräch.

Diese Auffassung hängt mit dem veränderten Verständnis von Gegenübertragung zusammen. Freud (1911) versteht die Gegenübertragung als unbewußte Reaktion des Analytikers auf den Patienten und als eine Störung der Behandlung. Nach Greenson (1967) ist Gegenübertragung die Übertragung des Analytikers auf den Patienten auch ohne Korrespondenz mit der Übertragung des Patienten. Heute wird Gegenübertragung verstanden als «das Gesamte aller kognitiven und emotionalen Reaktionen des Analytikers auf die Patienten» (Wegner 1992). Diese Sichtweise von Gegenübertragung wurde durch die Arbeiten von M. Balint und A. Balint (1939), Heimann (1960), Winnicott (1960), Loch (1965a), Kuiper (1969), Kernberg (1975), Sandler et al. (1973), Sandler (1976), Möller (1977), Green (1975) u.a. herausgearbeitet und ist heute allgemein akzeptiert.

Die hohen Anforderungen an die Gegenübertragungsanalyse und damit an die Person des Analytikers, werden überscharf in der Formulierung von Rosenfeld (1990): «Die am häufigsten vorkommenden Blockierungen in der Interaktion zwischen Analytiker und Analysanden hängen mit den unbewußten frühkindlichen Ängsten des Analytikers zusammen».

Wegner (1992) stellt von der ersten Begegnung an die Reflexion der Gegenübertragung ganz in den Vordergrund, wobei er den Psychoanalytiker jedoch auch als eine unabhängige Variable und nicht nur reagierend auf die Übertragung des Patienten versteht. Es bedürfte einer gewissen Zeit, bis sich der Interviewer auf den neuen Patienten eingestellt habe und es sei eine hohe Arbeitsanforderung an ihn, da die Anfangsszene auch mit der Mobilisierung heftiger Affekte verbunden sei. Sowohl für den Patienten wie für den Analytiker hat die erste Begegnung die besondere Bedeutung, daß sich in ihr erstmals unbewußte, spezifische Kommunikationsmuster manifestieren, wahrnehmbar, verstehbar und auch interpretierbar werden.

Einer der wichtigsten behandlungstechnischen Hinweise Freuds ist der von der sogenannten «gleichschwebenden Aufmerksamkeit». Es ist eine Modellvorstellung für die Haltung des Psychoanalytikers in der Begegnung, auch der Erstbegegnung. Nach Freud (1923) soll der Analytiker sich am zweckmäßigsten verhalten, «wenn er sich selbst bei gleichschwebender Aufmerksamkeit seiner eigenen unbewußten Geistestätigkeit überlasse, Nachdenken und Bildung unbewußter Erwartungen möglichst vermeide, nichts von dem Gehörten sich besonders im Gedächtnis fixieren wolle und ... dem Patienten mit seinem eigenen Unbewußten auffange».

Mit dem Begriff von der «gleichschwebenden Aufmerksamkeit» unternimmt Freud den Versuch, die besondere Form der psychoanalytischen Wahrnehmung und Wahrnehmungsverarbeitung zu fassen. Selbstverständlich wird der Analytiker nicht in einem Dauerzustand der gleichschwebenden Aufmerksamkeit verharren können, er wird auch wieder sein klinisches und theoretisches Wissen wie seine Fähigkwit, zur Bildung von Hypothesen, einsetzen. Die Erfassung der unbewußten Vorgänge in der Erstgesprächsbeziehung geschieht jedoch in der gleischschwebenden Aufmerksamkeit. Freud (1921) beschreibt diesen Vorgang auch als Identifikation des Analytikers mit dem Patienten. Durch Identifikation und Empathie wird eine Stellungnahme zu Fremdseelischem überhaupt erst möglich (Loch 1965). In der Weiterentwicklung des Freud'schen Konzeptes von der gleichschwebenden Aufmerksamkeit spielen die Konzepte für den Wahrnehmungsmodus des Analytikers «Empathie» und «Identifikation» eine besondere Rolle. Nach Greenson (1967) z. B. ist empathisches Verstehen eine Methode, engen Kontakt zu Emotionen und Impulsen des Patienten herzustellen, eine «Funktion des erlebenden Ichs» des Analytikers. Empathie erfordert «die Fähigkeit zu gesteuerter und umkehrbarer Regression ... der wesentliche Mechanismus ist eine partielle, vorübergehende Identifikation».

Sandler (1976) und Klüwer (1983) erweitern diese Aspekte des psychoanalytischen Wahrnehmungsmodus um den interaktionalen Gesichtspunkt vom psychoanalytischen Prozeß. Sandler versteht den Prozeß zwischen Analytiker und Patient als Externalisierung gewünschter oder befürchteter intrapsychischer Rollenbeziehungen. In der Interaktion mit dem Analytiker schreibt sich der Patient selber eine Rolle zu und eine andere delegiert er an den Analytiker. Sandler meint, der Analytiker müsse eine «Bereitschaft zur Rollenübernahme» zeigen. Er müsse «kontrolliert» die Rolle übernehmen, die ihm der Patient aufzwinge und bereit sein zur Antwort. Einen ähnlichen Ansatz verfolgt Klüwer (1983) mit seinem Konzept vom «Handlungsdialog» zwischen Analytiker und Patient. Dem Analytiker würde von dem agierenden Patienten eine komplementäre Rolle zugedacht. Die Handlung, das Mitagieren des Analytikers, könne eine «Durchgangsstufe zur Gewinnung von Einsichten» sein. Diesen Konzepten folgend erweitert Wegner (1992) konsequent die patientenbezogene «gleichschwebende Aufmerksamkeit» um eine analytikerbezogene «gleichschwebende Introspektionsbereitschaft». Die introspektive Tätigkeit ermöglicht umfassend die unbewußte Szene, die der Patient herstellt zu erfassen. Die gleichschwebende Aufmerksamkeit steht daher in einem korrespondierenden Verhältnis zur gleichschwebenden Introspektionsbereitschaft von der ersten Begegnung an..

Es ist ein erster wichtiger Schritt im psychoanalytischen Erstgespräch, wenn es zur Wiederholung oder Wiederherstellung alter Beziehungsmuster in der Übertragung-Gegenübertragung kommt, dennoch ist die Re-Inszenierung nur Voraussetzung für einen psychoanalytischen Prozeß. Erst die versuchsweise verbalisierte, meist vorsichtig formulierte Deutung, die sogenannte Probedeutung, leitet ihn ein. In der Reaktion des Patienten auf Probedeutungen erfährt der Analytiker, ob das Unternehmen einer Psychoanalyse sinnvoll und für den Patienten hilfreich werden kann. Denn die therapeutische Veränderung in der Psychoanalyse hängt nicht alleine vom Wiedererleben, sondern auch davon ab, ob dem Patienten «ein strukturiertes und organisiertes Bezugssystem für Vorstellungen und Gefühle angeboten wird, innerhalb dessen der Patient sich und sein subjektives Erleben seines Selbst und anderer in für ihn nützliche Weise einordnen kann» (Sandler et al. 1973). Im Erstgespräch stellt sich daher die Frage, ob der Patient mit Probedeutungen in der Lage ist, weiterzuarbeiten, ein wesentliches Indikationskriterium für die Aufnahme einer Analyse. Kann der Patient den Schritt, der in dem inneren Gewinn von Erkenntnis und Einsicht liegt, mit vollziehen, ist er nicht ausschließlich auf unmittelbare helfende, konkrete und baldige Erfüllung von Wünschen nach Beschwerdelinderung angewiesen, wird eine psychoanalytische Behandlung ihn fördern können.

Aus meinen Ausführungen ist ersichtlich, daß die Rahmenbedingungen für ein so verstandenes Erstgespräch ganz an der Einleitung eines psychoanalytischen Prozesses orientiert sein müssen. In dem ca. 1stündigen Gespräch soll dem Patienten ein Raum zur Verfügung gestellt werden, in dem er seine unbewußten Konflikte inszenieren kann. Jedes Detail dieser Rahmenbedingungen kann zu einem Kristallisationskern für die Inszenierung von Konflikten werden. Dies beginnt schon bei der Terminvereinbarung, die meist telefonisch geschieht. Erscheint der Patient zu früh oder zu spät oder mit Begleitung, hat dies eine Bedeutung. Auch Begrüßung, Gang zum Untersuchungszimmer können bedeutsame Szenen werden (vgl. Wegner 1992). Der Patient bringt Erwartungen mit, die sehr unterschiedlich sein können, die Übertragung beginnt also schon vor der Begegnung (Thomä und Kächele 1985). Dem Patienten wird zu Beginn des Interviews lediglich die Dauer des Gespräches mitgeteilt. Der Analytiker läßt den Patienten frei erzählen. Er übt sich mit seiner neutralen Haltung in Abstinenz. Notwendig zu ermittelnde Daten werden meist vor Beginn des Interviews notiert, wie Name, Vorname, Geb.-Datum und Beruf, Krankenkasse u.a. Ist mit dem ersten Gespräch keine Entscheidung möglich, wird ein weiteres Gespräch empfohlen (vgl. Eckstaedt 1991).

Das prozeßorientierte psychoanalytische Erstgespräch ist also kaum an Diagnosestellung im medizinischen Sinn interessiert. Eine Indikation für die Psychoanalyse ergibt sich, wenn sich eine wechselseitige Attraktivität hergestellt hat im Sinne des Matching zweier Personen, wenn der Patient die Fähigkeit zeigt, eine zwischenmenschliche, therapeutische Beziehung aufzubauen und wenn der Analytiker zu der Einschätzung kommt, daß sich eine Übertragungsneurose entwickeln und auch auflösen läßt (Hommes 1985) und er zu einem langwierigen Prozeß mit diesem Patienten bereit ist.

Blécourt (1985) kreiiert aus dem Ergebnis einer systematischen, diagnostischen Untersuchung am Amsterdamer Psychoanalytischen Institut nach dem Entwicklungsprofil von A. Freud (s.u.) einen idealen Patienten, den es natürlich in der Praxis nicht gibt: «Er kann in der Analyse seine Phantasien entfalten und verliert den Realitätsbezug nicht; er kann über Gefühle sprechen und eine tiefe Bindung mit einem Partner eingehen und die angstauslösenden Momente einer solchen Situation erleben; die libidinöse Entwicklung seiner Persönlichkeit hat dazu geführt, daß sie ein relativ hohes Maß an Sicherheit in der eigenen sexuellen Identität erreicht hat, während er nicht in früheren traumatischen Erfahrungen steckengeblieben ist, so daß er zu mehr als rein sexuellen Beziehungen fähig ist usw.»

5.3 Das psychoanalytische Erstgespräch als Diagnostik

Die psychoanalytische Behandlungstechnik wie das psychoanalytische Erstgespräch ist in der ambulanten Praxis, speziell in der Privatpraxis, entwickelt worden. In ihr ließ sich ein Arrangement einhalten, in dem durch Grund- und Abstinenzregeln gleichsam «eine experimentelle soziale Nullsituation» zum Ausgangspunkt der Behandlung gemacht werden konnte, «in der es möglich wurde, Übertragungsphänomene der Patienten sozusagen rein als Produkte ihrer psychischen Kräfte darzustellen» (Schwaan 1978). Mit der Erweiterung des Aufgabengebietes der Psychoanalyse, der Einführung psychoanalytisch orientierter Psychotherapien, mit der Notwendigkeit von Forschung und Lehre, aber auch mit der Durchführung von psychoanalytischen Untersuchungen in Polikliniken und Ambulanzen wurden andere Anforderungen an die psychoanalytische Erstuntersuchung gestellt, die eine Diagnostik vor der differentiellen Indikationsstellung notwendig machten. Daneben gab es schon immer in der Psychoanalyse ein Interesse an der Biographik und damit an der biographischen Anamnese. Auch bei einer Betonung der Übertragungs-Gegenübertragungsvorgänge im Erstgespräch interessierten die zeitlichen Zusammenhänge von Symptomentstehung, lebensgeschichtliche Ereignisse, auslösende Situationen und erinnerter Kindheitsgeschichte. Ein Modell, das die biographischen Aspekte betont, ist z. B. die tiefenpsychologische Anamnese (Schultz-Hencke 1951, Dührssen 1972, 1981, Rudolph 1981). Die tiefenpsychologische Anamnese untersucht systematisch nach dem Schema von Schultz-Hencke die Krankheitsgeschichte, Lebensgeschichte, Verhaltensweisen der Persönlichkeit und die aktuelle soziale Lebenssituation (s. Rudolph 1981). Dabei geht es nicht nur um die Erhebung objektiver Daten. Der Therapeut soll trotz einer stärker explorativen Technik als im psychoanalytischen Erstgespräch oder Interview (s. u.) eine Atmosphäre schaffen, in der der Patient sich öffnen kann und soll eine Haltung des anregenden und ermunternden Zuhörens aufrechterhalten (Heigl-Evers et al. 1987). Ziel der tiefenpsychologischen Anamnese ist, die «Persönlichkeitsdeformierung oder das symptombewirkende unbewußte, psychodynamische Kräftespiel nachzuweisen» (Quint 1977).

Da die biographischen und tiefenpsychologischen Aspekte in der Arbeit von Buchheim et al. (in diesem Band) besprochen werden, möchte ich einige Interviewmodelle darstellen, die den diagnostischen Charakter des Erstgespräches betonen. Die im Erstgespräch ermittelten Daten können, ausgewertet nach Aspekten der psychoanalytischen Theorie, zu einer psychoanalytischen

Diagnose führen, die im Sinne der medizinischen Wissenschaft Handlungsanweisung für die Therapie ist.

5.3.1 Das interaktionelle Interview Balints

Balint beschäftigt sich mit der interpersonellen Diagnostik im Zusammenhang mit der Untersuchung zur Arzt-Patient-Beziehung im Hier und Jetzt. Ihn interessieren besonders die psychotherapeutischen Möglichkeiten des Nicht-Psychiaters und Nicht-Analytikers. Nach seinem ärztlichen Verständnis untersucht er die zeitlichen Zusammenhänge zwischen Symptomentstehung, situativen Umständen und lebensgeschichtlichen Ereignissen, ohne die Funktionseinheit von Übertragung und Gegenübertragung zu vernachlässigen. Balint will die Beschwerden des Patienten mit der Dynamik der auslösenden Situation einerseits und der Lebensgeschichte andererseits in Beziehung bringen und das Symptom wie die sich im Interview entwickelnde Objektbeziehung verstehen lernen (Balint u. Balint 1961).

Balint u. Balint (1961) erarbeiteten Empfehlungen für die Durchführung diagnostisch-psychoanalytischer Untersuchungen, die sich sowohl an den Allgemeinarzt wie an den Psychoanalytiker richten (Abb. 5-2). Sie sind so flexibel formuliert, daß sie für jede Arzt-Patient-Situation anwendbar sind. Diese Flexibilität orientiert am psychoanalytischen Erstgespräch, soll den Untersucher in die Lage versetzen, die Mitteilungen und das Verhalten des Patienten korrespondierend zu erfahren. Dazu muß der Arzt über ein Training in die Lage versetzt werden, zwischen Inhalt und Beziehung eine Verbindung herstellen zu können, d.h. die Szene verstehen lernen. Das Verstehen kann er diagnostisch wie therapeutisch verwenden. Balint und Balint (1961) sehen also jede ärztliche Untersuchungssituation auch unter dem Gesichtspunkt der Entwicklung von Objektbeziehungen und des Umgangs mit den Beziehungswünschen des Patienten.

1. Einstimmung und Vorbereitung des Patienten auf die Ziele des Gespräches
2. Schaffung und Erhaltung einer für den jeweiligen Patienten geeigneten Atmosphäre
3. Reflexion über die in Äußerungen, Verhaltensweisen oder Einstellungen zum Ausdruck kommende Interaktionssteuerung von Seiten des Therapeuten
4. Frühzeitige Berücksichtigung der weiteren Therapiegestaltung
5. Information des Patienten über die Dauer des Gespräches
6. Unterschiedliches Reagieren je nach Erfordernis im Sinne einer elastischen Interviewtechnik

Abb. 5-2: Empfehlungen für die Durchführung des Diagnostischen Interviews (Balint u. Balint 1961)

Bis heute ist es weitgehend üblich, den Verlauf des psychoanalytischen Erstgespräches frei formuliert niederzuschreiben ohne ordnende Struktur (vgl. Eckstaedt 1991). Balint und Balint (1961) kommen von der freien Formulierung des Verlaufs des Interviews ab und geben dem Therapeuten ein Interview-Schema vor, nach dem er das Material des Erstgespräches ordnen kann (Abb. 5-3). Dieses Interview-Schema ist besonders für die Indikationsstellung zur Fokaltherapie entwickelt worden (Balint et al. 1972), ist aber auch ein praktikables Schema für jedes klinische Interview. Nach der Einführung durch Mitscherlich in der Heidelberger Klinik hat dieses Schema in viele andere Interview-Schemata Eingang gefunden (Thomä u. Kächele 1985).
Die Einführung eines solchen Schemas und die Betonung der biographischen Aspekte neben den Übertragungs-Gegenübertragungsaspekten im Interview haben die Bedeutung des Erstgespräches nachhaltig verändert. Die therapeutische Funktion des Erstgespräches ist der diagnostischen Funktion gleichgestellt. Im Sinne der Empfehlungen (Abb. 5-2) geht es nicht alleine um die Feststellung der Eignung für die Psychoanalyse, sondern um die Entwicklung einer hilfreichen Beziehung auch zu Patienten, die sich als nicht in der Lage erweisen, einen psychoanalytischen Prozeß zu beginnen. Es kann ein Problem der Gegenübertragung des Analytikers sein, wenn er sich nur solchen Patienten zur Verfügung stellt, die für eine Psychoanalyse geeignet sind, jedoch Patienten, die nicht dazu in der Lage sind, keine Empfehlungen gibt oder Behandlungen anbieten kann. Insofern kann Balints Position nachhaltig die

A	Überweisung
B	1. Erscheinungsbild und Auftreten des Patienten 2. Beschwerden 3. Was scheint der Grund zu sein, daß der Patient gerade jetzt kommt?
C	Objektive Daten
D	1. Wie sieht sich der Patient selbst? 2. Wie sieht der Patient andere Menschen?
E	Arzt-Patient-Beziehung 1. Wie hat der Patient den Arzt behandelt? 2. Wie hat der Arzt den Patienten behandelt?
F	Besondere Kennzeichen des Interviews (manchmal auch «Wichtige Momente des Interviews» genannt)
G	1. Wie manifestiert sich die Störung im Leben des Patienten? 2. Dynamische Deutung dieser Manifestierung 3. (a) Eignung für Fokaltherapie mit Begründung (b) Einwände gegen eine Fokaltherapie 4. Nächste Ziele

Abb. 5-3: Erstinterviewformular nach Balint et al. 1972

psychoanalytische Praxis verändern. Obwohl er die diagnostischen Aspekte des Erstgesprächs betont, erfährt der Patient über die Art und Weise der Gesprächsführung, was eine psychoanalytische Behandlung bedeuten kann. Dadurch werden auch die so wichtigen therapeutischen Aspekte des Erstgespräches nicht vernachlässigt.

5.3.2 Das psychoanalytische Erstinterview nach Argelander

Argelander (1966, 1967, 1970, 1978) hat sich, angeregt von Balint, am Sigmund-Freud-Institut in Frankfurt, das sowohl diagnostische, therapeutische wie Lehr- und Forschungsaufgaben hat, ausführlich mit einer Gruppe von Psychoanalytikern (Argelander et al. 1973) mit der Technik des psychoanalytischen Interviews beschäftigt. Weitgehend entsprechen seine Empfehlungen zum Verhalten des Analytikers dem psychoanalytischen Erstgespräch (s. 5.2). Argelander versteht das Interview wie eine «analytische Situation» zu diagnostischen Zwecken (Argelander 1966). Auch die Rahmenbedingungen sind die gleichen wie bei dem Erstgespräch. Jedoch gibt Argelander den vom Patienten in der Zeitspanne von 60 Minuten dargestellten lebensgeschichtlichen Tatbeständen ein ebenso großes Gewicht wie den szenischen «Mitteilungen». Beide Ebenen beeinflussen sich wechselseitig. Er sieht das Interview sowohl auf der Ebene der Erfassung lebensgeschichtlicher, biographischer Tatbestände, ganz im Sinne Balints, wie auf der Ebene der Entfaltung, der unbewußten Dynamik zwischen Patient und Psychoanalytiker in der Inszenierung von Objektbeziehungen.

In der Ausarbeitung seiner Position ordnet er die Materialgewinnung im Interview nach Informationen aus drei verschiedenen Quellen. Die erste Quelle ist die «objektive Information», das sind die biographischen Fakten, die Verhaltensweisen und Persönlichkeitseigentümlichkeiten des Patienten u. a. Aus den objektiven Daten ergeben sich auf Grund des Fachwissens des Untersuchers Zusammenhänge, die er für die Diagnostik nutzen kann. So erlaubt z. B. das Auftreten einer Depression nach dem Tod eines Angehörigen eine Aussage über die unbewußte Bedeutung von Objektverlust. Die auf diese Weise gewonnenen Daten sind vieldeutig und tragen der individuellen Persönlichkeit manchmal Rechnung. Sie haben nach Argelander den Charakter der Rekonstruktion und vermitteln eine «logische Evidenz».

Die Datenquellen auf der zweiten Ebene nennt Argelander «die subjektiven Informationen» und die «szenischen Informationen». Subjektive Informationen enthalten die Bedeutungen, die der Patient seiner Krankheits- und Lebensgeschichte subjektiv gibt. Die so gewonnenen Informationen sind für den psychoanalytischen Untersucher schwer belegbar. Argelander nennt als Kriterium für die Verläßlichkeit die «situative Evidenz», d. h. die «prägnante Übereinstimmung zwischen Information und Geschehen in der Situation». Auf der Ebene der «szenischen Information» stehen die berichteten Daten nicht mehr im Vordergrund, sondern ausschließlich die aktuelle Szene im Interview, «das

Erlebnis der Situation mit all seinen Gefühlsregungen und Vorstellungsabläufen» (Argelander 1970). Das Kriterium für die Verläßlichkeit dieser Information ist die «szenische Evidenz».

Für Argelander bleibt also das Verstehen der Übertragung und Gegenübertragung in der aktuellen Szene das psychoanalytisch-diagnostische Instrument im Erstinterview. Mit Hilfe der Intuition, Empathie und über eine partielle Identifikation kann der Analytiker in dem Erstinterview zu einer Diagnose und Indikationsstellung kommen. Der Modus des Verstehens des Psychoanalytikers hat besonders Lorenzer (1970), der an der gleichen Institution wie Argelander arbeitete, beschäftigt. Er unterscheidet drei Verstehensweisen: das logische Verstehen, d.h. das Erfassen von sprachlich formulierbaren Zusammenhängen, das psychologische Verstehen, als Verstehen des Sprechers, und das szenische Verstehen. Letzteres meint das Verstehen der Situation, d.h. sowohl der aktuellen Übertragungs-Gegenübertragungssituation als auch der infantilen Situation. Szenisches Verstehen erfaßt die Inszenierung von Objektbeziehungen (Argelander 1967). Das szenische Verstehen ist eine «Teilhabe an der Situation des Patienten ..., an der Lebenspraxis des Patienten ... mittels einer funktionellen Regression (Lorenzer 1970). Letztlich ist Verstehen das Erfassen der re-inszenierten externalisierten Objektbeziehungen, also eine «Resultante des Unbewußten zweier Persönlichkeiten, die sich begegnen und aufeinander wirken» (Eckstaedt 1991).

Argelander et al. (1973) merken selbstkritisch an, wieviel Lernvoraussetzungen und Übungen für ein solches Verstehen notwendig sind, damit es nicht zu «blühenden Phantasien und wildem Spekulieren» kommt. An den Protokollen der Arbeitsgruppe kann man feststellen, wieviel Training es bedarf, szenisch zu verstehen. Ich kann dies aus eigenen Erfahrungen und Lernsituationen mit jungen Kollegen bestätigen; aber erlernbar ist das psychoanalytische Erstinterview. Eine grundsätzliche und weitreichende Kritik findet sich bei Thomä und Kächele (1985). Sie bezweifeln, daß das Interview überhaupt zu einer differentiellen Indikationsstellung führt, z.B. für Kurztherapie, für Gruppentherapie, für Langzeitanalysen. Es verleite allzusehr zur subjektiven Indikation (Dantlgraber 1982), zu der höchst subjektiven Aussage, mit diesem Patienten könne man arbeiten.

Argelander hat anders als Balint keine systematische schriftliche Darstellung des Erstinterviews vorgeschlagen, sondern weiterhin die freie verlaufsorientierte Darstellung empfohlen. Er gibt auch keine Hinweise, wie die ermittelten psychoanalytischen Daten zu einer psychoanalytischen Diagnose führen, d.h. wie das im Erstinterview ermittelte Material in eine psychodynamische Hypothese (Malan 1963) überführt wird, die einer psychoanalytischen Behandlung zugrundegelegt werden kann. Dies scheint mir nicht nur zu Forschungszwekken, sondern auch für eine differentielle Indikationsstellung notwendig. Daher möchte ich einige diagnostische Modelle skizzieren, die mit Hilfe des in der Untersuchung erfaßten Materials und der psychoanalytischen Krankheitslehre zu einer psychoanalytischen Diagnose kommen.

5.3.3 Das metapsychologische Persönlichkeitsprofil für Erwachsene (Hamstaedt-Index)

A. Freud (1962) hat ein diagnostisches Schema zur Bewertung pathologischer Kinderentwicklung entworfen, das nicht nur an der Symptomatik oder den Verhaltensstörungen, sondern an Entwicklungsvorgängen orientiert ist. A. Freud (1965) hat zwei Typen von Pathologien unterschieden, die neurotische Pathologie und die Entwicklungspathologie. Die neurotische Pathologie beginnt mit Versagungen auf einer höheren Entwicklungsebene und entspricht den Trieb-Abwehrkonflikten. Die Entwicklungspathologie ist eine primäre Störung der autochthonen Entwicklungslinie der Funktionen, die mit den Begriffen Trieb-Ich-Überich-Objektbeziehungen erfaßt werden. Die Entwicklungspathologie ist eine Störung der in der infantilen Entwicklung erforderlichen Reifungsschritte durch unzeitgemäßte Befriedigungs- und Frustrationserlebnisse.

Die Beurteilung der Fähigkeit zur fortschreitenden Entwicklung der Kinder bzw. die Hemmung solcher Entwicklungen ist daher die primäre diagnostische Aufgabe. Dazu hat A. Freud das metapsychologische Entwicklungsprofil für Kinder erarbeitet, das schließlich auch bei Erwachsenen (A. Freud et al. 1965) Anwendung fand.

In seinen Grundzügen gleicht das Erwachsenenprofil dem der Kinder, denn auch beim Erwachsenen behält die Entwicklung Gültigkeit für die Entstehung der Pathologie. Nach A. Freuds Auffassung ist die Reife oder Unreife der erwachsenen Persönlichkeit abhängig davon, «in welchem Ausmaß und in welchen Belangen die Endstufe der kindlichen und adoleszenten Entwicklung erreicht oder verfehlt, behauptet oder regressiv wieder verlassen wurde» (Häfliger 1985).

Dieses Entwicklungsprofil – eine Kurzfassung ist in Abb. 5-4 wiedergegeben – wird bei Kindern wie bei Erwachsenen vor, während oder nach der Therapie eingesetzt. Das Profil ist kein Leitfaden zum psychoanalytischen Interview. Es wird benutzt, um nachträglich und distanzierter das Gesamtmaterial der verbalen und averbalen Mitteilungen des Patienten, seine Inszenierungen, seine Übertragungsreaktionen, seine biographischen und sozialen Daten unter entwicklungspsychologischen Gesichtspunkten auszuwerten.

Bei Kindern stützt sich das Material auf diagnostische Interviews mit einem Psychoanalytiker, auf testpsychologische Untersuchungen, auf Berichte von Schule, Kinderarzt oder Kinderpsychiater sowie auf das Material der Sozialarbeiter zur aktuellen Familiensituation, zur Familiengeschichte und zur persönlichen Entwicklung des Kindes. Beim Erwachsenen stützt sich die Erstellung des Profils meist auf die analytischen Erstgespräche. Ein treffendes Beispiel schildert Häfliger (1985). Das Entwicklungsprofil ist also eine methodische Anleitung zur Ordnung der Daten, die der Analytiker zu Tage befördert, aufgenommen und verarbeitet hat.

Ein solches Profil hat bisher wenig Eingang gefunden in die Praxis der Psychoanalytiker, aber auch nicht in die Ausbildung der Psychoanalytiker.Dies halte

I Ursachen der Untersuchung
  Manifeste Symptome, latente Konsultationsgründe

II Beschreibung des Patienten

III Familienhintergrund und Biographie

IV Vermutliche wichtige Umwelteinflüsse
  z. Zt. der Erkrankung und der Behandlung

V Erreichter Stand der
  a) Triebentwicklung (Libido)
    Besetzung des Selbst
    Besetzung der Objekte
  b) Triebentwicklung (Aggression)
  c) Ich- und Über-Ich-Entwicklung
    Ich-Funktionen (kognitive, mnestische, perceptive, synthetische, Realitätsprüfung)
    Angstinhalte
    Abwehrorganisation (primitive, reife)
    Einschränkung des Ichs durch Abwehr
    unreifes/reifes Über-Ich, Funktion
  Zusammenschau der Aspekte a–c in bestimmten sozialen Situationen

VI Fixierungspunkte und Regressionen
  Charakterologische, Phantasien, Symptome

VII Konflikte
  Äußere: Zwischen Triebe und Außenwelt
  Verinnerlichte unvereinbare Triebregungen (Ambivalenz)

VIII Allgemeine Eigenschaften und Haltungen (Gesamtbild)
  Notwendigkeit zur inneren Veränderung (Ich-Es-Überich)
  Möglichkeiten der Patienten (Prognose für Therapieerfolg)

Abb. 5-4: Metapsychologisches Persönlichkeitsprofil (Hampstead Index), nach Anna Freud et al. (1965)

ich für dringend erforderlich. Blécourt (1985) beschreibt z. B. eine modifizierte und teilweise erweiterte Anwendung des Profils am Amsterdamer Psychoanalytischen Institut in der Ausbildung und Forschung und kann auch über erste Forschungsergebnisse zur Indikationsstellung berichten.

Die Vorteile eines solchen Profils sehe ich darin, daß der Psychoanalytiker angeregt wird, sich einer Gesamtschau des Patienten zu stellen und nicht nur hervorstechende Merkmale zu berücksichtigen, seinen subjektiven Eindruck metapsychologisch zu beschreiben und ihn theoretisch zu begründen. Die Nachteile liegen im normativen Charakter des Profils durch die Orientierung an einem Krankheitsentstehungskonzept und in der Beeinflussung der psychoanalytischen Behandlung durch die Rekonstruktion, die das Bild von den Konflikten und Störungen der Patienten von Beginn an prägen kann. Die Vorteile überwiegen aber meiner Ansicht nach, sie liegen neben den möglichen theoretischen Begründungen für die Indikation und für die therapeutische Handlungsanweisung in den originären Ansätzen für eine psychoanalytische Diagnostik psychischer Störungen, die umfassender ist als die klassifizierende psychiatrische Diagnostik. Dies gilt ebenso für die im folgenden erörterte entwicklungspsychologische Diagnose.

5.3.4 Die deskriptive Entwicklungsdiagnose

Mit der Entwicklung der Strukturtheorie (Freud 1923) wurde nicht nur der neurotische Konflikt als intrapsychischer Konflikt zwischen den Instanzen Es – Ich – Überich definiert, sondern setzten auch Untersuchungen zum Schicksal des Ichs in der Entwicklung, besonders gefördert von der Ich-Psychologie, ein. Freuds (1937) Begriffe «normal-Ich» bei neurotischen Konflikten und «Ich-Veränderung» führten zur Untersuchung von Krankheitsgruppen mit Störungen der Ich-Entwicklung. Diese Störungsgruppen werden heute unterschiedlich bezeichnet, entweder als präödipal, frühgestört, strukturell ich-gestört (Fürstenau 1977, Hoffmann 1986) oder auch als Borderline-Funktionsniveau (vgl. dazu Übersicht in Janssen 1990). Kernberg (1977, 1984) hat nach seinen theoretischen Konzepten von der Entstehung solcher Störungen ein klinisches Interview zur Diagnostik der Strukturstörungen vorgeschlagen (vgl. Buchheim et al. in diesem Buch). Ich möchte hier auf das ähnlich begründete Konzept der deskriptiven Entwicklungsdiagnose von Blanck und Blanck (1974, 1979) eingehen.

G. und R. Blanck (1974, 1979) entwickeln aus der Ich-Psychologie nicht nur eine Modifikation der Behandlungstechnik für frühgestörte Patienten, sondern auch ein diagnostisches Verfahren, das sie deskriptive Entwicklungsdiagnose nennen. Zentrales Element der deskriptiven Entwicklungsdiagnose ist die diagnostische Einschätzung der Ich-Modifikation. Sie postulieren:

«Der erste Schritt zur Diagnose ist der einer versuchsweisen Einschätzung der Ich-Entwicklung, entsprechend seinem Funktionieren in der Gegenwart und in der Lebensgeschichte, besonders auf den Gebieten von Liebe und Arbeit und im Hinblick darauf, wie erfolgreich bestimmte Meilensteine der Entwicklung – die Trennung und die Individuation, der ödipale Konflikt u.ä. – durchlaufen worden sind. Auf Grund solcher ungefähren Daten wird eine versuchsweise Entscheidung getroffen, ob der Patient unter einer der drei breiten Kategorien fällt – die der neurotischen, der Grenzfallstruktur oder der psychotischen Struktur» (Blanck und Blanck 1974). Dieser diagnostische Ansatz ist ausdrücklich an den Untersuchungen zur Entwicklung des Ichs und der Objektbeziehung orientiert (z.B. R. Spitz, M.S. Mahler, E. Jacobson). Die Angelpunkte der Entwicklung sind in der Abb. 5-5 dargelegt und können hier nicht weiter ausgeführt werden.

Die entwicklungspsychologische Diagnose kommt zu einer vorläufigen Einschätzung:

	Autismus / Symbiose	Differenzierung / Loslösung und Individuation: Übungsphase	Wiederannäherung		Auf dem Weg zur Objektkonstanz
A.	Leben im Körper			▶	Leben im Geist (Struktur)
B.	Interpersonelle Interaktion			▶	Inter- und intrasystemische Operationen
C.	Primärprozeßhaftes Denken			▶	Sekundärprozeßhaftes Denken
D.	Undifferenziertes Selbst-Objekt			▶	Differenziertes Selbst mit Geschlechtsidentität
E.	Unmittelbare Impulsabfuhr			▶	Das Ich als Vermittler
F.	Angst vor Vernichtung	Objektverlust	Liebesverlust	▶	vor Kastration … Überich
G.	Organismisches Unbehagen	Besänftigung von außen	Selbstbesänftigung	▶	Signalangst
H.	Nichtorganisierte Abwehrfähigkeit			▶	Abwehr- und Widerstandsfähigkeit
I.	Einfache Affekte «für» und «gegen»	Affektdifferenzierung		▶	vollständiges affektives Repertoire
J.	Ambitendenz			▶	Ambivalenz
K.	Gespaltenes Selbst und Objektbilder			▶	(Verschmelzung) … Ganzes Selbst und Objektrepräsentanzen
L.	Bedürfnisbefriedigung	Objektliebe		▶	Selbst- und Objektkonstanz
M.	Suche nach dem primären Objekt (Erwiderung [von Gefühlen])			▶	Übertragungsfähigkeit
N.	Dynamische Beziehung	erweiterte Objektwelt		▶	Ödipale Objektbeziehungen

Abb. 5-5: Der Angelpunkt der Entwicklung (nach Blanck u. Blanck 1979)

- der Fixierung in der Triebentwicklung, oral – anal – phallisch – genital
- der Entwicklung der Neutralisierung von Libido und Aggression
- der Entwicklung der Objektbeziehung (objektlose Vorstadien, symbiotische, fusionäre, Spaltung der Objekte in gute und böse, Selbst- und Objektdifferenzierung, Objektkonstanz)
- dem Funktionsniveau der primär autonomen Ich-Funktionen (adaptiven, perzeptiven, realitätsorientierenden)
- dem Angstniveau (Vernichtungs-, Objektverlust-, Liebesverlust-, Kastrationsangst)
- dem Abwehrniveau (Projektion, Introjektion, Identifizierung, Verschiebung, Isolierung, Verdrängung u. a.)
- den Internalisierungsprozessen (Über-Ich-/Ideal-Ichbildung).

Dieses diagnostische Konzept hat unsere psychodynamische Diagnose (s. u.) wie auch die Strukturdiagnostik (z. B. Heigl-Evers et al. 1987) beeinflußt. Diagnostik bleibt aber ganz im Sinne des psychoanalytischen Prozeßverständnisses ein permanenter Prozeß bis zum Abschluß der Behandlung. «Tatsächlich kann der Zweck der Behandlung als die Änderung der Diagnose beschrieben werden» (Blanck u. Blanck 1974).
Diagnostik ist im Sinne der Eingangshypothese Malans (1963) eine vorläufige Einschätzung der Struktur des Patienten. Diese Einschätzung kann Leitlinie für eine differentielle Indikationsstellung sein. Vor- und Nachteile der Anwendung solcher metapsychologische Konstrukte in der Diagnostik habe ich bei der Darstellung des Entwicklungsprofils A. Freuds erörtert.

5.3.5 Die psychodynamische Diagnose

Die psychoanalytische Erstuntersuchungstechnik, die ich an der Essener Universitätsklinik für Psychotherapie und Psychosomatik mit einer Gruppe von Psychoanalytikern und Psychotherapeuten entwickelte und praktizierte, stellt eine Verbindung von psychoanalytischem Erstinterview, biographischer Anamnese und psychoanalytische Entwicklungsdiagnose im Sinne von Blanck u. Blanck dar. Die ermittelte vorläufige psychodynamische Diagnose sollte Grundlage für die Indikationsentscheidung sein und Eingangshypothese für eine empfohlene Behandlung.
Das Material zur Erstellung der Diagnose ergab sich aus den schriftlichen oder telefonischen Mitteilungen des überweisenden Arztes, den Erhebungen der Ambulanzschwester zu Beschwerden (Beschwerdefragebogen nach Kerekjarto et al. 1972), den in einem Fragebogen ermittelten harten und weichen Sozialdaten wie anamnestischen Angaben zur Biographie und Krankheitsgeschichte, dem Gießentest (Beckmann und Richter 1972) sowie dem von einem Therapeuten durchgeführten psychoanalytischen Erstinterview.
Bis zur Vorstellung in der Diagnosekonferenz (s. u.) führte der erstuntersuchende Therapeut meist 2 bis 3 psychoanalytische Erstgespräche durch. Über die Untersuchung erstellte er einen schriftlichen Bericht nach dem von

mir entwickelten Erstinterview-Formular (s. Abb. 5-6). Dieses Erstinterviewformular charakterisiert die Notwendigkeit der Mehrebenendiagnostik in einer psychotherapeutischen Ambulanz.

1. Überweisung: Von wem? Wozu? Angaben aus den Unterlagen zu organischen Erkrankungen und zu psychiatrischen bzw. psychotherapeutischen Voruntersuchungen u. a. Besonderheiten in der Interaktion Patient – überweisender Arzt.
2. Erscheinungsbild und Auftreten des Patienten. Begleitende Personen und deren Verhalten
3. Symptombereich:
   a. funktionelle oder psychosomatische Leitsymptome (Magen, Darm, Herz u. a.)
   b. psychische Leitsymptome (Phobien, Zwänge, Depressionen u. a.)
   c. primär körperliche Erkrankungen
   d. frühere Suizidversuche und deren Begründung
   e. Medikamenten-, Alkoholgebrauch bzw. -mißbrauch
4. Beginn der Symptomatik bzw. symptomauslösende Situationen.
5. Erleben der Erkrankung und Folgen für beruflichen und privaten Bereich. Jetziges Anliegen des Patienten.
6. Lebensgeschichte (mit subjektiven Interpretationen des Patienten)
   a. Persönlichkeit und soziale Situation von Mutter und Vater (wie erlebt der Patient die primären Objekte?)
   b. Geschwisterkonstellation und Beziehung zu den Geschwistern.
   c. Frühere und jetzige Partnerschaften (Ehe). Erleben der Bezugsperson. Sexuelle Entwicklung. Beziehung zu den Kindern.
   d. Schulische Entwicklung.
   e. Berufliche Entwicklung mit Erleben der beruflichen Beziehungen (Chef, Mitarbeiter u. a.)
7. Wie erlebt der Patient sich selbst?
8. Wie erlebt der Patient andere aktuelle Beziehungen?
9. Therapeut – Patientenbeziehung (Übertragung – Gegenübertragung)
   a. Wie hat der Patient den Therapeuten behandelt?
   b. Wie hat der Therapeut den Patienten erlebt und behandelt?
10. Szenische Kennzeichen des Interviews.
11. Probedeutungen und Reaktionen des Patienten.
12. Diagnosen
    a. Psychodynamische Diagnose,
    b. ICD-Diagnose
13. Therapievorschlag und Prognose

Abb. 5-6: Erstinterviewformular

- Deskriptive, symptomorientierte Diagnostik.
- Aktueller Grund der Vorstellung in der Klinikambulanz.
- Erhebung der Krankheits- und Behandlungsvorgeschichte.
- Einschätzung der Persönlichkeit und ihrer Entwicklung anhand biographischer Daten.
- Erfassung des Selbstbildes wie der aktuellen Objektbeziehungen.
- Erfassung der Inszenierungen des Patienten im Gespräch und den Reaktionen des Patienten auf Probedeutungen.

Das Material, erhoben von der Ambulanzschwester und dem erstuntersuchenden Therapeuten wurde vom Therapeuten zusammenfassend vorgetragen und in Anwesenheit aller Therapeuten unter Leitung eines Psychoanalytikers in der sogenannten Diagnosekonferenz diskutiert. Die Therapeutengruppe sollte über ihre eigenen Einfälle und unter Zugrundelegung der psychoanalytischen Theorie für jeden individuellen Fall zu einer psychodynamischen Diagnose zur Erklärung des Krankheitsgeschehens kommen und die Indikation zu einer bestimmten Form der Behandlung stellen.
Die psychodynamische Diagnose ergab sich aus der Befragung des Materials nach Aspekten, die in Abb. 5-7 zusammengefaßt sind. Im Idealfall konnten

1. Symptomatik: Art, Dauer, Entwicklung
2. Triebentwicklungsniveau: Fixierung auf der oralen, analen, phallischen Stufe
3. Ich-Entwicklung:
   a) Ich-Stärke: Angst- und Frustrationstoleranz, Triebdurchbrüche
   b) Selbst-Objekt-Differenzierung: Identitätsdiffusion, Verschmelzungswünsche versus Selbst- und Objektkonstanz
   c) Ich-Funktionen: Denken, Sprache, Urteil, Realitätsprüfung, synthetische Leistungen
   d) Angstniveau: Angst aus Vernichtungsgefühl, Objektverlust, Liebesverlust, Bestrafung
   e) Abwehrniveau: z. B. Projektion, Spaltung, Wendung gegen die eigene Person, Isolierung, Verdrängung
4. Internalisierte Objektbeziehungsmuster: Erleben früher Objektbeziehungen, Elternbilder, reale Traumatisierungen, z. B. Heim
5. Überich-Konstellation: z. B. Selbstbestrafung, Schuldgefühle, rigide Normen
6. Selbst-Bilder: reales Selbst, Ich-Ideal, grandioses Selbst
7. Aktuelle interpersonale Beziehungsmuster: Familie, Partnerschaft, Beruf
8. Übertragung – Gegenübertragung
9. Behandlungsmotivation: Leidensdruck, Bedürfnisbefriedigung, Kränkungen, Konfliktbewußtsein

Abb. 5-7: Aspekte und Ordnungsgesichtspunkte der psychodynamischen Diagnose (aus Janssen 1987)

alle aufgeführten Aspekte bzw. Fragestellungen vorläufig beantwortet werden. Manchmal waren nur einige der genannten Aspekte klarer herauszuarbeiten. Die getrennt abgehandelten Aspekte sind im Interview und in der psychodynamischen Diagnose nicht separiert, sondern verbinden sich zu einer Gesamtschau. Das Ergebnis dieses diagnostischen Prozesses ist ein Text zur Entwicklung wie zum aktuellen Verständnis der Störungen des Patienten. Der Entwicklung einer therapeutischen Beziehung – zentrale Zielsetzung des psychoanalytischen Erstgespräches – sind hingegen Grenzen gesetzt.
Zu welchen Entscheidungen die Therapeutengruppe kam, deren Diskussion und Schlußfolgerung in einem Protokoll der Diagnosekonferenz festgehalten

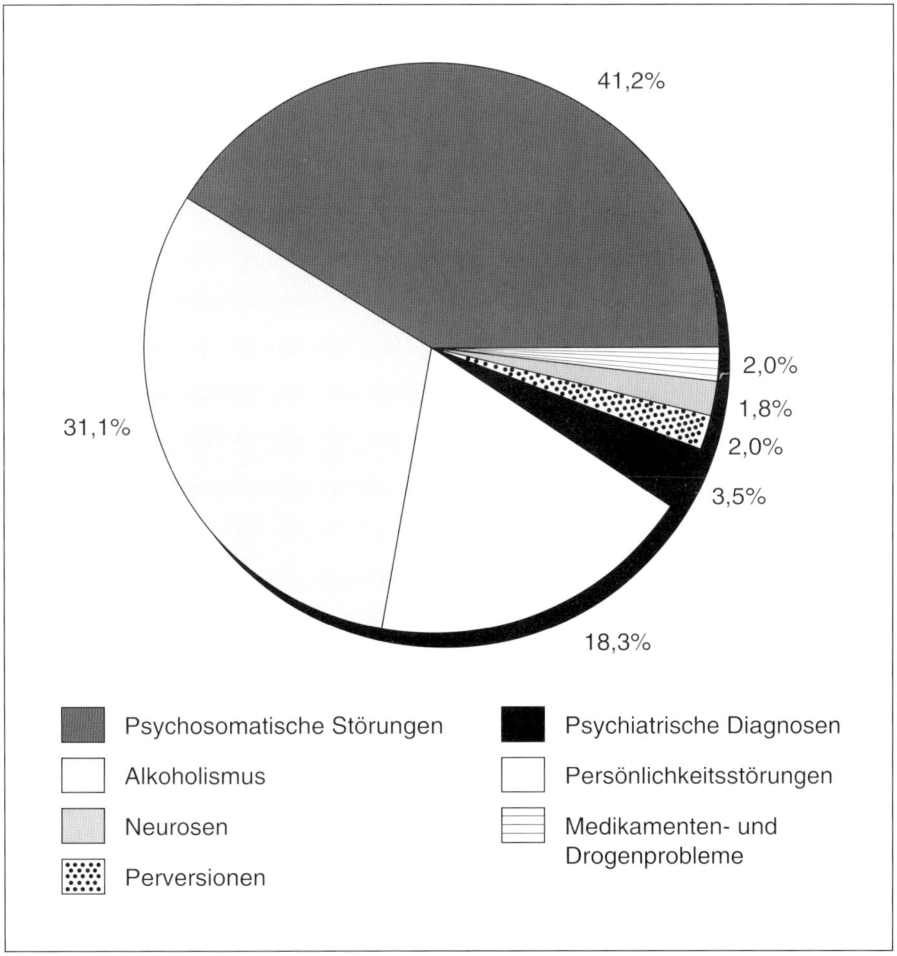

Abb. 5-8: Verteilung der Diagnosen bei 350 Patienten (ICD 9) (Mehrfachdiagnosen möglich)

wurde, belegt eine Untersuchung zur Indikationsstellung (Bach 1993). Zwischen 1979 und 1984 stellten sich insgesamt 1673 Patienten vor, im Mittel 279 Patienten pro Jahr. Ein Überblick über die Verteilung der ICD-Diagnosen ergibt sich aus Abb. 5-8. Überwiegend wurden also psychosomatische Syndrome, Neurosen und Persönlichkeitsstörungen überwiesen.
Aus den Jahrgängen 1979 und 1984 wurde eine Zufallsstichprobe von 114 bzw. 122 Patienten, insgesamt 236 Patienten ausgewählt und anhand der Krankenblattunterlagen die Indikationsentscheidung der Therapeutengruppe ermittelt.
Eine zusammenfassende Übersicht über die Ergebnisse findet sich in Abb. 5-9.
Die Entscheidung der Therapeutengruppe konnte in vier Kategorien eingeteilt werden: stationäre Psychotherapie, ambulante Psychotherapie, andere Therapien, keine Entscheidung und Wiedervorstellung, wobei jede Kategorie noch weiter in sich differenziert werden konnte.
Die Untersuchung zeigt, daß die Therapeutengruppe auf der Grundlage der Merkmalsbereiche der psychodynamischen Diagnose, der Krankheitsentwicklung und der sozialen Situationen des Patienten zu einer differentiellen Indikationsentscheidung kommen könnte (Bach 1993).

5.4 Schlußbemerkung

Die anfängliche antidiagnostische Einstellung der Psychoanalyse hat sich mit der Weiterentwicklung der psychoanalytischen Theorie, mit der Entwicklung verschiedener psychoanalytischer Therapieverfahren und der daraus folgenden differentiellen Indikationsentscheidung nicht zuletzt auch wegen der Bedingungen der Patientenversorgung in Krankenhaus und Praxis gewandelt. Die Basis des diagnostischen Prozesses bleiben die Elemente des psychoanalytischen Erstgespräches, insbesondere der Analyse der Übertragung und Gegenübertragungsprozesse von Beginn an. In Reinform kann dies jedoch nur in der psychoanalytischen Privatpraxis Anwendung finden, denn in medizinischen Versorgungsinstitutionen, wie z. B. Ambulanzen, erfordert die Aufgabenstellung nicht nur eine persönliche Entscheidung des Psychoanalytikers zur Analysierbarkeit des Patienten, sondern eine Aussage über die Behandelbarkeit in verschiedenen Therapiesettings gemäß unserem Erkenntnisstand. Die Diagnostik muß dazu die Daten liefern. Zwischen den beiden Polen einer prozeßgeleiteten und theoriegeleiteten Diagnostik spielt sich heute die psychoanalytische Diagnostik ab. Der Psychoanalytiker wird sein erlebendes, wie sein beobachtendes, wie sein konzeptualisierendes Ich einsetzen müssen um zu einer differentiellen Indikationsstellung zu kommen. Von einer operationalisierten Diagnostik, wie sie z. B. Freyberger (in diesem Band) für die psychiatrische Diagnostik darstellt, sind wir noch weit entfernt, aber immerhin ist die psychoanalytische Diagnostik im klinischen Bereich ein eigenständiges Ver-

	1979N = 114		1984 N = 122		Gesamt N = 236	
	Anzahl	Prozent	Anzahl	Prozent	Anzahl	Prozent
1. Stationäre Psychotherapie	46	40,4	36	29,5	82	34,7
davon reguläres Setting	32	28,3	26	21,3	58	70,7
Probe (14 Tage)	14	12,4	4	3,3	18	22,0
Kurztherapie (6 Wo.)	–	–	6	4,9	6	7,7
2. ambulante Psychotherapie	35	30,7	43	35,2	78	33,1
davon analytische Psychotherapie	17	15,0	13	10,7	30	38,5
tiefenpsychologisch fundiert Fokaltherapie	10	8,8	8	6,6	18	23,1
niederfrequent stützend	2	1,8	12	9,8	14	17,9
Gruppenpsycho-therapie	4	3,5	7	5,7	11	14,1
Ehe-Familientherapie	1	0,9	3	2,5	4	5,1
andere	1	0,9	–	–	1	1,3
3. andere Therapien	27	23,7	23	18,9	50	21,2
davon Psychiatrische Klinik o. Suchtklinik	8	7,1	4	3,3	12	24,0
ambulante sozial-psychiatrische Betreuung	4	3,5	10	8,2	14	28,0
Psychosomatische Reha-Maßnahme	5	4,4	6	4,9	11	22,0
Hausärztlich psycho-soziale Betreuung	5	4,4	1	0,8	6	12,0
andere	4	3,6	2	1,6	6	12,0
					1 fehlende Abgabe	
4. Zunächst keine Entscheidung, Wiedervorstellung	6	5,3	20	16,4	26	11,0

Abb. 5-9: Indikationsentscheidung durch Therapeutengruppe

fahren, abgrenzbar von der medizinischen und der psychiatrischen Diagnostik. Auch wenn formalisierte Rating-Skalen in der psychoanalytischen Forschung, z.B. zur Abwehrstruktur, Ich-Funktionen, Selbstkonzept und Objektbeziehungsmodalitäten eine Rolle spielen, finden sie doch kaum Anwendung in der Praxis. Ein Schritt in diese Richtung wird in dem folgenden Beitrag zum Beziehungsepisoden-Interview getan.

Literatur

Argelander, H. (1966): Zur Psychodynamik des Erstinterviews. Psyche 20, 40–53

Argelander, H. (1967): Das Erstinterview in der Psychotherapie. Psyche 21, 341–368, 429–467, 473–511

Argelander, H. (1970): Das Erstinterview in der Psychotherapie Wiss. Buchgesellschaft Darmstadt

Argelander, H., A. Eckstaedt, R. Fischer, O. Goldschmidt, K. Kennel (1973): Das Sprechstundeninterview. Psyche 27, 1001–1066

Argelander, H. (1978): Das psychoanalytische Erstinterview und seine Methode. Psyche 32, 1089–1098

Bach, W. (1993): Zur Psychotherapieindikation in einer Ambulanz. Diss. Ruhr-Uni Bochum

Balint, M., A. Balint (1939): Übertragung und Gegenübertragung. In: M. Balint: Urformen der Liebe und die Technik der Psychoanalyse. Fischer, Frankfurt 1969, 214–221

Balint, M., E. Balint (1961): Psychotherapeutic techniques in medicine. Tavistock, London. Deutsch: Psychotherapeutische Techniken in der Medizin. Klett, Stuttgart 1962

Balint, M., P.H. Ornstein, E. Balint (1972): Focal psychotherapy. An example of applied Psychoanalysis. Tavistock, London. Deutsch: Fokaltherapie. Ein Beispiel angewandter Psychoanalyse. Suhrkamp Frankfurt 1973

Beckmann, D., R.E. Richter (1972): Gießen-Test. Ein Test für Individual- und Gruppendiagnostik. Huber, Bern

Blanck, G., R. Blanck (1974): Angewandte Ich-Psychologie. Klett Stuttgart 1978. Englisch: Ego Psychology: Theory and Practice. Columbia University Press New York u. London 1974

Blanck, G., R. Blanck (1979): Ich-Psychologie II. Klett-Cotta Stuttgart 1980. Englisch: Ego Psychology II. Columbia University Press New York 1979

Blecourt, de A. (1985): Überlegungen zur Psychoanalyseindikation. Zschr. f. psychoanal. Theorie und Praxis 0, 71–88

Cremerius, J. (1977): Über-Ich-Störung und ihre Theorie. Psyche 31, 593–636

Dantlgraber, J. (1982): Bemerkungen zur subjektiven Indikation für Psychoanalyse. Psyche 36, 191–225

Dührssen, A. (1972): Analytische Psychotherapie in Theorie, Praxis und Ergebnisse. Vandenhoeck u. Ruprecht, Göttingen

Dührssen, A. (1981): Die biographische Anamnese unter tiefenpsychologischen Aspekten. Vandenhoeck u. Ruprecht, Göttingen

Eckstaedt, A. (1991): Die Kunst des Anfangs. Psychoanalytische Erstgespräche. Suhrkamp, Frankfurt 1991
Fenichel, O. (1941): Problems of psychoanalytic Technique. Verl. The Psychoanalytice Quarterly Inc. New York 1969
Freud, S. (1909): Bemerkungen über den Fall von Zwangsneurose. GW Bd. 7, 379–463
Freud, S. (1911): Die zukünftigen Chancen der psychoanalytischen Therapie. GW Bd. 104–115
Freud, S. (1913): Zur Einleitung der Behandlung. GW Bd. 8, 454–478
Freud, S. (1914): Zur Einführung des Narzißmus. GW Bd. 10, 138–170
Freud, S. (1921): Massenpsychologie und Ich-Analyse. GW Bd. 13, 73–161
Freud, S. (1923): Das Ich und das Es. GW Bd. 13, 237–289
Freud, S. (1923): Psychoanalyse und Libidotheorie. GW Bd. 12, 211–233
Freud, S. (1937): Die endliche und unendliche Analyse. GW Bd. 16, 59–99
Freud, A. (1962): Maßstäbe zur Bewertung der pathologischen Kinderentwicklung, Teil I u. II. In: Die Schriften A. Freud. Bd. 6, Kindler München 1980, 1649–1673. Englisch: Assessment of Childhood Disturbances. In: Psychoanalytic Assessment: The Diagnostic Profile. Yale Uni. Press, New Haven, London 1977, 1–10
Freud, A. (1965): Wege und Irrwege in der Kinderentwicklung. Huber, Bern, Klett, Stuttgart 1971. Englisch: Normality and Pathology in Childhood. Assessment of Development. Int. Uni Press New York
Freud, A., H. Nagera u. W. E. Freud (1965): Maßstäbe zur Bewertung der erwachsenen Persönlichkeit. Das metapsychologische Persönlichkeitsprofil. In: Die Schriften A. Freud. Bd. 6. Kindler, München 1980, 1675–1688. Englisch: Metapsychologiceal Assessment of the Adult Personality: The Adult Profile. In: The Psychoanalytic Assessment. The Diagnostic Profile. New Haven u. London. Yale Uni. Press 1977, 83–114
Fürstenau, P. (1977): Praxeologische Grundlagen der Psychoanalyse. In: Handbuch der Psychologie Bd. 8, Klinische Psychologie (Hrsg. Pongratz 2. J.), Verl. f. Psychologie, Göttingen, 847–888
Gill, M. M. (1984): Analysis of Transference. Vol. I. Theory and Technique. Int. Uni. Press, New York
Green, A. (1975): Analytik, Symbolisierung und Abwesenheit im Rahmen der psychoanalytischen Situation. Psyche 29, 503–541
Greenson, R. R. (1967): The Technique and Practice of Psychoanalysis. Int. Uni. Press. Deutsch: Technik und Praxis der Psychoanalyse. Bd. 1, Klett Stuttgart 1973
Häfliger, U. (1985): Psychoanalytische Diagnostik anhand v. Anna Freuds Entwicklungsprofil. Zschr. f. Psychoanal. Theorie und Praxis 0, 3–23
Heigl-Evers, A., F. Heigl, M. Ibenthal (1987): Zur Strukturdiagnose in der Psychotherapie. Psychother. med. Psychol. 37, 225–232
Heimann, P. (1960): Bemerkungen zur Gegenübertragung. Psyche 18, 483–493
Hoffmann, S. O. (1986): Die sogenannte frühe Störung. Prax. Psychother. Psychosom. 31, 179–190
Hommes, H. (1985): Koreferat zu U. Häfliger. Zschr. f. psychoanal. Theorie u. Praxis 0, 24–32
Janssen, P. L. (1987): Psychoanalytische Therapie in der Klinik. Klett-Cotta, Stuttgart.
Janssen, P. L. (Hrsg.) (1990): Die psychoanalytische Therapie der Borderlinestörungen. Springer, Berlin, Heidelberg, New York

Kerekjarto, M. v., A.-E. Meyer, D. v. Zerssen (1972): Die HHM-Beschwerdenliste bei Patienten einer internistischen Ambulanz. Z. Psychosom. Med. Psychoanal. 18, 1–16
Kernberg, O. (1975): Borderline Conditions and Pathological Narzissism. J. Aronson Inc. New York. Deutsch: Borderline-Störungen und pathologischer Narzißmus. Suhrkamp Frankfurt 1979
Kernberg, O.F. (1977): The structural diagnosis of borderline personality organization. In: Hartocollis P. (Ed.) Borderline personality disorders. Int. Univ. Press New York, 87–121
Kernberg, O.F. (1984): Severe personality disorders. Psychotherapeutic strategies. Yale Univ. Press, Yale London. Deutsch: Schwere Persönlichkeitsstörungen – Theorie, Diagnose, Behandlungsstrategie. Klett-Cotta Stuttgart 1988
Kerz-Rühling J. (1984): Einführung in das Interviewverfahren. In: Einführung in die Psychoanalyse Sigmund Freuds. Materialien aus dem Sigmund-Freud-Institut Frankfurt 1, 67–70
Klüwer, R. (1983): Agieren und Mitagieren. Psyche 37, 828–840
Kuiper, P.C. (1969): Zur Metapsychologie von Übertragung und Gegenübertragung. Psyche 23, 95–120
Leupold-Löwenthal, H. (1985): Zur Frage der psychoanalytischen Nosologie und Diagnostik. Zschr. f. psychoanal. Theorie u. Praxis 0, 33–46
Loch, W. (1965): Übertragung – Gegenübertragung. Psyche 19, 1–23
Loch, W. (1965): Voraussetzungen, Mechanismen und Grenzen des psychoanalytischen Prozesses. Huber, Bern–Stuttgart
Lorenzer, A. (1970): Sprachzerstörung und Rekonstruktion. Suhrkamp, Frankfurt
Malan, D.H. (1963): A Study of Brief Psychotherapy, Tavistock, London. Deutsch: Psychoanalytische Kurztherapie, Klett, Stuttgart 1965
Meyer, A.-E. (1972): Klassifikation von neurotisch Kranken (Taxonomien) und von Neurose-Symptomen (Nosologie). I: Psychiatrie der Gegenwart (Hrsg. Kisker et al.). Bd. II, 1. Springer, Berlin, Heidelberg, New York, 663–685
Moeller, M.L. (1977): Zur Theorie der Gegenübertragung. Psyche 31, 142–166
Quint, H. (1977): Tiefenpsychologische Untersuchung. In: Diagnostische und therapeutische Methoden in der Psychiatrie (Hrsg. T. Vogel u. J. Vliegen). Thieme, Stuttgart 124–133
Reimer, Ch., G. Burzig (1978): Klassifikation psychischer Störungen aus psychoanalytischer Sicht, Nervenarzt 49, 261–267
Rosenfeld, H. (1987): Impasse and Interpretation. Tavistock Publications London, New York. Deutsch: Sackgassen und Deutung. Verl. Int. Psychoanalyse, München u. Wien 1990.
Rudolf, G. (1981): Untersuchung und Befund bei Neurosen und Psychosomatischen Erkrankungen. Beltz, Weinheim, Basel
Sandler, J., C. Dare, A. Holder (1973): The patient and the analyst. The basis of the psychoanalytic process. G. Allen u. Unwin, London. Deutsch: Die Grundbegriffe der psychoanalytischen Therapie. Klett, Stuttgart 1973
Sandler, J. (1976): Gegenübertragung und Bereitschaft zur Rollenübernahme. Psyche 30, 461–480
Sandler, J., A.-M. Sandler (1984): The Past Unconscious, the Present Unconscious and Interpretation of Transference. Psychoanal. Inquiry 4, 367–388. Deutsch: Vergangenheits-Unbewußtes, Gegenwarts-Unbewußtes und die Deutung der Übertragung. Psyche 39, 800–829 (1985)

Schacht, L. (1990): Einladung der Deutschen Psychoanalytischen Vereinigung zum 40jährigen Bestehen. Arbeitstagung Wiesbaden, 21.–24. 11. 1990

Schubart, W. (1989): The patient in the psychoanalytic consulting room – the first consultation as a psychoanalytic encounter. Int. J. Psycho-Anal. 70, 423–432

Schultz-Hencke, H. (1951): Lehrbuch der analytischen Psychotherapie. Thieme, Stuttgart 1951

Schwaan, de A. (1978): Zur Soziogenese des psychoanalytischen «Settings». Psyche 32, 793–826

Thomä, H., H. Kächele (1985): Lehrbuch der psychoanalytischen Therapie. 1. Grundlagen. Springer, Berlin Heidelberg New York Tokio

Tyson, R. L., J. Sandler (1974): Probleme der Auswahl von Patienten für eine Psychoanalyse. Psyche 28, 530–559

Wegener, P. (1992): Zur Bedeutung der Gegenübertragung im psychoanalytischen Erstinterview. Psyche 46, 530–559

Winnicott (1960a): Gegenübertragung. In: Reifungsprozesse und fördernde Umwelt. Kindler München 1974, 207–216

6 Biographie und Beziehung in der psychotherapeutischen Diagnostik

P. Buchheim, R.W. Dahlbender und H. Kächele

6.1 Einleitung

Die neueren Ansätze in der psychotherapeutischen Diagnostik und Interview-Technik wurden in den 50er Jahren in den USA im Zuge der dort aufblühenden psychodynamisch orientierten Psychiatrie entwickelt (Gill et al., 1954; Sullivan, 1954). Eine psychodynamisch orientierte Erstinterviewtechnik bildete einige Jahrzehnte lang nicht nur in der Psychotherapie, sondern auch in der klinischen Psychiatrie den entscheidenden Angelpunkt für die Kontaktaufnahme mit dem Patienten und für das Herstellen einer tragfähigen diagnostischen und therapeutischen Beziehung.

Die Technik des Erstgespräches entwickelte sich in der Psychoanalyse von einer anfänglichen Zentrierung auf die intrapsychische Dynamik durch das wachsende Interesse an der interpersonellen Psychodynamik weiter. In den letzten Jahren erhielt die psychotherapeutische Diagnostik durch die empirische Erforschung und Operationalisierung von Beziehungsstrukturen (Beckmann et al. 1979, 1983), Familienfunktionen (Steinhauer et al. 1984) und zentralen Beziehungskonflikten (Luborsky u. Kächele, 1988; Luborsky u. Crits-Cristoph, 1990) neue Impulse.

In den verschiedenen Entwicklungsphasen der Interviewtechnik lassen sich unterschiedliche Schwerpunkte bezüglich der Interviewsituation erkennen, die entweder mehr die Interaktion von Untersucher und Patient im Hier und Jetzt (Gill et al., 1954; Balint, 1961; Argelander, 1967), die Biographie (Dührssen, 1981), das Herausarbeiten der Persönlichkeitsstruktur in der Interaktion mit dem Interviewer (Kernberg, 1981) oder das Auffinden von Beziehungsstrukturen (Beckmann et al., 1979) und zentralen Beziehungskonflikten (Luborsky u. Kächele, 1988) fokussieren.

Im Zuge des inzwischen entdeckten Interesses der deutschen Psychiatrie an der Psychotherapie sind vielfältige Diskussionen notwendig, um die anstehende Integration der psychotherapeutischen Methoden in das psychiatrische Handlungswissen gemeinsam zu reflektieren. Mit der auf dem 95. Deutschen Ärztetag beschlossenen Weiterbildungsordnung, die neben dem neu geschaffenen Arzt für Psychotherapeutische Medizin nun auch einen Facharzt für Psychiatrie und Psychotherapie vorsieht, bekommt die psychotherapeutische Diagnostik für die Weiterbildung in beiden Bereichen eine neue Bedeutung.

Da die Psychotherapie in den letzten 10 Jahren nicht nur in den USA mehr und mehr in den Schatten der Neurosciences und der biologischen Psychiatrie

geraten ist, beschäftigt man sich heute zu Recht mit der Frage, welchen Stellenwert die Psychotherapie in der «Decade of the brain» haben wird (Gabbard, 1992). Dabei ist es zu einer Polarisierung und häufig auch zu einer gegenseitigen Entwertung zwischen den biologischen und psychodynamischen Auffassungen von psychischen Störungen gekommen. In letzter Zeit zeichnet sich eine gegenseitige Beachtung und eine schrittweise Annäherung ab und es gibt erste Schritte im Rahmen integrativer Modelle wie z. B. dem biopsychosozialen Modell, die sich natürlich auch auf das Erstgespräch mit dem Patienten und das weitere diagnostische Vorgehen auswirken werden.
Künstlich und mißverständlich sind nach Ansicht von Frances und Cooper (1981) die scharfen Polarisierungen zwischen einer phänomenologischen Klassifikation und einer psychodynamischen Orientierung in der Diagnostik, wodurch die Komplementarität beider Ansätze zu wenig genutzt würde. Karasu und Skodol (1980) weisen auf die Schwächen des DSM-III für psychotherapeutische Behandlungskonzepte hin. Die Autoren schlagen die Einführung einer zusätzlichen therapieorientierten Achse VI vor, die eine Erfassung psychodynamischer Zusammenhänge, insbesondere von Konflikten, Objektbeziehungen, Abwehrmechanismen, Copingstrategien und kognitiven Strukturen ermöglicht.
Nach Schacht und Strupp (1986) besteht eine beträchtliche Divergenz zwischen einer deskriptiv nosologischen DSM-III-Diagnose und der Art und Weise, wie Probleme für psychotherapeutische Interventionen zu definieren sind. Während im DSM-III psychische Störungen in überstandardisierte Kriterienkataloge mit dem Ziel theoretischer Neutralität eingestuft sind, stützt sich die Psychotherapie auf theoretische Grundlagen, die über die Beschreibung hinaus den konzeptuellen Rahmen für Verstehen und Verändern der Struktur, Entwicklung und Dynamik von Erleben und Verhalten liefern.
Da die bestehende Form der DSM-III-Klassifikation mit seiner Zentrierung auf das kranke Individuum aus der Sicht von Familientherapeuten starken Begrenzungen unterliegt, diskutierten Frances et al. (1984) die Möglichkeiten einer Erweiterung der Achse II.
Durch Einbeziehung interpersoneller Aspekte in der Persönlichkeitsdiagnostik könnte das Verhalten des Patienten im Kontext von Familie und Partnerschaft besser erfaßt werden. Eine interpersonell und dimensional orientierte Beurteilung der Entwicklungsaspekte und Persönlichkeitsmerkmale auf der Achse II würde zudem zusätzliche Informationen für familientherapeutische Interventionen liefern. Durch Modifikationen in der Konzeptualisierung der Achse II des DSM-III ließen sich z. B. Bestandteile der von McLemore und Benjamin (1979) entwickelten interpersonellen Diagnostik mittels «Structural Analysis of Social Behavior» (Benjamin, 1974) integrieren. In Hinblick auf die Weiterentwicklung des DSM-III-Systems forderte ein Komitee von Familienforschern und Familientherapeuten unter der Führung von Wynne (1989), die Psychiatrie müsse sich endlich der Herausforderung stellen, in die Diagnostik die Dimension der zwischenmenschlichen Beziehungen einzuschließen. Den

interpersonellen Beziehungen und ihren Störungen sollte im DSM-IV ein vergleichbarer Status zuerkannt werden, wie er neben den klinischen Syndromen der Achse I bereits den Persönlichkeitsstörungen auf der Achse II des DSM-III (Spitzer u. Williams, 1980, 1984) eingeräumt wird.

Im Zusammenhang mit der neuen amerikanischen DSM-III-Klassifikation (1980) psychischer Störungen, die eine Rückkehr zur Phänomenologie bedeutet, wurden neue strukturierte klinisch-psychiatrische Interviews im Gefolge des «Present State Examination» von Wing et al. (1973, 1974, 1982) mit dem Ziel der Standardisierung der Befunderhebung entwickelt.

Das «Strukturierte Klinische Interview» (SCID) von Spitzer und Williams (1984) in deutschsprachiger modifizierter Bearbeitung von Wittchen und Mitarbeitern (1986) beginnt zwar in einem einleitenden Interviewteil mit relativ offenen Fragen über Hauptbeschwerden, Krankheitsbeginn, aktuelle Vorgeschichte und Auslöse- bzw. Belastungssituation. Den Hauptteil des Interviews bildet jedoch eine recht rigide symptomorientierte Befragung nach DSM-III-R-Kriterien zu den wichtigsten auf der Achse I klassifizierbaren Gruppen psychischer Störungen. Auf der Ebene von klinischen Syndromen werden u. a. affektive Störungen, schizophrene Störungen, Angstsyndrome, psychosexuelle Störungen erfaßt werden.

Zur Diagnostik der auf der Achse II des DSM-III-R klassifizierten Persönlichkeitsstörungen werden in der klinischen Psychiatrie ebenfalls Strukturierte Klinische Interviews wie z. B. das Personality Disorder Examination (PDE) von Loranger et al. (1988) und das «Strukturierte klinische Interview für DSM-III-R-Persönlichkeitsstörungen» (SCID-II) von Spitzer und Williams (1986) eingesetzt. In diesen Untersuchungsinstrumenten finden die Biographie, die interpersonellen Beziehungen und die Interaktion von Untersucher und Patient praktisch keine Berücksichtigung mehr.

Diese neuen Formen der formalisierten und strukturierten Untersuchungstechnik konfrontieren uns erneut mit einem Problem der Forschung, das schon M. und E. Balint (1962) beim Vergleich der psychologischen Testsituation mit dem psychiatrischen Interview sehr treffend beleuchtet haben: «Was der auch tut und unterläßt, alles wirkt auf den Patienten irgendwie als Reiz; der Versuch, jegliche affektive Wechselwirkung zu vermeiden – falls er gelingt –, führt zu einem Interview, das man nur im Sinne der Reaktion des Patienten auf einen Interviewer verstehen kann, der nicht vorhanden zu sein versucht, während er das Interview führt.»

So stellt sich die Frage, ob der durch Standardisierung des Untersuchungsablaufs und Operationalisierung der Befunde erzielte Gewinn an statistischer Validität und Reliabilität eine wirklichkeitsgetreuere Abbildung der psychischen Störung ermöglicht, wenn deren Einfluß auf die Interaktion mit dem Arzt und auf die Qualität der zwischenmenschlichen Beziehung zu dem Untersucher nicht miterfaßt werden. Daher bietet es sich an, im Rahmen einer umfassenderen psychiatrisch-psychotherapeutischen Diagnostik den Patienten mit Hilfe eines multimethodalen diagnostischen Ansatzes zu untersuchen, an dessen Anfang das Erstinterview steht. Im weiteren Verlauf der Untersuchung kann der diagnostische Prozeß dann sowohl durch eine strukturierte klinische Diagnostik der Syndromatologie und der Persönlichkeitszüge als auch durch einen Einblick in die interpersonellen Beziehungsmuster erweitert werden (Buchheim, 1992).

Dem psychodynamisch denkenden Kliniker ist das mehr oder minder frei geführte Erstgespräch deshalb so nützlich, weil er sich gesprächsweise über die aktuelle Symptomatik, die zurückliegenden Belastungen und die formenden Eindrücke der frühen Jahre ein Bild machen kann. Deshalb möchte er es in dieser ersten Phase der Kontaktaufnahme mit dem Patienten für keinen noch so gut konstruierten Test eintauschen oder auch nicht für die strukturierten diagnostischen Interviews wie das von Margraf et al. (1991) beschriebene DIPS oder das SCID von Spitzer und Williams (1986, 1988).

Während es bei der psychiatrischen Exploration um einen querschnittsmäßigen Befund zu einem bestimmten Zeitpunkt geht, wodurch die Diagnose einen statischen Charakter erhält, wird bei der psychodynamischen Diagnose diese deskriptive Merkmalsanalyse zugunsten der Erfassung von aktuellen, im Hier und Jetzt entstandenen Beziehungsmustern zwischen Arzt und Patient relativ vernachlässigt. Psychodynamische Diagnosen versuchen den Anspruch auf ein Verständnis der aktuellen Situation als Niederschlag vergangener konflikthafter Beziehungen einzulösen.

Aus psychodynamischer Sicht gibt das Erstinterview dem Kliniker eine erste Möglichkeit, seine psychoanalytische Denkweise zu erproben, ohne daß diese einen speziellen Diskurstyp zwingend verordnet, was doch öfter als es gut ist, von Vertretern einer stilisierten Erstinterviewtechnik nahegelegt zu werden scheint. Allerdings lastet auf den ersten Begegnungen (sic Plural) ein hoher Verantwortungsdruck. Die Informationen, die in wenigen Gesprächen gewonnen werden, bleiben unvollständig und unzuverlässig. Das Ziel der ersten Gespräche ist es, herauszufinden, ob einem Kranken mit psychoanalytischen oder psychotherapeutischen Methoden geholfen werden kann, weniger eine präzise kategoriale Diagnose zu stellen. Diesem Ziel ist es dienlich, wenn sich in Zusammenarbeit mit dem Patienten ihn kennzeichnende, sich wiederholende Beziehungsmuster identifizieren lassen, die ihm – wenn möglich in situ – anhand der sich entwickelnden therapeutischen Beziehung auch aufzeigen lassen. Allerdings ist der völlige Verzicht auf kategoriale Diagnostik eine Utopie, die auch nicht mehr patienten-gerecht genannt werden kann.

Um nicht apriorisch eine Unvereinbarkeit von psychiatrischem Explorationsbedürfnis und psychodynamischem Verstehensprozeß festzuschreiben, sei darauf hingewiesen, daß die unterschiedlichen Ansätze der analytischen Interviewtechnik und der psychopathologischen Exploration durch die dahinterstehenden unterschiedlichen Paradigmen wie Beziehungspathologie einerseits und medizinisches Krankheitsmodell andererseits bedingt sind.

Die meisten psychotherapeutischen Richtungen sind sich schon lange darin einig, daß Störungen im affektiv-kognitiven Bereich nicht allein dem Individuum zuzuschreiben sind. Balint (1957) unterscheidet eine Ein-Personen-Beziehung (intrapsychischer Bereich) von einer Zwei-Personen-Beziehung (Dyade) und einer Drei-und-Mehr-Personen-Beziehung. Aus der Perspektive einer Mehr-Personen-Psychologie sind an der Entstehung und Aufrechterhaltung psychischer Störungen die Einflüsse und die Qualität der zwischenmenschlichen Beziehungen im Bereich der Partnerschaft und der ganzen Familie beteiligt. In der Psychotherapieforschung trägt heute die Familien- und Paardiagnostik infolge einer Standardisierung der Instrumente zur Selbst- und Fremdbeurteilung dazu bei, die Voraussetzungen für Untersuchungen von partnerschaftlichen und familiären Beziehungskonstellationen zu verbessern.

6.2 Zur Entwicklung der psychoanalytischen und psychiatrischen Untersuchungstechnik

Die unterschiedlichen Entwicklungswege und die ihnen zugrundeliegenden Pradigmen haben ihre Wurzeln in den um die Jahrhundertwende von Freud und Kraepelin konzipierten Betrachtungsweisen zur Untersuchung psychisch Kranker. Schon damals zeichnen sich deutlich die unterschiedlichen Schwerpunkte einer auch heute wieder in der Psychiatrie favorisierten deskriptiv phänomenologischen Befunderfassung und einer biographisch beziehungsorientierten Betrachtungsweise in der Psychoanalyse ab. Dagegen schließt sich das verhaltenstherapeutische Interview im Unterschied zur psychoanalytischen Interviewtechnik leichter an die standardisierte psychiatrische Exploration an und kann diese sogar formal noch bereichern.

6.2.1 Unterschiedliche Wege einer phänomenologischen und psychodynamischen Betrachtungsweise seit Kraepelin und Freud

Kraepelins Konzepte zur psychiatrischen Krankenuntersuchung bewegten sich auf einer medizinisch-naturwissenschaftlichen Ebene, zumal Kraepelin (1887) sich eine tiefere Durchdringung der Phänomene in erster Linie von den Methoden der experimentellen Psychologie versprach, wie er es anläßlich der Übernahme des Lehramtes an der Kaiserlichen Universität Dorpat im Jahre 1886 formulierte:

«Einer der wichtigsten Gründe, warum bisher die Untersuchung der psychischen Symptome so wenig aussichtsreich und befriedigend erschien, lag vielleicht an dem Umstand, daß es uns gerade diesen Erscheinungen gegenüber an jedem Hilfsmittel fehlte, welches uns zu einer feineren und tiefer dringenden Analyse des Beobachteten hätten führen können ... Wenn es überhaupt möglich ist, in diesem Punkt einen Fortschritt der psychopathologischen Diagnostik herbeizuführen und solche Störungen unseren Erkenntnissen zugänglich zu machen, welche der praktischen Menschenkenntnis des täglichen Lebens verborgen bleiben, so sind es die Untersuchungsmethoden der experimentellen Psychologie, welche berufen erscheinen, die hier vorhandene Lücke wenigstens teilweise ausfüllen zu helfen.»

Inzwischen sind viele dieser Zielvorstellungen Kraepelins in der Psychiatrie durch die zunehmende Verwendung von Selbst- und Fremdbeurteilungsskalen und von standardisierten und strukturierten klinischen Interviews zur Befunderhebung realisiert worden.
Neben der vorrangigen Betrachtung der Erscheinungen und des Verlaufs einer Geistesstörung, einschließlich der Kenntnis der äußeren und inneren Ursachen, zentrierte Kraepelin (1899) die biographischen Aspekte der Untersuchung vor allem auf eine Anamnese, die er als «rückschauende Betrachtung des Vorlebens bis in die früheren Geschlechter hinein» verstand.
Während sich Kraepelin nur am Rande und zumeist eher polemisch mit der Psychoanalyse auseinandersetzte, verglich Freud (1905) immer wieder die Methoden der Psychoanalyse mit denen der Psychiatrie, wobei er sehr darauf bedacht war, die Bedeutung des individuellen Erlebens für die Psychoanalyse nicht als Widerspruch, sondern als Vervollständigung der psychiatrischen Phänomenologie anzusehen. Für Freud war «eine wissenschaftlich vertiefte Psychiatrie nicht möglich ohne eine gute Kenntnis der tieferliegenden, der unbewußten Vorgänge im Seelenleben». Ausgehend von der Vorstellung, daß sich die Psychoanalyse zur Psychiatrie wie die Histologie zur Anatomie verhalte, sah er in der Ausübung der Psychoanalyse eine Möglichkeit, «... das innere Getriebe des Seelenlebens zu erkunden», aus der er folgende Ziele einer psychoanalytischen Krankengeschichte ableitete:

«Aus der Natur der Dinge, welche das Material der Psychoanalyse bilden, folgt, daß wir in unseren Krankengeschichten den rein menschlichen und sozialen Verhältnissen der Kranken ebenso viel Aufmerksamkeit schuldig sind wie den somatischen Daten und den Krankheitssymptomen. Vor allem aber wird sch unser Interesse den Familienverhältnissen der Kranken zuwenden, und zwar, wie sich ergeben wird, auch anderer Beziehungen wegen, als nur mit Rücksicht auf die zu erforschende Heredität.»

6.2.2 Zur Geschichte der psychoanalytischen Fallgeschichte

6.2.2.1 Zwischen Fakt und Erzählung

Die Geschichte der psychoanalytischen Fallgeschichte spiegelt die Bewegung zwischen Fakt und Erzählung (Kächele 1981) wider, denn das Bemühen, die Lebensgeschichte eines Patienten verstehbar und verständlich zu präsentieren, macht diese Mischung notwendig. Dabei ist der Erzählcharakter solcher Berichte keineswegs eine psychoanalytische Erfindung. Der Schweizer Psychiater Bodamer schrieb 1953 eine höchst bemerkenswerte Laudatio über Krankengeschichten einiger Anstaltspsychiater im 19. Jahrhundert:

«Nicht wenige von ihnen sind selbst Dichter, wie Zeller, Jacobi, Heinroth und Feuchtersleben. Die persönlichkeitsbildende Kraft der Klassik ist an ihnen bis in ihren literarischen Stil hinein deutlich. Manche ihrer Krankengeschichten erinnern an Schilderungen Kleists, Schillers und Jean Pauls.»

Die Zeiten, in denen diese Psychiater sich um ausgearbeitete Schilderungen ihrer Patienten bemühten, um ihren eigenen humanistischen Idealen gerecht zu werden, gingen unter dem Einfluß der Universitätspsychiatrie und mit der Betonung der theoretischen gegenüber der praktischen Orientierung verloren. Auch in der Entwicklung der psychologischen Wissenschaft wurde die romantische Verherrlichung des Individuums in der zweiten Hälfte des 19. Jahrhunderts durch W. Wundts Auffassung abgelöst, daß alle Menschen im Hinblick auf die interessierenden Merkmale mehr oder weniger gleich seien. Als Gegenbewegung entwarf Dilthey 1894 eine verstehende Psychologie, die ihre Norm in der «Darstellung des Singularen» finde (Dilthey 1894). Unabhängig von dieser geisteswissenschaftlich-verstehenden Richtung findet sich in der zweiten Hälfte des 19. Jahrhunderts auch ein Boom von Baby-Biographien, der bis zu Rousseau zurückverfolgt werden kann. So stößt man neben der Ausfaltung der naturwissenschaftlichen Psychologie auch auf eine Blütezeit der Individualitäts-Thematik. Freuds psychoanalytische Fallstudien stehen im Kontext einer wissenschaftlich-biographischen Forschung, die um die Jahrhundertwende in Psychiatrie und Psychologie einsetzte (Huber 1978).

6.2.2.2 *Das Problem der angemessenen Protokollierung*

In diesem Umfeld verwundert nicht, daß Freud in den «Studien zur Hysterie» als geschulter Naturwissenschaftler die methodische Unvollkommenheit seiner Krankengeschichten von Anfang an schmerzte (1895, S. 227). Seine Krankengeschichten seien «wie Novellen zu lesen» und entbehren «des ernsten Gepräges der Wissenschaftlichkeit». Er tröstet sich damit, daß für dieses Ergebnis die Natur des Gegenstands offenbar eher verantwortlich zu machen ist als seine verheimlichte Liebe zur Schriftstellerei (Schönau 1968, S. 11).
Das Problem der angemessenen Protokollierung reicht weiter, nämlich ob die essayistische Darstellungsform nur eine Folge der «Natur des Gegenstandes» ist oder ob nicht die gewählte Form und Methode den Gegenstand erschafft, was in den unabgeschlossenen wissenschaftstheoretischen Diskussionen immer weiter thematisiert wird:

> «Freud, und auch wir als nachfolgende Beobachter, werden mit einem kranken Individuum konfrontiert, dessen Lebensgeschichte eine Vielzahl von Ungereimtheiten – Ereignissen und Haltungen – präsentiert; diese fordern eine Erklärung, diese müssen in den Zusammenhang verständlicher menschlicher Verhaltensweisen gebracht werden. Wie der Geschichtsschreiber, ist Freud an einem besonderen Verlauf von Ereignissen und individueller Geschichte interessiert» (Sherwood 1969, S. 188).

Diese systematische Bestimmung des Ziels der einzelnen Krankengeschichten deckt sich jedoch nicht vollständig mit Freuds eigenen Intentionen, denn in jeder Krankengeschichte gibt es unübersehbare Hinweise auf andere Patienten mit ähnlichen Konflikten. So finden sich überall eingestreut Bemerkungen zur Frage der Generalisierbarkeit der Befunde, so im «Wolfsmann» z. B. jene Stelle: «Um aus den Feststellungen über diese beiden letzteren Punkte neue

Allgemeinheiten zu gewinnen, sind zahlreiche solche gut und tief analysierten Fälle erforderlich» (Freud 1918, S. 140).
Entscheidend scheint der Umstand zu sein, daß die Gewinnung neuer Erkenntnisse durch die biographische Erhellung des einzelnen Falles stets nur durch eine integrative Betrachtung möglich ist. Somit läßt sich als Funktion der Krankengeschichte die Erklärung singulärer Ereignisabläufe bestimmen. Damit begründet sich die Feststellung, daß Fallgeschichten professionell organisierte Erzählungen sind (Farrell 1961; 1981).
Falldarstellungen sind eine Unterklasse biographischer Studien, bei denen das Hier und Jetzt mit dem Dort und Damals verknüpft werden soll.
Das Abbildungsverhältnis von Lebensgeschichte, Interview und Falldarstellung ist nur unter dem Konzept: «was wollte der Autor mitteilen» zu fassen. Die Fallgeschichte darf nicht als naive Wiedergabe eines beobachtbaren Geschehens betrachtet werden (s. d. Marcus 1974).
Der biographische Ansatz kann nun aufgrund der bisherigen Überlegungen differenziert werden; einerseits treffen wir auf geformte, literarisch zum Kunstwerk geratene Krankengeschichten, andererseits schätzen wir Darstellungen von Lebensläufen, die mittels standardisierbarer biographischer Methoden verfaßt wurden.

6.2.2.3 *Der genetische Standpunkt*

Die Psychoanalyse und die analog konzipierten anderen tiefenpsychologischen Schulen sind grundlegend durch den Entwicklungsgedanken bestimmt. Es wurde zu deren Markenzeichen, daß zum Verständnis eines Symptoms es unerläßlich ist, dessen Ursprünge in der Lebensgeschichte aufzusuchen. Dieser genetische Standpunkt steht nicht im Widerstreit mit Kurt Lewins Satz, daß nur Kräfte und Bedingungen, die jetzt und hier vorhanden sind, im Hier und Jetzt eine Wirkung ausüben können; er besagt nur einfach, daß vieles von dem, was Hier und Jetzt im Individuum «vorhanden ist», nur durch eine genetische Erforscnung dessen, was voranging, erkannt werden kann (zit. nach Rapaport 1970, S. 47).
Die gegenwärtige Struktur wird als Produkt der Entwicklung betrachtet, weshalb biographisches Verstehen strukturelles Verstehen nach sich zieht. Wenn Diagnostik einen Zugriff auf das Gegenwärtige meint, dann kann eine biographische Diagnostik die Querschnittsbetrachtung durch den Längsschnitt sinnvoll erweitern.

6.2.2.4 *Biographik und Typuskonzept*

Folgen wir dem Biographieforscher Hans Thomae (1968), dann dient in den seltensten Fällen die Biographik lediglich der Deskription eines einzelnen Individuums in seiner persönlichen Welt. Meist impliziert die Fragestellung, unter der jede Falldarstellung geschrieben wird, die Ausrichtung auf ein bestimmtes Ziel.
Dabei unterscheidet er drei Auffassungen (Thomae 1952):

1. die kausale; sie versucht, Phänomene ursächlich auf bestimmte Variablen zurückzuführen,
2. die der Subsumption oder Vereinigung von Einzelphänomenen unter einem Typus; sie birgt die Gefahr einer Abstraktion ins Sinnlose in sich,
3. die finalistische oder funktionalistische; sie erfaßt die Phänomene vorwiegend unter dem Aspekt ihres Sinnes für etwas, ihrer Funktion.

Diese letzte Auffassung ist in der psychosomatischen Medizin und Psychoanalyse weit verbreitet. Gleichzeitig liegt oft eine Typisierung vor; fast hinter jeder psychoanalytischen Darstellung eines einzelnen Falles stehen viele ähnliche. Die einzelne Krankengeschichte, die veröffentlicht wird, ist in der Regel die Illustration einer klinischen Erfahrung an einem als typisch vorgestellten Beispiel.
Dabei wird zu wenig reflektiert, daß ein Konzept des Idealtypus (Hempel 1952) im Grunde eine Theorieprüfung verlangt – ein Anspruch, der in der psychoanalytischen Kasuistik nur implizit enthalten ist. Eine explizite Formulierung dieses Ziels findet sich im Vorwort von Weizsäckers «Studien zur Pathogenese»:

«Hier folgen einige Krankengeschichten, verbunden durch Betrachtungen über das *was typisch an ihnen erscheint*. Im Vordergrund bleibt also die beschreibende Pathogenese. Was an theoretischen Möglichkeiten erwächst, wird nur in Andeutung behandelt. Wie überall, so ist es auch hier: Tatsachen sind unerläßlich und müssen ohne die geringste Verbiegung berichtet werden. Aber ein solcher Bericht wird erst dann zur Wissenschaft, wenn er eine Frage entscheidet, also eine prognostische und praktisch bewährte Folge bekommt» (1935, S. 6, Hervorhebung von uns).

Das Typuskonzept liefert eine brauchbare Abgrenzung zur biographischen Methode und enthält den generalisierenden Anspruch, der in der psychoanalytischen Kasuistik immer schon vertreten wurde.
Wie H. Heimann in seiner Abschiedsvorlesung kürzlich ausführte, kennt auch die Psychiatrie, oder soll ich sagen, sollte sie kennen, die ideographische Erfahrungsrichtung:

«Sie gründet sich auf Einzelfälle, und zwar in der Bestimmung individueller Strukturzusammenhänge ... Durch eine lebensgeschichtliche Interpretation ... ergibt sich eine sinnvolle Geschichte, die für psychiatrische Befunde einzelner Patienten charakteristisch ist. Auf diesem Wege gelangen wir zu einer Typologie aufgrund exemplarischer Fälle, einer Typologie, wie sie beispielsweise Ludwig Binswanger in seinen konkreten Einzelfällen von Schizophrenie dargestellt hat» (Heimann 1991, S. 395).

6.3 Entwicklungsphasen und Formen des Erstinterviewers

Die unterschiedlichen Schwerpunkte und Ziele in der Untersuchungstechnik und in den Krankengeschichten, die auf Freud und Kraepelin zurückgehen, begegnen uns auch in den folgen Jahren wieder. Allerdings gibt es zahlreiche Versuche, beide Sichtweisen zu integrieren. Schon früh in der Rezeptionsge-

schichte der Psychoanalyse hat sich die nordamerikanische psychiatrische Diagnostik durch die Aufnahme psychoanalytischen Gedankenguts verändert.
Über die Schule Bleulers am Burghölzli lernten zum Beispiel die aus den USA kommenden Psychiater Brill, Putnam und andere die psychoanalytische Untersuchungstechnik kennen und trugen zu deren Verbreitung in der dafür bereits durch die sozialhygienischen und psychotherapeutischen Ideen A. Meyers vorbereiteten Psychiatrie der USA bei (s. dazu Burnham, 1967, S. 18). Schon in den 30er Jahren lassen sich dort diese Einflüsse auf das psychiatrische Erstgespräch erkennen.

6.3.1 Die erste Generation: Vom psychiatrischen zum psychodynamischen Erstinterview

Unter den durch die Einflüsse der Psychoanalyse geprägten Ausgangsbedingungen konnte sich in den USA in den 50er Jahren eine erste Generation psychiatrisch-psychodynamischer Erstinterviewkonzepte entwickeln.
Zu Beginn der 50er Jahre erscheinen mit dem «psychiatrischen Interview» von Sullivan (1953) und dem «Erstinterview in der psychiatrischen Praxis» von Gill, Newman & Redlich (1954) kurz nacheinander die ersten ausführlichen Darstellungen zur Methodik, Technik und zum Training psychiatrischer Erstgespräche. Die einzelnen Schritte haben Gill, Newman und Redlich (1954) schon mit Hilfe einer didaktisch wertvollen Tonaufnahme aufgezeichnet.

6.3.1.1 Das «dynamische Interview» von Gill, Newman und Redlich (1954)

Der wesentliche Beitrag der Autoren besteht in der Präzisierung der psychodynamischen Interviewtechnik, die für den Psychiater als eine revolutionäre Wende bezeichnet wird, da ihm durch den Einfluß der Psychoanalyse jetzt bewußt gemacht werde, daß er in der Interaktion mit dem Patienten sowohl Teilnehmer als auch Beobachter sei. Alles, was sich während des Interviews in der Therapeuten-Patienten-Beziehung ereignen würde, sei nur in erster Linie unter dem Beziehungsaspekt zu verstehen. Der traditionellen psychiatrischen Exploration stellen die Autoren somit das «Dynamische Interview» gegenüber, das sie durch drei Ziele kennzeichnen:

> «Das erste Ziel ist es, eine Beziehung zwischen zwei Fremden herzustellen, von denen der eine eine professionelle Person ist und der andere ein menschliches Wesen ist, welches seelisch leidet und oft andere leiden macht ...
> Das zweite Ziel ist eine Bewertung der psychosozialen Situation des Patienten ...
> Das dritte Ziel ist es, den Patienten darin zu bestärken, falls angezeigt, eine Behandlung aufzugreifen und mit ihm weitere Schritte zu planen» (Gill et al., 1954, S. 87/88).

Die psychiatrische Diagnose wird in die Einschätzung der Gesamtsituation eingebettet und entspricht Balints Begriff der Gesamtdiagnose (Balint 1965). Einen wesentlichen Schritt auf dem Wege von dem nur diagnostischen Interview zum therapeutischen Handeln sehen Thomä und Kächele (1985) darin,

daß Gill et al. (1954) in den Verantwortungsbereich des Erstinterviews auch die Entwicklung der «Unterstützung des Patienten auf dem Wege in eine Behandlung einschließen» (S. 177).
So hatten Gill und Mitarbeiter (1954) vor allem interaktionelle Aspekte und Fragen der Indikation zur Psychotherapie hervorgehoben, wie z. B.:

- zur Entstehung und Art der Probleme, einschließlich der vom Patienten spontan geäußerten lebensgeschichtlichen Informationen
- zur Motivation für eine Psychotherapie
- zur Eignung für eine Psychotherapie
- zur realitätsgerechten Einschätzung der Bedingungen zur Herstellung einer Therapie
- zur Verständigung zwischen Interviewer und Patient über die nächsten Schritte.

Die Autoren betonen auch hier die Bedeutung einer Schilderung der Therapeut-Patient-Interaktion für die Entscheidungsprozesse in Teambesprechungen gegenüber der konventionellen Aufzählung von Daten aus der Vorgeschichte. Allerdings kritisieren Redlich und Freedman (1966, S. 304) in ihrem Psychiatrie-Lehrbuch an dieser Erstinterviewtechnik, daß die Autoren «radikaler als andere Forscher auf diesem Gebiet den diagnostischen Gesichtspunkt in den Hintergrund gestellt» haben. Sie sehen zwar darin eine Stärke, aber eben auch die Schwäche des Ansatzes. Die einzige Therapieform, die Gill et al. (1954) im Anschluß an das Erstinterview in Betracht ziehen, sei die aufdeckende Psychotherapie. Das Erstgespräch entspreche dadurch zu sehr den Anforderungen der analytischen psychotherapeutischen Praxis und berücksichtige zu wenig die Erfordernisse der klinisch-psychiatrischen Praxis.
Für die Interaktion und den Austausch im Erstinterview machen Redlich und Freedman (1966) vier Einflußfaktoren verantwortlich:

- die Persönlichkeitsstruktur der beiden Teilnehmer
- das gegenseitige Rollenverständnis
- die bewußten und unbewußten Ziele, die jeder verfolgt
- die vom Interviewer angewendete Technik.

So sehr der Beziehungsaspekt in diesem psychodynamischen Interview erstmals in der psychiatrischen Erstgesprächstechnik focussiert wird, so wenig finden sich Ansätze zu einer Erkundung und Berücksichtigung von biographischem Material. Gill et al. (1954) wollen sich in ihrem Interview primär von dem spontanen Bericht des Patienten leiten lassen und sie möchten sich ganz bewußt von dem bis dahin in der Psychiatrie praktizierten Sammeln von Fakten und Erfragen von lebensgeschichtlichen Daten und von einer traditionellen Diagnostik im Rahmen von Klassifikationsschemen distanzieren.
Andererseits schenkten sie dem schriftlichen Bericht über das Interview, insbesondere aber der Tonbandaufnahme und Transskription von Interviewsitzungen, ihr besonderes Interesse, indem sie auf die frühen Experimente von Whitehorn und vor allem auf die wichtigen Beiträge von Rogers und eigene Erfahrungen (Redlich) auf diesem neuen Gebiet aufmerksam machen (s. Gill et al. 1954).

6.3.1.2 Das «psychiatrische Interview» von Sullivan (1953)

Im Vergleich zu der Interviewtechnik von Gill et al. (1954) erscheint die Interviewtechnik Sullivans (1954) strukturierter. Die hauptsächlichen Ziele des Interviews sind der personelle Prozeßcharakter, die Rolle des Psychiaters als teilnehmender Beobachter, die Beachtung der Erwartungen des Patienten an das Gespräch sowie die Wahrnehmung reziproker Emotionen bei Arzt und Patient.

Nach einer Warming-up-Phase, der «formal inception», konzentriert sich der Psychiater in der zweiten Phase, der «Reconnaissance», auf die Lebensumstände des Patienten und wie er diese erlebt. Nach einer detaillierten Befragung der Beschwerden werden die Symptome und die Ängste in Zusammenhang mit der Lebensgeschichte und der inneren Welt des Patienten gebracht. Das abschließende ‹Final Statement› informiert den Patienten über die Überlegungen des Psychiaters und seine weiteren Zielvorstellungen.

Dieses Interviewschema versucht vor allem in der mittleren Phase der Vielgestaltigkeit psychischer Störungen gerecht zu werden. Dort soll der Untersucher je nach Zustandsbild des Patienten entweder mehr eine Exploration von pathologischen Symptomen vornehmen oder mehr zu einem Verständnis intrapsychischer Konflikte auf dem Hintergrund der Lebensgeschichte gelangen.

Es ist nicht nötig, an dieser Stelle näher auf die Interviewtechnik von Sullivan einzugehen, weil Kind (1973, 1978) seinen Leitfaden für die psychiatrische Untersuchungstechnik an Sullivans Konzeption anlehnte und somit diese Untersuchungstechnik im deutschsprachigen Raum bekannt geworden ist.

Ein weiteres Beispiel für ein psychodynamisch orientiertes, jedoch im psychiatrisch-psychosomatischen Feld operierendes Interviewverfahren wurde von Deutsch und Murphy (1955) mit der sog. assoziativen Anamnese gegeben (s. a. Cantor 1957).

6.3.1.3 Das «Diagnostische Interview» von M. und E. Balint (1962)

Im Rahmen ihrer Forschungen über «Psychotherapeutische Techniken in der Medizin» entwickelten M. und E. Balint (1962) an der Tavistock Clinic in London ein interaktionelles Interviewschema, das auf dem Hintergrund der Objektbeziehungspsychologie die Beziehung im Hier und Jetzt und das Ineinandergreifen von Übertragung und Gegenübertragung berücksichtigt und damit die therapeutische Funktion des Erstinterviews der diagnostischen Aufgabe gleichwertig an die Seite stellt.

Da für den Verlauf des Interviews die Beiträge beider Gesprächspartner bestimmend sind, vertraten die Autoren den Standpunkt, daß nicht der Patient, sondern in Wirklichkeit die Wechselwirkung zwischen Arzt und Patient zu untersuchen ist.

Dieser Ansatz wurde programmatisch für die Weiterentwicklung von psychodynamischen Erstinterviewkonzepten und Strategien in der psychodynamischen Interviewforschung. Die These: «das, was in der klinischen Untersuchung ein Störfaktor ist, (wird) zum Herzstück der psychiatrischen Untersuchung» setzte dabei einen besonderen Akzent.

Der Ansatz von M. und E. Balint (1962) ist für die anstehende Integrationsdiskussion deshalb von Bedeutung, da die Balints der Person des Psychiaters und Psychoanalytikers als Interviewer ihre besondere Aufmerksamkeit schenkten. Sie beleuchteten nicht nur dessen spezifische, professionelle Probleme in der Führung des Interviews, sondern auch die von ihm im Interview eingesetzten Abwehrmechanismen der Verleugnung und Idealisierung.

Die Verleugnung der Psychiater bestünde z. B. in der Überzeugung, es gäbe für sie gar keine Probleme im Gespräch. Ihre Idealisierung fände sich in ihrer Zuversicht wieder, für alle Situationen zuverlässige Methoden zur Hand zu haben. So würden sie auch nach dem Grundsatz – je mehr, desto besser – durch das Ansammeln riesiger Faktenmengen eine atomistische Materialsammlung betreiben, die das Bild des Patienten als ganze Persönlichkeit nur verdecke.

Auf der anderen Seite würden die Psychoanalytiker zu sehr an dem Ideal einer fleckenlosen Spiegelfunktion festhalten und dabei die analytische Behandlung zu wenig im Sinne einer dyadischen Beziehung zwischen Therapeut und Patient verstehen. Auch würden sie den Nutzen des Verständnisses der unbewußten seelischen Bereiche für diagnostische Zwecke überschätzen. Ihr geringes Interesse an der Interviewtechnik resultiere auch aus ihrer überwiegend therapeutischen Tätigkeit.

Die damalige Kritik der Autoren, daß weder die akademische Psychiatrie noch die Psychoanalyse bislang imstande gewesen sei, eine brauchbare Klassifizierung seelischer Krankheiten vorzulegen, ist heute vor allem angesichts der neuen DSM-III-R und ICD-10-Klassifikation in der Psychiatrie einerseits zu revidieren, aber auch bezüglich der Rückkehr in der Psychiatrie zur deskriptiven Phänomenologie neu zu überdenken.

6.3.1.4 «Das Erstinterview in der Psychotherapie» – von Argelander (1967, 1970)

Mit der Ende der sechziger Jahre von Argelander entwickelten Anleitung zur psychotherapeutischen Interviewtechnik werden nach Mertens (1990) die psychoanalytischen Vorgehensweisen im Erstinterview am deutlichsten vertreten, indem das eigene Mitbeteiligtsein des Interviewers an der Gestaltung der Szene in Form der «szenischen Information» einen besonderen diagnostischen Stellenwert erhält. Der Psychoanalytiker überläßt weitgehend dem Patienten die Aktivität bei der Gestaltung und Entfaltung des Gesprächs und der Interviewer fokussiert dabei seine Wahrnehmungen des bewußten und unbewußten Beziehungsgeschehens.

6.3.1.5 *«Die biographische Anamnese unter tiefenpsychologischem Aspekt» von Dührssen (1981)*

Die tiefenpsychologische Anamnese wurde in erster Linie in der Gruppe der Neo-Psychoanalytiker entwickelt, die in der Berliner Psychoanalytischen Poliklinik gearbeitet und ausgebildet haben. Die diagnostische Funktion überwiegt gegenüber therapeutischen Überlegungen und die Gesprächssituation wird durch die Auffassung vom Therapeuten als unbeteiligtem Beobachter bestimmt. Ziel des Interviews ist es, auf antriebspsychologischem theoretischem Hintergrund ein möglichst lückenloses Bild über psychosozial und entwicklungspsychologisch relevante Faktoren aus dem gegenwärtigen und vergangenen Leben des Patienten zu erhalten.
Die naive psychoanalytische Kasuistik verfällt oft dem Denkfehler, das berichtete biographische Material sei wegen der lebensgeschichtlichen Plausibilität dem interaktiven Entstehungsmodus entzogen. Streng genommen ist dort genauso wie bei jedem anderen Material stets zu fragen: Warum erzählt mir ein Patient dieses oder jenes Detail gerade jetzt? Deshalb ist zu vergegenwärtigen, daß es sich bei biographischen Daten um Angaben handelt, «die in der Regel aus einer subjektiven Übersicht resultieren und die die Zusammenhänge des eigenen Lebensvollzuges darstellen» (Wiedemann 1987, S. 299). Die Protokollierung von Interviews wird damit zu einem Verfahren, das für die Erfassung der subjektiv gewonnenen Wirklichkeiten so geeignet ist, wie es für die Registrierung objektivistisch gesetzter Lebensereignisse ungeeignet sein dürfte (Dührssen 1981).

6.3.2 Die zweite Generation: Psychoanalytische Strukturdiagnostik im Erstinterview: Das «Strukturelle Interview» von O. Kernberg (1981)

Im Rahmen einer wünschenswerten Integration von psychoanalytischer Interviewkompetenz in die psychiatrische Diagnostik beschreiben erstmals im deutschen Sprachraum Buchheim et al. (1987) das sog. strukturelle Interview, das Kernberg als psychoanalytischer Psychiater im Bemühen entwickelte, die Borderline-Diagnostik zwischen Neurosen- und Psychosendiagnostik zu etablieren (Kernberg, 1977, 1981, 1984). Das ‹Strukturelle Interview› ist ein gutes Beispiel für die ‹zweite Generation› psychoanalytisch orientierter psychiatrischer Erstgesprächsformen in der Nachfolge des ‹Dynamischen Interviews›.
Im Mittelpunkt steht der Versuch, die Geschichte der persönlichen Erkrankung des Patienten und sein allgemeines psychisches Funktionieren in direkte Beziehung zur Interaktion des Patienten mit dem Diagnostiker zu bringen.

6.3.2.1 *Diagnostik struktureller Charakteristika in der Hier-und-Jetzt-Interaktion mit dem Interviewer*

«Strukturell» bedeutet soviel wie «auf die Persönlichkeitsstruktur bezogen», d. h. es sollen im Interview die strukturellen Charakteristika der drei Haupt-

typen der Persönlichkeitsorganisation – vom neurotischen Typ, vom Borderline-Typ und vom psychotischen Typ – herausgearbeitet werden.
Der psychoanalytische Strukturbegriff bezeichnet dabei die stabilisierende Funktion jener inneren Organisationsformen, die zwischen den ätiologisch-genetischen Faktoren und den Äußerungsformen bestimmter Krankheiten angesiedelt sind. Die Struktur bestimmt also das psychologische Funktionieren und bilden die zugrunde liegende Matrix für jedes Individuum, aus der sich die symptomatischen Verhaltensweisen entwickeln. Diese lebensgeschichtlich-biographisch erworbene Struktur geht in die Interaktion ein.
Kernberg fokussiert im Interview die Symptome, Konflikte oder Schwierigkeiten, die der Patient anbietet und auf welche besondere Art und Weise er diese in der Hier-und-Jetzt-Interaktion mit dem Interviewer zur Darstellung bringt. Er legt besonderen Wert auf die internalisierten Objektbeziehungen, die Art der Charakterabwehr, den Grad der Persönlichkeitsstörung und wie sich diese Anteile in den Interaktionen zwischen Patient und Interviewer widerspiegeln und diagnostiziert werden können. Es geht dabei um ein relativ frei geführtes Interview entlang eines Interviewleitfadens, der das Wechselspiel zwischen Exploration und psychodynamisch geführtem Interview erlaubt.
Kernberg geht von drei übergeordneten strukturellen Charakteristika aus:

a. von der Fähigkeit zur Identitätsintegration gegenüber einer pathologischen Identitätsdiffusion,
b. von dem Vorhandensein reifer bzw. unreifer Abwehrmechanismen,
c. von der Fähigkeit bzw. dem Unvermögen zur Realitätsprüfung.

Diese Charakteristika differenzieren, im strukturellen Sinne, die neurotische, die Borderline- und die psychotische Struktur. Unter ‹strukturell› versteht Kernberg dementsprechend innere Objektbeziehungsmuster und innere Abwehrmuster, die soziale Interaktionen mitgestalten und vom Arzt im Interview diagnostiziert werden können. Die Organisationsformen für die Interaktion sind also die inneren Objektbeziehungsmuster und das Abwehrverhalten.
In der psychoanalytischen Diagnostik, welcher Spezifikation auch immer, figuriert die Beziehung zwischen Arzt und Patient nicht nur als Hintergrund, auf dem die Figur des Befundes abgelesen werden kann, sondern wird selbst in wechselnden Verhältnissen zur Figur.
Im Gegensatz zum Vorgehen bei der psychiatrischen Exploration verwendet der Interviewer laufend variable Strategien zur Informationsgewinnung. Dem Patienten wird genügend Raum gegeben, so daß sich das Gespräch dadurch strukturieren kann, indem der Patient die ihm subjektiv wesentlichen Inhalte vorbringen kann. Die relevante Information als Ziel dieser Technik ist, über die mehr oder minder zureichende Erfassung der Beschwerden hinaus, auch die Erfassung von Qualität und Verlauf der Beziehung zwischen Arzt und Patient. Mit der Technik der teilnehmenden Beobachtung von Übertragung und Widerstand beim Patienten, der Technik der Introspektion und der Wahrnehmung eigener affektiver Reaktionen auf den Patienten – in der

psychoanalytischen Behandlungstheorie als Gegenübertragung konzipiert –, versucht der Arzt die bewußten und unbewußten Anteile der vom Patienten angebotenen Beziehungsmuster zu erfassen. In der Verarbeitung dieser sehr heterogenen Informationen hat er die für die Symptombildung relevanten Konfliktmuster herauszuarbeiten (Thomä & Kächele, 1985). Anstatt die Unterschiede zwischen explorativem und interpretativem Stil zuzuspitzen – der Patient sei bei einer rein explorierenden Diagnostik ‹Objekt der Beobachtung› und bei einer interpretativ orientierten Technik das handelnde ‹Subjekt› (s. d. Schumacher 1985, S. 54) –, können beide Stilarten im strukturellen Interview als Komponenten einer Technik gesehen werden.

6.3.2.2 *Krankheitsanamnese und Biographie im Kontext des «Strukturellen Interviews»*

Für Kernberg (1988) stellt sich bezüglich der biographischen Dimension des Interviews die Frage, ob man vor einem strukturellen Interview eine psychiatrische Krankengeschichte aufnehmen soll oder ob sowohl die Krankengeschichte als auch die Untersuchung des psychischen Status durch ein strukturelles Interview ersetzt werden soll.

Da der Beginn der Untersuchung mit Aufnahme der traditionellen Krankengeschichte mehr den üblichen Erwartungen an die Interaktion zwischen Patient und Arzt entsprechen würde, könne auf diese Weise nicht nur die anfängliche Angst des Patienten verringert werden, sondern es würde auch ein vorzeitiges Durchbrechen primitiver Abwehrmechanismen vermieden. Außerdem sei es bei diesem Vorgehen dem Psychiater schneller möglich, die psychotischen und hirnorganischen Symptome zu erkennen.

Bei Erhebung der traditionellen Krankengeschichte vor dem strukturellen Interview sieht Kernberg den Nachteil, daß möglicherweise die vorherrschenden Abwehrmechanismen des Patienten verborgen bleiben und es besonders Patienten mit Borderline-Struktur oder neurotischer Persönlichkeitsstruktur leichter fällt, sich dem Interview anzupassen.

Je mehr Zeit für die Untersuchung zur Verfügung steht, je erfahrener der Interviewer ist und je gezielter die Differentialdiagnose sich auf die Grenzen zwischen den Strukturen von Neurosen und Borderline-Zuständen und von Borderline-Zuständen und Psychosen bezieht, um so mehr empfiehlt Kernberg, das strukturelle Interview der Erhebung der Anamnese voranzustellen.

Bei neurotischen Patienten sollten sich die notwendigen Fragen zur Kranken- und Lebensgeschichte ganz natürlich in die fortgeschrittenen Phasen des strukturellen Interviews einfügen lassen. Somit fallen die Untersuchung der Symptomatik, der Persönlichkeit und der interaktionellen Aspekte im Interview mit einer systematischen Anamnese der gegenwärtigen Erkrankung zusammen und Informationen über die Vergangenheit des Patienten können an die Erforschung der Persönlichkeit angeschlossen werden. Bei den Zusammenhängen von Persönlichkeitsstruktur und Lebensgeschichte geht es Kern-

berg weniger um die Überprüfung psychodynamischer Hypothesen als um die Beurteilung der spontanen Einsichtsfähigkeit des Patienten und der Fähigkeit zur Integration seiner Vergangenheit.
Bei Borderline-Persönlichkeitsstörungen zieht es Kernberg (1981) vor, die Vergangenheit nur sehr allgemein zu untersuchen und auf eine Klärung, Konfrontation und Interpretation der von dem Patienten geschilderten früheren Lebenserfahrungen zu verzichten, um das lebensgeschichtliche Material so festzuhalten, wie es dargestellt wurde. Auch wenn Borderline-Patienten ihr reales Verhalten während des Interviews verbessern können, werden doch zugleich die Leere, das Chaos und die Verwirrung in ihrer Lebenssituation und ihren Objektbeziehungen im Interview deutlich.

6.3.3 Die dritte Generation: Formalisierte Methoden des Interviews

In den letzten Jahrzehnten stieß die lebensgeschichtlich inspirierte Forschungsperspektive unter den verschiedensten Etiketten, wie Biographieforschung oder biographische Methode, auf zunehmendes Interesse in den sozialwissenschaftlich orientierten Humanwissenschaften. Dies unterstreichen Sammelbände, wie der von Kohli & Robert (1984) oder der von Jüttemann & Thomae (1987), der zum Thema ‹Biographie und Psychologie› über Methoden des reflektierten Umgangs mit biographischem Material in Psychologie, klinischer Psychologie und Soziologie berichtet. Den meisten derartigen Ansätzen ist die Verwendung narrativen Materials gemeinsam (s. z. B. Niethammer 1980 oder Schütze 1977).
Ein Ansatz, mit dem wir derartiges Material für die systematische Analyse der individuellen Übertragungsbereitschaften/-dispositive bzw. Übertragungsmuster erschließen können, ist die von Luborsky entwickelte *Zentrale Beziehungskonflikt-Thema (ZBKT)*-Methode (Luborsky & Kächele 1988; Luborsky & Crits-Christoph 1990). Dieses älteste, klinischen Schlußbildungsprozessen nahestehende Instrument zur Beurteilung eines Beziehungsgeschehens bereitet narratives Material methodisch so auf, daß die prägenden internalisierten Beziehungsstrukturen, die sich im individuellen Verhalten auffinden und messen lassen, transparent werden. Die Beziehungswelt eines Individuums wird in einer Art überdauerndem lebensgeschichtlichem ‹Motto›, ‹Chiffre› oder auch ‹Schema› abgebildet. Der feiner zu wählende Abbildungsmaßstab einer neuesten Weiterentwicklung, der ZBM-Methode[1] (Albani 1991; Dahlbender et al. 1992a, b, c), erlaubt noch differenziertere Einblicke in die «makro-molekularen» Beziehungsstrukturen. Die variable Gestaltung dieser Strukturen mit verschiedenen Objekten und Kontexten, ihre lebensge-

[1] Da es sich um keinen intrapsychischen Konflikt im Sinne eines Wunsch-Abwehr-Konflikts, sondern um einen interaktionellen Konflikt handelt, ziehen wir es in unserer Weiterentwicklung der Methode vor, nur noch von «Zentralen Beziehungsmustern» zu sprechen.

schichtliche Genese sowie Regulation vermag zugleich ihre therapeutische Veränderbarkeit zu demonstrieren.

Aus dem Material werden Erzählungen über Interaktionen, sog. Beziehungsepisoden, herausgefiltert, aus denen sich jeweils drei Komponenten herauspräparieren lassen, die als sequentielles Ablaufschema vorgestellt werden: der *Wunsch* des erzählenden Subjekts an das Objekt ruft eine eher befriedigende oder eher frustrierende *Reaktion des Objekts* hervor, die wiederum von einer entsprechenden *Reaktion des Subjekts* darauf gefolgt wird. Entweder man verbleibt bei dieser Methode im ideographischen Raum, dann werden die Formulierungen in der Sprachwelt des Patienten belassen, oder man transformiert die Äußerungen auf eine mehr oder weniger abstrakte kategoriale Ebene, die vorformulierte Aussagen anbietet, auf der die individuelle Aussage abgebildet wird. Es gehört zu den verblüffenden Ergebnissen dieser Forschungsrichtung, daß sich differenzierte Muster geronnener Beziehungserfahrungen im Prinzip um so deutlicher herausschälen, je mehr Beziehungsepisoden mit verschiedenen Objekten aus Vergangenheit und Gegenwart erzählt werden. Zunehmend lassen sich somit aus den Erzählungen über Vergangenes die Wahrscheinlichkeiten abschätzen, mit denen Gegenwärtiges und Zukünftiges begriffen wird. Ein zur besseren Lesbarkeit leicht überarbeitetes Beispiel für eine Beziehungsepisode aus dem ersten Gespräch mit einem Patienten mag dies verdeutlichen:

P.: ... Ich kann mich bloß noch erinnern ab dem zwölften Lebensjahr da hatte ich so ein Erlebnis? Da bin ich mit mehreren spielen gegangen? In Wald? Äh Ältere waren das – und dann mußte ich zwischen zwei so Holzstapel – in so eine Rille da mußte ich, hineinklettern das war so der Inhalt vom Spiel? Und dann haben die was Dummes gemacht die haben sich nämlich oben drauf gesetzt und haben gesagt sie lassen mich nicht raus. Muß ja nicht sein aber, seit dem Zeitpunkt – war das also die haben mir da, eine mords Platzangst verschafft durch das Verhalten –

P.: Und dann bin ich – das war das erste Mal glaub, nach einem Tag oder so – ich bin also heulend heimgefahren nach dem Erlebnis? Und nach einem Tag oder so bin ich dann rausgefahren in Wald – und hab – hab das Gefühl gehabt irgendwo ja so, + dieses;

T.: Sie + sind wieder an die gleiche Stelle zurückgefahren um sich den Ort nochmal + anzuschauen?

P.: Ich hab so Gefühl gehabt, (lacht etwas) irgendwas fehlt

T.: Aha + Sie haben sich so richtig an die Taschen gefaßt und –

P.: Ja.

T.: So gesucht, als ob irgendwas fehlt.

P.: Ja.

T.: So als ob Ihnen da etwas genommen worden wäre?

In dieser Schilderung wird ein zentrales Erleben des Patienten sichtbar, welches sich wiederholt in solchen Episoden identifizieren ließ. Es sind nun verschiedene methodische Zugänge denkbar. Der eine Zugang führt durch quantitativ-statistische Analysen zu dem zentralen Beziehungskonflikt bzw. zu den zentralen Beziehungsmustern des Patienten (Kächele et al. 1990a;

Dahlbender et al. 1992a,b,c). Ein anderer benutzt beispielsweise eine differenzierte narrative Analyse, die das zentrale Erlebensmuster des Patienten herauspräpariert (Boothe 1991).

6.3.3.1 *Das Beziehungsepisoden-Interview als Beispiel formalisierter psychodynamischer Diagnostik*

Seit 1984 wurde von Luborsky in der Absicht, eine von der therapeutischen Situation unabhängige Methode zu schaffen, gezielt Beziehungsepisoden – von Patienten wie von Gesunden – zu erhalten, eine spezielle Interviewform entwickelt, das sog. RAP-Interview (Relationship-Anecdotes-Paradigm-Interview) (Luborsky 1990b), für das die deutsche Bezeichnung *Beziehungsepisoden-Interview* (BE-Interview) eingeführt ist (Dahlbender et al. 1992).[2] Inzwischen liegen von verschiedenen Arbeitsgruppen weitere Erfahrungen mit methodischen wie klinischen Fragestellungen vor, die das BE-Interview als eine praktikable und erfolgversprechende Datenquelle zur Identifikation zentraler Beziehungsmuster erscheinen lassen. Zur Illustration eines solch formalisierten diagnostischen Ansatzes in der psychodynamischen Psychotherapie soll in die Praxis diese noch wenig bekannte Interviewtechnik nun relativ ausführlich eingeführt werden (s. a. Dahlbender et al. 1992 a, b). Je nach der im einzelnen verfolgten Zielsetzung ist die Vorgehensweise mehr oder weniger zu modifizieren.

6.3.3.1.1 *Instruktion des Patienten*

In einem sog. *Standard-BE-Interview* wird eine Person instruiert, frei aus ihrem Leben subjektiv bedeutsame Episoden über tatsächlich erlebte Interaktionen mit signifikanten anderen zu erzählen.[3] Aufgrund unserer Erfahrung mit verschiedenen Varianten gibt der BE-Interviewer dem Interviewten zu Beginn folgende Anweisung:

«Es geht um Ihre Beziehungen zu anderen Menschen. Bitte erzählen Sie mir Begebenheiten aus Ihrem Leben, in welchen Sie mit einer anderen Person zu tun hatten. Jede Ihrer Erzählungen sollte einen speziellen Vorfall, eine konkrete Situation oder Szene behandeln, die auf irgendeine Art und Weise für Sie im Positiven wie im Negativen von besonderer Bedeutung gewesen sind. Es sollten Ereignisse mit verschiedenen Personen

---

[2] Bislang liegen zwei systematisch ausgewertete Sammlungen von Beziehungsepisoden-Interviews mit insgesamt 45 Patienten vor, in denen ca. 250 Episoden erzählt wurden (Eckert et al. 1990; Luborsky 1990b) und eine Sammlung mit jungen klinisch unauffälligen Frauen in denen ca. 640 Beziehungsepisoden ausgewertet wurden (Dahlbender et al. 1992a,b,c).

[3] Etwa im Unterschied z. B. zu den fiktiven Begebenheiten des Thematischen Apperzeptions Tests (TAT)(Morgan & Murray 1938, Crits-Christoph u. Demorest 1988). Da man Hinweise auf Beziehungsmuster vermutlich auch von relativ konturierten, wiederkehrenden Phantasien eines Erzählers erwarten darf, ist eine weitere Modifikation zur Produktion sinnvollen thematischen Materials denkbar.

sein, sowohl aus der Gegenwart als auch aus der Vergangenheit. Bei jeder Begebenheit sagen Sie mir bitte: 1. wann und 2. mit wem sie sich ereignete, 3. was die andere Person sagte oder tat und 4. was Sie selbst sagten oder taten und 5. wie die Geschichte schließlich ausging. Erzählen Sie mir bitte 10 (ggf. mehr) solcher Begebenheiten» (Dahlbender et al. 1992c).

Um vom Interviewer so weit wie möglich unabhängige Standardbedingungen herzustellen, läge es nahe, die schriftlich vorliegende Instruktion vom Interviewer vorlesen zu lassen. Eine rigide gehandhabte ‹Standardisierung› würde zwar auf eindrucksvolle Weise versuchen, experimentalpsychologischen Prämissen gerecht zu werden, aber vermutlich auf das Nachhaltigste dem interaktiven Charakter des Vorhabens zuwiderlaufen, wie er in der Betonung des Übertragungs-Gegenübertragungsgeschehens in der psychodynamisch ausgerichteten Diagnostik einzufangen versucht wird. Die Instruktion zum BE-Interview muß also darauf achten, eine möglichst ‹natürliche› und dem jeweiligen Erzähler gemäße Erzählsituation zu schaffen. Der versöhnliche Kompromiß liegt nun darin, die Inhalte der Instruktion in der Eröffnungsphase im Gespräch zu ‹entwickeln› und sie nur im Notfall einmal ‹mechanisch› vorzulesen. Leitidee ist, dem Erzähler einen klaren *Rahmen vorzugeben, in dem er seine Beziehungswelt auf seine spezifische Weise erzählend entfalten kann, möglichst in ihren individuellen überdauernden und situativen Schattierungen und Zwischentönen.* Der Interviewer muß sicherstellen, daß die zur systematischen Urteilsbildung benötigten Komponenten vom Erzähler auch eingelöst werden.

Abweichend von Luborsky's Instruktion verzichten wir daher beispielsweise auf die Vorgabe eines Zeitlimits für die einzelne Beziehungsepisode. Wir ziehen es vor, die Dauer des BE-Interviews im vorhinein entsprechend der benötigten Anzahl von Beziehungsepisoden zu planen, um den Interviewten nicht unnötig unter Zeitdruck beim Erzählen zu setzen und dem Interviewer die Möglichkeit zu geben, sich mit größerer Gelassenheit auf den individuellen Erzählduktus seines Gegenübers einzustellen. Nach unserer Erfahrung werden in einem ca. 50minütigen BE-Interview durchschnittlich 15 bis 25 Beziehungsepisoden erzählt. Nur wenn der zeitliche Rahmen insgesamt gesprengt zu werden droht, achtet der BE-Interviewer auf die Zeit und regt beispielsweise die Beendigung einer Episode an.

Wir verzichten des weiteren darauf, in der Tendenz auf problematische Erlebnisse abzustellen, um nicht in pathophiler Weise die lebensbewältigenden Stärken und Kompetenzen des erzählenden Subjekts zu vernachlässigen.

Wir vermeiden auch die Aufzählung möglicher Interaktionspartner, die als einengende bzw. skotomisierende Vorgabe wirken kann, was nicht ausschließen muß, daß zu einem späteren Zeitpunkt oder unter bestimmten Fragestellungen gezielt nach einzelnen Objekten gefragt werden kann. So ist es leicht möglich, das diagnostische Interesse von den Objektbeziehungen übergreifenden Beziehungsstrukturen zu verlagern und die spezifischen Beziehungsmuster zu beleuchten, durch die bestimmte Objektbeziehungen aus diesen lebensgeschichtlichen Mitteilungen hervorragen. Dazu braucht man den Patienten nach einer Phase, in der man es ihm überlassen hat, die Episoden und damit die Objekte nach seinem Belieben zu wählen, lediglich dazu auffordern, nunmehr Episoden zu bestimmten Personen zu erzählen. Auf diese Weise kann man ganz gezielt die Optik des Patienten fokussieren; u. U in mehreren Schritten. Vor dem Hintergrund übergreifender Objektbeziehungsmuster wird damit die Abbildung objektspezifischer Beziehungsmuster und deren dynamischer Reflex in der Übertragungsbeziehung möglich. Auf die sich eröffnenden vielfältigen Möglichkeiten, die sich aus dem konsequent durchdeklinierten Figur-Hintergrunds-Abbildungsverhältnis, in dem die Objekte zueinander stehen, für die Diagnostik von Dyaden (z. B. Partnerbeziehungen, therapeutische Beziehungen), Familien oder Kleingruppen oder die Evaluation der therapeutischen Beziehung ergeben, kann an dieser Stelle nicht näher eingegangen werden.

Wie immer die Zielsetzung des BE-Interviewers im einzelnen ist, in jedem Fall muß er sich taktvoll vergewissern, ob der Interviewte die Instruktion verstanden hat und muß ggf. präzisierend eingreifen. Er kann ihn direkt danach fragen und/oder ihm etwa anbieten, die Instruktion zu wiederholen, falls dieser dies möchte. Falls nicht, sollte der BE-Interviewer selbstverständlich nicht auf einer Wiederholung bestehen; er wird im weiteren genügend Möglichkeiten haben, die Aufgabenstellung zu verdeutlichen.

6.3.3.1.2 Übertragung, Gegenübertragung und Arbeitsbeziehung

Das BE-Interview ist – wie andere Interviewformen auch – ein interaktives Geschehen zwischen Interviewer und Patient bzw. Proband und damit prinzipiell genauso eingebunden in ein Übertragungs-Gegenübertragungsgeschehen. Beziehungsepisoden einer gewünschten Art und Weise zu erzählen, lautet die Aufgabe, für die der Interviewer den Erzähler gewinnen muß. Eine gute Arbeitsbeziehung zwischen beiden ist die Grundlage der ‹gemeinsamen Sache› und daher auch das Transportmedium für Narrative. Da zu vermuten ist, daß die Qualität der Arbeitsbeziehung die Brauchbarkeit der Episoden beeinflußt, muß der Interviewer darauf achten, daß sich keine ‹mechanisch-unpersönliche› Gesprächssituation, vielmehr eine angenehme Atmosphäre entwickelt, in der der Erzähler nicht nur gerne erzählt und das Gefühl bekommt, daß der Interviewer ihm zuhört und seine Erzählung für wichtig hält, sondern auch das Gefühl, alles erzählen zu können. Unter einer über den erzählten Inhalt hinaus um eine Übertragungs-Gegenübertragungs-Dimension verlängerten Perspektive eröffnet die Art und Weise, *wie* ein Erzähler seiner Aufgabe nachkommt, wie er den Gesprächsrahmen füllt und den Interviewer nutzt, erste beziehungsdiagnostische Schlüsse, auch wenn Übertragung und Gegenübertragung im Unterschied zum klinischen psychodynamisch orientierten Interview ansonsten unbefragt bleiben.

6.3.3.1.3 Interventionen und Interventionsstil des Interviewers

Die Aufgabe des Interviewers ist ähnlich komplex, allerdings ganz anders gelagert, wie die des Psychodiagnostikers in einem klinischen Interview. Die Interventionen des BE-Interviewers liegen ganz überwiegend im Bereich von Deklarationen und Klarifikationen, während dem Kliniker darüber hinausgehend auch Konfrontationen und Deutungen zur Verfügung stehen. In unserer Arbeitsgruppe tendierten die psychodynamisch orientierten Kliniker im Unterschied zu den Studenten anfänglich dazu, das Material wie gewohnt zu interpretieren und unbewußte Zusammenhänge zu deuten. Diese anfängliche Schwierigkeit wurde im weiteren dann durch den fundierten klinischen Hintergrund ausgeglichen, der es ihnen eher ermöglichte, auch latente Bedeutungszusammenhänge zu klären.

Hinsichtlich der Art und des Zeitpunktes seiner Interventionen kann sich der Interviewer an der Maxime orientieren, den Erzählfluß so wenig wie möglich zu hemmen und so viel wie möglich zu fördern. Er sollte beispielsweise intervenieren, wenn die Erzählung unklar oder unvollständig ist, d. h. einzelne Komponenten undeutlich bleiben oder fehlen. Es ist von Nachteil, wenn der Interviewer den Erzähler ständig unterbricht, denn dadurch kommt schwerlich eine fließende Erzählung zustande. Ebenso kann es sich auf den Erzählfluß ungünstig auswirken, wenn der Interviewer zum Verständnis der Erzählung notwendige Klärungen zu lange hinauszögert, weil dann zuviel Meta-Kommunikation über die eigentliche Erzählung hinaus oder langwierige Rückgriffe erforderlich sind. Hingegen kann eine interessierte Nachfrage zur rechten Zeit den Erzählfluß sehr günstig beeinflussen.

Nach unserer Erfahrung kann es günstig sein, dem Erzähler zum Ausklang des BE-Interviews die Möglichkeit zur Rückmeldung über den Verlauf des Interviews einzuräumen, dessen Besonderheiten oder Schwierigkeiten anzusprechen: «Wie fanden Sie das Interview, wie ist es Ihnen dabei ergangen, hatten Sie irgendwelche Schwierigkeiten?» Unter Umständen kann der Interviewer dadurch sogar noch weitere Narrative anregen. Festgehaltene Kommentare des Erzählers können wohlmöglich auch eine Vorstellung vom funktionellen Kontext des BE-Interviews im soweit unreflektierten Übertragungs-Gegenübertragungsprozeß erhalten und somit wichtige beziehungsdynamisch verwertbare Hinweise liefern.

6.3.3.1.4 Anwendungsmöglichkeiten

Das BE-Interview eignet sich als ein flexibel handhabbares und breit einsatzfähiges Psychodiagnostikum gleichermaßen zu primär klinischen wie wissenschaftlichen Zwecken. Generell ist die Anwendbarkeit des BE-Interviews nach den Erfahrungen Luborskys (1990b) und unserer eigenen hinsichtlich Alter, Bildungsniveau oder soziokulturellem Status des Erzählers nicht eingeschränkt. Luborsky selbst nennt folgende prinzipielle Anwendungsmöglichkeiten:

1. Identifikation individueller Beziehungsmuster
2. Untersuchung der Beziehungsmuster definierter, z. B. nosologischer Gruppen
3. Therapieverlaufs- und Outcome-Studien
4. Untersuchungen zu Selbst- und Objektrepräsentanzen
5. Untersuchung des Selbstverständnisses von Patienten in zwischenmenschlicher Beziehung[4]
6. Interpersoneller Vergleich von bestimmten Beziehungsepisoden, z. B. zwischen Patient und Eltern bzw. zwischen Ehepartnern
7. Studien zur Entwicklung zentraler Beziehungsmuster und Objektbeziehungen im lebensgeschichtlichen Längsschnitt
8. Analyse des Erzählstils.

Unter einer primär klinisch-diagnostischen Perspektive ist es zudem naheliegend, in Erfahrung zu bringen, inwieweit sich der Erzähler in den formulierten Beziehungsmustern wiederfindet oder nicht und auszuloten, was er über seine Interaktionsmuster weiß und was ihm bislang möglicherweise unbewußt geblieben ist. Spannend dürfte auch die Analyse der subjektiven Bedeutung der repetiven Komponenten bzw. Themen oder der Stellenwert einzelner Objekte im Objektbeziehungsnetzwerk sein. Der interpersonelle Vergleich der individuellen Variabilität[5] bzw. Rigidität der zur Struktur geronnenen Übertragungsmuster könnte ein Bezugspunkt zur Abschätzung der Schwere der Störung bzw. der vorhandenen gesunden Ressourcen eines Patienten sein.

6.3.3.1.5 Durchführung und Auswertung

Zur Durchführung und Auswertung des Interviews ist prinzipiell jeder geeignet, der mit der ZBKT-Methode durch Training und Auswertungspraxis ausreichend vertraut ist und sich im Kreis einer Arbeitsgruppe intensiv mit den Videoaufzeichnungen eigener Probeinterviews auseinandergesetzt hat.

Das BE-Interview wird klassischerweise tonbandprotokolliert, transkribiert und nach den Regeln des Manuals (Luborsky, v. Albani & Eckert 1991a) ausgewertet. Für bestimmte Anwendungen ist darüber hinaus die audiovisuelle Aufzeichnung unverzichtbar. Diese eröffnet erfahrenen ZBKT-Ratern zudem die Möglichkeit, unmittelbar am Bildschirm auszuwerten. Bei komplizierten, sehr verästelten Erzählstilen allerdings kann dies so schwierig sein, daß es im Endeffekt – je nach Zielsetzung – zuverlässiger und zeitökonomischer ist,

---

[4] Die Relevanz hierfür ergibt sich daraus, daß ein verbessertes Verständnis seiner selbst und seiner Objektbeziehungen einschließlich der damit verbundenen Konflikte mit einem günstigeren therapeutischen Ergebnis für den Patienten korreliert ist (Luborsky & Crits-Christoph 1990).

[5] Die Ulmer Arbeitsgruppe hat für den interpersonellen Vergleich geeignete informationstheoretisch konzipierte globale Variabilitätsmaße erarbeitet, die derzeit noch erprobt werden.

am Transkript zu arbeiten.[6] Um das BE-Interview mit dem klinischen Alltag in Psychiatrie und Psychotherapie kompatibler zu machen, experimentieren gegenwärtig Kliniker der Ulmer Arbeitsgruppe mit dem sog. ‹on-line-Rating›. Sie schätzen die Beziehungsmuster, nach denen der Erzähler seine Selbst- bzw. Objektbeziehungsmuster gestaltet, anhand der direkt in einen Nebenraum übertragenen Videoaufnahme ein, tun also etwas ähnliches, was sie als Kliniker zu tun gewohnt sind.

6.3.3.1.6 Hinweise für den Interviewer

Von der speziellen Fragestellung bzw. Zielsetzung hängen Art und Anzahl der benötigten Narrative ab. Für die Formulierung des ZBKT eines Patienten werden nach Luborsky et al. (1991 a, b) mindestens 10 Episoden benötigt. Für den Kliniker mag dies praktikabel und annähernd ausreichend sein, ein inneres Bild vom Patienten zu skizzieren. Unter strengeren methodischen Gesichtspunkten und aufgrund eigener statistischer Analysen mit informationstheoretischen Maßen betrachten wir 30–35 für nahezu optimal. Für andere Zwecke bzw. Auswertungsverfahren (Dahlbender et al. 1992 a) können wesentlich mehr erforderlich sein.
Die Episoden sollen hinsichtlich der Objekte und des lebensgeschichtlichen Zeitpunktes der Beziehungsepisoden ausreichend variieren.
Um möglichst vollständige, d. h. verwertbare Beziehungsepisoden zu erhalten, muß der Interviewer in der Lage sein, die Episoden während des Interviews zu identifizieren und fehlende ZBKT-Komponenten zu erfragen. Eine Beziehungsepisode wird meist durch einen mehr oder weniger langen Vorspann eingeleitet, der oft stereotype Redewendungen oder vorbereitende Erklärungen etc. enthält und durch einen Abspann ausgleitet, der häufig aus nachträglichen Erklärungen, vermeintlichen Präzisierungen, Bekräftigungen oder Nachfragen, gelegentlich auch Übergängen zu neuen Episoden etc. besteht. Die Vorstellung von einer (möglichst ungeschnittetenen) *Filmszene* hat sich als hilfreich erwiesen, das Vorhandensein aller drei benötigten Komponenten in einer Episode abzuschätzen.

6.3.3.1.7 Schwierigkeiten im BE-Interview

Im allgemeinen ist nicht mit gravierenden technischen Problemen oder Schwierigkeiten zu rechnen. Die gelegentliche Scheu vor der Videokamera verliert sich meist rasch, manchmal bedarf es einer kleinen Aufmunterung, einem Hinweis auf die ärztliche Schweigepflicht und den Datenschutz oder die Mitteilung, daß die meisten die Kamera doch relativ schnell vergessen. Andere Patienten werden der Aufnahme ohnehin nicht zustimmen. Zögert der Patient zu beginnen, kann der Interviewer ihn ermuntern, ruhig einmal anzufangen

[6] Detailliertere Aussagen zum Videorating sind von laufenden Dissertationen zu erwarten, die im Rahmen der Vorarbeiten zu einem DFG-Antrag in Göttingen, Leipzig und Ulm durchgeführt werden.

und ihm versichern, daß er ihm nötigenfalls helfen werde. Durch aufmunternde Bemerkungen kann er auch versuchen,einen ins Stocken geratenen Patienten wieder zum Erzählen zu bringen: «Es muß nicht so wichtig sein, erzählen Sie, was Ihnen spontan in den Sinn kommt.» Oder er kann dessen Aufmerksamkeit auf bislang unerwähnte Beziehungspersonen lenken: «Sie haben schon viel über ... erzählt. Vielleicht erinnern Sie sich noch an eine Geschichte mit anderen bedeutsamen Bezugspersonen?» Nicht selten beinhalten Erzählungen lediglich allgemeine Beschreibungen anderer Personen oder Amalgamierungen verschiedener Begebenheiten, die oft nur schwer in ZBKT-Komponenten zu fassen sind. Der Interviewer kann den Erzähler z. B. bitten, eine konkrete Begebenheit, eine Szene, eine Interaktion zu beschreiben: «Bitte erzählen Sie mir ein bestimmtes Erlebnis mit dieser Person» oder «Bitte geben Sie mir ein Beispiel, wo man das sehen kann, was Sie meinen.» Meist ist der metaphorische Gebrauch von Zitaten in der subjektiven Bedeutung für den Erzähler schwierig zu verstehen. Aufgabe des Interviewers ist es, den mehr oder weniger latenten Bedeutungsgehalt dezidiert zu eruieren.

6.3.3.1.8 Verhältnis von BE- und klinischem Interview in der Diagnostik
Im Hinblick auf manch vorschnelle Geringschätzung eines formalisierten diagnostischen Zugangs möchten wir ausdrücklich darauf verweisen, daß die Stärke einer solchen Methode – analog den Strahlen Röntgen's die der Schönheit der Dinge gewiß nicht gerecht werden – in der Fähigkeit liegt, über Vereinfachung strukturelle Beschaffenheiten abzubilden. Somit *kann* es selbstverständlich nicht das Ziel des BE-Interviews sein, das komplex-konfigurale klinische Denken zu imitieren. Sein Vorzug besteht darin, sehr differenziert makromolekulare Beziehungsstrukturen zu identifizieren.
Da aus guten Gründen der BE-Interviewer in aller Regel nicht identisch mit dem klinischen Interviewer oder wohlmöglich dem Behandler sein wird, reizt der spannende Vergleich zwischen dem klinischen biographisch-beziehungsorientierten und dem BE-Interview als zwei Strategien zur Gewinnung relevanten thematischen Materials. Unter einer individualdiagnostischen Zielsetzung und therapeutischen Perspektive besonders profitabel nutzbar zu machen, erscheinen dabei deren verschiedenartigen ‹Optiken› und ‹Brennweiten›, die – so verstanden – sich wechselseitig zu durchdringen vermögen.

6.4 Coda

Freuds bahnbrechende Entdeckung und Systematisierung des Übertragungskonzeptes verknüpfte vergangene Erfahrungen mit der Wahrscheinlichkeit, wie neue Erfahrungen integriert werden. Seit Bartlett's Einführung des Schema-Begriffes in die Gedächtnisforschung im Jahre 1932 halfen uns diese ‹organisierten Bedeutungsstrukturen›, diesen Vorgang besser zu verstehen (Singer 1984). Für die Praxis der biographisch-psychodynamischen Diagno-

stik heißt dies, am Einzelfall systematisch und detailliert jene Muster zu erkennen, die gestaltend in die Interaktion und die Entwicklung der Biographie eines Individuums eingreifen. Von Einzelfällen ausgehend, kann dann behutsam Übereinstimmung und Divergenz zwischen Fällen evaluiert werden (Jüttemann 1990). Dies könnte die Spannung von nomothetischer Analyse und ideographischer Berichterstattung fruchtbar machen.
Die neueren Entwicklungen in der empirischen psychotherapeutischen Forschung haben uns durch Erarbeitung multimedialer formalisierter Untersuchungsmethoden und Instrumentarien gute Voraussetzungen für eine weiterführende interpersonell orientierte Diagnostik psychischer Störungen geschaffen. Sie ermöglichen es, den mit einem Erstinterview eingeleiteten diagnostischen Prozeß z. B. durch ein Beziehungsepisoden-Interview und durch eine Fragebogen-Diagnostik interpersoneller Beziehungs- und Interaktionsmuster zu erweitern.

Literatur

Albani C. (1991): Vom ZBKT zum ZBM. Eine methodenkritische Einzelfallstudie zur Erfassung von repetiven Mustern und Übertragung mit der ZBKT-Methode. Med. Dissertation, Universität Leipzig

American Psychiatric Association (1980): Diagnostic and Statistical Manual of Mental Disorders, Third Edition. APA, Washington, D.C.

Argelander H. (1967): Das Erstinterview in der Psychotherapie. Psyche 21: 341–368; 429–467; 473–512

Argelander H. (1970): Das Erstinterview in der Psychotherapie. (Erträge der Forschung, Bd. 2). Wissenschaftliche Buchgesellschaft, Darmstadt.

Balint M. (1957): Der Arzt, sein Patient und die Krankheit. Klett, Stuttgart

Balint M. (1961): Psychotherapeutic techniques in medicine. Tavistock, London

Balint M. (1965): Der Arzt, sein Patient und die Krankheit. Klett, Stuttgart

Balint M. (1972): Psychotherapeutische Forschung und ihre Bedeutung in der Psychoanalyse. Psyche 26, S. 1ff.

Balint M., Balint E. (1962): Psychotherapeutische Techniken in der Medizin. Huber, Bern; Klett, Stuttgart, S. 208–261. Engl (1961): Psychotherapeutic techniques in medicine. Tavistock, London

Barber J.P., Crits-Christoph & Luborsky L.P. (1990): A guide to the CCRT standard categories and their classification; in: Luborsky L. & Crits-Christoph P. (Hrsg.) Understanding Transference. The CCRT method, Basic Books, New York, S. 37–50

Beckmann D., Richter H.E. (1979) (Hrsg.): Erfahrungen mit dem Gießen-Test (GT). Huber, Bern Stuttgart Wien

Beckmann D, Brähler E., Richter H.E. (1983): Der Gießen-Test (GT). Ein Test für Individual- und Gruppendiagnostik. Huber, Bern Stuttgart Wien

Benjamin L.S. (1974): Structural analysis of social behavior. Psychol. Rev. 81: 392–425

Bodamer J. (1953): Zur Entstehung der Psychiatrie als Wissenschaft im 19. Jahrhundert. Fortschritte der Neurologie, Psychiatrie und ihre Grenzgebiete 21: 11

Boothe B. (1991): Analyse sprachlicher Inszenierungen – Ein Problem der Psychotherapieforschung. PPmP Psyother. Med. Psychol. 41: 22-30
Buchheim P. (1992): Angststörungen – Syndrom, Persönlichkeit und Beziehung. Fortschr. Med. 110: 22
Buchheim P., Cierpka M., Kächele H., Jimenez J. (1987): Das «Strukturelle Interview» als Beitrag zur Integration von Psychopathologie und Psychodynamik im psychiatrischen Erstgespräch. Fundamenta Psychiatrica 1: 154-161
Burnham J.C. (1967): Psychoanalysis and American medicine, 1894–1918. Medicine, science, and culture (Psychological issues, vol. 5, 4, monograph 2O). Int. Univ. Press, New York
Cantor M.B. (1957): The initial interview. Am. J. Psychoanal. 17: 39-44
Crits-Christoph P. & Demorest A. (1988): List of standard categories (Edition 2). Unveröffentl. Manuskript, University of Pennsylvania School of Medicine
Dahlbender R.W., Albani C., Pokorny D. & Kächele H. (1992a): Zentrale Beziehungsmuster (ZBM) – eine strukturale Version des Zentralen Beziehungskonflikt-Themas (ZBKT) (eingereicht)
Dahlbender R.S., Torres L., Reichert S., Stübner S., Frevert G. & Kächele H. (1992b): Die Praxis des Beziehungsepisoden-Interviews, Z. Psychosom. Psychanal. (im Druck)
Dahlbender R.W., Torres L., Reichert S., Stübner S., Frevert G. & Kächele H. (1992c): Manual zum Beziehungsepisoden-Interview, Universität Ulm (eingereicht)
Deutsch F., Murphy W.F. (1955): The clinical interview, 2 vols. Int. Univ. Press, New York, S. 18ff.
Dilthey W. (1894): Ideen über eine beschreibende und zergliedernde Psychologie. In: Dilthey W. (Hrsg.): Gesammelte Schriften 5. Bd. Teubner, Leipzig
Dührssen A. (1981): Die biographische Anamnese unter tiefenpsychologischem Aspekt. Vandenhoeck & Ruprecht, Göttingen
Eckert R. (1990): Das ZBKT bei depressiven Patienten. Med. Diss. Universität Ulm
Eckert R., Luborsky L., Barber J., Crits-Christoph P. (1990): The narratives and CCRTs of patients with major depression. In: Luborsky L., Crits-Christoph P. (Hrsg.), Understanding Transference. Basic Books, New York, S. 222–234
Farrell B.A. (1961): Can psychoanalysis be refuted? Inquiry 4: 16-36
Farrell B.A. (1981): The standing of psychoanalysis. Oxford Univ. Press, Oxford
Frances A., Cooper A.M. (1981): Descriptive and dynamic psychiatry: A perspective on DSM-III. Am. J. Psychiatry 138: 1198–1202
Frances A., Clarkin J., Perry S. (1984): DSM-III and family therapy. Am. J. Psychiatry 141: 406–409
Freud S. (1895): Studien über Hysterie. GW Bd. 1, S. 75–312
Freud S. (1905): Der Krankheitszustand. Bruchstücke einer Hysterie-Analyse. GW Bd. 5, S. 161–286
Freud S. (1916–17): Psychoanalyse und Psychiatrie. Vorlesungen zur Einführung in die Psychoanalyse. GW Bd. 11
Freud S. (1918b): Aus der Geschichte einer infantilen Neurose. GW Bd. 12, S. 27–157
Gabbard G.O. (1992): Psychodynamic psychiatry in the «decade of the brain». Am. J. Psychiatry 149: 991–998
Group for the Advancement of Psychiatry Comitee on the family, GAP (1989): The challenge of relational diagnoses: applying the biosocial model in DSM-IV. Am. J. Psychiatry 146: 1492–1494
Gill M.M., Newman R., Redlich F.C. (1954): The initial interviews in psychiatric practice. Int. Univ. Press, New York

Heimann H. (1991): Die Stimme der Psychiatrie im Konzert der medizinischen Fächer. Nervenarzt 62: 391-397
Hempel C. (1952): Problems of concept and theory formation in the social sciences. dt. Typologische Methoden in den Sozialwissenschaften. In: Topitsch E. (Hrsg.), Logik der Sozialwissenschaften. Kiepenheuer & Witsch, 1972, Köln
Huber H. (1978): Kontrollierte Fallstudie. In: Pongratz L. (Hrsg.), Handbuch der Psychologie. Klinische Psychologie.7/2, Bd. Hogrefe, Göttingen, S. 1153–1199
Jüttemann G. (Hrsg.) (1990): Komparative Kasuistik. Asanger Verlag, Heidelberg
Jüttemann G., Thomae H. (Hrsg.) (1987): Biographie und Psychologie. Springer, Berlin, Heidelberg, New York
Kächele H. (1981): Zur Bedeutung der Krankengeschichte in der klinisch-psychoanalytischen Forschung. Jahrb. Psychoanal. 12: 118-178
Kächele H., Dengler D., Eckert R., Schnekenberger S. (1990a): Veränderung des zentralen Beziehungskonfliktes durch eine Kurztherapie. Psychother. med. Psychol. 40:178-185
Kächele H., Heldmaier H. & Scheytt N. (1990b): Fokusformulierungen als katamanestische Leitlinien. Psychother. med. Psychol. 35:205-216
Karasu T.B., Skodol A.A. (1980): Vlth Axis for DSM-III Psychodynamic evaluation. Am. J. Psychiat. 137: 607–610
Kernberg O.F. (1977): The structural diagnosis of borderline personality organization. In: Hartocollis P. (ed.), Borderline personality disorders. Int. Univ. Press, New York, S. 87–121
Kernberg O.F. (1981): Structural interviewing. Psychiatr. Clin. North Am. 4:169-195
Kernberg O.F. (1984): Severe personality disorders. Psychotherepeutic strategies. New Haven, London. Yale Univ. Press. dt. Schwere Persönlichkeitsstörungen. 3. Aufl. 1991. Klett-Cotta, Stuttgart
Kernberg O.F. (1988): Schwere Persönlichkeitsstörungen: Theorie, Diagnose, Behandlungsstrategien. Klett-Cotta, Stuttgart
Kind H. (1973): Leitfaden für die psychiatrische Untersuchung. Springer, Heidelberg.
Kind H. (1978): Das psychiatrische Erstinterview. Nervenarzt 49, S. 255–260
Kohli M., Robert G. (Hrsg.) (1984): Biographie und soziale Wirklichkeit. Neue Beiträge und Forschungsperspektiven. Metzler, Stuttgart
Kraepelin E. (1887): Die Richtungen der psychiatrischen Forschung. Vortrag, gehalten bei der Übernahme des Lehramtes an der kaiserl. Universität Dorpat. Vogel, Leipzig
Kraepelin E. (1899): Psychiatrie. Ein Lehrbuch. 6. Auflage, Bd. 1. Johann Ambrosius Barth, Leipzig, 260–322
Lehmann F. (1984): Unterschiede in der Darstellung der Beziehungen des Patienten zu anderen Personen in Krankengeschichten der Psychiatrie und Psychotherapie. Med. Dissertation, Düsseldorf
Loranger A.W. et al. (1988): PDE Manual – Personality Disorder Examination. DV Communications. Yonkers, New York
Luborsky L. (1990 a): A guide to the CCRT method; in: Luborsky L. & Crits-Christoph P. (Hrsg.), Understanding Transference. The CCRT method. Basic Books, New York, S. 15–36
Luborsky L. (1990 b): The relationship anecdotes Paradigm (RAP) interview as a versatile source of narratives; in: Luborsky L. & Crits-Christoph P. (Hrsg.), Understanding Transference. The CCRT method. Basic Books, New York, S. 102–113
Luborsky L. & Kächele H. (Hrsg.) (1988): Der zentrale Beziehungskonflikt – ein Arbeitsbuch. PSZ-Verlag, Ulm

Luborsky L., Crits-Christoph P. (Hrsg.) (1990): Understanding transference. Basic Books, New York
Luborsky L., v. Albani C. & Eckert R. (1991a): Manual zur ZBKT-Methode (deutsche Übersetzung mit Ergänzungen der Ulmer ZBKT-Arbeitsgruppe), Universität Ulm, Abteilung Psychotherapie
Luborsky L., Crits-Christoph P., Friedman S.H., Mark D. & Schaffler P. (1991b): Freud's transference template compared with the Core Conflictual Relationship Theme (CCRT): Illustrations by the two specimen cases; in: Horowitz M.J. (Hrsg.), Person schemas and maladaptive interpersonal behavior. University of Chicago Press, Chicago, S. 167–195
Marcus S. (1974): Freud und Dora – Roman, Geschichte, Krankengeschichte. Psyche 28: 32-79
Margraf J., Schneider S., Ehlers A. (1991): Diagnostisches Interview bei psychischen Störungen (DIPS). Springer, Berlin, Heidelberg, New York
McLemore C.W., Benjamin L.S. (1979): Whatever happened to interpersonal diagnosis? Psychosocial alternative to DSM-III. Am. Psychol. 34: 17–34
Mertens W. (1990): Einführung in die psychoanalytische Therapie. Band 1. Verlag W. Kohlhammer, Stuttgart, Berlin, Köln
Monroe R.R. (1978): Psychiatric interviewing techniques. In: Balis G.U., Wurmser L., McDaniel E., Grenell R.G. (Eds.): The behavioral and social sciences and the practice of medicine. Butterworth, Boston, London, S. 573–583
Morgan C.D. & Murray H.A. (1938): Thematic apperception test. In: Murray H.A. (Hg.), Explorations in personality. A clinical and experimental study of fifty men of college age. Oxford University Press, New York, S. 530–545
Niethammer L. (Hrsg.) (1980): Lebenserfahrung und kollektives Gedächtnis. Die Praxis der «Oral History», Syndikat, Frankfurt/M.
Perrez M. (1972): Ist die Psychoanalyse eine Wissenschaft? Huber, Bern, Stuttgart, Wien
Redlich F.C., Freedman D.X. (1966): The theory and practice of psychiatry, 3rd edn. Basic Books, New York. Basic Books, Dt. (1970): Theorie und Praxis der Psychiatrie. Suhrkamp, Frankfurt/M.
Rosin U. (1981): Krankheitsbegriffe in der Psychiatrie und analytischer Psychotherapie und ihr Einfluß auf die Arzt-Patient-Beziehung. In: Bach H. (ed.), Der Krankheitsbegriff in der Psychoanalyse. Verlag f. Med. Psychologie, Göttingen
Rosin U., Lehman F., Heigl-Evers A. (1984): Der Beziehungspunkt in psychotherapeutischen und psychiatrischen Krankengeschichten. Prax. Psychother. Psychosom. 29: 139-144
Schacht T.H., Henry W.P., Strupp H.H. (1986): Psychotherapy of anxiety disorders. (unpublished manuscript).
Schönau W. (1968): Sigmund Freud's Prosa. Literarische Elemente seines Stils. Metzlersche Verlagsbuchhandlung, Stuttgart
Schumacher W. (1985): Psychodynamische versus psychiatrische Diagnose. Aspekte der unbewußten Bedeutung und Anwendung der Diagnose für Patienten und Therapeuten. Zschr. psychoanal. Theorie und Praxis, Null-Nummer: S. 47–63
Schütze F. (1977): Die Technik des narrativen Interviews in Interaktionsfeldstudien – dargestellt an einem Projekt zur Erforschung kommunaler Machtstrukturen. Arbeitsberichte und Forschungsmaterialien der Fakultät für Soziologie der Universität Bielefeld, Nr. 1

Sherwood M. (1969): The logic of explanation in psychoanalysis. Academic Press, New York

Singer J.L. (1984): The human personality: An introductory text. Harcourt Brace, San Diego California

Spitzer R., Williams J. (1980): Classification of mental disorders and DSM-III. In: Kaplan H., Freedman A., Sadok BJ. (eds.) Comprehensive textbook of psychiatry. Williams & Wilkins, Baltimore London

Spitzer R.L., Williams J.B. (1984): Diagnostic issues in the DSM-III classification of the anxiety disorders. In: Grinspoon L. (ed.) Psychiatry Update. American Psychiatric Press, Inc. Washington, DC, pp. 392–402 (dt. Übersetzung von J. Klug, 1984)

Spitzer R.L., Williams J.B. (1986): Structured clinical interview for DSM-III-R personality disorders (SCID-II, 2/1/86). Biometric Research Department, NY State Psychiatric Institute 722 West 168th Street, New York, New York 10032

Spitzer R.L., Williams J.B. (1988): Revised diagnostic criteria and a new structured interview for diagnosing anxiety disorders. J. psychiat. Res. 22, Suppl. 1, pp. 55–85

Spitzer R.L. und Williams J.B.W. (1984): Instruction Manual for the Structured Clinical Interview for DSM-III (SCID). New York State Psychiatric Institute. Unveröffentlichtes Manuskript

Steinhauer P.D., Santa-Barbara J., Skinner H.A. (1984): The process model of family functioning. Can. J. Psychiatry 29: 77–88

Sullivan H.S. (1953): The interpersonal theory of psychiatry. Norton, New York. Dt. (1980): Die interpersonale Theorie der Psychiatrie. Fischer, Frankfurt/M.

Sullivan H.S. (1954): The psychiatric interview. Norton, New York

Thomae H. (1952): Die biographische Methode in den anthropologischen Wissenschaften. Studium Generale 5: 163-177

Thomae H. (1968): Das Individuum und seine Welt. Eine Persönlichkeitstheorie. Hogrefe, Göttingen

Thomä H., Kächele H. (1985): Lehrbuch der psychoanalytischen Therapie, Bd. 1 Grundlagen. Springer, Heidelberg

Weizsäcker V.v. (1935): Studien zut Pathogenese. Thieme, Leipzig

Wiedemann P. (1987): Biographieforschung und Klinische Psychologie. In: Jüttemann G., Thomae H. (Hrsg.), Biographie und Psychologie. Springer, Berlin, Heidelberg, New York, S. 299–318

Wing J.K., Cooper J.E., Sartorius N. (1973): Present state examination. Cambridge University Press, Cambridge

Wing J.K., Cooper J.E., Sartorius N. (1974): Measurement and Classification of Psychiatric Symptoms. An Instruction. Manual for the Present State Examination and Catego Program. Cambridge University Press

Wing J.K., Cooper J.E., Sartorius N. (1982): Die Erfassung und Klassifikation psychiatrischer Symptome. Beschreibung und Glossar des PSE (Present State Examination) – ein Verfahren zur Erhebung des psychopathologischen Befundes. Beltz, Weinheim Basel

Wittchen H.U., Zaudig M., Schramm E., Mombur W., Klug J., Horn R. (1986): «Das Strukturierte Klinische Interview für DSM-III-R (SCID)». Deutschsprachig modifizierte Bearbeitung der amerikanischen Originalversion von Spitzer R., Williams J., Gibbon M.: «Structured Clinical Interview for DSM-III-R Patient Version (SCID-P, 8/1/86)». Biometric Research Department, New York State Psychiatric Institute

Wynne L. (1989): The challenge of relational diagnoses: Applying the biosocial Model in DSM-IV. Am. J. Psychiatry 146: 1492–1494

7 Diagnostische Ansätze in der Verhaltenstherapie

D. Schulte

7.1 Funktion von Diagnostik

Diagnostik ist kein Selbstzweck. Informationen über eine Person werden nicht aus allgemeiner Neugier erhoben, sondern weil die Kenntnis dieser Informationen Bedeutung hat oder haben könnte für die Erreichung besonderer Ziele. Im klinischen Bereich ist dieses Ziel eine möglichst erfolgreiche Behandlung des Patienten. Darüber hinaus gibt es noch weitere Ziele, etwa eine Vereinheitlichung der Kommunikation innerhalb der Forschung, um Ergebnisse einordnen oder übertragen zu können. Solche aus der Forschung resultierende Zielsetzungen von Diagnostik werden im folgenden nicht berücksichtigt, sondern lediglich die für die Praxis relevante klinische Zielsetzung.
Klinische Diagnostik muß sich an dem Ziel der Optimierung der Behandlung orientieren; sie muß sich an diesem Ziel messen lassen. Das entscheidende Validitätskriterium für klinische Diagnostik ist daher der Treatment-Nutzen (Hayes, Nelson & Jarret, 1987).
Zwei Zwischenziele für klinische Diagnostik lassen sich unterscheiden: Die Beschreibung mit dem Spezialfall der Klassifikation und die Prognose mit dem Spezialfall der differentiellen Indikation. Für beide Teilziele sind im Rahmen der Verhaltenstherapie besondere Ansätze entwickelt worden, die Verhaltensmessung (behavioural assessment) und die Verhaltensanalyse (behavioural analysis) oder allgemeiner die Problemanalyse.

7.2 Verhaltensmessung

Seit den fünfziger Jahren hat die Verhaltenstherapie eine Vielzahl therapeutischer Methoden entwickelt. Handelte es sich anfangs vornehmlich um Übertragungen und Konkretisierungen allgemeiner Lernstrategien für therapeutische Zwecke, so wurden im Laufe der Zeit auch andere allgemeinpsychologische Theorien und Forschungszweige zur Entwicklung oder Begründung therapeutischer Methoden herangezogen. Das gilt vor allen Dingen für kognitionspsychologische Ansätze.
Bei aller Theorienvielfalt ist den verschiedenen Methoden eines gemeinsam. Es geht nicht um die Veränderung einer theoretisch postulierten binnenpsychischen Störung, sondern um direkte Veränderung von Verhalten, von auffälligem, unerwünschtem, belastendem, von «symptomatischem» Verhalten. Der Grund ist, daß solches «symptomatische» Verhalten nicht als Ausdruck

einer binnenpsychischen Störung interpretiert wird. Wie bei unauffälligem, als normal bewertetem Verhalten auch werden vielmehr Aspekte der jeweiligen Situation, vor allen Dingen soziale Bedingungen, Aspekte der Relation zwischen Umgebung und Person sowie «normale» Merkmale der Person als Verhaltensdeterminanten angesehen.

Um die Effektivität verhaltenstherapeutischer Methoden in der Forschung, aber auch im jeweiligen Einzelfall zu überprüfen, ist es notwendig, das kritische Verhalten und seine Veränderungen zu messen. Die gängigen psychologischen Testverfahren waren dazu nicht geeignet. Denn bei ihnen steht die Messung möglichst zeit- und situationsübergreifender Persönlichkeitseigenschaften im Vordergrund. Sie haben die Prognose von Verhalten in anderen Situationen oder zu späteren Zeitpunkten oder die Prognose der längerfristigen Entwicklung des Menschen zum Ziel. Von dieser Art der Persönlichkeitsdiagnostik und der Persönlichkeitspsychologie als ihrem Hintergrund setzte sich die Neuentwicklung der Verhaltensmessung ab (Mischel, 1968, vgl. Schulte, 1986). Hier ging es eben nicht mehr um die Erfassung von Eigenschaften als theoretisch zu erschließenden Konstrukten, sondern um die Erfassung von Verhalten und seiner Veränderung.

Skinner (1953, dt. 1973) hatte als Grundmerkmal des Verhaltens die Auftretenswahrscheinlichkeit oder Auftretenshäufigkeit definiert. Damit setzte er sich von den sogenannten S-R-Theorien der Lernpsychologie ab, die zunächst im Reflex, dann allgemeiner in der Koppelung von Verhalten (R) und Stimulus (S) die für das Lernen entscheidende Größe sahen. Für Skinner bedeutet Lernen Veränderung der Reaktionswahrscheinlichkeit.

Diesem Ansatz entsprechend ist die Häufigkeit eines Verhaltens und dann vor allen Dingen die Veränderung dieser Häufigkeit zur entscheidenden diagnostischen Information geworden. Die direkte, systematische Beobachtung des Verhaltens vor Therapiebeginn und nach Therapieende ist die naheliegende diagnostische Methode. (Zum Einsatz der Verhaltensbeobachtung in der Verhaltenstherapie vgl. Schulte & Kemmler, 1974; Schulte et al., 1993; Manns et al., 1987, haben eine Sammlung deutschsprachiger Beobachtungsverfahren für die Verhaltensdiagnostik vorgelegt.) Nicht nur Fremdbeobachtung, sondern auch die Selbstbeobachtung des eigenen Verhaltens kann als diagnostische Quelle herangezogen werden. Der Patient selber wird gebeten zu registrieren, wann immer ein bestimmtes Verhalten auftritt. Für die klinische Praxis ist diese Form der Selbstbeobachtung, etwa in Form von Symptomtagebüchern, zu einem wichtigen diagnostischen Hilfsmittel geworden. Allerdings ist zu berücksichtigen, daß Selbstbeobachtung ein höchst reaktives Verfahren ist. Durch die systematische Beobachtung des eigenen Verhaltens werden gegebenenfalls Prozesse der Selbstkontrolle oder Selbstregulation gefördert, so daß es bereits in Folge der Selbstbeobachtung zu Veränderungen der Reaktionshäufigkeit kommen kann (Kanfer, 1973).

Neben der systematischen Registrierung des Auftretens von definierten Verhaltensweisen ist auch die globalere Einschätzung der Häufigkeit und Intensität interessierender Verhaltensweisen durch die Patienten selber benutzt worden. Diese Methode der Selbsteinschätzung gibt ein weniger objektives Bild des tatsächlichen Verhaltens, denn sie ist geprägt von der subjektiven Wahrnehmung des eigenen Verhaltens. Doch für die Beurteilung von Therapieerfolg ist der subjektive Eindruck des Patienten nicht unwichtig. Außerdem sind diese Verfahren bedeutend weniger aufwendig als Beobachtungsverfahren.

In den siebziger Jahren ist eine Vielzahl solcher spezieller Meßverfahren, vor allem Selbstbeurteilungsskalen, entwickelt worden. Ein Überblick findet sich in den Handbüchern und Sammelwerken von Ciminero, Calhoun & Adams, 1977; Cone & Hawkins, 1977; Haynes, 1978; Hersen & Bellack, 1976; Mash & Terdal, 1976, 1981.

Mit der Weiterentwicklung der Verhaltenstherapie ging auch eine Erweiterung des Verhaltensbegriffs einher. Verhalten **im engeren Sinne** umfaßt alle beobachtbaren Äußerungen der Person: motorische und sprachliche Äußerungen sowie Ausdrucksverhalten, also all solche Reaktionen der Person, die durch Dritte **unmittelbar wahrnehmbar** sind. Sie stellen insofern soziale Sachverhalte (soziale Stimuli) dar, auf die andere wiederum reagieren können. Zum **Verhalten im weiteren Sinn** gehören all solche **«inneren Reaktionen»**, die zwar nicht unmittelbar von außen wahrnehmbar sind, die jedoch der Patient im Moment des Auftretens wahrnimmt oder wahrnehmen könnte und über die er unmittelbar – zumindest ansatzweise – berichten könnte (auch wenn das in der Regel nur auf Nachfrage geschieht). Dazu gehören zum einen **Gedanken und Vorstellungen (Kognitionen)**, zum anderen autonome **physiologische Reaktionen** und **emotionale Reaktionen**. Auch für die Messung von Kognitionen und Emotionen ist eine Reihe von Instrumenten entwickelt worden (z. B. Katz, 1987; Schwartz & Garamoni, 1986).

Für die Praxis der Verhaltenstherapie ist es notwendig, konkrete Verhaltensweisen anzugeben, die auf- oder abgebaut werden sollen. Dazu müssen die Beschwerden oder Auffälligkeiten, über die ein Patient berichtet, konkretisiert werden. Die Schwierigkeiten können darin liegen, daß bestimmte Verhaltensweisen (Kognitionen, Emotionen usw.) auftreten, die entweder gänzlich unangemessen sind (z. B. selbstzerstörerische Verhaltensweisen eines autistischen Kindes) oder zu häufig bzw. zu intensiv auftreten (z. B. Händewaschen als Zwangsverhalten) oder unter den gegebenen Umständen nicht auftreten sollten (z. B. Angst in Anwesenheit einer harmlosen Spinne). Wenn die Probleme des Patienten in einem solchen Verhaltensüberschuß oder Verhaltensexzess bestehen, so ist das entsprechende Verhalten als **Problemverhalten** zu bezeichnen.

Die Schwierigkeiten können auch darin liegen, daß erwünschte Verhaltensweisen (Kognitionen, physiologische oder emotionale Reaktionen) gänzlich fehlen (z. B. bei Anfragen nicht Nein sagen können), zu selten oder zu schwach auftreten (z. B. konzentriertes Arbeitsverhalten) oder nicht unter den an sich angemessenen Bedingungen auftreten (z. B. keine sexuelle Erregung beim ge-

gengeschlechtlichen Partner). Wenn ein solcher Verhaltensmangel besteht, so ist das erwünschte, aber «fehlende» Verhalten als **Zielverhalten** zu bezeichnen.

Bei der Analyse der Schwierigkeiten eines Patienten steht manchmal das Problemverhalten, manchmal der Mangel an erwünschtem Zielverhalten im Vordergrund. In den meisten Fällen sind die Verhaltensauffälligkeiten sowohl als Problemverhalten als auch als angestrebtes Zielverhalten angebbar.

Die Identifizierung und Unterscheidung solcher konkreter Verhaltensauffälligkeiten, beschrieben als Problemverhalten oder Zielverhalten, ist der erste Schritt eine Verhaltensanalyse.

7.3 Prinzipielle Indikationsentscheidungen

Die Verhaltensanalyse war die zweite diagnostische Entwicklung innerhalb der Verhaltenstherapie. Sie hat die Prognose zum Ziel, und zwar die Prognose von Verhaltensänderungen unter der Bedingung, daß bestimmte therapeutische Methoden angewandt werden. Denn die Verhaltenstherapie hat von Beginn an eine Vielzahl von unterschiedlichen Therapiemethoden für unterschiedliche Probleme entwickelt. Zu der Frage, welche Verhaltensweisen im jeweiligen Einzelfall verändert werden sollen, tritt als zweite Frage, welche therapeutischen Methoden dazu geeignet erscheinen.

Die Frage der differentiellen Indikation, also die Entscheidung, welche von einer Reihe von Verfahren zumindest prinzipiell bei einem bestimmten Problem angewandt werden könnten, läßt sich folgendermaßen präzisieren (Näheres dazu in Schulte, 1993).

Psychische Störungen oder Teilaspekte einer Störung können grundsätzlich nach dem Problemlösungsparadigma durch drei Bestimmungsstücke gekennzeichnet werden (vgl. Abb. 7-1): durch den gegenwärtigen Ausgangszustand, z. B. eine phobische Angst, den gewünschten Zielzustand, etwa angstfreies Aufsuchen der vermiedenen Angstsituation, und durch irgendwelche Barrieren, die dafür verantwortlich sind, daß gegenwärtig der Ausgangszustand und nicht etwa der erwünschte Zielzustand gegeben ist.

Psychische Störungen:	Ausgangszustand	–	Barrieren	–	Zielzustand
	↕		↕		↕
Therapiemethoden:	Ausgangsbedingung	–	Operation	–	Effekt

Abb. 7-1: Dreifache Äquivalenzprüfung von Ausgangszustand und -bedingung, Ziel und Effekt und von Operationen als Mittel zur Barrierenbeseitigung als Grundlage für prinzipielle Indikationsentscheidungen

Therapiemethoden werden zunächst durch bestimmte Operationen, also durch erlernbare Verfahrensvorschriften gekennzeichnet. Genaugenommen gehört zu einer vollständigen Kennzeichnung einer therapeutischen Methode auch die Angabe der Zustände oder Ausgangsbedingungen, bei deren Vorliegen diese Methode angewandt werden kann, und es gehört auch dazu, den durch diese Methode erzielbaren Effekt genau zu spezifizieren.
Das Rational für prinzipielle, grundsätzliche Indikationsentscheidungen läßt sich nun folgendermaßen formulieren: Eine therapeutische Methode ist dann prinzipiell indiziert, wenn (1.) die von ihr benannte Ausgangsbedingung identisch ist mit dem Ausgangszustand des Patienten bzw. mit einem Teilaspekt, wenn (2.) der durch diese Methode erzielbare Effekt dem bei diesem Patienten erwünschten Zielzustand oder zumindest einem Teil- oder Zwischenziel entspricht und wenn (3.) durch diese Operation die Barrieren – zumindest teilweise – beseitigt werden können.
In der Regel werden Indikationsentscheidungen nicht auf der Grundlage aller drei Äquivalenzüberprüfungen vorgenommen. In der somatischen Medizin hat die Äquivalenz zwischen Ausgangszustand des Patienten (Diagnosestellung) und Einsatzbereich einer therapeutischen Maßnahme eine besondere Bedeutung. Von systemischen Therapeuten wird der Einsatz von Methoden vorwiegend mit einem bestimmten Effekt, also dem Erreichen eines potentiellen Zielzustandes begründet. Therapeutische Interventionen werden unternommen, um bestimmte Zwischenziele zu erreichen, etwa um einen sich dann selbständig weiterentwickelnden therapeutischen Prozeß in Gang zu bringen.
Die Verhaltensanalyse hat die dritte Äquivalenzprüfung in das Zentrum gerückt: Solche Methoden gelten als indiziert, die die Barrieren, also die aufrechterhaltenden Bedingungen zu beseitigen in der Lage sind bzw. die fehlenden Bedingungen herzustellen vermögen.
Dieses Indikationskriterium der Äquivalenz von therapeutischer Operation und Beseitigung oder Herstellung relevanter Bedingungen (Barrierenbeseitigung) ist besonders anspruchsvoll. Es ist Resultat der ursprünglichen Grundpositionen der Verhaltenstherapie: In der Grundlagenforschung entwickelte Prinzipien, vor allem Lernprinzipien, wurden zur Modifikation psychischer Störungen angewandt. Die Lernprinzipien machen Angaben, welche Variablen zu beeinflussen sind, um Verhaltensmodifikationen zu erreichen (z. B. bei der operanten Löschung: Entfernung des reaktionskontingenten positiven Verstärkers). Daraus folgt für die Diagnostik, im Einzelfall zu prüfen, ob als aufrechterhaltende Bedingung (Barriere) etwa eine operante, positive Verstärkung angenommen werden kann. Die diagnostische Überprüfung der Problembedingungen rückte folglich in den Vordergrund. Demgegenüber sind die Angaben zu den Ausgangsbedingungen und zu den erzielbaren Effekten äußerst allgemein: Es muß sich bei der operanten Löschung um irgendein Verhalten handeln, das zu häufig auftritt, und der erzielbare Effekt ist ein Rückgang der Reaktionswahrscheinlichkeit.

7.4 Struktur der Problemanalyse

Aus der Zielsetzung, die für den jeweiligen Einzelfall adäquaten therapeutischen Methoden auszuwählen und insofern einen individuellen Therapieplan zusammenzustellen, und aus den theoretischen Annahmen über die einzelnen verhaltenstherapeutischen Methoden ergibt sich weitgehend die Struktur des diagnostischen Prozesses, die Struktur der Verhaltensanalyse oder allgemeiner der Problemanalyse (vgl. Abb. 7-2, rechter Teil, S. 143).
Zunächst geht es um die Frage, welche Gegebenheiten bei einem Patienten verändert oder entwickelt werden sollten. Dazu ist – wie bereits erwähnt – in einem ersten Schritt zu klären, wie genau der unbefriedigende Ausgangszustand des Patienten und der erwünschte Zielzustand aussehen. Die von dem Patienten umgangssprachlich formulierten Schwierigkeiten und Beschwerden sind zu strukturieren und zu konkretisieren, so daß konkrete, zu verändernde Verhaltensweisen angegeben werden können. Dies ist der Teilprozeß der Problemstrukturierung. Er umfaßt die Zustandsanalyse zur differenzierten Beschreibung des Ausgangszustandes des Patienten und die Zielanalyse zur differenzierten Beschreibung der Therapieziele und des erwünschten Zielverhaltens. Der zweite Teilprozeß der Problemanalyse ist die Bedingungsanalyse. Sie dient der Identifizierung der Barrieren, also der Bedingungen, die das derzeitige Problemverhalten aufrecht erhalten bzw. das erwünschte Zielverhalten verhindern oder einschränken.
Die Verhaltenstherapie unterscheidet zwischen ursächlichen Bedingungen bzw. Entstehungsbedingungen einerseits, die also für die Genese einer Störung verantwortlich sind, und solchen Bedingungen, die dazu beitragen, daß das Problem auch heute noch aufrecht erhalten bleibt, also nicht «spontan» verschwindet, z. B. gelöscht wird. Beide können, müssen aber nicht identisch sein. Gegenstand der Bedingungsanalyse sind die gegenwärtigen, das Problem aufrechterhaltenden Bedingungen – im Unterschied etwa zu den tiefenpsychologischen Ansätzen.
Als verhaltenssteuernde Variablen wurden ursprünglich in der Skinnerschen Tradition die dem kritischen Verhalten vorausgehenden und nachfolgenden Stimuli angesehen. Mit der Weiterentwicklung der theoretischen Grundlagen der Verhaltenstherapie und der Erweiterung verhaltenstherapeutischer Methoden, vor allem um die kognitiven Methoden, wurden zunehmend mehr unterschiedliche Variablen als relevante Verhaltensbedingungen diskutiert. Dazu gehören verschiedene Organismusvariablen, Merkmale der Umwelt, soziale Bedingungen, spezifische Defizite der Person, Emotionen, Aspekte der Selbstregulation, Therapiemotivation und schließlich die Kognitionen des Patienten, z. B. Selbstverbalisierungen, automatische Gedanken, irrationale Überzeugungen, Attributierungen, Erwartungen, Verhaltensziele; zur genaueren Darstellung siehe Schulte, 1986.
Im Einzelfall ist zu überprüfen, welche der potentiell relevanten aufrechterhaltenden Variablen im Einzelfall für das jeweils spezifizierte Problemverhalten

(oder für das Fehlen des Zielverhaltens) verantwortlich gemacht werden können. Denn die Therapie sollte an diesen Verhaltensbedingungen ansetzen. In der Regel werden die aufrechterhaltenden Bedingungen zum unmittelbaren «therapeutischen Ansatzpunkt», also dem Sachverhalt, der primär einer Veränderung unterzogen werden sollte, um in dessen Folge dann eine Beseitigung der Beschwerden oder Probleme zu erreichen. Für diesen Prozeß der Bedingungsanalyse sind vor allem im deutschsprachigen Raum Schemata vorgelegt worden, um diesen Such- und Entscheidungsprozeß des einzelnen Therapeuten zu steuern (Schulte, 1974, Bartling et al., 1980).
Den einzelnen Problembedingungen (Barrieren) oder therapeutischen Ansatzpunkten sind mehr oder weniger eindeutig therapeutische Methoden zuzuordnen. Damit ist entschieden, was bei der Therapie eines Einzelfalls prinzipiell angemessen wäre. Da es jedoch in der Regel mehrere therapeutische Ansatzpunkte gibt und für jeden therapeutischen Ansatzpunkt oftmals mehrere therapeutische Methoden prinzipiell zur Wahl stehen, bedarf es einer Reihe weiterer konkreter Entscheidungsschritte, um den Therapieplan für den Einzelfall aufzustellen. Ein wesentliches Grundprinzip für diese Entscheidung ist, daß anstelle von Ausschlußentscheidungen Prioritätsentscheidungen getroffen werden: Es wird festgelegt, mit welchen therapeutischen Ansatzpunkten etwa aufgrund der Motivation des Patienten oder aufgrund der Rahmenbedingungen begonnen werden soll und welche Methoden primär zum Ansatz kommen sollen und welche Ansatzpunkte und Methoden gegebenenfalls erst später berücksichtigt werden sollten. Aufgrund der vielfältigen Wechselwirkungen zwischen den verschiedenen Problembereichen oder therapeutischen Ansatzpunkten reicht in der Regel die Durchführung der zunächst geplanten Methoden. Nur falls notwendig, kann auf die Methoden mit niedriger Priorität zurückgegriffen werden.

7.5 Klinische Diagnosestellung und Problemanalyse

Bei dem komplexen Prozeß der Problemanalyse und Therapieplanung spielte die klinische Diagnosestellung bislang kaum eine Rolle. Die letztlich für die Therapieplanung relevanten Informationen waren – wie geschildert – anderer Art.
Doch bei der verhaltenstherapeutischen Forschung wurden klinische Diagnosen zunehmend berücksichtigt, zumal nach Entwicklung der operationalisierten Entscheidungskriterien, vor allem im DSM-III, Diagnosestellungen unter bestimmten Voraussetzungen mit hinreichender Objektivität und Reliabilität möglich sind.
In den letzten zwanzig Jahren wurden verhaltenstherapeutische Methoden für spezielle Diagnosegruppen entwickelt, überprüft, weiterentwickelt und optimiert. Bei solchen Forschungsprojekten werden Patienten lediglich nach der klinischen Diagnose ausgesucht und dann nach Zufall auf Experimental- und

Kontrollgruppen aufgeteilt. Der Logik experimenteller Forschungsmethodologie entsprechend müssen die Behandlungs- und Kontrollbedingungen innerhalb der Gruppen weitgehend standardisiert und konstant gehalten werden. Eine Anpassung der therapeutischen Vorgehensweise an die Besonderheiten des jeweiligen Einzelfalls ist daher aus methodischen Gründen zu vermeiden.

Für eine Reihe psychischer Störungen, etwa Angststörungen, Zwangsstörungen, unipolare Depressionen, sind inzwischen solche elaborierte Behandlungsprogramme entwickelt worden. Sie habe sich im direkten empirischen Vergleich als effektiver erwiesen als von den jeweiligen Therapeuten individuell geplante Behandlungsprogramme (Schulte et al., 1991, 1992).

Diese Ergebnisse machen eine Revision der in den Problemanalyse-Schemata gegebenen Empfehlungen für Therapeuten notwendig. Denn zumindest für eine Reihe von psychischen Störungen erscheint es nicht nur unnötig, Therapiepläne im jeweiligen Einzelfall neu zu entwickeln, sondern dieses Vorgehen ist sogar weniger erfolgversprechend. Eine prinzipielle Therapieplanung lediglich aufgrund der klinischen Diagnosestellung ist hinreichend. Es gibt jedoch weiterhin eine Vielzahl von Patienten mit Störungen, für die solche elaborierten Behandlungsprogramme noch nicht existieren oder bei denen atypische und multiple Störungen vorliegen. Die Problemanalyse des Einzelfalls kann daher (noch) nicht aufgegeben werden.

Es liegt nahe, beide diagnostische Strategien – klinische Diagnosestellung und Problemanalyse – miteinander zu kombinieren (vgl. Schulte, 1993). Für eine Reihe psychischer Störungen sind inzwischen überprüfte psychologische Modelle entwickelt worden. Diese Modelle enthalten Angaben über die typischen Problemverhaltensweisen und Zielverhaltensweisen sowie über die typischen aufrechterhaltenden Bedingungen. Darüber hinaus werden oftmals – wie erwähnt – wissenschaftlich überprüfte Therapieprogramme für genau diese Störung angegeben.

Im Einzelfall sollte der Therapeut, soweit möglich, auf dieses Wissen zurückgreifen. Dazu muß er zunächst klinische Diagnosen stellen. Die diagnostischen Systeme (DSM oder ICD) brauchen dabei lediglich als Sammlung typischer Problemstellungen aufgefaßt werden, mit denen in der Praxis Psychiater und Psychologen konfrontiert werden. Ein weitergehender theoretischer Anspruch, daß es sich bei diesen Diagnosegruppen um «Krankheitseinheiten» handelt, muß nicht übernommen werden.

Die Diagnosen stellen das Verbindungsglied zwischen Forschung und Praxis her. Die klinisch-psychologische und psychiatrische Forschung orientiert sich zunehmend mehr an diesen diagnostischen Kategorien. Sofern der Praktiker seinen Patienten einer oder mehreren dieser Diagnosekategorien zuordnen kann, kann er das von der Wissenschaft akkumulierte Wissen übernehmen und prinzipiell auf seinen Patienten übertragen. Der mühsame Prozeß der Hypothesenbildung hinsichtlich typischer Verhaltensprobleme und hinsichtlich relevanter Verhaltensbedingungen kann damit gegebenenfalls entfallen.

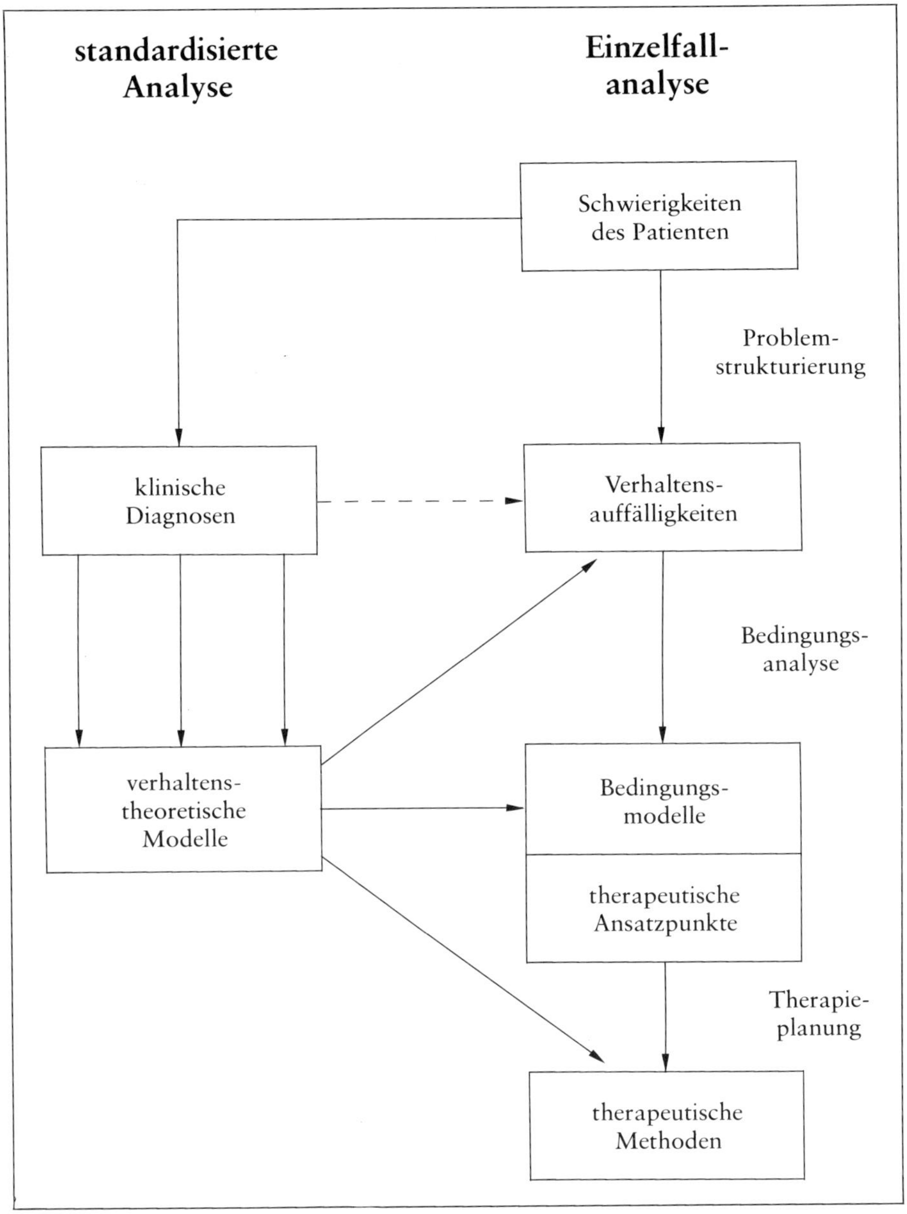

Abb. 7-2: Integriertes präskriptives Modell der Problemanalyse

Doch der zweite Teil des Prozesses, nämlich die Hypothesenüberprüfung, muß nach wie vor in jedem Einzelfall geschehen. Nicht unbedingt in allen Fällen können die Modellannahmen auf den einzelnen Patienten übertragen werden (vgl. oben Abb. 7-2, linke Seite). Doch dies gilt genauso für den diagnostisch-therapeutischen Prozeß des Arztes bei somatischen Erkrankungen.

Damit könnte die Kluft zwischen klinischer Diagnosestellung und Verhaltensanalyse schrittweise überbrückt werden, die kritische Auseinandersetzung mit klinischen Diagnosestellungen und entsprechenden nosologischen Systemen, nicht zuletzt vorgetragen von Verhaltenstherapeuten, hat in den letzten zwanzig Jahren zu erheblichen Fortschritten im Bereich der klinischen Diagnosestellung geführt. Viele der kritischen Argumente der damaligen Zeit, etwa bezüglich mangelnder Objektivierung und Reliabilität, lassen sich heute nicht mehr aufrechterhalten; sie gelten mindestens genauso, wenn nicht noch stärker für die Problemanalyse. Von daher sind die Voraussetzungen gegeben, den vermeintlichen Gegensatz aufzugeben und von beiden Strategien die jeweiligen Vorteile zu nutzen. Die Zeit, in der allgemeingültige Theorien in der Psychotherapie zur Anwendung kamen, läßt sich angesichts des Forschungsfortschritts kaum mehr rechtfertigen. Theorien «mittlerer Reichweite» (Tuschen, 1992) für jeweils einzelne Störungen sollten von praktisch tätigen Therapeuten benutzt werden – und das gilt nicht nur für Verhaltenstherapeuten.

Literatur

Bartling, G., Echelmeyer, L., Engberding, M. & Krause, R. (1980): Problemanalyse im therapeutischen Prozeß. Kohlhammer, Stuttgart

Ciminero, A.R., Calhoun, K.S. & Adams, H.E. (Eds.) (1977): Handbook of behavioral assessment. Wiley, New York

Cone, J.D. & Hawkins, R.P. (Eds.) (1977): Behavioral assessment. Brunner/Mazel, New York

Hayes, S.S., Nelson, R.O. & Jarret, R.B. (1987): The treatment utility of assessment: A functional approach to evaluating assessment quality. American Psychologist, 42, 963–974

Haynes, S.N. (1978): Principles of behavioral assessment. Gardner, New York

Hersen, M. & Bellack, A.S. (Eds.) (1976): Behavioral assessment: A practical handbook. Pergamon Press, New York

Kanfer, F.H. (1973): Die Aufrechterhaltung des Verhaltens durch selbsterzeugte Stimuli und Verstärkung. In: M. Hartig (Hrsg.), Selbstkontrolle (77–98). Urban und Schwarzenberg, München

Katz, P. (1987): Zusatzinventar für Selbstkommunikation für Erwachsene (ISE-Z). Diagnostica, 33, 371–374

Manns, M., Schultze, J., Herrmann, C. & Westmeyer, H. (1987): Beobachtungsverfahren in der Verhaltensdiagnostik. Otto Müller Verlag, Salzburg

Mash, E. J. & Terdal, L. G. (Eds.) (1976): Behavior therapy assessment. Springer, New York

Mischel, W. (1968): Personality and assessment. Wiley, New York

Schulte, D. (1974): Ein Schema für Diagnose und Therapieplanung in der Verhaltenstherapie. In: D. Schulte (Hrsg.), Diagnostik in der Verhaltenstherapie (75–104). Urban und Schwarzenberg, München

Schulte, D. (1981): Schema für Problemanalyse und Therapieplanung. Maschinenschrift, Bochum

Schulte, D. (1986): Verhaltenstherapeutische Diagnostik. In: Deutsche Gesellschaft für Verhaltenstherapie (Hrsg.), Verhaltenstherapie – Theorien und Methoden (16–42), Tübingen

Schulte, D. (1993): Lohnt sich eine Verhaltensanalyse? Verhaltenstherapie, 3, 5–13

Schulte, D., Elke, G., Hartung, J. & Künzel, R. (1993, im Druck): Systematische Beobachtung, In: M. Hockel, W. Mold & L. v. Rosenstiel (Hrsg.), Handbuch der Angewandten Psychologie. ecomed, Landsberg

Schulte, D. & Kemmler, L. (1974): Systematische Beobachtung in der Verhaltenstherapie. In: D. Schulte (Hrsg.), Diagnostik in der Verhaltenstherapie (152–195). Urban und Schwarzenberg, München

Schulte, D., Künzel, R., Pepping, G. & Schulte-Bahrenberg, T. (1991): Maßgeschneiderte Psychotherapie versus Standardtherapie bei der Behandlung von Phobikern. In: D. Schulte (Hrsg.), Therapeutische Entscheidungen (15–42). Hogrefe, Göttingen

Schulte, D., Künzel, R., Pepping, G. & Schulte-Bahrenberg, T. (1992): Tailor-made versus standardized therapy of phobic patients. Advances in Behaviour Research and Therapy, 14, 67–92

Schwartz, R. M. & Garamoni, G. L. (1986): A multibehavior-multimethod-multiperspective approach. Journal of Psychopathology and Behavioral Assessment, 8, 185–197

Skinner, B. F. (1953): Science and human behavior, New York (dt.: Wissenschaft und menschliches Verhalten, 1973). Kindler, München

Tuschen, B. (1992): Problem- und Verhaltensanalyse: Plädoyer für störungsspezifische Modelle. Vortrag, gehalten auf dem DGVT-Kongreß, Berlin

8 Diagnostik und Indikation in der Gesprächspsychotherapie

J. Eckert

8.1 Einleitung

Der Gesprächspsychotherapie, auch klientenzentrierte Psychotherapie genannt, wird nachgesagt, daß sie Diagnostik ablehne. Das lernen so z.B. Medizinstudenten, wenn sie das «Lehrbuch Psychiatrie» von Tölle benutzen: «Wenn Krankheitssymptomatik und Diagnose außer acht bleiben, folgt hieraus, daß die klientenzentrierte Therapie kaum als Behandlungsverfahren für Patienten gelten kann, die im klinischen Sinne krank sind.» (Tölle, 1991, 9. Aufl. S. 327).

Die Behauptung, daß Krankheitssymptomatik und Diagnose in der Gesprächspsychotherapie außer acht bleiben, ist falsch, zumindest dann, wenn man diese, den klientenzentrierten Psychotherapeuten unterstellte Einstellung auf C.R. Rogers, den Begründer des Verfahrens, zurückführt. Dennoch ist zu klären, wie sie entstanden ist.

Rogers hat vor über 30 Jahren gefragt und festgestellt: «Soll die Psychotherapie von einer vollständigen psychologischen Diagnose des Klienten ausgehen und darauf aufbauen? Das ist eine komplexe und komplizierte Frage, eine Frage, die noch von keiner therapeutischen Orientierung vollständig beantwortet worden ist.» (1951; dtsch. 1972, S. 205).

In seinen weiteren Ausführungen unterscheidet Rogers offensichtlich zwei Arten von Diagnostik, die sich in ihren jeweiligen Zielsetzungen unterscheiden und die wir heute als Status- bzw. Prozeßdiagnostik (vgl. Pawlik, 1976) bezeichnen. Im Hinblick auf den psychotherapeutischen Prozeß und dessen Zielsetzung hält Rogers eine zeit- und situationsinvariante Statusdiagnose für in der Regel überflüssig: «Unsere Erfahrung hat uns zu der vorläufigen Schlußfolgerung geführt, daß eine Diagnose der psychischen Eigentümlichkeiten nicht nur unnötig, sondern in mancher Hinsicht auch nachteilig und unklug sein kann.» (a.a.O., S. 209).

Offenbar ist dieser Satz nicht nur von Töllle und anderen Psychiatern, sondern auch von vielen Psychologen, vor allem von Gesprächspsychotherapeuten, dahingehend ausgelegt worden, daß Rogers Diagnostik ablehne. Übersehen wurde bei dieser Auslegung, daß Rogers nur im Hinblick auf die Durchführung einer Psychotherapie die Erstellung einer «vollständigen psychologischen Diagnose» fragwürdig findet.

Als er diese Ausführungen machte, standen die Testpsychologie und die psychologische Diagnostik in höchster Blüte, und eine «vollständige psycholo-

gische Diagnose» war das Ergebnis einer mehrstündigen testpsychologischen Untersuchung und Exploration. In einem meist mehrseitigen Befund wurden die Ergebnisse von Intelligenztests (z.B. HAWIE), anderen Leistungstests (z.B. der Psychomotorik), projektiven Testverfahren (Rorschach, TAT) und Persönlichkeitsfragebogen (z.B. MMPI) dargestellt. Die Erhebung einer solchen umfassenden psychologischen Status-Diagnose ist im Vergleich zu früheren Formen der Erhebung einer ICD-Diagnose durch eine psychiatrische Exploration oder einer neurosenpsychologischen Diagnose mit Hilfe eines Erstinterviews ein invasiver Vorgang, der zudem keinen unmittelbaren Bezug zu Fragen aufweist, die im Zusammenhang mit einer Indikationsstellung für Psychotherapie zu beantworten sind. Auch heute käme niemand auf die Idee, die Erstellung einer solchen umfassenden psychologischen Status-Diagnose als Grundlage für psychotherapeutisches Handeln zu fordern – mit Ausnahme der Publikationsorgane für wissenschaftliche Untersuchungen. Rogers befaßt sich in seinen Ausführungen zur Diagnose und Diagnostik in erster Linie mit der Frage, welche Funktion eine (psychologische) Diagnose und der Vorgang des Diagnostizierens für den (gesprächs-)psychotherapeutischen Prozeß hat, und nicht mit der Bedeutung von (psychiatrischen) Diagnosen im allgemeinen. Er betont in diesem Zusammenhang die Wichtigkeit der zeit- und bedingungsvariablen Prozeßdiagnose für den psychotherapeutischen Prozeß und schlägt vor, die Therapie selbst als einen diagnostischen Prozeß aufzufassen, in den der Patient einbezogen wird: «In einem sehr bedeutungsvollen und genauen Sinn ist die Therapie Diagnose, und diese Diagnose ist ein Prozeß, der eher in der Erfahrung des Klienten abläuft als im Intellekt des Klinikers. So gesehen, hat der klient-bezogene Therapeut Vertrauen in die Wirksamkeit der Diagnose. (...) In der klient-bezogenen Therapie scheint das Ziel des Therapeuten zu sein, die Bedingungen zu schaffen, unter denen der Klient imstande ist, die Diagnose der psychischen Aspekte seiner Fehlanpassung zu stellen, zu erfahren und zu akzeptieren.» (a.a.O., S. 208f.).
Die nicht zu übersehende ablehnende Haltung vieler Gesprächspsychotherapeuten in Deutschland gegenüber Diagnostik und Diagnosen hat m.E. andere Gründe als die zitierten Ausführungen von Rogers. Die Ausbreitung der Gesprächspsychotherapie in Deutschland fiel zusammen mit dem Beginn der anti-psychiatrischen Bewegung und in die Zeit, in der der Etikettierungsansatz («labeling approach») auf die psychiatrischen Diagnosen übertragen wurde (z.B. Szasz, 1960; Keupp, 1972) mit dem Resultat, daß Diagnostizieren als eine unmoralische, weil krankmachende, da ausgrenzende Handlung angesehen wurde. Diese Einstellung gegenüber psychiatrischen Diagnosen teilten viele Gesprächspsychotherapeuten nicht nur mit vielen anderen Psychologen, sondern auch mit vielen – meist sozialpsychiatrisch orientierten – Psychiatern.
Trotz dieser Einstellung zur psychiatrischen Diagnose gibt es seit den Anfängen der Gesprächspsychotherapie zwei ungebrochene diagnostische Traditionen. Zum einen ist es Tradition, daß Gesprächspsychotherapeuten ihre Thera-

pien mittels Tonband aufzeichnen. Diese Aufzeichnungen dienen dann zur Analyse des Therapiegeschehens in der Supervision. Zum anderen hat die Fragebogen-Diagnostik Tradition. So sind alle im Fachverband für Gesprächspsychotherapie (GwG) organisierten Psychotherapeuten aufgrund von Richtlinien gehalten, ihre Behandlungen mit Hilfe von standardisierten Persönlichkeitsfragebögen und anderen Testverfahren zu evaluieren.
Anfang der 80er Jahre stellten Baumann und v. Wedel (1981) in einem Überblick über den Stellenwert der Indikationsfrage im Psychotherapiebereich fest, daß es in der Gesprächspsychotherapie bezüglich der Diagnose- und Indikationsfrage zwei Positionen gäbe: die Vertreter der einen Position erwähnten Indikationsfragen kaum, während die Vertreter der anderen sich mit ihnen explizit auseinandersetzten.
Heute scheint die Position der Gesprächspsychotherapie vor allem im Hinblick auf die Einbeziehung psychiatrischer Statusdiagnosen einheitlich zu sein. Die meisten deutschsprachigen Standardwerke zur Gesprächspsychotherapie (Tausch, 1973, 5. Aufl.; Bommert, 1987, 4. Aufl.; Biermann-Ratjen et al. 1992, 6. Aufl.) und eine Reihe von in der Folgezeit erschienenen Beiträge (z. B. Zielke, 1982; Eckert, 1985; Gaebel, 1986) betonen die Bedeutung von Diagnosen für die Gesprächspsychotherapie.
So glaubt Teusch (1991) auch feststellen zu können: «Das Stellen einer Diagnose – über lange Zeit ein Tabuthema in der Gesprächspsychotherapie – ist in der Gesprächspsychotherapie im europäischen Raum selbstverständlicher Teil der Behandlungsplanung.» (S. 55).
Sicherlich haben zu dieser Entwicklung nicht nur klinische Notwendigkeiten, sondern auch gesellschaftliche Anforderungen beigetragen: Psychotherapierichtlinien der KBV, Vorgaben der KBV zur Anerkennung eines psychotherapeutischen Verfahrens als Richtlinienverfahren, der Krankheitsbegriff im SGB V usw. gehen von einer aus der medizinischen Tradition stammenden Auffassung von Krankheit und Diagnose aus. Eine Anerkennung der Gesprächspsychotherapie durch die Gesellschaft, d. h. z. B. durch die Träger der Krankenversicherungen, ist nur denkbar, wenn sie sich diesen Anforderungen stellt.
Im folgenden soll daher auch untersucht werden, welche Bedeutung und Auswirkungen diese Anforderungen für die Gesprächspsychotherapie haben.

8.2 Die Bedeutung der (psychiatrischen) Diagnose in der Gesprächspsychotherapie

Die Diagnose in der Psychiatrie hat eine andere Funktion als die, die Rogers in seinen o.g. Ausführungen meint. Eine psychiatrische Diagnose führt auch nicht zu einem vollständigen Verstehen bzw. Selbstverstehen eines Patienten, wie es in einer Gesprächspsychotherapie angestrebt wird, und sie unterliegt noch weiteren Begrenzungen: «Die Hauptursache, daß die Wichtigkeit einer

(psychiatrischen) Diagnose nicht ebenso unmittelbar einleuchtet wie in anderen Teilgebieten der Medizin, ist folgende: Die therapeutischen und prognostischen Folgerungen, die sich aus der psychiatrischen Diagnose ergeben, sind verhältnismäßig unbedeutend und die Diagnosen selbst sind vergleichsweise unzuverlässig.» (Kendell, 1978, S. 1).
Dennoch ist die psychiatrische Diagnose im Hinblick auf eine Kontraindikation ein wichtiger und notwendiger Bestandteil bei der Indikationsstellung für Gesprächspsychotherapie. Eine psychiatrische Diagnose soll in erster Linie sicherstellen, daß die Symptomatik, deretwegen ein Patient um eine Gesprächspsychotherapie nachsucht, psychischen und nicht organischen Ursprungs ist. Diese Frage stellt sich in der Praxis am häufigsten bei Verstimmungen, die Ausdruck einer hirnorganisch bedingten Veränderung sein können, ohne daß diese Ursache bisher bekannt ist. Die Abklärung dieser Frage muß nicht der Gesprächspsychotherapeut leisten. Er sollte jedoch soviel über Psychopathologie wissen, besser noch: über soviel psychiatrische Erfahrung verfügen, daß ihm der Gedanke an die Notwendigkeit einer differentialdiagnostischen Abklärung kommt.
Psychotherapeuten der unterschiedlichsten Orientierung und Psychotherapieforscher sind sich heute darüber einig, daß bei der Überlegung, ob eine Psychotherapie die Behandlung der Wahl darstellt, mehr Parameter als nur die Art der Störung (Diagnose) zu berücksichtigen sind. Die wichtigsten dieser zu berücksichtigenden Parameter sind in der sog. differentiellen Indikationsformel zusammengefaßt:
Bei welchem Patienten mit welcher psychischen Störung ist welche Psychotherapie durch welchen Therapeuten zu welcher Zielsetzung wirksam? (Kiesler, 1969). Auf diese komplexe Frage gibt es erst wenige empirische Antworten. Zunächst aber gilt es darzustellen, daß sich diese verschiedenen Faktoren wechselseitig beeinflussen und welche theoretischen Annahmen die Gesprächspsychotherapie dazu hat.

8.3 Über die Beziehung zwischen therapietheorie-spezifischen Annahmen und psychiatrischen Klassifikationen (Diagnosen)

Die verschiedenen Psychotherapieverfahren definieren unterschiedliche Therapieziele. Die Ziele von einsichtsorientierten Psychotherapien heißen anders als die von symptomorientierten. Bei den einsichtsorientierten Psychotherapieverfahren besteht im Hinblick auf das aus dem zugrundeliegenden Störungsmodell abgeleitete Ziel einer psychotherapeutischen Behandlung kein unmittelbarer theoretischer Zusammenhang mit der die psychische Störung charakterisierenden Symptomatik. Das gilt sowohl für die Gesprächspsychotherapie als auch für die Psychoanalyse.

8.3.1 Ziele einer Gesprächspsychotherapie

Die Ziele einer Gesprächspsychotherapie lassen sich auf verschiedenen Ebenen definieren.

a) Das aus dem Störungsmodell abgeleitete Therapieziel
Das Ziel einer Gesprächspsychotherapie läßt sich auf einer abstrakten Ebene in einem Satz zusammenfassen: Ziel einer Gesprächspsychotherapie ist die **Reduktion von inkongruentem Erleben** (Biermann-Ratjen et al., 1979).
Eine der Grundannahmen der klientenzentrierten Theorie über die Entwicklung des Selbstkonzeptes und seine Fehlentwicklungen besagt, daß inkongruentes Erleben entsteht, wenn bestimmte Erfahrungen von einem gegebenen Selbst nicht oder nicht vollständig gemacht werden können oder dürfen (Rogers, 1957, 1959, 1961).

b) Das aus der klienten-zentrierten Persönlichkeitstheorie abgeleitete Therapieziel
Nach einer Grundannahme der klientenzentrierten Theorie kann sich inkongruentes Erleben nur unter der Bedingung zu kongruentem entwickeln, daß sich das Selbstkonzept ändert. Ziel einer Gesprächspsychotherapie ist also auch: Veränderung des Selbstkonzeptes.
Weiterhin wird angenommen, daß sich das Selbstkonzept ändern kann unter der Bedingung wertschätzender Empathie eines anderen Menschen (Therapeut) für das konkrete Erleben des einen Menschen (Patient).

c) Das aus dem Therapieprozeß abgeleitete Therapieziel
Die Erreichung dieses Zieles (Änderung des Selbstkonzeptes) setzt einen bestimmten Prozeß voraus, den in Gang zu setzen und zu fördern es gilt, nämlich die Aktualisierung des Erlebens des Patienten im Hier und Jetzt, oder, anders ausgedrückt: die Förderung des Erlebens (experiencing) und der Selbstexploration des Patienten. Dabei lassen sich ein Fern- und ein Nahziel unterscheiden:
Als Fernziel kann man definieren: Eine Gesprächspsychotherapie ist idealerweise beendet, wenn der Patient zu sich die Beziehung aufnehmen kann, die der Therapeut ihm anbietet: wenn er kongruent sein kann, d.h. ohne Bedingungen sich und sein ganzes Erleben verstehen und akzeptieren kann.
Dieses ist sicher als ein Idealziel zu betrachten, das, wenn überhaupt, selten erreicht wird, und das Ende einer längeren Behandlung darstellt.
Betrachtet man das Ziel einer jeden Therapiestunde als Nahziel, dann fällt die Zielsetzung bescheidener und zugleich für den Therapeuten handlungsleitender aus: Im konkreten therapeutischen Kontakt hat der Gesprächspsychotherapeut das vorrangige Ziel, den psychotherapeutischen Prozeß zu fördern oder, noch technischer ausgedrückt, der Gesprächspsychotherapeut hat im konkreten therapeutischen Kontakt das Ziel, die Selbstexploration eines Klienten zu fördern bzw., wenn sie in ausreichenden Maße vorliegt, nicht zu stören.

Die genannten Ziele haben offensichtlich weder einen Bezug zu spezifischen Symptomen oder Diagnosen noch zu den Erwartungen von Patienten und der Gesellschaft an eine Psychotherapie. Patienten wollen meist ihre Symptome, wie Zwänge, Ängste oder Depressionen loswerden, während die Träger der Krankenversicherungen Krankheiten im Sinne des SGB V erfolgreich behandelt wissen wollen, und sie haben in den Psychotherapie-Richtlinien (Bundesausschuß der Ärzte und Krankenkassen, 1990) festgelegt, was eine seelische Krankheit ist und welche Arten seelischer Krankheit behandlungsbedürftig durch Psychotherapie sind und welche nicht (Abschnitt D der Richtlinien).
Zu fragen ist also, ob das ursachenorientierte Ziel einer Gesprächspsychotherapie, Reduktion von inkongruentem Erleben, diesen Erwartungen und Anforderungen entspricht. Wie bereits erwähnt, stellt sich diese Frage allerdings allen psychotherapeutischen Verfahren, die auf der Grundlage der Annahme arbeiten, daß seelische Krankheiten Ausdruck (Symptom) pathologischer psychischer Prozesse sind. Wenn Freud (1933) als Ziel einer Psychoanalyse formuliert: «Absicht ist ja, das Ich zu stärken, es vom Über-Ich unabhängiger zu machen, sein Wahrnehmungsfeld zu erweitern und seine Organisation auszubauen, so daß es sich neue Stücke des Es aneignen kann. Wo Es war, soll Ich werden.» (S. 86), so bezieht er sich ebenfalls auf die Veränderung von seelischen Strukturen und nicht direkt auf den Abbau von Ängsten, Depressionen usw..
Nachzuweisen ist also die Richtigkeit der Annahme über den Zusammenhang zwischen der Behandlung der Störungsursache und der Veränderung der Symptomatik. Dieser Nachweis ist für die Gesprächspsychotherapie in vielfältiger Form erbracht worden.

8.3.2 Welche Patienten mit welchen Diagnosen können durch Gesprächspsychotherapie erfolgreich behandelt werden?

Die geringe prognostische Relevanz psychiatrischer Diagnosen für den Effekt psychotherapeutischer Behandlungen und die erwähnte zeitweilig sehr verbreitete Skepsis gegenüber psychiatrischen Diagnosen überhaupt haben dazu geführt, daß bei einer Reihe von umfangreichen kontrollierten Therapiestudien psychiatrische Klassifikationen überhaupt nicht vorgenommen worden sind. Die Patienten wurden oft pauschal als «psychoneurotisch beeinträchtigt» klassifiziert und zur Spezifizierung ihrer Störungen wurden Kategorien gebildet bzw. vorgegeben, die eher umgangssprachlich gefaßt waren, so daß die Patienten sich selbst einschätzen konnten. Beispiele dafür sind: «Selbstwert- und Selbstbehauptungsschwierigkeiten», «Beeinträchtigung im Gefühlsbereich», «Kontaktstörungen», «körperliche (psychosomatische) Störungen» (Pomrehn et al., 1986). Die klinische Relevanz und der Krankheitswert dieser Störungen läßt sich nur aus anderen Angaben erschließen, wie dem Prozentsatz der Patienten, die sich gleichzeitig in ärztlicher Behandlung befanden, z. B. 63 % in der o. g. Untersuchung.

Im «Forschungsgutachten zu Fragen eines Psychotherapeutengesetzes» (Meyer et al., 1991) sind nur die kontrollierten Studien aus den Jahren 1936–1983/84 aufgenommen worden, in denen Patienten behandelt wurden, die unter «klinisch relevanten Problemen litten» (S. 70). Bezüglich der Wirksamkeit von Gesprächspsychotherapie wird aufgrund der Auswertung von 31 einbezogenen Studien festgestellt, daß es während einer Gesprächspsychotherapie in aller Regel zu bedeutsamen Symptom- und Befindlichkeitsverbesserungen komme und in vielen Fällen auch zu positiven Veränderungen im Persönlichkeits- und Beziehungsbereich (S. 82). Betrachtet man zusätzlich die Ergebnisse der Studien, in denen ICD-Diagnosen aufgeführt sind (z. B. Speierer, 1979; Eckert & Biermann-Ratjen, 1985), dann läßt sich folgende Wirksamkeitsschätzung im Hinblick auf vorliegende Diagnosen geben: Zwei Drittel der Patienten mit einer ICD-9-Diagnose 300 dürften von einer Gesprächspsychotherapie profitieren. Schwieriger auszumachen ist der Anteil der mit Gesprächspsychotherapie erfolgreich behandelten Patienten mit Persönlichkeitsstörungen (ICD-9: 301), Sexuellen Störungen (ICD-9: 302), Abhängigkeitserkrankungen (ICD-9: 303, 304) und körperlichen Funktionsstörungen psychischen Ursprungs (ICD-9: 306). Gute Behandlungserfolge werden offensichtlich bei Patienten mit eher diffusen psychosomatischen Störungen erzielt (Meyer, 1981). Für eine Reihe von anderen Störungen von klinischer Relevanz, z. B. Bulimie, Borderline-Persönlichkeitsstörungen, Kleptomanie, liegen positive klinische Erfahrungen, aber (noch) keine kontrollierten empirischen Studien vor. Bei der gesprächspsychotherapeutischen Behandlung von Patienten mit nicht-organischen psychotischen Störungen, z. B. Erkrankungen aus dem schizophrenen Formenkreis, ist ein Wirksamkeitsnachweis schwierig, weil die Psychotherapie meist nur einen Teil eines umfassenden Behandlungsplanes darstellt (z. B. Teusch, 1986).
Mit diesem Überblick über die Wirksamkeit von Gesprächspsychotherapie bei verschiedenen Störungen sollte gezeigt werden, daß die Behandlung der angenommenen Störungsursache – Inkongruenz zwischen Selbst und Erfahrung – offenbar zu wünschenswerten Veränderungen bei – klassifikatorisch betrachtet – sehr unterschiedlichen Störungsbildern führt.

8.3.3 Wie invariant ist gesprächspsychotherapeutisches Handeln im Hinblick auf die Behandlung unterschiedlicher Störungen?

Trotz dieser eindeutigen Befundlage bezüglich der Effektivität von Gesprächspsychotherapie bei den unterschiedlichsten psychischen Störungen wird Gesprächspsychotherapeuten immer wieder vorgehalten, daß es doch theoretisch nicht denkbar sei, daß sie alle Patienten «gleich» behandeln, d. h. keine differentiellen, an der Art der Störung und ihrer Genese orientierten, Interventionsmethoden habe. Die Wirksamkeit von Gesprächspsychotherapie bei sehr unterschiedlichen Störungen läßt sich aber nur dadurch erklären, daß sich Gesprächspsychotherapien im Gegensatz zur genannten Vermutung sehr wohl unterschiedlich in Abhängigkeit von der jeweiligen Störung gestalten. Daß die therapeutischen Prozesse in hohem Maß von der Art der Störung bestimmt werden, zeigen sowohl klinische Beobachtungen als auch empirische Untersuchungen, z. B. lassen sich erhebliche qualitative Unterschiede in der Gruppeninteraktion von neurotischen Patienten und Patienten mit einer Borderline-Persönlichkeitsstörung aufzeigen (Biermann-Ratjen & Eckert, 1986). Diese Unterschiede sind theoretisch auch zu erwarten, da anzunehmen ist, daß die Ausformung psychopathologischer Zustandsbilder in Abhängigkeit von der Art der Selbstkonzeptstörung erfolgt.

In Analogie zu den von Rogers (1957) formulierten «sechs notwendigen und hinreichenden Bedingungen einer Persönlichkeitsänderung durch Psychotherapie» lassen sich, in Anlehnung an Biermann-Ratjen et al. (1992) folgende Selbstkonzeptstörungen ableiten.

Ein Selbstkonzept ist um so gesünder:

1. Je mehr es eine (affektive/emotionale) Reaktion auf andere Menschen zuläßt, je mehr Bedeutung es anderen Menschen für die eigene Person zu geben erlaubt.
   Kontaktstörungen, schizoides Erleben, Ambivalenz und borderlinespezifische Symptome, wie chronische innere Leere, Derealisations- und Depersonalisationserlebnisse, aber auch Zustände von Affektüberflutung und zeitstabilere Verstimmungszustände können Ausdruck eines Selbstkonzepts sein, das affektives Reagieren auf andere Menschen nicht integrieren kann.
2. Je mehr Kongruenz es herstellen kann, d. h. je mehr vom Erleben des Organismus als Ganzem es zulassen kann.
   Schon Rogers formulierte, daß der Zustand der Inkongruenz vor allem durch Angst gekennzeichnet sei als Signal für das Andrängen eines Erlebens, das das Selbstkonzept infrage stellen würde.
3. Je mehr vom eigenen Erleben es als eigenes Erleben ansehen kann.
   Ich-dystones Erleben, z. B. Zwänge, sind Ausdruck dafür, daß eine Person sich selbst nicht versteht in ihrem Tun und Fühlen.
4. Je mehr vom eigenen Erleben es mit unbedingter Selbstwertschätzung registriert.
   Vor allem die Depression nach narzißtischer Kränkung, aber auch die Depression, die mit Schuld- und Versagensgefühlen ob der Depression verbunden ist, sind Ausdruck eines Selbstkonzepts, das ein Erleben nicht zulassen kann, ohne es zu bewerten.
5. Je vollständiger es das Erleben symbolisieren, d. h. auch in Worte fassen kann.
   Psychosomatische Erkrankungen z. B. sind Ausdruck unvollständiger Symbolisierungen vom Erleben.
6. Je mehr Empathie es ermöglicht, d. h. je mehr es einer Person erlaubt, sich in das Erleben anderer Menschen einzufühlen und damit auch wahrzunehmen, was diese über die eigene Person denken und fühlen.

Die Gesprächspsychotherapie unterscheidet psychopathologische Erscheinungsbilder in Abhängigkeit vom Ausmaß, in dem sie gekennzeichnet sind durch Kontaktstörungen, Angst, Ich-dystones Erleben, Depressionen, Symbolisierungsstörungen und Empathiestörungen. Sie versteht die psychopathologischen Erscheinungsbilder aber vor allem als bedingt durch mehr oder weniger vom Zusammenbruch bedrohte, abwehrende, rigide, bewertende, vollständig symbolisierende und «abgegrenzte» Selbstkonzepte.

Gesprächspsychotherapeuten haben deshalb – wenn sie sich nicht einer Rogers fehlinterpretierenden Diagnostikfeindlichkeit verpflichtet fühlen – wenig Schwierigkeiten mit älteren und neueren Klassifikationssystemen, die ja ebenfalls psychopathologische Erscheinungsbilder daraufhin untersuchen, ob sie

a) mehr durch Kontakt- und Empathiestörungen gekennzeichnet sind und damit durch vom Zusammenbruch bedrohte Selbstbilder oder Ich-Schwäche oder

b) mehr durch eine Abwehr von Erleben gekennzeichnet sind, wobei dann ebenfalls unterschieden wird zwischen Angst und Depression, ich-dystonem Erleben, psychosomatischen Erkrankungen usw.

Die unterschiedlichen Selbstkonzepte und ihre Symptome und die Art der gefürchteten und nicht zugelassenen Erfahrungen strukturieren selbstverständlich in höchst spezifischer Art und Weise sowohl die therapeutische Beziehung als auch den Therapieprozeß und auch das konkrete Verhalten des Gesprächspsychotherapeuten.

Invariant ist nicht das therapeutische Handeln der Gesprächspsychotherapeuten, sondern die aus der Störungstheorie abgeleitete Zielsetzung, nämlich die Verringerung der Inkongruenz, die immer eine Selbstkonzeptveränderung zur Voraussetzung hat.

Zu einer vergleichbaren Auffassung kommen auch Meyer et al. (1989) aufgrund ihrer vergleichenden Analysen des Therapeutenverhaltens in Gesprächspsychotherapien und psychodynamisch-orientierten Fokaltherapien. Die Verringerung der Inkongruenz wird nach ihrer Beobachtung dadurch erzielt, daß Gesprächspsychotherapeuten allen Patienten denselben (invarianten) Lernfokus anbieten: «Lerne Deine Gefühle wahrnehmen und ausdrücken, und Dich selbst zu akzeptieren, und Du kannst leben.» (dazu: Eckert, 1991).

Die Zusammenhänge zwischen dem psychotherapeutischen Prozeß und der Art der Selbstkonzeptstörung bzw. der Art der psychischen Störung sind in der neueren Gesprächspsychotherapieliteratur zunehmend in den Vordergrund gerückt worden (vgl. Sachse & Howe, 1989; Binder & Binder, 1991; Finke & Teusch, 1991). Diese Entwicklung hat ihren vorläufigen Höhepunkt in einem Lehrbuch von Swildens (1991) gefunden, in dem differentielles gesprächspsychotherapeutisches Handeln bezogen auf die klassischen psychiatrischen Diagnosen dargestellt wird. Neben der Herausarbeitung der Gesetzmäßigkeiten der gesprächspsychotherapeutischen Interaktion in Abhängigkeit vom Krankheitsbild werden noch zwei andere Gesetzmäßigkeiten betont und empirisch untermauert. Tscheulin (1983, 1992) geht von bestimmten Unterschieden in der Persönlichkeit von Patienten aus, wobei er zwischen handlungsbezogenen und selbstreflexiven Klienten unterscheidet und nachweist, daß der Behandlungserfolg an ein jeweils spezifisches gesprächspsychotherapeutisches Handeln (konfrontierend/nicht konfrontierend) geknüpft ist. Sachse & Maus (1991) weisen noch einmal gründlich nach, daß sich die Verbalisierungen des Therapeuten an der «Tiefe» der Selbstexploration des Patienten orientieren müssen, wenn sie für den Explikationsprozeß förderlich sein sollen.

8.4 Indikation zur Gesprächspsychotherapie

Für Gesprächspsychotherapie gilt die folgende **Indikationsregel:**
Die Gesprächspsychotherapie, verstanden als heilkundliche Psychotherapie, ist von der Theorie her betrachtet dann indiziert, wenn ein Patient unter einer Inkongruenz leidet, diese zumindest ansatzweise spürt, er das Beziehungsangebot des Gesprächspsychotherapeuten zumindest im Ansatz wahr- und annehmen kann und wenn mit der Aufhebung der Inkongruenz eine reale Veränderungschance für den Patienten verbunden ist (Biermann-Ratjen et al., 1979).
Theoretisch sind damit alle Krankheitsbilder durch Gesprächspsychotherapie zu behandeln, die sich mit mehr oder weniger «gesunden» Selbstkonzepten beschreiben und sich auch auf diese zurückführen lassen.
Bevor eine positive Indikation – verbunden mit einer Prognose – gestellt werden kann, ist zu prüfen, ob eine Gesprächspsychotherapie nicht kontra- oder nichtindiziert ist. Diese Prüfung ist meist identisch mit der Frage, ob überhaupt Psychotherapie die Behandlung der Wahl darstellt.

8.4.1 Kontraindikation

Eine Psychotherapie ist nach allgemeinem Konsens dann kontraindiziert, wenn die Wahrscheinlichkeit hoch ist, daß der Patient durch die Psychotherapie Schaden nimmt. Psychische Schäden, die für alle sichtbar werden, sind Suizide, das Ausbrechen einer akuten Psychose, die eine irreversible Persönlichkeitsstörung nach sich ziehen kann, und eine nachhaltige und anhaltende Verschlechterung der Eingangssymptomatik.
Manche Schäden, die durch Psychotherapien angerichtet werden können, sind nicht so lärmend. Sie sind häufig subtiler, weniger sichtbar, aber nicht weniger schlimm. Bücher wie das von Dörte von Drigalski «Blumen auf Granit» (1980) legen davon Zeugnis ab.
Im Hinblick auf eine Kontraindikation ist vor der Aufnahme einer Gesprächspsychotherapie vor allem die Frage zu prüfen, ob der Patient die angebotene Beziehung nicht nur wahr-, sondern auch längerfristig wird annehmen können. Besonders beim Vorliegen instabiler und «falscher» Selbstkonzepte be-

steht die Gefahr, daß der Patient durch die emotionale Nähe des therapeutischen Kontaktes überfordert ist, psychotisch dekompensiert und/oder suicidal wird.
Rogers (1959, S. 53ff.; vgl. Bommert, 1977, S. 36f.) weist auf diesen Umstand in seinen Überlegungen zur Persönlichkeitsentwicklung als auf einen «Prozeß des Zusammenbruchs und der Desorganisation» hin: «Die Gestalt der Selbststruktur wird durch die Erfahrung der Inkongruenz zerbrochen.» Da Psychotherapie, wenn sie den Namen verdient, immer auch Erleben von Inkongruenzen bedeutet, ist also davon auszugehen, daß es beim Vorliegen einer nur unzureichend stabilen Selbstkonzeptstruktur in einer Gesprächspsychotherapie zu deren irreversiblen Dekompensation kommen kann, d. h. zu psychotischem Erleben bzw. psychotischer Verarbeitung von Erleben.
In der Praxis sind psychotische Dekompensationen als Folge einer Gesprächspsychotherapie offenbar extrem selten. Nach über 20 Jahren Tätigkeit in einer psychiatrischen Poliklinik haben meine Kollegen und ich den Eindruck gewonnen, daß Gesprächspsychotherapie, wenn sie lege artis zur Anwendung kommt, ein vergleichsweise «ungefährliches» Verfahren ist. Während Patienten mit abgebrochenen Gesprächspsychotherapien in erster Linie klagen, daß die Behandlung nichts genützt habe, hört man bezüglich anderer Therapiemethoden häufiger die Klage, daß sie auch geschadet hätten.

8.4.2 Nicht-Indikation

Die Frage der Nichtindikation ist bereits mit der Frage nach der Prognose für die geplante Behandlung verbunden.
Generell gilt, daß eine Psychotherapie dann nicht-indiziert ist, wenn sie nichts nützt. Ein solcher Fall ist z. B. dann gegeben, wenn ein Patient eine Therapie nicht aufsucht, um sich zu verändern, sondern z. B. als Ersatz für fehlende Partnerschaft oder Sozialkontakte. Nicht-indiziert ist eine Psychotherapie auch dann, wenn die Ursachen der Störung dominierend nicht psychischer, sondern organischer Natur sind.
Nach Maßgabe der o. g. Indikationsregel ist eine Gesprächspsychotherapie vor allem dann nicht-indiziert, wenn sich mit der Aufhebung der Inkongruenz keine Veränderungsmöglichkeiten ergeben oder nur solche, die so gravierend sind, daß dieser Preis als zu hoch anzusehen ist.

8.4.3 Das Störungsbild als Indikationsparameter

Wie bereits ausgeführt, bildet die Art der Störung nur einen ersten Anhaltspunkt für die Indikationsstellung. Schickt man alle Patienten mit der globalen ICD-9 Diagnose (300) «Neurose» und einem Behandlungswunsch in eine Gesprächspsychotherapie, dann werden zwei Drittel von ihnen davon profitieren. Diese Erfolgsquote wird höher eingeschätzt, wenn der Therapeut erfahren ist, und beim Patienten folgende Beschwerden im Vordergrund stehen:

- allgemeine Unsicherheit und Verstimmung (Depressivität)
- Hemmungen (Selbstunsicherheit)
- Selbstunzufriedenheit
- phobische Zustände
- Kontaktprobleme
- Arbeits- bzw. Leistungsstörungen
- diffuse psychosomatische Störungen
- sexuelle Störungen.

Von praktisch tätigen gesprächspsychotherapeutisch ausgebildeten Ärzten wird eine Gesprächspsychotherapie vor allem bei folgenden Störungsgruppen als wirksam eingeschätzt:

a) bei gestörten Persönlichkeitsentwicklungen (Neurosen),
b) z.T. bei Suchtkrankheiten,
c) bei reaktiven Depressionen sowie in manchen Stadien der endogenen Depression, z.B. bei chronifizierten und subakuten Zuständen, im abklingenden Stadium der akuten Phase und
d) bei der Behandlung von schizophrenen Patienten nach Abklingen der floriden Symptomatik zur Förderung der Ichstärke, der Kontaktfähigkeit und des Sozialverhaltens (Meyer-Cording, 1978).

8.4.4 Indikation anhand von Tests

Frühe Versuche, eine Indikation aus Persönlichkeitsmerkmalen bzw. Störungsbildern abzuleiten, die mit Hilfe standardisierter psychologischer Testverfahren vor Therapiebeginn erhoben wurden, verliefen weitgehend ergebnislos (vgl. Minsel, 1975).

Erst die Anwendung von Methoden, die der Fragestellung angemessener waren, brachten bessere Erfolge.

Ein solcher Ansatz wurde von Zielke (1979) entwickelt. Er schlägt einen theoriegeleiteten Indikationsansatz vor und hat dazu auch einen Fragebogen entwickelt, die «Kieler änderungssensitive Symptomliste» (KASSL).

In seinen Untersuchungen mit diesem Instrument fand er heraus, daß eine Gesprächspsychotherapie eine gute Prognose hat, wenn eine «Verstimmungsstörung vorliegt, die dadurch gekennzeichnet ist, daß die erlebnismäßigen Zustände situations- und tätigkeitsunspezifisch auftreten» (a.a.O., S. 162). Das heißt konkret: Der Patient erlebt «Gefühle von Niedergeschlagenheit und Bedrücktsein, Lebensunlust, Unglücklichsein, den Wunsch, oft zu weinen, das Gefühl der Schwermut» (S. 111), und zwar als «überdauernde, fast gleichbleibende, depressive Erlebniszustände, bei denen sich kaum Situationshierarchien von auslösenden Bedingungen entwickeln lassen. Sie sind relativ konstant, also *situationsinvariant*.»

Dieses Indikationsprofil kommt dem von Experten, die nicht Gesprächspsychotherapeuten sind, erstaunlich nahe. Blaser (1977) hat untersucht, welche Patienten Ärzte einer psychiatrischen Poliklinik aus welchen Gründen in welche Psychotherapie schicken möchten. Er fand dabei, verkürzt gesagt, folgendes heraus:

- Patienten mit ausgeprägter Symptomatik, die möglichst isoliert auftritt, werden einer Verhaltenstherapie zugewiesen.
- Patienten, die eher introspektiv mit ihren Problemen und Symptomen umgehen, werden einer psychoanalytischen Behandlung zugewiesen und
- Patienten mit mehr diffusen Lebensproblemen und Unzufriedenheiten sollen eine Gesprächspsychotherapie machen.

Blaser selbst kommt zu dem Schluß, daß die «Indikation zur Gesprächspsychotherapie auch als therapeutischer Abfallkorb gesehen werden kann» (a.a.O., S. 77), wobei dieser Korb recht groß ist, denn er nimmt 21 % aller Zuweisungen auf, während die anderen zur Auswahl stehenden Therapieverfahren kleinere Zuweisungsquoten haben.

Auf der Grundlage dieser Ergebnisse könnte man meinen: Eine Gesprächspsychotherapie wird dann als indiziert angesehen, wenn beim Patienten eine eher diffuse, nicht an spezifische Situationen gebundene, Verstimmung bzw. Depressivität im Vordergrund steht.

Einen anderen Ansatz, Hilfe für eine Indikationsstellung durch den Einsatz psychologischer Meßmittel zu erhalten, hat Schulz (1980) vorgelegt. Er benutzte einen Fragebogen, das Freiburger Persönlichkeitsinventar (FPI), und analysierte nicht einzelne Skalen, sondern die Profile über alle Skalen. Er konnte clusteranalytisch fünf Patientengruppen mit unterschiedlichen FPI-Profilen voneinander abgrenzen. Für drei dieser Patientengruppen erwies sich die Gesprächspsychotherapie als eine sehr bis bedingt erfolgreiche Behandlungsmethode; bei den beiden anderen Gruppen läßt sich kaum ein oder gar kein Erfolg von der Durchführung einer Gesprächspsychotherapie erwarten.

Bei diesen beiden anderen handelt es sich einmal um die sogn. «testnormalen» Patienten und zum anderen um die «schwergestörten» Patienten.

Die testnormalen Therapiepatienten haben ein FPI-Profil, das dem gesunder Menschen gleicht. In ihrer Selbstwahrnehmung sind sie in allen Bereichen, die das FPI erfragt, nicht von der Norm abweichend. Nach der klientenzentrierten Theorie könnte man vermuten, daß es sich um Menschen handelt, die ihre Inkongruenz nicht spüren bzw. sie verleugnen (vgl. Speierer, 1989). Bei den «schwergestörten» Therapiepatienten handelt es sich um solche, die sich in allen Skalen des FPI als hochauffällig darstellen. Bei ihnen kann man vermuten, daß sie mit ihrem Leiden in hohem Maße identifiziert sind und deshalb wenig Inkongruenz spüren.

8.4.5 Klinische Indikation

In der klinischen Praxis erfolgt die Indikationsstellung für eine Gesprächspsychotherapie in der Regel in einem sog. Erstinterview oder Indikationsinterview. Die Führung eines solchen Interviews erfolgt nach bestimmten Regeln, die zum großen Teil auch für psychiatrische Explorationen oder psychoanalytische Erstinterviews gelten: Erhebung anamnestischer Daten, einschließlich Vorbehandlungen, Krankheitsentwicklung, auslösende Bedingungen oder Ergebnisse, aktueller Anlaß, der dazu geführt hat, um psychotherapeutische Hilfe nachzusuchen usw. Zu beachten sind Hinweise, die für eine Kontra- bzw. Nichtindikation sprechen. Im Hinblick auf eine Indikation für eine Gesprächspsychotherapie sind folgende Fragen positiv zu beantworten:

1. Läßt sich die Störung als Ausdruck einer Inkongruenz auffassen?
2. Ist ein hinreichend stabiles Selbstkonzept gegeben und liegt ein gewisses Ausmaß an Beziehungsfähigkeit des Klienten zu sich selbst vor?
3. Kann der Patient das gesprächspsychotherapeutische Beziehungsangebot zumindest in Ansätzen wahr- und auch annehmen?
4. Kann in der Aufhebung von Inkongruenz im Erleben des Klienten zumindest ein erster Schritt zur Lösung seiner Probleme gesehen werden, und sei es auch nur die Klärung des Problems?

(Nach: Biermann-Ratjen et al., 1979, S. 122).

Zur Prüfung des 3. Kriteriums gestalten Gesprächspsychotherapeuten das Indikationsinterview häufig so, daß sie die zweite Hälfte ihres Erstgespräches wie ein gesprächspsychotherapeutisches Gespräch führen und dabei darauf achten, wie der Klient darauf reagiert. Für eine positive Indikation spricht, wenn der Klient eine sichtbare oder spürbare Reaktion zeigt, mit körperlicher und/oder emotionaler An- oder Entspannung reagiert und seine Selbstexploration im Vergleich zum explorativen Teil des Interviews zunimmt.

Ein solches Vorgehen ermöglicht häufig schon nach einem einzigen Erstgespräch eine zumindest vorläufige Indikation zu stellen. Das Vorgehen empfiehlt sich vor allem dann, wenn der Interviewer nicht der spätere Therapeut ist, sondern nur die Indikation stellt. Die Nützlichkeit dieser Technik der Gestaltung des Erstinterviews konnte auch in einer empirischen Untersuchung nachgewiesen werden (Eckert et al., 1979).

Ist der Indikationssteller auch der mögliche spätere Psychotherapeut, dann erfolgt die Überprüfung des 3. Kriteriums, das auch als «Ansprechbarkeit des Patienten für das therapeutische Beziehungsangebot» bezeichnet wird, üblicherweise in 3–5 Probetherapiesitzungen.

Ein Hilfsmittel für die Prüfung der «Ansprechbarkeit» stellt auch ein kurzer Fragebogen dar, der sog. Klienten-Erfahrungsbogen (in: Biermann-Ratjen et al., 1979, S. 133). Dieser Bogen wird zwar viel benutzt, bisher liegen jedoch noch keine Daten vor, die auch im Individualfall eine rechnerische Entscheidungshilfe bei der Indikationsstellung ermöglichten. Zwei praktische Hinweise für die Benutzung des Bogens bestehen darin, daß ein Therapeut alarmiert sein sollte, wenn 1. seine Einschätzung der Therapiesitzung mittels dieses Bogens deutlich positiver ist als die des Patienten und 2. die Einschätzungen des Patienten nach allen Probesitzungen dieselben sind, d.h. der Patient keine Unterschiede in seinen Reaktionen auf die verschiedenen Sitzungen wahrnimmt.

In der Beachtung der «Ansprechbarkeit des Patienten für das therapeutische Beziehungsangebot» liegt auch ein wichtiger Schlüssel für eine differentielle Indikationsstellung.
Offensichtlich machen die verschiedenen Therapiemethoden sehr unterschiedliche therapeutische Beziehungsangebote und wohl kein Patient kann jedes dieser Angebote gleich gut für sich annehmen. Außerdem gibt es inzwischen eine Reihe von auch empirisch untermauerten Hinweisen, daß vor allem die Patienten ihre Behandlung erfolgreich abschließen, die die «Therapietheorie» ihres Therapeuten übernehmen (Eckert u. Biermann-Ratjen 1990; Eckert 1991b). Daher überweist man üblicherweise Patienten, die jede Deutung als Unterstellung verbuchen, nicht in eine psychoanalytische Therapie und Patienten, die ein Sichbefassen mit den eigenen Gefühlen als «Nabelschau» ablehnen, nicht in eine Gesprächspsychotherapie.
Zwischen dem Therapeuten und seinem spezifischen therapeutischen Beziehungsangebot und den Beziehungserwartungen und Erfahrungsbereitschaften des Patienten besteht eine wechselseitige Abhängigkeit, die bei der Indikationsstellung zu beachten ist. Sind Angebot und Erwartungen zu diskrepant, wird die Prognose des Behandlungserfolges eher ungünstig (vgl. auch Ambühl u. Grawe, 1988; Rudolf et al., 1988; Lang, 1990).

8.5 Abschließende Bemerkungen

Die Darstellung der Indikationsstellung in der Gesprächspsychotherapie erfolgte unter dem Gesichtspunkt der sog. «selektiven» Indikation (vgl. Baumann, 1981; Seidenstücker, 1984), d.h. im Hinblick auf die Frage, ob die Methode Gesprächspsychotherapie für einen gegebenen Patienten eine geeignete ist. Es gibt Auffassungen, z.B. Tausch (1989), auch in der Gesprächspsychotherapie sog. adaptive Therapiestrategien zu verfolgen, d.h. unter bestimmten Umständen das gesprächspsychotherapeutische Handeln durch andere Methoden, z.B. Entspannungsübungen, zu ergänzen.
Beide Standpunkte werden unter Gesprächspsychotherapeuten sehr kontrovers diskutiert (z.B. Eckert & Biermann-Ratjen, 1990). Zu dieser Kontroverse sollten die vorliegenden Ausführungen keinen Beitrag leisten.
Eine weitere Kontroverse unter Gesprächspsychotherapeuten ist durch die Frage begründet, ob Gesprächspsychotherapie in der hier vorgestellten Form im Hinblick auf ein differentielles Vorgehen in Abhängigkeit von der Art Störung nicht unzureichend ist. Alternativ zu ihr wird eine «zielorientierte Gesprächspsychotherapie» vorgeschlagen (Sachse & Maus, 1991). Zu dieser Frage sollten die vorliegenden Ausführungen eine Antwort beinhalten: Gesprächspsychotherapie in der von Rogers vorgelegten Grundkonzeption ist eine differentielle Psychotherapiemethode.

Literatur

Ambühl, H., Grawe, K. (1988): Die Wirkung von Psychotherapie als Ergebnis der Wechselwirkung zwischen therapeutischem Angebot und Aufnahmebereitschaft der Klient/inn/en. Z. Klin. Psychol. Psychopathol. Psychotherapie, 36, 308–327

Baumann, U., v. Wedel, B. (1981): Stellenwert der Indikationsfrage im Psychotherapiebereich. In: Baumann, U. (Hrsg.) (1981)

Baumann, U. (Hrsg.) (1981): Indikation zur Psychotherapie. Perspektiven für Praxis und Forschung. Urban & Schwarzenberg, München

Binder, U., Binder, J. (1991): Studien zu einer störungsspezifischen klientenzentrierten Psychotherapie. Klotz, Frankfurt a. M.

Biermann-Ratjen, E.-M., Eckert, J. u. Schwartz, H.-J. (1979; 1992, 6. Aufl.): Gesprächspsychotherapie. Verändern durch Verstehen. Kohlhammer, Stuttgart

Biermann-Ratjen, E.-M., Eckert, J. (1986): Überlegungen und Erfahrungen bei der gesprächspsychotherapeutischen Behandlung in Gruppen von Patienten mit einer Borderline-Persönlichkeitsstörung. Z. personenzentr. Psychol. Psychother., 1, 47–54

Biermann-Ratjen, E.-M., Eckert, J. (1992): Gesprächspsychotherapie in der Psychiatrie. Vortrag (unveröff.) auf dem 3. Dresden-Hamburg Psychiatrie-Symposion am 3./4. Juli 1992 in Dresden

Blaser, A. (1977): Der Urteilsprozeß bei der Indikationsstellung zur Psychotherapie. Huber, Bern

Bommert, H. (1977; 1987, 4. Aufl.): Grundlagen der Gesprächspsychotherapie. Kohlhammer, Stuttgart

Bundesausschuß der Ärzte und Krankenkassen (1990): Richtlinien des Bundesausschusses der Ärzte und Krankenkassen über die Durchführung von Psychotherapie in der kassenärztlichen Versorgung i.d. Neufassung vom 3. Juli 1987 und geänderten Fassung vom 4. Mai 1990

Drigalski, D. v. (1980): Blumen auf Granit. Ullstein, Berlin

Eckert, J. (1985): Reicht das klientenzentrierte Konzept in seiner Allgemeinheit aus oder brauchen wir auch störungsspezifische Ansätze? GwG-Info, Köln, 59, 115–121

Eckert, J. (1991): Gesprächspsychotherapie = erfolgreiche Fokaltherapie? Mehr als ein Forschungsbericht. GwG-Zeitschrift, 81, 41–42

Eckert, J. (1991b): Über die Bedeutung der Therapietheorien für die Wirksamkeit psychotherapeutischer Behandlungen. Verhaltenstherapie und psychosoziale Praxis, 2, 145–155

Eckert, J., Biermann-Ratjen, E.-M., Blonski, D. u. Peters, W. (1979): Die Prädiktion der Effekte einer Gesprächspsychotherapie anhand eines Indikations-Interviews. Z. klin. Psychol. Psychother., 27, 22–29

Eckert, J., Biermann-Ratjen, E.-M. (1985): Stationäre Gruppenpsychotherapie. Springer, Berlin u.a.O.

Eckert, J., Biermann-Ratjen, E.-M. (1990): Ein heimlicher Wirkfaktor: Die Theorie des Therapeuten. In: Tschuschke, V. u. Czogalik, D. (Hrsg.) (1990)

Eron, L.D. & Callahan, R. (Eds.) (1969): The relation of theory to practice in psychotherapy. Aldine, Chicago

Finke, J., Teusch, L. (Hrsg.) (1991): Gesprächspsychotherapie bei Neurosen und psychosomatischen Erkrankungen. Asanger, Heidelberg

Freud, S. (1933): Neue Folge der Vorlesungen zur Psychoanalyse. GW, Bd. XV

Gaebel, W. (1986): Die Bedeutung von psychiatrischer Diagnose und Indikation in der Gesprächspsychotherapie. Z. personenzentr. Psychol. Psychother., 4, 399–408

Gesellschaft für wissenschaftliche Gesprächspsychotherapie (GwG) (Hrsg.) (1975): Die klientenzentrierte Gesprächspsychotherapie. Kindler, München

Janssen, P.L., Paar, G.H. (Hrsg.) (1989): Reichweite der psychoanalytischen Therapie. Springer, Berlin u.a.O.

Kendell, R.E. (1975; dtsch. 1978): Die Diagnose in der Psychiatrie. Enke, Stuttgart

Keupp, H. (Hrsg.) (1972): Der Krankheitsmythos in der Psychopathologie. Urban & Schwarzenberg, München

Kiesler, D.J. (1969): A grid model for theory and research in the psychotherapies. In: Eron, L.D. & Callahan, R. (Eds.) (1969)

Koch, S. (Ed.) (1959): Psychology: A study of science. Vol III. McGraw Hill, New York

Lang, H. (Hrsg.) (1990): Wirkfaktoren in der Psychotherapie. Springer, Berlin u.a.O.

Meyer, A.-E. (Ed.) (1981): The Hamburg Short Psychotherapy Comparison Experiment. Psychotherapy and Psychosomatics, 35, 81–207

Meyer, A.-E., Stuhr, U. u. Deneke, F.W. (1989): Psychoanalytische Kurztherapie. Möglichkeiten und Grenzen anhand eigener empirischer Untersuchungen. In: Janssen, P.L. u. Paar, G.H. (Hrsg.) (1989)

Meyer, A.-E., Richter, R., Grawe, K., Graf v.d. Schulenburg, J.-M. u. Schulte, B. (1991): Forschungsgutachten zu Fragen eines Psychotherapeutengesetzes. Universitätskrankenhaus Hamburg, Hamburg

Minsel, W.-R. (1975): Indikation und Kontraindikation der Gesprächspsychotherapie. In: Gesellschaft für wissenschaftliche Gesprächspsychotherapie (GwG) (Hrsg.) (1975)

Minsel, W.-R., Scheller, R. (Hrsg.) (1980): Brennpunkte der Klinischen Psychologie, Bd. 1. Kösel, München

Pawlik, K. (Hrsg.) (1976): Diagnose der Diagnostik. Klett, Stuttgart

Pomrehn, G., Tausch, R. u. Tönnies, S. (1986): Personzentrierte Gruppenpsychotherapie: Prozesse und Auswirkungen nach 1 Jahr bei 87 Klienten. Z. personenzentr. Psychol. Psychother., 1, 19–32

Rogers, C.R. (1951, dtsch: 1972): Die klient-bezogene Gesprächspsychotherapie. Kindler, München

Rogers, C.R. (1957): The necessary and sufficient conditions of therapeutic personality change. J. consult. Psychol., 21, 95–103

Rogers, C.R. (1959): A theory of therapy, personality and interpersonal relationship as developed in client-centered framework. In: Koch, S. (Ed.) (1959)

Rogers, C.R. (1961, dtsch. 1873): Entwicklung der Persönlichkeit. Klett, Stuttgart

Rudolf, G., Grande, T. u. Porsch, U. (1988): Die initiale Patient-Therapeut-Beziehung als Prädiktor des Behandlungsverlaufs. Z. Psychosomat. Med., 34, 32–49

Sachse, R., Howe, J. (Hrsg.) (1989): Zur Zukunft der klientenzentrierten Psychotherapie. Asanger, Heidelberg

Sachse, R., Maus, C. (1991): Zielorientiertes Handeln in der Gesprächspsychotherapie. Kohlhammer, Stuttgart u.a.O.

Schmidt, L.R. (Hrsg.) (1978; 1984, 2. Aufl.): Lehrbuch der Klinischen Psychologie. Enke, Stuttgart

Schulz, W. (1980): Klassifikation und Indikation in der Gesprächspsychotherapie. In: Minsel, W.-R. & Scheller, R. (Hrsg.) (1980)

Seidenstücker, G. (1984): Indikation in der Psychotherapie. In: Schmidt, L. R. (Hrsg.) (1978; 1984, 2. Aufl.)
Speierer, G.-W. (1979): Ergebnisse der ambulanten Gesprächspsychotherapie. Forschr. Med., 35, 1527–1533
Speierer, G.-W. (1989): Die Krankheitslehre der klientenzentrierten Psychotherapie. In: Sachse, R. u. Howe, J. (Hrsg.) (1989)
Swildens, H. (1988, dtsch. 1991): Prozeßorientierte Gesprächspsychotherapie. GwG-Verlag, Köln
Tausch, R. (1973, 5. Aufl.): Gesprächspsychotherapie. Hogrefe, Göttingen
Teusch, L. (1986): Gesprächspsychotherapie schizophrener Patienten. Z. personenzentr. Psychol. Psychother., 4, 391–398
Teusch, L. (1991): Diagnostik in der Gesprächspsychotherapie am Beispiel der Angsterkrankungen. In: Finke, J. u. Teusch, L. (Hrsg.) (1991)
Tölle, R. (1991): Psychiatrie. 9. Auflage. Springer, Berlin u. a. O.
Tscheulin, D. (1983): Über differentielles therapeutisches Vorgehen in der klientenzentrierten Psychotherapie – Ein empirischer Beitrag zu einer differentiellen Gesprächspsychotherapie. In: D. Tscheulin (Hrsg.) (1983)
Tscheulin, D. (Hrsg.) (1983): Beziehung und Technik in der klientenzentrierten Psychotherapie. Beltz, Weinheim
Tscheulin, D. (1992): Wirkfaktoren psychotherapeutischer Interventionen. Hogrefe, Göttingen u. a. O.
Tschuschke, V., Czogalik, D. (Hrsg.) (1990): Psychotherapie – Welche Effekte verändern? Springer, Berlin u. a. O.
Szasz, T. S. (1960): Der Mythos von der seelischen Krankheit. In: Keupp, H. (1972)
Zielke, M. (Hrsg.) (1979): Indikation zur Gesprächspsychotherapie. Kohlhammer, Stuttgart u. a. O.
Zielke, M. (Hrsg.) (1982): Diagnostik in der Psychotherapie. Kohlhammer, Stuttgart u. a. O.

9 Diagnostik in der Familientherapie

P. Scheib und M. Wirsching

9.1 Einführung

Die Familientherapie ist eine relativ junge psychotherapeutische Schulrichtung. Anders als zum Beispiel die Psychoanalyse oder die Verhaltenstherapie war die Familientherapie von Beginn an sehr heterogen. Mit Wurzeln in der Psychoanalyse, kamen vor allem Anregungen aus der Kommunikationstheorie, der antipsychiatrischen Bewegung, der Kybernetik und konstruktivistischen Theorien (Jackson 1959; Haley 1959; Bateson 1972; Laing 1964; Watzlawick et al. 1967; Maturana und Varela 1980; Glasersfeld 1987; Luhmann 1984) hinzu. Verbunden mit verschiedenen Leitfiguren der Familientherapie entstand die heute sich noch immer in einem Entwicklungsprozeß befindliche Praxis aus verschiedenen Orientierungen wie der strukturellen Familientherapie (Minuchin 1974), der psychoanalytischen Familientherapie (Richter 1963, 1970; Sperling et al. 1982; Bauriedel 1980; Möhring und Neraal 1991), der entwicklungsorientierten Familientherapie (Satir 1975) und der systemischen Therapie (Selvini-Palazzoli et al. 1978; Stierlin et al. 1977; Weber und Stierlin 1989; Ludewig 1992). Während bei der psychoanalytischen Orientierung die aktuelle Beziehungsdynamik im Hinblick auf abgewehrte (unbewußte) Konflikte in Gegenwart und Vergangenheit eine Rolle spielt, richtet sich der Blick bei der strukturellen Familientherapie vor allem auf Strukturaspekte familiärer Bindungen. Hier werden insbesondere Prozesse der Grenzenverwischung und -verschiebung zwischen den Generationen und Subsystemen einer Familie als an psychosomatischer und psychischer Symptombildung beteiligt angesehen. Der entwicklungsorientierte Ansatz stellt die Bedeutung lebenszyklischer Prozesse, in denen sich Familien befinden, im Sinne eines entwicklungspsychologischen Ansatzes in den Vordergrund. Die systemische Orientierung, die oft synonym mit Familientherapie gebraucht wird, entwickelte am konsequentesten eine eigene Begrifflichkeit und brachte in die Familientherapie eine Orientierung, die mit der sogenannten kybernetischen Wende oder postmodernem Denken verbunden ist. Durch die Entwicklungen der «Mailänder Schule» konnten wertvolle technische Aspekte in die Familientherapie aufgenommen werden, wie die der Zirkularität und der Neutralität und die paradoxe Verschreibung (Selvini-Palazzoli, Cecchin, Boscolo, Prata 1981; Selvini Palazzoli et al. 1978).

Obwohl also sehr heterogen, bestehen Gemeinsamkeiten darin, daß in allen Schulrichtungen der Schwerpunkt der Sicht- und Behandlungsweise bei psychischen oder psychosomatischen Störungen weg von einem individuumsbezogenen Ansatz hin zu einem Ansatz führt, der die aktuellen und vergangenen realen Beziehungen der Patienten in den Blick nimmt. Familientherapie trägt so der Tatsache Rechnung, daß sich Individuen im Laufe ihres Lebens im Kontext sozialer Beziehungen und im Austausch und in Transaktion mit Mitgliedern ihres engsten sozialen Netzwerkes bzw. Familien entwickeln. Störung wird vor diesem Hintergrund verstanden als Ausdruck homöostatischer, selbstregulativer (autopoetischer) bzw. systemischer Prozesse in diesem Beziehungskontext. Dementsprechend richtet sich Familientherapie auch auf das Verstehen und die Veränderung problematischen Verhaltens und der Erlebnisweisen im Kontext der sozialen Beziehungen und durch die sozialen Beziehungen.

Obwohl ursprünglich an psychiatrischen und psychosomatischen Krankheitsbildern entwickelt, hat die Familientherapie im Vergleich zu anderen Therapieschulen am deutlichsten mit der klassisch psychiatrischen Nosologie und psychiatrisch-medizinischen Krankheitsvorstellungen gebrochen. Es stellt sich deshalb das Problem, wie im Kontext medizinischer Institutionen und im Kontext von Behandlungen psychischer und psychosomatischer Störungsbilder die Diagnostik der Familientherapie mit eigener Begrifflichkeit und eigenen Verfahren anzusiedeln ist. Hieraus ergeben sich durchaus Widersprüche zwischen praktischer und theoretischer Anschauung in der Familientherapie. In der Praxis bewegt sich Familientherapie im Rahmen beraterischer und medizinischer Institutionen. Für den Bereich der Psychosomatik und Psychotherapie ist zu fragen, wie die in der Schulrichtung vollzogene radikale Abwendung von der klassischen Diagnostik im Hinblick auf die Behandlung bestimmter Indexpatienten in Einklang zu bringen ist, mit der vor Ort oft pragmatischen Vorgehensweise. Noch völlig ungeklärt ist das Verhältnis familiendynamischer und familientherapeutischer Diagnostik zu der Operationalisierung von Störung in den gebräuchlichen Klassifikationssystemen wie DSM III R oder ICD 10. Fleck (1983) legt in einer vergleichenden Übersicht dar, wie bei gegebener Problematik einzelner Patienten eine Klassifikation auf den Achsen des DSM III zu Fehlschlüssen bzw. Fehlbehandlung führen kann, weil in vielen Fällen die bedeutsame Ebene der familiären Beziehungen bzw. des persönlichen sozialen Netzwerkes vom Diagnostiker nicht berücksichtigt wird. Gefordert wird dementsprechend eine Vervollständigung der Klassifikationssysteme im Hinblick auf die Beschreibung familiärer Dynamiken. Im vorliegenden Artikel soll allerdings vor einer zu schnellen «Konstruktion» neuer Klassifikationsachsen in der operationalen Diagnostik zunächst einmal auf einige Grundpositionen theoretischer und praktisch klinischer Vorgehensweisen in der Diagnostik der Familientherapie im Hinblick auf Forschung und klinischen Alltag eingegangen werden. Insbesondere soll das Verhältnis von Fragebogendiagnostik und klinischer, behandlungsbezogener Diagnostik in den Blick genommen werden.

9.1.1 Anwendungen der Familientherapie

Familientherapeutische Methoden kommen in verschiedener Form zur Anwendung. Hier kann zwischen Familientherapie im engeren Sinne und Familienberatung sowie Familienpolitik unterschieden werden (vgl. Schneewind 1991). Familientherapie im engeren Sinne kommt im Bereich der Behandlung psychischer Störungen neben dem kinder- und jugendpsychiatrischen Bereich vor allem als Mitbehandlung von Angehörigen in der Erwachsenen-Psychiatrie und bei der Behandlung psychosomatischer und neurotischer Störungen vor. Hierbei folgt der Indikationsbereich nicht so sehr den Krankheitsklassifikationen als vielmehr den von Fachtraditionen und Entwicklungsströmungen geprägten Anwendungsgebieten.
Potentiell beansprucht Familientherapie die Anwendbarkeit auf alle denkbaren Störungsbereiche von Individuen und Beziehungssystemen. Hiermit ist allerdings nicht gemeint, daß ohne weitere individuellere fallbezogene Indikationsstellung Familientherapie immer angewandt werden sollte. Neben einem postulierten Nutzen von familientherapeutischen Methoden sind auch mögliche Schäden durch Familientherapie zu bedenken.

9.1.2 Familientherapie in Psychosomatik und Psychotherapie

Bezogen auf die Anwendungsbereiche von Familientherapie ist immer wieder zu unterscheiden zwischen Anwendung von Familientherapie im Sinne eines therapeutischen Verfahrens und Familientherapie im Sinne einer Systemsicht. In der Psychotherapie und Psychosomatik, vor dem Hintergrund institutioneller Gegebenheiten, findet Familientherapie in drei Hauptgebieten Anwendung: in der Ambulanz, während der stationären Behandlung und in dem Konsiliar/Liaisondienst. Aus diesen drei Anwendungskontexten folgen unterschiedliche Fragestellungen für Familientherapie. Bei ambulanter psychotherapeutischer Behandlung findet sich im wesentlichen die klassische Familientherapie wieder. Hier wird sie als eigenständiges Verfahren eingesetzt. Die Prozeßcharakteristika verhalten sich analog zur Einzeltherapie: vor dem Hintergrund bestimmter – zumeist auf einen Indexpatienten bezogener – Fragestellungen ergibt sich eine gewisse Sequenz von Familiengesprächen mit mehr oder weniger klar umrissenen Veränderungszielen. Im Zuge der stationären Therapie Einzelner sind Familiengespräche in den durch diese Behandlung sich entfalteten Prozeß eingebettet. Es ergeben sich neue Fragestellungen nach den Zielen dieser Art Anwendung mit den entsprechenden diagnostischen Problemen und Fragen nach der Indikationsstellung. In der Konsiliar-/Liaisonarbeit findet Familientherapie zunächst vor allem im Sinne einer Systemsicht Anwendung. Hier hat es der Therapeut mit den komplexen Interaktionen individuell psychischen Geschehens im Rahmen medizinischer Behandlung zu tun. Aspekte des medizinischen-somatischen Behandlungssystems reichen in die psychotherapeutische Fragestellung hinein. Eine Systemsicht kann helfen die Interaktionen zwischen aktueller Problemlage, medizinischem Behandlungskontext, individueller somatischer und psychischer Störung und familiären Prozessen zu verstehen und sie im Sinne einer interaktionellen Sicht im Alltagshandeln anzuwenden (Scheib 1991, Schwerd 1991).

9.1.3 Aktuelle Trends in der Familientherapie

Will man das Problem der Diagnostik in der Familientherapie zeitgemäß bearbeiten, so sollten die aktuellen Entwicklungen in der Familientherapie in Betracht gezogen werden. Hier sind vor allem zwei sich zum Teil widersprechende Trends zu beobachten: Die erste Tendenz zeigt, daß sich die Familientherapie nach einer Phase kreativer Innovationen, in der sie sich von den traditionellen Therapieformen vor allem durch die Vielfalt ihrer Schulrichtungen abhob, hin zu einer Therapieform entwickelt, die durch stärkere Verschulung und Institutionalisierung sowie Verwissenschaftlichung gekennzeichnet ist. Im Zuge einer Neuordnung des psychotherapeutischen Feldes wachsen die Anforderungen an die Standardisierung und die Qualität der Verfahren. Dennoch bleiben hierbei die Ursprungskonzepte in einer für die Familientherapie typischen Spannung zur herkömmlichen, eher von positivistisch-linearen empirischen Modellvorstellungen geleiteten Forschung. So zeigt sich z. B. in der Gruppe italienischer Familientherapeuten um Selvini-Palazzoli eine Abwendung von allzu technokratischen Vorstellungen über Familientherapie. Neuerdings wird hier mit der Metapher des «Spiels» gearbeitet, was die Leichtigkeit und Entdeckungsorientierung in diesem Ansatz andeuten soll (Cecchin 1988).

Der zweite hierzu gegenläufige dennoch darauf bezogene Trend, ist der, der Ernüchterung über die Grenzen und Möglichkeiten von Familientherapie im praktischen Kontext. So muß man sich von der Vorstellung verabschieden, Familientherapie sei analog zur Einzeltherapie im ebenso planbaren zeitlich und räumlich festgelegten Rahmen durchführbar. Die Natur von familiären und Beziehungsprozessen bedingt eine Brüchigkeit und relative Unplanbarkeit des therapeutischen Settings, so daß z. B. in den allerwenigsten Fällen eine kontinuierliche Therapie mit allen betroffenen Familienmitgliedern möglich ist. Im Gegenteil ist es zumeist Teil des therapeutischen Prozesses selbst, daß man immer wieder nur mit Teilsystemen arbeitet und das Fernbleiben Einzelner als Ausdruck familiärer Dynamiken auch im Sinne positiver Entwicklung zu verstehen lernt. Diese Prozeßcharakteristika haben aber all jene stark ernüchtert, die Familientherapie als technisches Verfahren und den Therapeuten als technokratischen Experten imaginierten. Die Lebendigkeit familiärer Prozesse unterläuft hier die durch den Kontext und durch kulturelle Strömungen bedingte Erstarrung der Sicht- und Handlungsweisen einschließlich der wissenschaftlichen Praxis.

9.2 Diagnostische Konzepte

Zu den Hauptaufgaben der Familiendiagnostik gehört das Erkennen bzw. das Einschätzen der Möglichkeiten und der Hindernisse, die sich dem Einzelnen, dem Paar und der Familie als Ganzes für ihre eigene Entwicklung stellen. Diagnostik bedeutet in der Familientherapie, wie auch sonst in der Psychotherapie, einen kontinuierlichen Prozeß des Abwägens, der Entscheidung für bestimmte Aktionen, der Wahrnehmung der Veränderungen, die die Aktionen bewirken, und dann wieder erneuter Aktionen. Diagnostik und Therapie sind untrennbare Elemente eines zirkulären Prozesses. Diagnostik begleitet die Behandlung vom allerersten Kontakt. Sie kommt vor, während und nach der Behandlung schon zum Tragen, immer wird diagnostisch gedacht und gehandelt. In der Katamnese zeigt sich, was sich verändert hat und was geblieben ist. Diagnostik schließt den ganzen Prozeß der Gewinnung von Informationen, deren «Verarbeitung», der Schlußfolgerungen, der daraus resultierenden therapeutischen Schritte, der Aufnahme von neuen Informationen, die aus diesen Schritten resultieren, der erneuten Informationsverarbeitung und erneuten Behandlungsschritte usw. ein. Therapeutisches Handeln läßt sich so als zirkulärer Prozeß der Hypothesengenerierung und der Hypothesenüberprüfung beschreiben. Diagnostik und Therapie sind zwei untrennbare Aspekte der Entwicklung im Behandlungssystem. Der eine der beiden Aspekte (Diagnostik) fokussiert auf Erkenntnisprozesse, der andere (Therapie) fokussiert entwicklungs- und entscheidungsförderndes Handeln. So verstanden hat jede Diagnostik auch starke entwicklungs- und entscheidungsfördernde, mithin therapeutische Wirkung. Jede therapeutische Aktion fördert neue Informationen zu Tage, hat mithin eine erkenntnisfördernde Wirkung. Beide – Diagnostik und Therapie – sind in ihrem Gelingen von den allgemeinen Wirkfaktoren jedes psychotherapeutischen Vorgehens abhängig, wie sie in der psychotherapeutischen Prozeßforschung zu Tage gefördert wurden:

1. Förderung einer vertrauensvollen Beziehung
2. erweitertes Selbst- und Fremdverständnis.
   (vgl. Luborsky 1988)

Ohne Entwicklung einer vertrauensvollen Beziehung gelangt der Therapeut nicht an relevante Informationen, andererseits ist die Möglichkeit den anderen besser zu verstehen bzw. sich besser verstanden zu fühlen, eine der beziehungsfördernsten Erfahrungen.

Diese Prämissen werden in der Familientherapie ergänzt durch spezifische Perspektiven, unter denen die familiären Prozesse betrachtet werden. Entsprechend der Heterogenität der Familientherapie sind diese Perspektiven zumeist mit bestimmten Richtungen der Familientherapie verbunden. Unsere alltägliche Erfahrung zeigt, daß es sinnvoll ist, die wichtigsten Aspekte dieser unterschiedlichen Orientierungen zusammenzufassen und so ein Gesamtbild der familiären Prozesse zu entwerfen, das der Komplexität des Gegenstandes gerechter wird, als die Festlegung auf eine bestimmte Schulrichtung innerhalb der Familientherapie. Im folgenden sollen, die aus unserer Sicht wichtigsten Aspekte und Perspektiven, die ein Familientherapeut berücksichtigen sollte im Überblick kurz benannt werden.

9.2.1 Stellung des Indexpatienten im familiären Gesamtsystem

Zu Beginn ist es hilfreich, sich einen Überblick über die Stellung des Indexpatienten im familiären Gesamtsystem zu verschaffen. Handelt es sich dabei um einen Elternteil oder ein Kind, welche Geschwisterposition nimmt es ein, um welche Art von Familie (Klein- oder Großfamilie, Stieffamilie, Elternfamilie, etc.) handelt es sich, welche soziale Stellung und welchen Status hat die Familie, welche äußeren Einflüsse liegen vor.
Zur Diagnose der Stellung des Indexpatienten im familiären Gesamtsystem ist die Erstellung eines Genogrammes sehr hilfreich. Mc Goldrick und Gerson (1990) haben hierzu eine umfangreiche Arbeit und einen Vorschlag zur Standardisierung vorgelegt. Abbildung 9-1 zeigt ein Beispiel eines solchen Genogrammes.
Oft können schon auf diese Weise aktuelle und mehrgenerationale, für die Störungsgenese relevante Einflüsse auf das familiäre System und den Indexpatienten im besonderen erkannt werden.

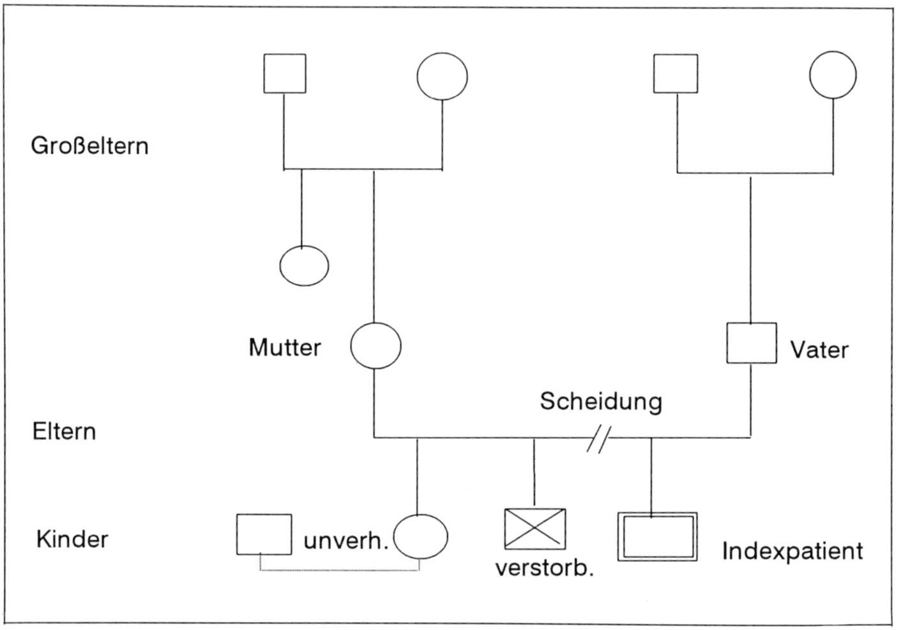

Abb. 9-1: Genogramm einer Familie

9.2.2 Aspekte des Familienklimas und der Eigenschaften einer Familie

Basierend auf früheren umweltpsychologischen Konzepten, die sich mit dem Person-Umwelt-Verhältnis beschäftigen, fand in der Familientherapie das Konzept des Familienklimas Verbreitung. Hierbei wird davon ausgegangen, daß es in Familien bzw. Beziehungssystemen zeitüberdauernde, von der Stellung im Lebenszyklus abhängige Aspekte der familiären, emotionalen Umwelt gibt, die die Individuen beeinflussen. Forschungen hierzu beschreiben folgende relevante Dimensionen: Zusammenhalt, Offenheit, Konfliktneigung, Selbständigkeit, Leistungsorientierung, kulturelle Orientierung, aktive Freizeitgestaltung, religiöse Orientierung, Organisation und Kontrolle. Diese Dimensionen wurden zu den «Familienklimaskalen» zusammengefaßt (Moos und Moos 1986, Schneewind 1988). Umfangreiche Forschungen hierzu zeigen, daß sich diese unterschiedlichen Aspekte in drei sekundären Faktoren zusammenfassen lassen: I positiv-emotionales Klima, II anregendes Klima und III normativ-autoritatives Klima. Diese empirisch gefundenen Dimensionen scheinen für die Entwicklung einer Familie relevante «Klimaaspekte»

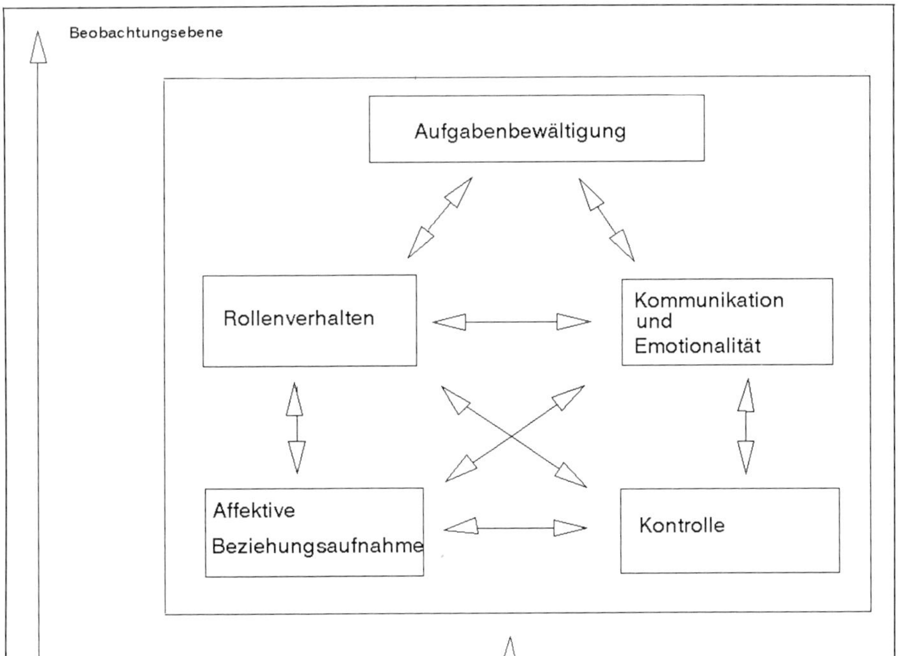

Abb. 9-2: Das Prozeßmodell

abzubilden. Ergänzend hierzu können Ergebnisse der Schizophrenieforschung hinsichtlich des Konzeptes der «expressed emotions» gesehen werden. Im Hinblick auf die Rückfallwahrscheinlichkeit von chronisch psychisch Kranken ist offenbar von Bedeutung, inwieweit Gefühle ausgedrückt oder unterdrückt werden. Besonders pathogen scheint eine emotionale Überinvolviertheit der Individuen im familiären System zu sein (Leff und Vaughn 1985).
Auch im sogenannten «Mc Master-Modell» (Epstein et al. 1978) sind Dimensionen formuliert, hinsichtlich derer familiäre Prozesse beschrieben werden können. Im «Family Assessment Measure (FAM)», das auf Basis des sogenannten «Prozeß Modell» arbeitet (Cierpka 1988), sind diese zu sieben Bereichen zusammengefaßt: Aufgabenbewältigung, Rollenverhalten, Kommunikation, Emotionalität, affektive Beziehungsaufnahme, Kontrolle sowie Werte und Normen. Hierbei ist es sinnvoll die Familie auf drei unterschiedlichen Ebenen zu betrachten: die Familie als Gesamtsystem, die Paarbeziehung und die individuell-intrapsychische Ebene. Auch hierzu gibt es mittlerweile umfangreiche Forschungsergebnisse, die die Relevanz dieser Aspekte für Störung belegen.

9.2.3 Struktur der Bindungen in der Familie, Kohäsion und Entwicklungsfähigkeit

Betrachtet man die Familie als Interaktionsfeld, so strukturieren zeitüberdauernde Beziehungsmuster das Bild. Hierbei können die Interaktionen zwischen Subsystemen z. B. Kinder – Eltern, oder die Interaktionen zwischen den Ein-

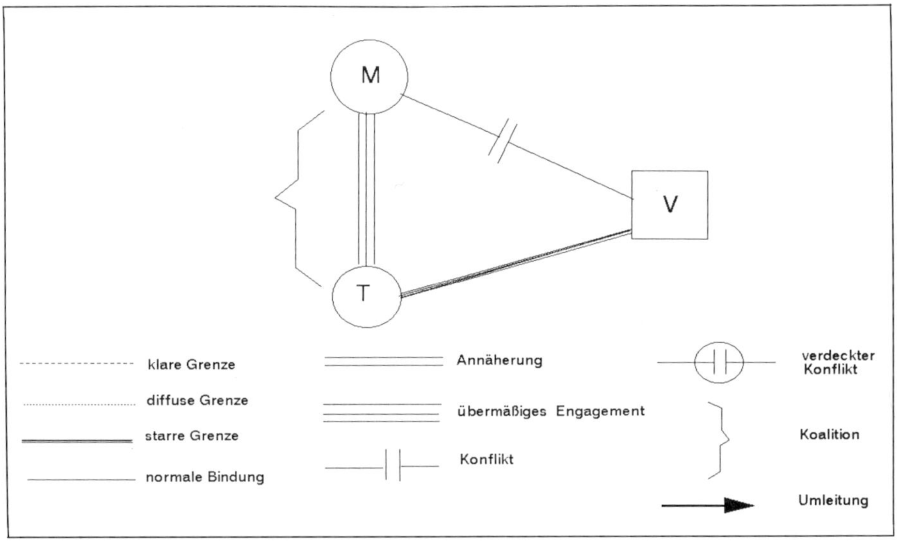

Abb. 9-3: Strukturbild einer Familie

zelnen betrachtet werden. Im Hinblick auf Normen, Regeln, Hierarchien, Machtverhältnisse, Bindungen, Grenzen und Konflikten bzw. Beziehungsqualitäten, ergibt sich ein Strukturbild der Familie. Dieses kann grafisch dargestellt werden, so wie es z. B. in der strukturellen Familientherapie gebräuchlich ist. Abbildung 9-3 zeigt ein Beispiel eines solchen Strukturbildes. Problematisch sind allerdings die zum Teil nur unzureichend operationalisierten Begriffe, wie z. B. «normale Bindung», die eine sehr statische Betrachtung der Beziehungsprozesse implizieren. Im Hinblick auf die klinische Relevanz wird angenommen, daß bestimmte Beziehungskonfigurationen störungsrelevant sind.

Olson et al. (1972, 1980) haben in Weiterentwicklung dieser Strukturmodelle das sogenannte «Circumplexmodell» formuliert. In diesem wird angenommen, daß sich familiäre Prozesse im Hinblick auf die Struktur der Beziehungen im wesentlichen zwischen der Dimension «Zusammenhalt» (Kohäsion) und Flexibilität (Adaptability) bewegen. In einem grafischen Modell sich diese Dimensionen abbilden.

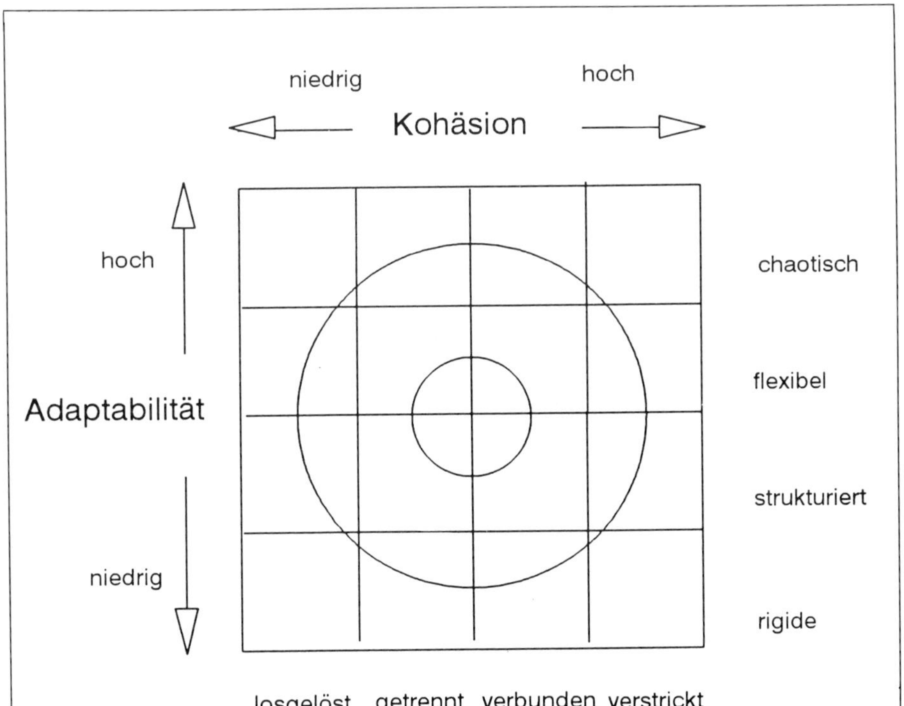

Abb. 9-4: Das Circumplexmodell

Demnach bewegen sich gesunde Familien im mittleren Bereich und Prozesse des Zusammenhalts und der Flexibilität halten sich die Waage. Zu starker Zusammenhalt oder auch zu große Flexibilität, aber auch zu geringe Flexibilität und zu geringer Zusammenhalt sind mit Störung assoziiert. Besonders störungsanfällig sind die als «rigide» und «eng gebundenen» und «verclincht» beschriebenen Familien.

9.2.4 Entwicklungsaufgabendiagnostik resultierend aus der Stellung der Familie im Lebenszyklus

Entwicklungspsychologisch geprägte Betrachtungen der Familie führten zur Formulierung eines Lebenszyklusmodells (Mc Goldrick und Carter 1982). Dieses Modell geht davon aus, daß Individuen bzw. Familien im Laufe ihrer Entwicklung typische Phasen durchlaufen, wie z. B. Partnerschaft ohne Kinder, Familie mit Kleinkindern, Phasen in denen die Kinder das elterliche Haus verlassen und z. B. die Phasen der Familie im Alter. Die Übergänge zwischen diesen Phasen bilden Krisenpunkte, die sich den Familien in Form von Entwicklungsaufgaben stellen. Für eine Diagnostik familiärer Prozesse, gerade im Hinblick auf Störung ist deshalb entscheidend, in welcher Stellung, bezogen auf einen solchen Lebenszyklus, eine Familie steht und welche Entwicklungs-

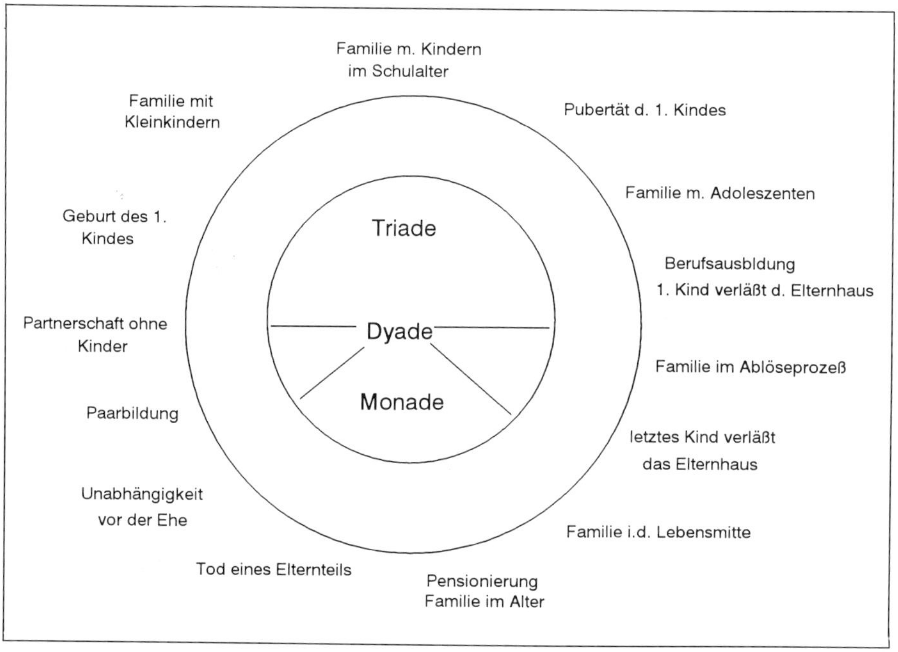

Abb. 9-5: Das Lebenszyklusmodell

aufgaben zu bewältigen sind. Die Abbildung 9-5 zeigt eine Darstellung eines Lebenszyklus.
Fleck et al. (1980) haben dies zu einem diagnostischen Entwicklungsmodell expliziert. Es werden fünf Dimensionen unterschieden, die veränderungsrelevant sind. Diesen Entwicklungsdimensionen werden fünf Entwicklungsziele zugeordnet. Tabelle 9-1 zeigt dies in einer Übersetzung von Steffens (1988) in einer Übersicht.

Tabelle 9-1: Dimensionen familiärer Entwicklung

Entwicklungslinien	Entwicklungsziele
– phasenspezifische Entwicklungsaufgaben	– Bewältigung der Übergänge
– Kommunikation	– Klarheit und Kongruenz der Kommunikation
– Affekt	– Austausch von und Toleranz für Affekte(n)
– Grenzen	– Aufbau flexibler Grenzen
– Hierarchie	– angemessene Rollen und Machtverteilung

Es bleibt allerdings neben der Pragmatik und Plausibilität eines solchen Konzeptes offen, inwieweit die Vorstellung einer lebenszyklischen Entwicklung von Beziehungssystemen bereits eine kulturell normierte, teleologische (zielorientierte) Matrix unterlegt, die dann eventuell die Offenheit der systemischen Prozesse in der Analyse beschränkt.

9.2.5 Die verhaltenstherapeutische Orientierung in der Familientherapie

Vor dem Hintergrund lern- und verhaltenstheoretischer Grundlagen hat sich eine spezielle Richtung der Familientherapie herausgebildet, deren Blickrichtung in einer umfassenden Diagnostik berücksichtigt sein sollte. Betrachtet wird das aktuelle Erleben und Verhalten der Familienmitglieder bzw. Ehepartner in Zusammenhang mit Problemen, Aufgaben und Belastungen, die von den Betroffenen bewältigt werden sollen. Bedeutsam für das Verständnis der Problemsituation sind die in einer Verhaltensanalyse gewonnenen Einsichten über frühere und aktuelle Lernkontexte und das Erleben und Verhalten beeinflussender Umweltfaktoren. Schon in der Diagnostik interessiert wie vorhandenes Problemlöseverhalten und die familiäre Kommunikation verbessert bzw. neue Problemlösestrategien und Kommunikationsverhalten entwickelt werden können. Im Verlauf der Behandlung können dann z. B. entsprechende Übungen unternommen werden. Zur Entwicklung neuer Verhaltensmöglichkeiten können der Familie Aufgaben gestellt werden oder z. B. vorgeschlagen werden, ein problembezogenes Tagebuch zu führen. Im Bereich der Paartherapie, der sich durch spezielle Fragestellungen von der Familientherapie z. T.

abhebt, hat sich der Verhaltensansatz nochmals weiter spezialisiert (Falloon 1988, Hahlweg et al. 1988).

9.2.6 Die ethnografische Orientierung

Ein etwas anderes Licht auf den diagnostischen Prozeß wirft die ethnografische Orientierung in der Familientherapie auf das Geschehen in der Familie und deren Lebensumfeld, wie sie z. B. von Hildenbrand (1983, 1991, 1991 a) entwickelt wurde. Kontextuelles Wissen über die Region, sowie Alltagswissen über z. B. die Berufsrollen und die soziale Stellung der Familie führen zu hypothesengenerierenden Vermutungen über die Familie, die sich im Gespräch prüfen lassen. Diagnostik wird hier auch begriffen als die Konstruktion einer Familiengeschichte bzw. als eine Rekonstruktion übers Geschichtenerzählen (Hildenbrand 1990, Welter-Enderlin 1990). Dies betont den schöpferischen Aspekt der Therapie und bindet die familiären Prozesse in einen räumlichen und zeitlichen Kontext ein. Aufgesucht wird, neben dem für die Familie Typischen, das in der erzählten Geschichte Einmalige und Neue.

9.2.7 Psychoanalytische Diagnose der spezifischen bewußten und unbewußten Konfliktdynamiken, Klärung vorherrschender Abwehrmechanismen, Übertragung und Gegenübertragung

Die durch das systemische Denken abgelösten älteren familiendynamischen Vorstellungen, wie sie von psychoanalytisch orientierten Gründern der Familientherapie formuliert wurden und an die Abwehrlehre der individuellen Therapie angelehnt waren, haben heute noch eine Bedeutung, insofern sie im Hinblick auf familiäre Dynamiken dazu dienen, unbewußte und bewußte Konflikte zu beschreiben. Hierbei ist vor allem die Dynamik triebhaften, libidinösen Geschehens in der Familie zu beachten. Besonders brisant ist die Entwicklung der Sexualität Adoleszenter im Kontext der Familie. Aber auch verdrängte frühere Konflikte der Eltern und der Großelterngeneration, die in der aktuellen Entwicklung eine Rolle spielen, können hier Bedeutung erhalten. Im familientherapeutischen Gespräch hat die Dynamik von Übertragung und Gegenübertragung einen bedeutsamen diagnostischen Stellenwert. Hier kommen sowohl Aspekte der individuellen Übertragung, als auch Übertragungsaspekte des Gesamtsystems in Betracht, soweit es sich den individuellen Prozessen ähnlich, als «familiäres Subjekt» verstehen läßt. Zum Konfliktcharakter familiärer Prozesse gehören auch Dynamiken des Erlebens und Verhaltens in Familien, die zu gesellschaftlichen Normvorstellungen oder Tabus im Gegensatz stehen und zu symptomatischer Lösung mit Kompromißcharakter beitragen. Zur Familiendiagnose aus dieser Perspektive gehört dann auch die Einschätzung, inwieweit es sinnvoll ist, bestimmte Konflikte in der Therapie durchzuarbeiten bzw. inwieweit dies die Abwehrmechanismen der Familie bzw. der Einzelnen überfordert.

Verbunden mit dem psychoanalytischen Ansatz in der Familientherapie ist vor allem auch die Beachtung der Wichtigkeit der therapeutischen Beziehung und die Rolle der subjektiven Beteiligung der Therapeuten in der Behandlung (Richter 1970, Stierlin 1978, Sperling et al. 1982, Möhring und Neraal 1991, Buchholz 1983).

9.2.8 Diagnose der Transaktionsmuster von Bindung und Delegation. Mehrgenerationale Dynamik von Verdienst, Vermächtnis und Schuld

Zu den komplexesten diagnostischen Perspektiven in der Familientherapie gehören die im sogenannten «Heidelberger familiendynamischen Konzept» unternommenen Versuche mehrgenerationale Transaktionsmuster zu erfassen (Stierlin, Rücker-Embden, Wetzel, Wirsching 1977). Dessen Variablen sind:
- bezogene Individuation
- Modi von Bindung versus Ausstoßung
- Status der Gegenseitigkeit (Symmetrie oder Komplementarität)
- Delegation (Aufträge und Auftragskonflikte)
- Loyalitäten (Ansprüche und Verpflichtungen, Schuld- und Verdienstkonten)

«Bezogene Individuation» stellt ein Bindeglied zu eher individuumszentrierten psychoanalytischen Konzepten dar und enthält eine entwicklungspsychologische Perspektive, in dem Trennungs- und Individuationsprozesse in der frühen Kindheit und der Adoleszenz miterfaßt sind. Erweitert wird diese Perspektive noch um den Aspekt der Individuation, wobei Individuation als einen mehrere Generationen umfassenden Prozeß, an dem die Familie als ganzes beteiligt ist, begriffen wird. Weiterhin ist das dialektische Verhältnis von Differenzierung und Integration (bzw. Bezogenheit) wichtig. Differenzierung meint vor allem die Entwicklung und Bewußtmachung eigener Gefühle, Gedanken und Wahrnehmungen und deren Abgrenzung von Gefühlen, Gedanken und Wahrnehmungen anderer. Dies schließt die Bildung einer eigenen Identität ein (so bin ich selbst, so ist der andere). Mit der Differenzierung muß die Integration Schritt halten, sonst zerbricht der innere Zusammenhalt. Es geht hierbei auch um die Möglichkeiten der Einzelnen, sich in andere einzufühlen, die Wahrnehmung des Anderen, dessen Gefühle und Gedanken zu erkennen, und zu akzeptieren. Ebenso bedeutsam ist die Fähigkeit trotz Verschiedenheit, Gefühle der Zugehörigkeit zu entwickeln und halten zu können. In der Familie läßt sich die Qualität der bezogenen Individuation an der Fähigkeit zum Dialog erkennen. Ist es möglich, eine eigene Meinung zu artikulieren, zuzuhören, was die Anderen sagen, besteht die Fähigkeit und Bereitschaft zur Übereinstimmung, zur Angleichung oder auch zur Abgrenzung bzw. zum Ertragen, daß der Andere sich abgrenzt? Drei extreme «Störungsformen» sind beschreibbar: Die Fusion, die Isolation oder der abrupte Wechsel zwischen beiden. Isolation meint hier autistische Abkapselung, mißtrauische Zurückhaltung, keine Ein-

fühlung, kein Verständnis für den Anderen. Fusion bezeichnet geringe Differenzierung und höchstes Maß an einverleibender Integration zwischen den Individuen. Die Familienmitglieder erleben sich als nur wenig voneinander differenziert. Alle sehen die Welt gleichsam durch die gleiche Brille. Die Einzelnen sind auf die reale Präsenz der Anderen angewiesen. Es fehlen die lebendigen inneren Vorstellungen, auf die bei Trennung zurückgegriffen werden kann. Die Fähigkeit, Konflikte auszutragen ist gestört, es besteht eine große Anfälligkeit gegenüber jeder Art von aufgezwungener Veränderung. Verluste und Trennungen werden als Katastrophen erlebt.
Der zweite Transaktionsmodus von Bindung und Ausstoßung wurde im Rahmen von Studien zu Ablösungsprozessen während der Adoleszenz entwickelt, in denen zwischen zentripetalen und zentrifugalen Beziehungskräften unterschieden wurde. Bindung bedeutet hier in erster Linie emotionales Engagement als Ausdruck eines Interesses aneinander. Der entgegengesetzte Begriff Ausstoßung (manchmal auch Vernachlässigung genannt) bedeutet Desinteresse, fehlende emotionale Investierung. Bindung und Ausstoßung stehen in einem dialektischen Verhältnis. Sie können darüber hinaus auf verschiedenen Ebenen zum Tragen kommen.
Transaktionen auf der Es-Ebene spiegeln die Befriedigung oder Vernachlässigung der Bedürfnisse nach Geborgenheit, Versorgung und nach Sexualität wider. Auf der Ich-Ebene werden Transaktionen beschrieben, die den Austausch von Wahrnehmungen, Gedanken oder Gefühlen zum Inhalt haben. Auf der Über-Ich-Ebene werden Loyalitäten beschrieben. Diese Loyalitätsbindungen können als rigide Verpflichtungen Familien eng zusammenschweißen und Entwicklung in Richtung größerer Individuation verhindern.
Die Delegation beschreibt Loyalitätsbande zwischen Familienmitgliedern, die in Form von Aufträgen übernommen werden. Die Aufträge, die von Eltern an die Kinder delegiert werden, können auf verschiedenen motivationalen Ebenen angesiedelt sein. Der Delegationsprozeß kann entgleisen. So können zum Beispiel übernommene Aufträge das Kind überfordern. Es können Auftragskonflikte vorliegen, z. B. können mehrere Aufträge sich widersprechen. Diese Auftragskonflikte können zu Loyalitätskonflikten zwischen den einzelnen Familienmitgliedern führen. Bei extremen Entgleisungen der Delegationsprozesse sind schwere Entwicklungseinschränkungen die Folge.
In einer mehrgenerationalen Perspektive lassen sich solche Auftrags- und Loyalitätskonflikte auch als über die Generationen hinweg tradierte Dynamiken von Vermächtnissen, Verdiensten und Schuld beschreiben (Boszormenyi-Nagy und Spark 1981). Die gegenwärtige und zukünftige Entwicklung z. B. der Kindergeneration einer Familie kann so motivational beeinflußt sein von Dynamiken der Eltern und Großelterngeneration.
Zusammenfassend wird unter dem Aspekt der Gegenseitigkeit bzw. der Komplementarität der betrachteten Beziehungsprozesse die aktuelle Dynamik der Familie im Lichte der beschriebenen Perspektiven betrachtet. Hierbei meint positive Gegenseitigkeit die Fähigkeit der Familie sich im Zusammenspiel aller

genannten Kräfte positiv zu entwickeln. Negative Gegenseitigkeit wäre mit Störung assoziiert und kann z. B. als maligne Verklammerung (Verclinchung) verbunden mit rigider-komplementärer Beziehungsstruktur erlebt werden.

9.2.9 Die ökologische Orientierung

In der ökologischen Perspektive werden aktuelle und vergangene familiäre Prozesse als Ausdruck von Lösungsversuchen im Kontext sozialer Beziehungen betrachtet. Problematische Beziehungsmuster oder auch Abwehrmuster werden verstanden als Versuche im interaktionellen Feld Wirkung zu erzeugen. Veränderung richtet sich, auf sinnvolle Umstrukturierung und Neuentwicklung von ganzheitlich tragfähigen Wirkungsgefügen. Der ökologische Blick richtet sich also weniger auf die Diagnose pathologischer Strukturen als vielmehr auf den Sinngehalt der Interaktionen bezogen auf den weiteren Kontext (vgl. Willi 1991).

9.2.10 Familiäre Prozesse als Ausdruck eines Spieles: die Spielmetapher

Die neuesten Entwicklungen der Mailänder Gruppe um Selvini-Palazzoli zum Verständnis der Entstehung der Psychosen führten zur Weiterentwicklung der systemischen Perspektive in der Familientherapie. Wurde in der Anfangszeit besonders auf systemische Prozesse und die «Verschreibung» von Paradoxien in der Behandlung Wert gelegt, so haben sich jetzt diese Familientherapeuten von den hierdurch implizierten eher technokratischen, dem «Gegenstand» Familie nicht gerecht werdenden Sichtweisen gelöst. Stattdessen wird die Metapher des «Familienspiels» eingeführt. Mit Hilfe der Spielemetapher gelingt es einen Bezug herzustellen zwischen allgemeinen Regeln, die den Interaktionen der «Spieler» zugrunde liegen und den individuellen «Spielzügen» der einzelnen Subjekte. Die Spielemetapher eröffnet eine Perspektive, in der weder die einzelnen Subjekte von ihrer wechselseitigen Abhängigkeit, noch die Wechselbeziehungen vom Subjekt abgetrennt sind. Das Wort «Spiel» weckt Assoziationen zu Begriffen wie ‹Mannschaft›, ‹Gruppe›, ‹Teammitglied›, ‹Stellung›, ‹Strategie›, ‹Taktik›, ‹Zug›, etc. Die spielbezogene Alltagssprache eignet sich gut zur Entwicklung einer Sprache, die zwischenmenschlichen Beziehungen gemäß ist. So beschreiben Wörter wie Anstiftung, Drohung, Finte, Versprechen, Verführung, Kehrtwendung, Bündnis, gewinnen, verlieren und Patt gut zwischenmenschliche Interaktionen. Zugleich befreit sich der Diagnostiker durch diesen Blick auf familiäre Prozesse von einschnürenden Dogmen, die eher durch den Versuch geprägt sind, menschliche Prozesse analog zu den Naturwissenschaften mit nomothetischen Vorstellungen zu belegen. Dem Diagnostiker in der Familientherapie ist es so möglich, den Gegensatz zwischen ganzheitlicher und individueller Perspektive zu überwinden und er hat hierdurch ein Begriffsgerüst zur Hand, das es ihm erlaubt, handelnder Therapeut zu bleiben und sich genügend kreativen Spielraum zu lassen, Neues im

Prozeß der Behandlung zu entdecken und auszuprobieren (Ceccin et al. 1992; Selvini-Palazzoli, Cirillo, Selvini, Sorrentino 1992).

9.3 Ansätze eines gestuften, multidimensionalen schulenübergreifenden, diagnostischen Systems

9.3.1 Diagnostik im klinisch therapeutischen Alltag

Im klinischen Alltag stellt sich das Problem wie die oben beschriebenen diagnostischen und familientherapeutischen Konzepte in ein (be-)handlungsbezogenes, ökonomisches, pragmatisches und trotzdem den unterschiedlichen Aspekten gerecht werdendes und weitgehend standardisiertes Vorgehen umgesetzt werden können. Ein solches diagnostisches System umfaßt also mehrere Dimensionen und folgt nachvollziehbaren Kriterien. Es beinhaltet zudem mehrere Informationsquellen, sowohl Eigenberichte als auch Fremdberichte. Die unterschiedlichen Theorieaspekte kommen so zum Tragen, daß sie allgemeinverständlich und alltagsnah erscheinen. Es geht darum, in Abhängigkeit vom jeweiligen Behandlungskontext und den allgemeinen Zielvorstellungen differentielle Beschreibungskriterien zu finden, die der Generierung handlungsleitender Hypothesen dienen und die intersubjektiv verstehbaren theoretischen und praktischen Prämissen folgen. Familien- und Systemtherapeuten unterschiedlicher Orientierung müßten sich dieses System ohne allzugroßen theoretischen und praktischen Tribut bedienen können. Auch sollte es den Anforderungen des jeweiligen Kontextes gerecht werden. «Datenfriedhöfe» sollten vermieden werden und eine Weiterentwicklung wäre möglich. Auf einzelne Elemente des diagnostischen Inventars sollte man gegebenenfalls auch, sofern es die Situation erfordert, verzichten können. Überlegungen zu einem diagnostischen Inventar wurden u. a. von Wilkinson (1988) angestellt. Ergänzend zum Ausgeführten können hier einige Punkte benannt werden, die anhand einer Analyse der Literatur herausgearbeitet wurden. Demnach folgte ein klinisches Inventar einer kohärenten Familien- oder Systemtheorie. Es wäre also theoriegeleitet. Die Theorieelemente müßten breit fundiert sein, so daß eine ganzheitliche Beschreibung möglich ist. Andererseits müßten sie aber auch so differenziert sein, daß sie die Analyse von Teilsystemen erlauben. Pragmatischerweise sollte ein solches Inventar die besten praktischen und theoretischen Elemente aus verschiedenen Theorien und Perspektiven benutzen. Subjektive als auch objektive Methoden würden verwendet.
Kern des Inventars ist das ausführliche Interview mit der Familie. Dieses Interview könnte zum Beispiel mittels Ratingverfahren ausgewertet werden, wobei sowohl die Inhalte und der Verlauf des Gespräches beschrieben, darüberhinaus aber auch familiäre Transaktionsmuster kodiert werden können. Es sollten sowohl die Stärken als auch die Schwächen der Familien beschrieben werden.

In einer Übersicht zeigt Abbildung 9-6, wie sich unsere Freiburger Arbeitsgruppe ein solches diagnostisches Inventar vorstellt:

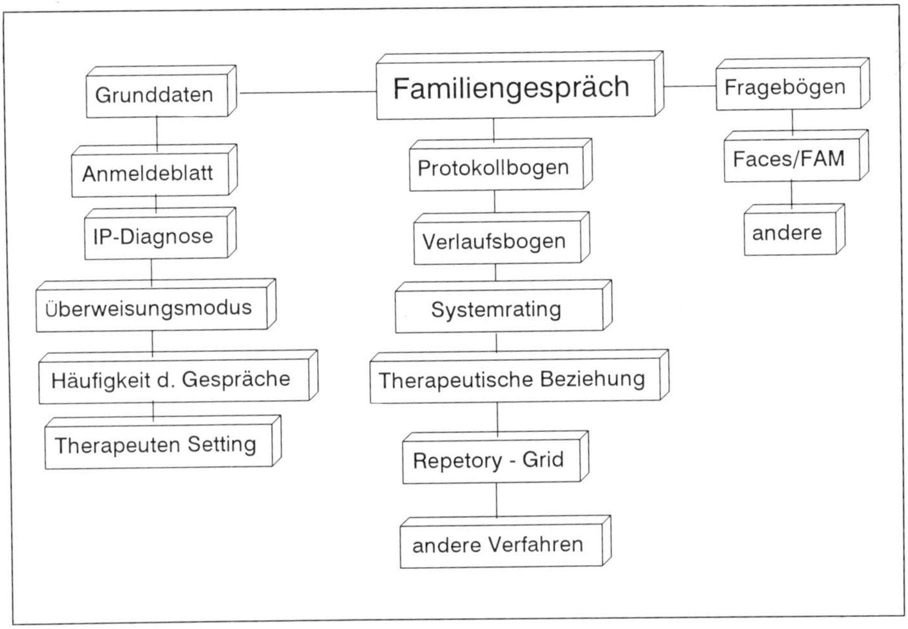

Abb. 9-6: Übersicht diagnostisches Inventar

Im Mittelpunkt des diagnostischen Prozesses steht das Gespräch mit der Familie. In Abhängigkeit vom institutionellen Kontext werden daneben auf einem Anmeldeblatt Grunddaten der Familienmitglieder erfaßt. Meistens steht ein «Indexpatient» zunächst im Mittelpunkt der Behandlung. Sofern hier individuelle Diagnosen gestellt wurden, ist es wünschenswert diese festzuhalten. Schon im Vorfeld des Gespräches können wertvolle Informationen durch Klärung des Überweisungsmodus erhalten werden, deshalb sollten Informationen hierzu nach Möglichkeit schon bei den Grunddaten aufgenommen werden. Im weiteren Verlauf ist es dann sinnvoll Häufigkeit und Umfang der Gespräche zu dokumentieren.
Hauptelement der Familiengesprächsauswertung ist ein, die wichtigsten diagnostischen Perspektiven umfassender, Gesprächsprotokollbogen. Ergänzend hierzu werden Fragebogenverfahren und fakultativ komplexere Auswertungsverfahren eingesetzt. In Abhängigkeit vom zeitlichen Rahmen und der therapeutischen Beziehung kann im Verlauf der Gespräche auch mit erlebnisorientierten Verfahren (z. B. Familienskulptur) gearbeitet werden.

9.3.2 Standardisierte diagnostische Verfahren (Fragebogenverfahren) und ihre Anwendung in der Familientherapie

Das Problem standardisierter Diagnostik in der Familientherapie ist bisher nur unbefriedigend gelöst. Insbesondere der Stellenwert der Fragebogendiagnostik im therapeutischen Alltag bleibt unzureichend. Neben dem, der Natur der Sache nach in der Psychotherapie, begrenzten Wert von Fragebögen, kommt in der Familientherapie erschwerend die bereits in anderen Zusammenhängen beschriebene Komplexität des Feldes hinzu. Will man nicht Gefahr laufen, die zu beobachtenden Interaktionen unzulässig reduktionistisch zu verkürzen, bleibt die eigentliche Informationsquelle nach wie vor das therapeutisch diagnostische Gespräch. Besonders im Bereich der Forschung zur Familientherapie sind allerdings einige, auf den jeweiligen Geltungsbereich und die verfolgten Fragestellungen bezogene Selbstreport oder auch Fremdratingsverfahren in Anwendung. In Tabelle 9-2 sind einige Verfahren, die sich unserer Ansicht nach gut einsetzen lassen, zusammengefaßt.

Tab. 9-2: Ausgewählte Testverfahren in der Familientherapie

Verfahren	Modell bzw. Theorie	Autoren
Familien Klima Skalen (FKS)	Familienklima, Umweltpsychologie	Schneewind (1985), Moos u. Moos (1986, engl.)
Family Assessment Measure (FAM III)	Prozeßmodell	Steinhauer et al. (1984), Cierpka (1988)
Family Adaptability and Cohesion Scales	Circumplex Modell FACES (II u. III)	Olson et al. (1982) V. Schlippe (1985)
Familiendiagnostisches Test System (FDTS)	Familienpsychologisches Konzept	Schneewind (1985)
Soziale Unterstützung (Sozu)	Unterstützungskonzept	Sommer et al. (1988)
Gießen-Test	Psychoanalyt. orient. Paar-Test	Beckmann, Brähler, Richter (1990)

Diese Verfahren erheben Merkmale der Familien oder von Teilsystemen im Hinblick auf theoretische Modellvorstellungen. Wobei der FAM-Bogen eher das Ziel einer möglichst breiten Beschreibung der Familie verfolgt, während der FACES-Bogen auf Basis des Circumplexmodells bestimmte für Störung relevante und veränderbare Dimensionen (Kohäsion und Anpassungsfähigkeit) erfaßt. Die FKS (Familienklimaskalen) erheben eher psychologische Merkmale der Interaktion in Familien und beschreiben das emotionale Klima in den Beziehungen. Das Familiendiagnostische Testsystem ist ein mehrere Teilverfahren umfassendes Inventar, das Aspekte des Erziehungsstiles der Eltern, Familienklimaaspekte des Gesamtsystems und Aspekte der elterlichen Paarbeziehung erhebt. Es scheint vor allem für den Bereich der Erziehungsberatung von Familien mit Kindern zwischen 9 und 14 Jahren geeignet zu sein. Der Fragebogen zur Sozialen Unterstützung erhebt Merkmale des sozialen Netzwerkes der Patienten. Die Familie ist Teil dieses Netzwerkes, hinzu kommen aber vor allem auch relevante freundschaftliche Beziehungen und unterstützungsvermittelnde informelle Beziehungen, wie z. B. Nachbarschaft, Arbeitskollegen etc. Der Gießen-Test erlaubt vor allem bei der Behandlung von Paaren eine Diagnose der Kongruenz oder nicht Kongruenz von Eigen- versus Partnerbeschreibung. Es können relativ einfach Hinweise auf relevante Beziehungsstörungen erfaßt werden.

Differenzierte methodische Verfahren, die der Komplexität des Gegenstandes zumindest in soweit Rechnung tragen, daß sie von multidimensionalen Zusammenhängen ausgehen und sie zu operationalisieren versuchen, sind beispielsweise das SYMLOG-Verfahren und die vielfach benutzten Repetory-Grid-Techniken, die auf Modellvorstellung der Persönlichkeitspsychologie beruhen. Im SYMLOG-Verfahren werden Aussagen über Eigenschaften von Familienmitgliedern in einem dreidimensionalen Modell in Beziehung gesetzt und grafisch dargestellt. Die Probanden sollen angeben, inwiefern sich bestimmte Familienmitglieder hinsichtlich bestimmter Eigenschaften wie z. B. «Dominanz» ähnlich oder unähnlich sind. Im Ergebnis zeigen sich dann in Form von räumlichen Abständen im grafisch dargestellten dreidimensionalen Raum relative Positionen der Familienmitglieder untereinander.

Bei der Repetory-Grid-Technik können subjektive Dimensionen, auf denen Familienmitglieder sich und ihre Angehörigen wahrnehmen und beschreiben, erhoben und ausgewertet werden. Am ehesten kann man sich durch diese Technik der subjektiven Wirklichkeit der Familien nähern.

Auf Basis von größeren Stichproben kann so sicherlich schon eine interessante Familiendiagnostik betrieben werden. Für die klinische Diagnostik in der therapeutischen Alltagspraxis bleiben diese Verfahren zu abstrakt, zu aufwendig und zu sehr Forschungsmodellen verpflichtet.

9.3.3 Das Familiengespräch – einige Grundregeln

Diagnostik in der Familientherapie ist nicht von den räumlich-zeitlichen und kontextuellen Bedingungen des Gespräches (v. a. des Erstgespräches) mit der Familie bzw. dem familiären Teilsystem zu trennen. Idealerweise findet ein solches Gespräch in Kotherapie und mit Beobachtern hinter einem Einwegspiegel statt. Abbildung 9-7 zeigt dies schematisch.

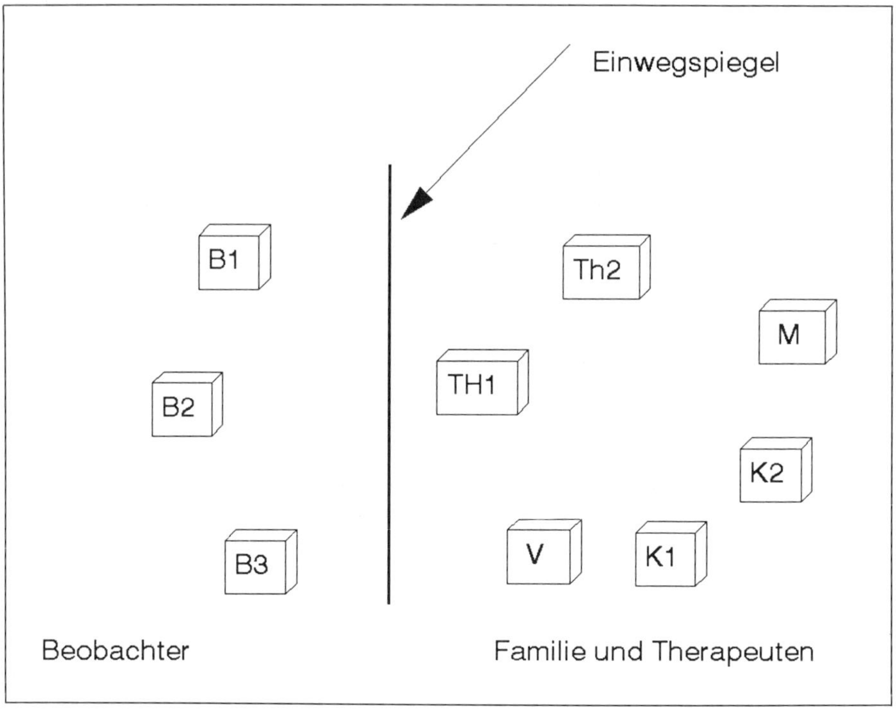

Abb. 9-7: Das Familiengespräch vor dem Einwegspiegel

Dieser zunächst größere Aufwand zu Beginn einer Familientherapie kann die diagnostische Einschätzung der Familie erheblich verbessern. Erleichtert werden kann der diagnostische Prozeß durch eine Videoaufnahme, mit Hilfe derer wichtige Passagen des Gespräches später noch einmal angesehen werden können. Demgegenüber ist natürlich abzuwägen, inwiefern diese Vorkehrungen zu Artefakten in der Wahrnehmung der Familie führen und die Natürlichkeit der Gesprächssituation so verändern, daß hierdurch Erkenntnisnachteile entstehen. Auf jedenfall liegt die Grenze eines solchen Vorgehens in der Akzeptanz durch die Beteiligten. Unsere Erfahrung zeigt aber, daß in aller Regel dies von den Familien und den beteiligten Therapeuten gut akzeptiert wird. Eine größere Schwierigkeit liegt in dem höheren Aufwand den dieses Vorgehen notwendig macht und der nicht in jedem Arbeitsbereich möglich ist.
Das Familiengespräch sollte minimalen Grundregeln folgen. Eine sinnvolle und über die Zeit hinweg intersubjektiv verläßliche diagnostische Praxis, die auch genügend Spielraum zur Entwicklung des Arbeitsbereiches läßt, erfordert ein einigermaßen standardisiertes und an bestimmten Grundprämissen orientiertes therapeutisches Vorgehen. In unserer Arbeitsgruppe haben wir den Versuch unternommen ein schulenübergreifendes, auch Anfängern gut

vermittelbares Grundgerüst zur Durchführung von Familiengesprächen zu definieren (Scheib 1992). Dies soll im folgenden kurz dargestellt werden.

9.3.3.1 Bedingungen des Familiengespräches

Jedes Familiengespräch findet in einem spezifischen kontextuellen Zusammenhang statt. Dieser Kontext bestimmt wesentlich Sinn, Zweck und Verlauf des Gespräches. Ein Familiengespräch in einer Beratungsstelle unterliegt anderen Einflüssen als eines in einer Klinik. Die Art der jeweiligen Beratungsstelle oder Klinik oder Amt etc. formt das Gespräch. Aber auch das familiäre System befindet sich in einem weiteren Umfeld. Die **Klärung des Kontextes** und des Überweisungsmodus, der unterschiedlichen Erwartungen aller Beteiligter und die bewußte Berücksichtigung des eigenen institutionellen Rahmens zu Beginn der Behandlung, ist oft schon der halbe Therapieprozeß. Zu den Bedingungen des Familiengespräches gehören zudem die räumlichen und zeitlichen Gegebenheiten. Es ist ein Unterschied, ob ein Gespräch in einer ruhigen Atmosphäre stattfindet oder zum Beispiel in einem durch Hektik und Streß geprägten Umfeld wie zum Beispiel einer chirurgischen Station, wenn das Gespräch im Konsiliar/Liaisondienst stattfindet. Ebenso entscheidend sind die Therapeutenvariabeln: Geschlecht, Alter, Erfahrung, Persönlichkeit, Ausbildung der Therapeuten, etc., führen zu unterschiedlichen Perspektiven der Betrachtung des familiären Systems. Schon auf der Ebene der Problemdefinition ist die Familientherapie so unterschiedlich wie die Gruppe der Therapeuten heterogen ist. Familientherapie ist in diesem Sinne nicht uniform.
Bei aller technischen Diskussion bleibt aber Therapie ein Beziehungsprozeß. Zur Förderung der therapeutischen Beziehung gehört das Bemühen um die **Herstellung einer vertrauensvollen Atmosphäre.** Entscheidend für den Verlauf des Gespräches ist die Balance zwischen der Förderung der Selbstinszenierung der Familien einerseits und der emotionalen und verbalen Beteiligung aller am Gespräch. Gerade in schwierigen und verfahren wirkenden Beziehungskonstellationen ist es entscheidend ob bei den oft extrem asymmetrischen Kommunikationsstilen eine Veränderung fördernde Beteiligung aller auch subjektiv hergestellt werden kann.

9.3.3.2 Ziele des Familiengespräches

Familientherapie führt den Anspruch des Heilens schon im Namen. Dies verführt zu überzogenen Erwartungen an die (Heil-) Erfolge von Familientherapie. Zum Zeitgeist passende, auf technizistischen Mißverständnissen beruhende Vorstellungen über familiäre und Beziehungsprozesse verführen zu therapeutischen Größenphantasien über Möglichkeiten der Veränderungen dieser Prozesse, die eher schaden als nutzen. Gerade in der Anfangszeit der Familientherapie, insbesondere der systemischen Variante war dies spürbar. Familiäre Prozesse müssen verstanden werden vor jeder Manipulation. Der Therapeut ist selbst, wie auch die Patienten, Subjekt des Prozesses. Alle Prozesse unterliegen dieser subjektiven Dynamik. Ziel eines Familiengespräches ist an erster Stelle die **Erweiterung des Problemverständnisses.** Hierbei ist entscheidend, inwieweit das Erfahrungswissen, die Dynamik des Gespräches selber und die subjektiv erlebte Beteiligung der Patienten ein vertieftes Verständnis der Problemkonstellation erlauben. Diese Erweiterung des Problemverständnisses dient der **Förderung von Entwicklungsmöglichkeiten** der Familie, die oft weit weg von paradiesischen Zuständen für notwendige Veränderung Entwicklungsspielraum schafft.

Entscheidend und sehr spezifisch für den familientherapeutischen Ansatz, ist hierbei die **Betonung der Ressourcen** der Familie bzw. des Beziehungssystems. In Abgrenzung zum letztlich mit falsch verstandenem medizinischem «Blick» verbundenen, den «Defekt» suchenden Habitus, verabschiedet sich Familientherapie von einem taxonomischen abweichungs- und normvorstellungsorientierten Therapieverständnis. Entscheidend für Veränderung zum Besseren hin ist die klare Diagnose der Entwicklungsspielräume und der förderlichen Möglichkeiten der Familie. Dieses Verständnis macht nicht Halt vor dem Symptom selbst, im Gegenteil, das vorgetragene Problem selbst wird im Kontext eines letztlich vorwärtsweisenden Lösungsversuches verstanden, der im familientherapeutischen Prozeß als solcher dechiffriert und verstanden werden muß.

9.3.3.3 Gesprächstechniken

Zu den Techniken eines Familiengespräches gehören **Aspekte der therapeutischen Grundhaltung.** Wichtigstes Element ist die **Allparteilichkeit.** Alle Familienmitglieder müssen das Gefühl haben, daß der oder die Therapeut/in unterstützend auf seiner Seite stehen kann. Zwischen den Familienmitgliedern oft strittige Themen können vom Therapeuten neutraler gesehen werden. Durch die Allparteilichkeit wird die Berechtigung der Gefühle und Haltungen betont. Entscheidend ist die Förderung der Erkenntnis, daß es sich nicht um absolut objektiv entscheidbare Konflikte, sondern um das Finden einer Lösung in einer Konfliktsituation handelt. Hat ein Familienmitglied das Gefühl, nicht ernst genommen zu werden, sinkt die Bereitschaft am Gespräch teilzunehmen rapide und Veränderung wird verunmöglicht.

Gegenüber den vorgetragenen Konflikten und Lösungsversuchen sollte der Therapeut soweit wie möglich **Neutralität** wahren und eine Infragestellung und vorschnelle Kritik der Familie vermeiden.

Da es sich bei einem Familiengespräch um ein sehr schwieriges Setting handelt, in dem immer wieder die Bereitschaft zum Gespräch hergestellt werden muß, haben Familientherapeuten die klassischen Vorgehensweisen der individuumszentrierten Therapien verändert. Es konnte die Erfahrung gemacht werden, daß Therapieprozesse stagnieren, daß die emotionale Spannung während des Gespräches ins Unerträgliche gesteigert wird, insbesondere dann, wenn Konflikte zu direkt angesprochen werden. Einzelne Teilnehmer fühlen sich in etwas hineingezogen, das sie gar nicht wollen. Oft als ursächlich für eine pathologische Entwicklung verkannte Erstarrung und Rigidität wird hierdurch erst künstlich erzeugt. Besonders bedeutsam und hilfreich ist das **zirku-**

läre Fragen, wie es vor allem von der Mailänder Schule der Familientherapie entwickelt wurde. Es hilft den Patienten sich in die anderen hineinzuversetzen, fördert die Erkenntnis, daß es verschiedene Haltungen und Erlebnisweisen innerhalb der Familie gibt und entlastet die Therapeuten, da sie nicht mehr als Agenten der Konflikte erscheinen, die nur die «Finger in die Wunden legen».

Die Familientherapie ist eine sehr aktive Form der Therapie. Während der analytische Einzeltherapeut sozusagen darauf wartet, bis die Klienten «Material», z. B. durch freie Assoziation liefern, erzeugen Familientherapeuten gleichsam ihr Material durch die aktive Weise zu fragen. Hier gilt das Motto Unterschiede zu machen, die Unterschiede machen. Hierzu gehört auch, daß im Therapieprozeß permanent **Hypothesen** über die familiäre Dynamik generiert werden, die durch empirische Überprüfung im Gespräch auf ihre Brauchbarkeit getestet werden. In Abkehr vom Bild des allmächtigen Einzeltherapeuten, der seine Deutungen im Sinne einer Inauguration gleichsam wie das Orakel zu Delphi gibt, versucht der Familientherapeut insbesondere zusammen mit Kollegen und der Familie mögliche zutreffende Aussagen über die Familie aktiv zu finden und in den Gesprächsprozeß einfließen zu lassen. Hierzu ist es besonders förderlich, wenn Familientherapie als Teamarbeit betrieben wird.

So findet ein Gespräch z. B. vor einem Einwegspiegel und in Kotherapie statt. Kollegen sitzen als Beobachter hinter dem Spiegel. Die Einführung der **Rolle des Beobachters** in der Therapie hat ihre Wurzeln in der Auffassung, daß alle Erkenntnisse relativ zum Standpunkt zu verstehen sind. Familientherapie ist so perspektiven- und standpunktsreicher, oder modisch ausgedrückt: vielfältiger. In neuesten Entwicklungen in diesem Bereich setzen Familientherapeuten z. B. ein «reflecting Team» ein. Aufgeteilt in einen Innenkreis und einen Außenkreis mit Therapeuten und Beobachtern findet ein Familiengespräch statt. Die Beobachter reflektieren anschließend in Anwesenheit der Familie den Gesprächsverlauf und auch die Arbeit der Therapeuten. Neben dem Versuch, so in besonders schwierigen Situationen der Komplexität der Prozesse besser gerecht zu werden, wird von allen Beteiligten die Relativität der Abläufe und Sichtweisen erlebt und bearbeitet.

Hierzu ist es hilfreich, daß sich Therapeuten und Beobachter in einer **Pause** zum Ende des Gespräches **beraten.** Hier können wichtige noch nicht zur Sprache gekommene Themen aufgegriffen werden. Der Gesprächsabschluß wird vorbereitet.

Im **Gesprächsabschluß** werden der Gesprächsverlauf und die wichtigsten Erkenntnisse nochmals zusammengefaßt, die Einzelaspekte werden gewichtet. Die anstehenden Entwicklungsaufgaben werden benannt und Aufgaben und Themen werden mit auf den Weg gegeben. Manchmal ist es hilfreich, im Sinne einer Verschreibung z. B. Aufgaben und Rituale vorzuschlagen. Diese Elemente wollen gut durchdacht sein und müssen auf Basis einer sich gut entwickelnden therapeutischen Beziehung stattfinden.

FAMILIENGESPRÄCHSPROTOKOLL[1]

Familienname	**Therapeut/In**	**Datum**
Pat-Code	**Co-Therapeut/In**	**Sitzungsnr.**
Gesprächskontext	**Protokollant/In**	**Video** **o ja o nein**
Teilnehmer		**Beobachter** **o ja o nein**

Ausfüllhinweise:

Familienname:	Familienname des Indexpatienten.
Pat-Code:	Ambulanznummer oder Stationscode eintragen.
Gesprächskontext:	Wird der Indexpatient stationär (s), konsiliarisch (k) oder im Rahmen der Poliklinik (a) gesehen?
Teilnehmer:	Namen der Teilnehmer und Kürzel für die Datenerfassung eintragen. (IP = IndexpatientIn, P = PartnerIn, V = Vater, M = Mutter, GVm = Großvater mütterlicherseits, GMv = Großmutter väterlicherseits, BR1 = ältester Bruder, SW2 = zweitgeborene Schwester, S1 = erster Sohn, T2 = zweite Tochter, etc.).
Therapeut/In:	Nachname
Co-Therapeut/In:	Nachname
Protokollant/In:	Nachname (das Protokoll kann von Therapeut/In, Co-Therapeut/In oder einem Beobachter erstellt werden).
Datum:	Datum des Gesprächs
Sitzungsnr.:	Um das wievielte Gespräch handelt es sich? (Zahl eintragen).
Video:	Wurde eine Aufnahme gemacht? (Ankreuzen).

---

[1] Thomas Bay, Armin Hartmann, Peter Scheib, Almuth Zeeck
Abteilung Psychotherapie und Psychosomatische Medizin
Psychiatrische Universitätsklinik Freiburg

Abb. 9-8: Ausschnitte aus dem Freiburger Protokollbogen für Familiengespräche

2

Beobachter: Nahmen Beobachter hinter dem Spiegel teil? (ankreuzen).

A: Gesprächskontext und Gesprächsverlauf

Gesprächsanlaß (Überweisung, stationärer Aufenthalt, etc.;Initiative zu Gespräch)

Fragestellung (aus Sicht des Anmeldenden/Überweisenden)

Vorinformation (welche Informationen über die Familie liegen vor und von wem stammen sie?)

Problembeschreibung (aus Sicht der einzelnen Familienmitglieder)

Erwartungen, Ziele und Veränderungswünsche (aus Sicht der einzelnen Familienmitglieder)

Angesprochene Themen

9.3.4 Familiengesprächsprotokollbogen

Der Inhalt und der Verlauf des Gesprächs wird in unserer Freiburger Gruppe (Scheib, Bay 1991) mittels eines Protokollbogens festgehalten, der eigens hierfür entwickelt wurde.
Neben Rahmendaten werden a) Informationen zum Gesprächskontext und Gesprächsverlauf (Anlaß, Fragestellung, Vorinformation, Problembeschreibung, Erwartungen, Ziele, Veränderungswünsche, angesprochene Themen), b) Beobachtungen zum Familiensystem (familiäre Interaktionen, Kommunikation, Familienregeln, Mythen, Geheimnisse, Ressourcen, Familienstruktur) und eine graphische Darstellung des Strukturbildes anhand bestimmter Codes, c) ein Genogramm in mehr oder weniger formalisierter Form, d) Informationen zum therapeutischen Vorgehen (Hypothesen, Interventionen, Vereinbarungen, Therapieziele und Strategien), e) subjektive Eindrücke des Therapeuten, z. B. Gegenübertragungsreaktionen, sowie das Gesprächsmotto aus der Sicht des Therapeuten erfaßt.
Der Protokollbogen sollte im Sinne eines Leitfadens zur Verbesserung und größeren Vergleichbarkeit der Interviewauswertung verwendet werden. Die einzelnen Elemente können fakultativ ausführlicher bzw. kürzer bearbeitet werden. Den Therapeuten bleibt es überlassen, ein ausführlicheres Protokoll, im Sinne eines längeren Textes zu erstellen.

9.3.5 Die hilfreiche therapeutische Beziehung

Pinsof (1981) entwickelte in Anlehnung an die Theorien über die hilfreiche therapeutische Beziehung einen Ratingbogen, in dem der Therapeut bzw. ein oder mehrere Familienmitglieder den Grad der Unterstützung durch die Therapie einschätzen können. Dies folgt Überlegungen der Psychotherapieforschung, wonach die hilfreiche therapeutische Beziehung, erfaßt z. B. über einen solchen Bogen, ein guter Prädiktor für einen positiven Therapieeffekt sei. Pinsof versucht dies auf den Bereich der Familien und Systemtherapie zu übertragen. Die größten Schwierigkeiten ergeben sich aber auch hier aus den grundlegenden methodischen Problemen, die mit der größeren Komplexität der Arbeit mit Familien verbunden sind, so daß der weitere Einsatz solcher Bögen in der klinischen Alltagspraxis eher fraglich ist.

9.3.6 Das Systemrating (SR)

Ein Ratingbogen zur Einschätzung der Qualität familiärer Beziehungen wird derzeit in unserer Abteilung von Wirsching & Wittich erprobt. Dieses Instrument dient dazu, auf Basis des Interviews, die in der Familie bzw. dem Beziehungssystem vorherrschenden Transaktionen einzuschätzen. Neben zahlreichen psychosozialen Variablen (z. B. Alter, Geschlecht, etc.) umfaßt der Bogen 11 Skalen zu Einzelbereichen und eine Skala zur Gesamteinschätzung des Systems.

Eingeschätzt werden die Dimensionen Entwicklungsbereitschaft, Bindung, gegenseitige Ergänzung, Innenabgrenzung, Außenabgrenzung, Teilen eines gemeinsamen Fokus, gegenseitige Bewertung, Sorge für andere, Umgang mit Konflikten, Gesprächsbeteiligung und Umgang mit Gefühlen. Auf jeder Skala bestehen fünf Kategorien, so kann zum Beispiel auf der Skala Bindung die Familie als aufgelöst oder ausstoßend oder im Gleichgewicht oder bindend oder verklammert eingeschätzt werden.

	1	2	3	4	5
1. Entwicklungsbereitschaft	☐ festgefahren	☐ starr	☐ beweglich	☐ bewegt	☐ chaotisch
2. Bindung	☐ aufgelöst	☐ ausstoßend	☐ Gleichgewicht	☐ bindend	☐ verklammert
3. Gegenseitige Ergänzung	☐ symmetrisch eskalierend	☐ konfrontierend	☐ ergänzend und konfrontierend	☐ ergänzend	☐ komplementär erstarrt
4. Innenabgrenzung	☐ verschmolzen	☐ eindringend	☐ halbdurchlässig	☐ abgegrenzt	☐ isoliert
5. Aussenabgrenzung	☐ verschmolzen	☐ eindringend	☐ halbdurchlässig	☐ abgegrenzt	☐ isoliert
6. Teilen eines gem. Fokus	☐ unstrukturiert	☐ sprunghaft	☐ Halten und Wechseln	☐ strukturiert	☐ überstrukturiert
7. Gegenseitige Bewertung	☐ schmeichelnd	☐ bestätigend	☐ Bestätigung und Kritik	☐ herabsetzend	☐ disquali-fizierend
8. Sorge für Andere	☐ egoistisch	☐ vorteilsbedacht	☐ Geben und Nehmen	☐ umsorgend	☐ aufopfernd
9. Umgang mit Konflikten	☐ harmonisierend	☐ vermeidend	☐ flexibel	☐ streitend	☐ zerstritten
10. Gesprächsbeteiligung	☐ unzugänglich	☐ zurückhaltend	☐ beteiligt	☐ sehr aufgeschlossen	☐ überschüttend
11. Umgang mit Gefühlen	☐ gefühlsleer	☐ gefühls-unterdrückend	☐ Zeigen von Gefühlen	☐ gefühlsbetont	☐ Gefühlschaos

Gesamteinschätzung:
Inwieweit werden die dem System zur Verfügung stehenden Möglichkeiten und Resourcen genutzt?

☐ überhaupt nicht	☐ kaum	☐ etwas	☐ weitgehend	☐ voll und ganz

Wirsching, M. & Wittich, A.
Universität Freiburg - Abt. Psychotherapie und Psychosomatische Medizin
Hauptstraße 8
7800 Freiburg

Abb. 9-9: Systemrating nach Wirsching & Wittich

Der Bogen kann quantifizierend ausgewertet werden, so daß er sich auch für Forschungszwecke eignet. Derzeit werden umfangreiche Testkonstruktions- und -standardisierungsarbeiten vorgenommen. Abbildung 9-9 zeigt den Ratingbogen.

9.3.7 Skulpturverfahren, Rollenspiele und andere diagnostische Möglichkeiten

Neben den beschriebenen diagnostischen Verfahren bzw. Vorgehensweisen, die eher traditionellen Formen der Datenerhebung entsprechen, kommen in der Familientherapie auch eher erlebnisorientierte Verfahren zum Einsatz. Mittels Rollenspiel können auch in Familientherapien wichtige Veränderungsprozesse in Gang gebracht werden bzw. erst durch die Darstellung im Spiel werden Erkenntnisse über familiäre Beziehungen möglich. Darüberhinaus sind Rollenspiele, in denen familiäre Szenen gespielt werden, für die Supervision sehr geeignet. Eine Möglichkeit der vertieften Betrachtung familiärer Interaktion in Gegenwart und Vergangenheit ist der Einsatz von Skulpturverfahren. Vor allem die «lebende Skulptur» – ein oder mehrere Familienmitglieder stellen mit den restlichen Mitgliedern und auch den Therapeuten als Modelle eine Familienszene nach – kann schlecht verbalisierbare Prozesse für alle beteiligten erlebbar und damit verstehbar machen.
Andere Verfahren, die dazu dienen familiäre Strukturen in anschaulicher Form zu beschreiben, sind das «Familienbrett» (Ludewig et al. 1983), der Familienhierarchietest und der Szenotest. Diese Verfahren sollten je nach Vorliebe und zeitlichen Möglichkeiten eingesetzt werden.

9.4 Abschließende Bemerkungen

Familiendiagnostik auf der Höhe der Zeit muß die Heterogenität des Feldes in Rechnung stellen. Die besondere Spannung zwischen der Abkehr vom traditionellen diagnostischen und therapeutischen Diskurs und den Erfordernissen der Praxis, machen Anstrengungen zur Überwindung der Kluft zwischen einzelnen Richtungen innerhalb der Familientherapie einerseits und zwischen Forschung, Theorie und Praxis andererseits, notwendig. Familiendiagnostik muß darüberhinaus den Besonderheiten der jeweiligen Familien und den Bedingungen der therapeutischen Arbeit im jeweiligen institutionellen Kontext gerecht werden.
Hilfreich könnte die Entwicklung kommunikationsförderlicher diagnostischer und therapeutischer Strategien im klinischen Alltag sein.

Literatur

Bateson g. (1972): Steps to an ecology of mind. Chandler, San Franzisco. Deutsch: Ökologie des Geistes. Anthropologische, psychologische, biologische und epistemiologische Perspektiven. Suhrkamp, 2. Auflage, Frankfurt (1988)

Bauriedel T. (1980): Beziehungsanalyse. Suhrkamp, Frankfurt a. M.

Bertanalanffy L. v. (1962): General Systems Theory – A Critical Review. General Systems Yearbook, Vol. 7, pp. 1–20

Boszormenyi-Nagy I., Spark G. (1981): Unsichtbare Bindungen. Klett-Cotta, Stuttgart

Buchholz M. (1983): Psychoanalytische Familientherapie. In: Schneider K. (Hrsg.) Familientherapie in der Sicht psychotherapeutischer Schulen. Junfermann, Paderborn

Cecchin G., Lane G., Ray W. A. (1992): Vom strategischen Vorgehen zur Nicht-Intervention. Für mehr Eigenständigkeit in der systemischen Praxis. Familiendynamik, 17, 1, 3–17

Cecchin G. (1988): Zum gegenwärtigen Stand von Hypothetisieren, Zirkularität und Neutralität. Eine Einladung zur Neugier. Familiendynamik, 13, 190–203

Cierpka M. (1988): Der theoretische Hintergrund und die klinische Anwendung des FAM III (Family Assessment Measure). In: ebda Familiendiagnostik. Springer, Berlin, Heidelberg, New York

Epstein N. B., Bishop D. S., Levin S. (1978): The McMaster Model of Family Functioning. Journal of Marriage and Family Counseling, 4, 19–31

Falloon I. (1988): Behavioural family therapy: systems, structures and strategies. In: Street E., Dryden W. (1988) Family Therapy in Britain. Open University Press, Milton Keynes, Philadelphia

Fleck S. (1983): A Holistic Approach to Family Typology and the Axes of DSM III. Arch. Gen. Psychiatry, Vol. 49, S. 901–6

Glasersfeld E. v. (1987): Wissen, Sprache und Wirklichkeit. Arbeiten zum radikalen Konstruktivismus. Vieweg, Wiesbaden

Hahlweg K., Baucom D. H., Markman H. (1988): Recent advances in behavioral marital therapy and in preventing marital distress. In: Falloon I. R. H. (ed.) Handbook of Behavioural Family Therapy. Guilford, New York

Haley J. (1959): An interactional description of schizophrenia. Psychiatry 22 (4), 321–332

Hildenbrand B. (1983): Alltag und Krankheit – Ethnographie einer Familie. Klett-Cotta, Stuttgart

Hildenbrand B. (1991): Alltag als Therapie. Ablöseprozesse Schizophrener in der psychiatrischen Übergangseinrichtung. Verlag Hans Huber, Bern, Stuttgart, Toronto

Hildenbrand B. (1990): Geschichtenerzählen als Prozeß der Wirklichkeitskonstruktion in Familien. System Familie, Bd. 3, 4, 227–236

Jackson D. (1969): Family interaction, family homeostasis and some implications for conjoint family psychotherapy. In: Masserman J. (ed.) Individual and Family Dynamics, 122–141, Grune & Stratton, New York

Laing R. D. (1964): Sanity, Madness and the Family. Pelican, Harmonworth

Leff J., Vaughn C. (1985): Expressed emotion in families. Guilford, New York

Luborsky L. (1988): Einführung in die analytische Psychotherapie. Ein Lehrbuch. Springer, Heidelberg, New York, Tokyo

Ludewig K., Pflieger K., Wilker U., Jakobskötter G. (1983): Entwicklung eines Verfahrens zur Darstellung von Familienbeziehungen. Familiendynamik, 8, 221–235

Ludewig K. (1992): Systemische Therapie. Grundlagen klinischer Theorie und Praxis. Klett-Cotta, Stuttgart

Luhmann N. (1984): Soziale Systeme. Grundriß einer allgemeinen Theorie. Suhrkamp, Frankfurt a. M.

Maturana H.R., Varela F.S. (1980): Autopoiesis and cognition: the realization of the living. D. Reidel, Dordrecht. Deutsch in: Maturana H.R.: Erkennen: Die Organisation und Verkörperung von Wirklichkeit. Vieweg, Braunschweig, Wiesbaden (1982)

McGoldrick M., Carter B. (1982): The family life cycle. In: Walsh F., Normal family process, 167–195. Guilford Press, New York

McGoldrick M., Gerson R. (1990): Genogramme in der Familienberatung. Huber, Bern

Minuchin S. (1974): Families and family therapy. Harvard University Press, Cambridge, Mass. Deutsch: Familie und Familientherapie. Lambertus, Freiburg im Breisgau, 7. Auflage (1987)

Möhring P., Neraal T. (1991): Zur Einführung in die psychoanalytisch orientierte Familien- und Sozialtherapie. In: ebda (Hrsg.), Psychoanalytisch orientierte Familien- und Sozialtherapie. Das Gießener Konzept in der Praxis. Westdeutscher Verlag, Opladen

Moos R.H., Moos B.S. (1986): Family Environment Scale. Manual (2nd ed.) Consulting Psychologists Press, Palo Alto

Olson D.H., Russel C.S., Sprenkle D.H. (1972): Circumplex model of marital and family systems I: Cohesion and adaptability dimensions, family types and clinical applications. Fam. Process, 18, 3–28

Olson d.H., Russel C.S., Sprenkle D.H. (1980): Circumplex model of marital and family systems II: Empirical studies and clinical intervention. Adv. Fam. Intervent. 1, 129–179

Pinsof W,M. (1981): Family therapy process research. In: Gurman A.S., Kniskern D.P. (eds.) Handbook of family therapy. Brunner & Mazel, New York

Richter H.E. (1970): Patient Familie. Rowohlt, Reinbek

Richter H.E. (1963): Eltern, Kind, Neurose. Rowohlt, Reinbek

Satir V. (1975): Selbstwert und Kommunikation. München

Scheib P. (1991): Familientherapie im Liaison/Konsiliar-Setting am Beispiel einer Familie mit Morbus-Crohn-Erkrankung. In: Möhring P., Neraal T., Psychoanalytisch orientierte Familien- und Sozialtherapie. Das Gießener Konzept in der Praxis. Westdeutscher Verlag, Opladen

Scheib P., Bay T. (1991): Familientherapie. Unveröffentl. Manuskript. Abteilung für Psychotherapie und Psychosomatische Medizin der Universität Freiburg

Scheib P. (1992): Das Familiengespräch – Einige Grundregeln. Unveröffentl. Manuskript. Abteilung für Psychotherapie und Psychosomatische Medizin der Universität Freiburg

Schlippe A. von (1985): Zur Einschätzung von Familien nach dem circumplex model of marital and family systems von Olson und Mitarbeitern. Forschungsberichte aus dem Fachbereich Psychologie der Universität Osnabrück, Nr. 48, Osnabrück

Schneewind K.A. (1991): Familienpsychologie. Kohlhammer, Stuttgart Berlin Köln

Schneewind K.A. (1988): Die Familienklimaskalen. In: Cierpka M. (Hrsg.), Familiendiagnostik, Springer, Heidelberg

Schwerd W. (1991): Familientherapeutische Arbeit mit älteren akut erkrankten Patienten. In: Möhring P., Neraal T., Psychoanalytisch orientierte Familien- und Sozialtherapie. Das Gießener Konzept in der Praxis. Westdeutscher Verlag, Opladen

Selvini Palazzoli M., Cirillo S., Selvini M., Sorrentiono A.M. (1992): Die psychotischen Spiele in der Familie. Klett-Cotta, Stuttgart

Selvini Palazzoli M., Boscolo L., Cecchin G. und Prata G. (1978): Paradox and Counterparadox. Aronson, New York. Deutsch: Paradoxon und Gegenparadoxon. Klett-Cotta, Stuttgart (1977)

Selvini Palazzoli M., Boscolo L., Cecchin G.F., Prata G. (1981): Hypothetisieren – Zirkularität – Neutralität: Drei Richtlinien für den Leiter der Sitzung. Familiendynamik 6 (2), S. 123–139

Sperling E., Massing A., Reich G., Georgi H., Wöbbe-Mönks E. (1982): Die Mehrgenerationenfamilientherapie. Vandenhoeck & Ruprecht, Göttingen

Steffens W. (1988): Die Lebenszyklen. In: Cierpka M. (Hrsg.), Familiendiagnostik, Springer, Heidelberg, New York, Tokyo

Steinhauer P.D., Santa-Barbara J., Skinner H.A. (1984): The process model of family functioning. Can. J. Psychiatry 29, pp. 77–88

Stierlin, H. (1978): Delegation und Familie. Suhrkamp, Frankfurt a. M.

Stierlin H., Rücker-Embden J., Wetzel N., Wirsching M. (1977): Das erste Familiengespräch. Theorie – Praxis – Beispiele. Klett-Cotta, Stuttgart

Watzlawick, P., Beavin, J.H., Jackson, D.D. (1967): Pragmatics of human communication. Norton, New York. Deutsch: menschliche Kommunikation. Formen, Störungen, Paradoxien. Huber, Bern, 7. Auflage (1985)

Welter-Enderlin, R. (1990): Skelette im Keller und Schätze auf dem Dachboden. Familientherapiegeschichte(n). System Familie, Bd. 3, 4, 196–205

Willi J. (1991): Was hält Paare zusammen? Der Prozeß des Zusammenlebens in psychoökologischer Sicht. Rowohlt, Reinbek

Wirsching M., Wittich A. (1992): Das Systemrating. Unveröffentl. Ratingbogen, Abteilung für Psychotherapie und Psychosomatische Medizin der Universität Freiburg

10 Diagnostik in der Psychosomatischen Medizin

E. Petzold und D. Wälte

Mit diesem Beitrag wird der Versuch unternommen, einige wesentliche Bestimmungsstücke psychosomatischer Diagnostik herauszuarbeiten. Dabei soll deutlich werden, in welcher Art und Weise Diagnostik und Indikation in der Psychosomatik aufeinander bezogen und miteinander verschränkt sind.

Aus ärztlicher Sicht sind Diagnosen Arbeitsvorgänge, die an dem Anfang jeder Therapie stehen. Diese Arbeitsvorgänge richten sich nach einem Konzept, welches die diagnostischen Methoden und Techniken der jeweiligen Fachdisziplin umfaßt und auf die Komplexität der jeweiligen Krankheitsbilder und Indikationsfragen abgestimmt ist. Im folgenden soll das Konzept der psychosomatischen Diagnostik vorgestellt und verdeutlicht werden, in welcher Art und Weise Diagnostik und Indikation in der Psychosomatik aufeinander bezogen sind.

Konzept der Simultandiagnostik

Die Komplexität des diagnostischen Wahrnehmungskonzeptes in der Psychosomatik kann mit Hilfe des simultandiagnostischen und -therapeutischen Würfels (vgl. Petzold et al. 1988) dargestellt werden, der sechs Perspektiven der diagnostischen und therapeutischen Aufmerksamkeit (Körper / Psyche, Psychodynamik / Familiendynamik, Theorie / Institution) den Flächen des Würfels zuordnet und damit gleichzeitig räumliche Beziehung (Nähe oder Ferne) andeutet. Es bleibt der Wahl des Betrachters überlassen, ob jeweils die eine oder andere Seite des Würfels in den Vordergrund tritt mit der Folge, daß die verbleibenden Seiten mit ihren Inhalten vorübergehend zurücktreten, «verborgen» sind (siehe Abbildung 10-1).
Die beiden Flächen ‹Körper / Psyche› erinnern den Diagnostiker daran, daß er sowohl die körperlichen als auch die seelischen Beschwerden des Patienten wahrnimmt und versucht, beide Anteile in Beziehung zueinander zu setzen. Zwei weitere Flächen symbolisieren die Psycho- und die Familiendynamik und richten damit den Blick auf die individuelle und familiäre diagnostische Perspektive.
Die psychodynamische Seite möge auf die intrapsychischen Prozesse des Patienten hinweisen, während mit der Familiendynamik deutlich gemacht werden soll, daß Krankheiten nicht nur im Individuum selbst entstehen können, sondern auch im familiären Feld, daß sie dort ihre Wurzel haben können und daß sie Herausforderungen sind für die jeweiligen Familien. Die Familien-

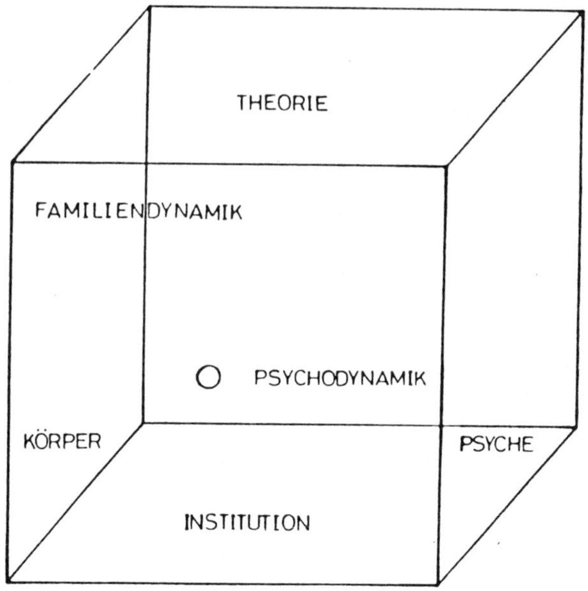

Abb. 10-1: Simultandiagnostischer und -therapeutischer Würfel; entnommen aus: Petzold (1990)

perspektive eröffnet darüber hinaus auch Zugang zu dem Erfahrungsschatz der Familie im Umgang mit der Erkrankung und auch auf den Bedeutungscharakter, die der jeweiligen Erkrankung in einer Familie erteilt wird.
Schließlich stehen die beiden letzten Flächen des Würfels für die diagnostische Perspektive von Institution und Theorie. Beide Perspektiven werden leicht übersehen, obgleich sie eine wesentliche Funktion bei der Diagnosestellung haben. Es ist unter institutionellem Gesichtspunkt ein Unterschied, ob ein Patient im niedergelassenen Bereich zu jemandem in die Praxis kommt oder der niedergelassene Kollege zu ihm nach Hause fährt. Es ist ein Unterschied, ob ein Arzt in einer Psychiatrischen Klinik eine Diagnose stellt, z. B. eine Panikattacke – unter Umständen mit den ganzen diagnostischen Möglichkeiten eines DSM III-R oder eines ICD-10 – oder ob er in einer Internistischen Klinik dasselbe Krankheitsbild z. B. als einen sympathicovasalen Anfall diagnostiziert. Die theoretische Perspektive muß in der Diagnostik genauso gut mit berücksichtigt werden. Stelle ich meine Diagnosen auf dem Hintergrund eines psychoanalytischen Erfahrungshintergrundes oder eines mehr verhaltenstheoretisch geprägten Konzeptes? Gehe ich mit einem systemtheoretischen Ansatz an die Diagnostik heran oder mit einem intraindividuellen? Bevorzuge ich ein reduktionistisches Modell oder bin ich ein Befürworter eines holistischen Ansatzes? Die theoretische Perspektive entscheidet, auf welche diagnostischen Fragen wir Antworten suchen.

Abbildung 10-1 faßt die verschiedenen Perspektiven bzw. Dimensionen des Würfels zusammen. Sie macht auch deutlich, daß es eine Innen- und eine Außenansicht gibt und repräsentiert die Einsicht, daß die Selbstwahrnehmung des Patienten, also die Subjektseite, genauso relevant ist in der Diagnostik der psychosomatischen Medizin wie die Außenperspektive, die dem derzeit noch herrschenden reduktionistischen Medizinmodell eher entgegen zu kommen scheint.

Nun hatte schon von Weizsäcker (1973) durch die Formulierung des «Drehtürprinzips» im Gestaltkreis dargestellt, daß körperliche, seelische und soziale Phänomene nicht streng gleichzeitig, sondern nur im Wechsel der Aufmerksamkeit wahrzunehmen sind. Nur durch den Aufmerksamkeitswechsel wird über die gegenseitige Verborgenheit hinaus ihre Verbundenheit und Verschränkung erkennbar. Für die Diagnostik und Therapie bedeutet dies methodisch, wie Hahn (1988) ausführt, die gleichzeitige Wahrnehmung der Bereiche der Psycho-sozio-somatik und die Bereitschaft zur möglichst adäquaten Fokussierung der Aufmerksamkeit auf das jeweils vorherrschende Problemfeld.

Mit der Simultanität ist dabei nicht die exakte Zeitgleichheit gemeint, sondern eine sukzessive Gleichzeitigkeit innerhalb eines definierten Bezugsrahmens von Diagnostik und Therapie, wie er z. B. bei der Verwendung des Begriffes «Simultanübersetzung» gegeben ist.

Weiterführende Überlegungen zum Simultandiagnostischen Konzept

Der Simultandiagnostische Würfel beschreibt schwerpunktmäßig die inhaltlichen Dimensionen psychosomatischer Diagnostik, also die Bereiche, die bei der Wahrnehmung des Patienten und seiner Umgebung eine Rolle spielen. Die folgenden Überlegungen ergänzen dieses Konzept um die Perspektive der Informationsauswertung und -gewichtung im diagnostischen Prozeß.

Neuere Arbeiten zum diagnostischen Urteilsprozeß beschäftigen sich immer wieder mit der Kontroverse statistische versus **klinische Urteilsbildung** (vgl. Jäger 1986). In der Psychosomatik hat das klinische Urteil einen zentralen Stellenwert. Zur Begründung dieser Überlegung ist anzuführen, daß Indikationsentscheidungen sich nicht standardisieren lassen; denn technokratische Regeln, die in einem stringent formulierten Algorithmus eingebettet werden können, fehlen in der Regel.

Für die Präzisierung psychosomatischer Diagnostik kann darüber hinaus die aus der pädagogischen Diagnostik bekannte Unterscheidung zwischen **kriteriums- und normorientierter Diagnostik** (vgl. Klauer 1983) nützlich sein. Kriteriumsorientierte Diagnostik zielt darauf ab, den Patienten im Hinblick auf ein zwischen Therapeut und Patient festgelegtes Ziel (Therapieziel) – das sogenannte Kriterium – zu untersuchen und das Untersuchungsergebnis ent-

sprechend auszudrücken und zu interpretieren. In der normorientierten Diagnostik wird hingegen das Untersuchungsergebnis im Hinblick auf statistische Bezugswerte (Normen) interpretiert. Dies kann bei selektiven Indikationsentscheidungen sinnvoll sein, bei therapiebegleitenden ist es weniger nützlich.
Für die Psychosomatik ist eine **multidimensionale Diagnostik** zu fordern, die verschiedene Ebenen zu berücksichtigen hat: Typ der Daten, Beziehungsrahmen des Berichterstatters, Datenquellen, Datenebene und Erhebungszeitpunkt (vgl. Seidenstücker & Baumann 1978).
Unter dem Aspekt des Datentypes kann zwischen subjektiven und objektiven Daten unterschieden werden. Subjektive Daten sind solche, die z. B. durch Selbstberichte der Patienten gewonnen werden, während objektive Daten im Rahmen von psychometrischen Testuntersuchungen ermittelt werden können.
Neben dem Aspekt des Beziehungsrahmens des jeweiligen Berichterstatters sind die Datenquellen zu unterscheiden: Äußeres und Inneres. Der Außenbeobachter (Therapeut, Supervisor) erfaßt andere Daten als der teilnehmende Beobachter (Patient und Familienmitglied). Auch die Perspektiven der Wahrnehmung und der Bewegung fließen in die psychosomatische Diagnostik mit ein. Erwartet werden kann trotzdem, daß die Ergebnisse der verschiedenen beteiligten Subjekte nicht immer deckungsgleich sind. Informationen sind Unterschiede, die Unterschiede machen (Bateson 1981). Die Wahl der Datenquelle hängt auch davon ab, ob man ein Individuum oder eine Gesamtfamilie zu diagnostizieren hat. Ob das eine oder andere angezeigt ist, hängt nicht zuletzt von ökonomischen Fragen ab. Wenn man mit einer kleineren Einheit, beispielsweise auf der individuellen Ebene zurecht kommt, dann ist das oft ausreichend. Wenn die Krankheit aber auf diese Art und Weise nicht behandelt werden kann, dann ist ein Wechsel auf die bipersonale oder dyadische Ebene, beispielsweise der Eltern, angezeigt oder auch ein Wechsel auf die Analyse der Gesamtfamilie, deren Kohäsion, Adaptabilität und Kommunikationsmuster etc. (vgl. Beitrag M. Wirsching in diesem Band).
Nach dem Konzept der multidimensionalen Diagnostik lassen sich verschiedene Datenebenen unterscheiden: Erleben und Verhalten, psychophysiologische Daten, neurophysiologische Daten und biochemische Daten. Im Rahmen der psychosomatischen Diagnostik hat das Erleben und das Verhalten des Patienten einen besonderen Stellenwert.
Endlich sind Zeit und Zeiterleben mit zu berücksichtigen, Gegenwärtiges und Vergangenes im Rahmen der Dimension ‹Zeitrahmen›. Wann wird die Untersuchung durchgeführt oder wann findet das Gespräch statt? Psychosomatik erfordert deshalb nicht nur eine Statusdiagnostik, sondern auch eine Prozeßdiagnostik (vgl. Pawlik 1978). Gleichrangige Aufgaben sind die Feststellung von Ist-Zuständen und die Untersuchung von Variablen, die Veränderungen ermöglichen. In der Praxis wird häufig aufgrund von statusdiagnostischen Erhebungen entschieden und die selektiven Aspekte treten in den Vordergrund, das ist mitunter nicht unproblematisch. Auch der Stellenwert von

Verlaufsuntersuchungen ist ebenso wie der von follow-up-Studien in der psychosomatischen Diagnostik sehr viel höher anzusiedeln als in vergleichbaren medizinischen Bereichen.

Indikation

In dem oben vorgestellten Konzept sind Diagnostik und Therapie in der Psychosomatik aufeinander bezogen und miteinander verzahnt, die Verbindung zwischen beiden Arbeitseinheiten wird durch die Indikationsstellung realisiert.

Bei der **Indikation** im Bereich der psychosomatischen Medizin handelt es sich um Entscheidungen für bestimmte Problemlösungen unter Berücksichtigung bestimmter (diagnostischer) Informationen. Das Resultat dieser Entscheidung ist die Auswahl einer von mehreren Handlungsalternativen (z. B. bei akuten oder chronischen Erkrankungen), eine Unterscheidung differentieller, selektiver und adaptiver Aspekte kann diese Entscheidungsprozesse unterstützen (vgl. Bommert, Henning, Wälte 1990).

Der **differentielle** Aspekt der Indikationsentscheidung konfrontiert den Therapeut mit folgender Frage: Bei welchem Patienten ist bei welcher Krankheit welche Behandlung indiziert? Setting, Zeit und Ziel – das sind weitere Gesichtspunkte, die die Effektivität und die Effizienz beeinflussen.

Die **selektive** Seite behandelt die Entscheidungen über die Wahl einer von mehreren therapeutischen Handlungsalternativen – vor, zu Beginn oder im Verlauf der Behandlung mit dem Resultat der Zuordnung (= positive Indikation) oder Zurückweisung (= negative Indikation) von Therapeut, Behandlung, Setting und Kostenträger.

Therapeut und Patient sind Subjekt oder Objekt einer solchen Entscheidung gleichermaßen. Behandlung und Setting beschreiben in dieser Form den Rahmen, die Kostenträger sind eher anonym, wodurch sich für sie die Frage, ob sie eher Subjekt oder Objekt sind, scheinbar erübrigt.

Bei dem **adaptiven** Aspekt handelt es sich um eine Entscheidung über Art und Umfang der Einflußnahme auf einzelne Wirkfaktoren des therapeutischen Prozesses mit dem Zweck, die Abstimmung dieser Wirkfaktoren zu realisieren. Dabei geht es um die Optimierung der Beziehung unterschiedlicher Variablen, es geht um die Abstimmung der Einflußnahme: Soll etwas so erhalten werden, wie es ist, oder strebt man eine Veränderung an? Wer ist aktiv? Wer ist passiv?

Patient oder Arzt, Familienangehörige, Laien oder professionelle Helfer haben sich dieselben Fragen zu stellen. Die Grenzen der psychosomatischen Diagnostik sind darüber hinaus im medizinisch-ethischen, im ökologischen und ökonomischen Bereich zu diskutieren: Wer trägt die Verantwortung und wer haftet für die Fehler – auch für die Dislokation öffentlicher Mittel? Welche Funktion hat die Anonymisierung der Verantwortung in einer pluralistischen

Gesellschaft? Mit der Frage nach der Verantwortung öffnet sich der Würfel in den medizin-ethischen Bereich, der gelegentlich unbegrenzt erscheint – dann nämlich, wenn das Widerlager in den transzendenten Bereich projiziert wird. Um im Diesseits zu verbleiben und in der Immanens wurde in der anthropologischen Medizin Heidelberger Provenienz eine bedeutsame Position zur medizinischen Ethik beschrieben. Das implizite Axiom dieses Ansatzes geht auf Ludolf Krehl zurück: «Wir behandeln keine Krankheiten, sondern kranke Menschen» (L. Krehl zitiert nach P. Hahn et al. 1991).

Das Ziel – auch der Diagnostik in der Psychosomatischen Medizin – ist die Autonomie des betreffenden Patienten. Eine moderne Formulierung eines ethischen Imperativs unter den dreidimensionalen Bedingungen der menschlichen Existenz könnte wie folgt lauten:

«Handele immer so, daß Du die Autonomie des anderen förderst, dann wird sich zugleich Deine eigene Autonomie entwickeln.» (Malherbe 1990)

Im folgenden werden wir die Diagnostik in der Psychosomatischen Ambulanz der RWTH Aachen skizzieren, anschließend soll die Diagnostik für die differentielle Indikation einer stationären psychotherapeutischen Behandlung angeschnitten werden. Drei Fallbeispiele mögen das Gedachte erläutern.

Diagnostik in der Psychosomatischen Ambulanz

Die Grundintention der Diagnostik in der Psychosomatischen Ambulanz besteht in der Fundierung der Indikationsentscheidung und des therapeutischen Handelns. Dafür hat sich ein Procedere bewährt, welches im folgenden skizziert werden soll.

Anmeldung des Patienten an der Leitstelle	ca. 5 Min.
Patient füllt ergänzende Fragebögen aus Therapeut bereitet sich auf das Erstgespräch vor	ca. 15 Min.
Indikativ-diagnostisches (Erst-)Gespräch	ca. 45 Min.
Rückfragen beim überweisenden Arzt	ca. 10 Min.
Ambulanzkonferenz	ca. 20 Min.
Differentielle Indikationsentscheidung	ca. 10 Min.
Summe	ca. 105 Min.

Abb. 10-2: Diagnostik in der Psychosomatischen Ambulanz

Fragen zur Gesprächsvorbereitung auf den Patienten

Wer schickt ihn, wer ist der überweisende Arzt, kommt er von selbst, ist ein Familienangehöriger derjenige, der sich die Sorgen macht?

Welche Informationen sind über den Patienten bereits verfügbar?
Welche somatische / psychische Diagnostik wurde schon durchgeführt?
Welchen Eindruck machte der Patient bei der Terminabsprache, welchen Leidensdruck vermittelte er?

Tabelle 10-1: Ausgewählte Tests in der Psychosomatik

Bereiche (Beispiele)	**Psychologischer Test (Beispiele)**	
Angst	STAI U-Bogen	State-Trait Antstinventar Unsicherheits-Fragebogen
Depression	BDI PD-S	Beck-Depressionsinventar Paranoid-Depressivitäts-Skala
Eßverhalten	FEV	Fragebogen zum Eßverhalten
Familie, Partnerschaft	FDTS FAM-III FKS GT SYMLOG	Familiendiagnostisches Testsystem Family-Assessment-Measure III Familien-Klima-Skalen Gießen-Test Familien-Kommunikations-Fragebogen
Intelligenz	HAWIE-R I-S-T 70 L-P-S	Hamburg-Wechsler-Intelligenztest für Erwachsene, Revision 1991 Intelligenz-Struktur-Test 70 Leistungsprüfsystem
Konzentration	K-L-T K-V-T Test d 2	Konzentrations-Leistungs-Test Konzentrations-Verlaufs-Test Aufmerksamkeits-Belastungs-Test
Persönlichkeit	E-P-I F-P-I MMPI Rorschach-Test	Eysenck-Persönlichkeits-Inventar Freiburger Persönlichkeits-Inventar Minnesota Multiphasic Personality Inventory
Psychosomatische Symptome und deren Veränderung	B-L KASSL VEV	Beschwerdenliste Kieler Änderungssensitive Symptomliste Veränderungsfragebogen des Erlebens und Verhaltens
Streß	SVF	Streßverarbeitungs-Fragebogen

Unterstützende Untersuchungsmöglichkeiten bieten orientierende Fragebögen, wie z. B.:
- Lebensereignis-Fragebogen
- Freiburger Persönlichkeitsinventar
- Gießener Beschwerdeliste etc.

Sie werden dem Patienten bei der Anmeldung ausgehändigt und vor dem Erstgespräch dem Therapeuten ausgefüllt zurückgegeben. Die Art und Weise, wie der Patient die Erhebungsbögen ausgefüllt hat, kann unter Umständen wichtige Informationen liefern. Zwanghafte Patienten z. B. kommen oft mit der Zeit nicht aus und haben die Bögen noch nicht vollständig bearbeitet. Weitere testdiagnostische Instrumentarien werden vertiefend nur in Einzelfällen und therapiebegleitend eingesetzt. Tabelle 10-1 gibt einen Ausschnitt aus dem Kanon der Instrumente, die in der Psychosomatik eingesetzt werden können.

Indikativ-diagnostisches Erstgespräch

Hier geht es um die Beschwerden des Patienten und über seine subjektive Belastung. Bei der Wahl der Gesprächsform (siehe Tabelle 10-2) ist darauf zu achten, daß ein ausgewogenes Verhältnis zwischen Informationserhebung und kontaktstiftender Atmosphäre realisiert werden kann, bestimmte diagnostische Informationen sind ohne persönliche Beziehung nicht zu erhalten.

Die Form ‹A› (auf die wir uns im folgenden im wesentlichen beschränken möchten), d. h. die einfache klinische Anamnese dient eher der überblickszentrierten Breitbanddiagnostik als der punktuellen Diagnostik. Je nach Vorinformationen über den Patienten, aber auch je nach Zeit und Erfahrungshorizont des Diagnostikers ist dem einen oder anderen Vorgehen der Vorzug zu geben.

Tabelle 10-2: Formen der ärztlichen Gesprächsführung, nach Hahn 1988, S. 188

Form A	– Anamnese (A)
Form B	– Erweiterte Anamnese (EA)
Form C	– Biographische Anamnese (BA)
Form D	– Tiefenpsychologische Anamnese (TA)
Form E	– Psychoanalytisches Interview (I)

Die Klärung eines ausgewogenen Verhältnisses zwischen Breitbanddiagnostik, die den allgemeinen Eindruck erfaßt, und einer punktuellen Diagnostik, die auf einen Fokus abzielt, gehört schon in die Gesprächsvorbereitung vor dem ersten Gespräch.

Die Klagen und Beschwerden können häufig schon in dem Erstgespräch Organen oder auch einem ganzen System, z. B. dem muskulären System (beim Weichteilrheumatismus) zugeordnet werden. Auszuarbeiten sind auch mögliche Ursachen genetischer, exogener, endogener, körperlicher oder seelischer Natur.

Die inhaltlichen Gesichtspunkte der klinischen Anamneseerhebung betreffen die jetzigen Beschwerden (Haupt- und Nebenbeschwerden) und beziehen sich auf:

– Lokalisation	(wo?)
– Ausstrahlung	(wohin?), beides sollte man sich zeigen lassen
– Art und Intensität	(wie?)
– Abhängigkeit und Entwicklung	(wodurch bzw. warum?)
– Entstehung und Verlauf	(seit wann und zu welchen Zeiten?)
– Frequenz	(wie oft?)
– Dauer	(wie lange?)

Ein Innehalten nach der Beschwerdeschilderung mag ein erster Schritt sein, um über die impliziten Erwartungen des Patienten nachzudenken.

Geht es um eine Krankschreibung oder geht es um Medikamente, geht es um eine Berufsunfähigkeit oder geht es um eine Unsicherheit, die von den körperlichen oder seelischen Beschwerden ausgelöst werden?

Eine Verhaltensanalyse in Situationen nach dem Muster

S = Merkmale der Situation
E = Erwartungen des Patienten
O = Bedingungen des Organismus
V = Verhalten
K = Konsequenzen

mag sich bei bestimmten Krankheiten anschließen.

Die Analyse der Beziehungen im Arbeitsfeld, in der Familie, im Freizeitbereich könnte der nächste Schritt sein. Auch die Analyse von Überzeugungen und Attributen ist relevant und könnte zu einer differenzierten Kognitionsanalyse hinüberwechseln. Die Analyse der Selbstregulation betrifft das Selbstmanagement, betrifft die Ressourcen und auch die Kontrolle über die Beschwerden. Eine biographische Analyse mag auf die kritischen Lebensabläufe zielen, auf die Eltern- und Geschwisterbeziehungen und auch auf mögliche Fremdplazierungen in Familienpflege oder Heimerziehung. 20 Prozent aller Patienten, die wir im ersten Jahr in der psychosomatischen Ambulanz in Aachen sahen, kamen aus einer broken-home-Situation.

Nach dem Erstgespräch gilt es mit dem überweisenden Arzt Rücksprache zu nehmen. Was sind seine Erwartungen? Gelegentlich lassen sie sich aus dem Überweisungsmodus direkt herauslesen.

Ambulanzkonferenz

Einen gleich hohen Rang wie das Erstgespräch nimmt die Ambulanzkonferenz ein, in der der Fall gemeinsam mit Vertretern des Stationsteams besprochen und diagnostisch eingeordnet wird. Schließlich geht es um die Frage, ob der Patient eine psychosomatische (Mit-)behandlung benötigt oder nicht? Wenn ja, ambulant oder stationär?

Besondere Beachtung findet dabei der Affekt, den der Patient beim Diagnostiker ausgelöst hat (Übertragung / Gegenübertragung) und in der Falldarstellung noch nachschwingt. Der subjektive und objektive Befund leiten über zur differentiellen Indikationsentscheidung. Eventuell sind aber dafür weitere Gespräche (Anamneseformen B – E) notwendig, unter Umständen mit Familienangehörigen.

Weitere Gespräche
Bei etwas mehr als der Hälfte der Patienten werden 1 – 3 weitere Gespräche angeboten. Wegen des erheblichen Aufwandes an zeitlichen und personellen Ressourcen wird nur in besonderen Fällen auf weiterführende familiendiagnostische Gespräche zurückgegriffen. Die nächste Abbildung 10-3 vermag vielleicht einen kleinen Eindruck von diesem Aufwand vermitteln.
Familiendiagnostik impliziert einen Perspektivenwandel in der Wahrnehmung der Entstehungsbedingungen psychosomatischer Störungen: «Weg vom Symptom, hin zum System.» Dieser Perspektivenwechsel lenkt die Aufmerksamkeit auf interpersonelle Prozesse zwischen den Familienangehörigen. Mehr als für andere diagnostische Prozeduren gilt, daß Familiendiagnostik immer auch Folgen für die Familiendynamik hat. Familiendiagnostik ist deshalb nicht nur Diagnostik, sondern auch ein Stück Therapie.
Die meisten weiterführenden Gespräche finden jedoch im Rahmen von Einzelkontakten statt und erfüllen im wesentlichen drei verschiedene Funktionen: Differentialdiagnostik, Vorbereitung des Patienten für die Station oder Einleitung einer ambulanten Therapie. Damit einher geht die Sensibilisierung des Patienten für die psychischen Prozesse, die bei der Krankheitsentstehung, -aufrechterhaltung und -bewältigung eine Rolle spielen, also Motivationsarbeit.

Differentielle Indikationsentscheidung
Wegen der begrenzten Ressourcen können in der Klinik nur ambulante Therapien zu Forschungs- und Ausbildungszwecken durchgeführt werden, in ca. 90 Prozent der Fälle wird deshalb die Empfehlung einer ambulanten Therapie außerhalb der Klinik gegeben. Das folgende Raster kann die Komplexität der Klärung der differentiellen Indikation nur andeuten (siehe Abbildung 10-4).
In die differentielle Indikationsentscheidung fließen Kriterien ein, die auf verschiedenen Ebenen liegen, besonders sind zu beachten:
- Diagnose
- Vorhergehende Therapien
- Lebenssituation
- Leidensdruck
- Beschwerdegrad
- Krankheitskonzept des Patienten
- Veränderungserwartung
- Therapiebereitschaft / Motivation.

Vorbereitung des Familiengespräches

- Terminabsprache mit der Familie
- Terminabsprache mit dem Co-Therapeuten

Durchführung des Familiengespräches

Diagnostische Auswertung des Familiengespräches

- Festlegung der diagnostischen Analyseebene:
  - einzelnes Familienmitglied
  - Ehepaar
  - Eltern-Kind-Subsystem
  - Geschwister
  - Familie als Ganze
  - erweiterte Familie
  - familiale Außenwelt
- Einschätzung der familialen Funktions- und Lebensbereiche:
  - Materielle Versorgungssituation
  - Erziehung
  - Sexualität, Familienplanung
  - Haus(-arbeit)
  - Bildung, Kultur, Politik
  - Religion
  - Freizeit
- Einschätzung der familialen Struktur
  - Kommunikation
  - Kohäsion
  - Adaptabilität
- Einschätzung der Gesprächsatmosphäre
  - Familie
  - Interaktion Familie–Therapeut(en)

Indikationsstellung

Abb. 10-3: Familiendiagnostik

Bei ca. 10 Prozent der in der Psychosomatischen Ambulanz des Aachener Klinikums vorgestellten Patienten wird die differentielle Indikation einer stationären psychosomatischen Behandlung gestellt, die sich nach folgenden Kriterien richtet:

Differentielle Indikation für eine stationäre psychosomatische Behandlung

1. *Positive Indikationskriterien für eine stationäre Behandlung:*
   - Gesicherte Diagnose einer psychosomatischen Krankheit.
   - Die Krankheit des Patienten erfordert eine Behandlung mit hoher Intensität und Dichte.
   - Der Patient ist motiviert, an dem Angebot der Station zu partizipieren.
   - Der Patient sieht die Beteiligung psychischer Faktoren an dem Ausbruch und Verlauf seiner Krankheit.
   - Seine Persönlichkeitsstruktur erlaubt eine aufdeckende Psychotherapie.
   - Er hat den ausdrücklichen Wunsch, aufgenommen zu werden und keine ambulanten Alternativen.
   - Er willigt in den Stationskontrakt ein.

2. *Negative Indikationskriterien, die einer stationären Behandlung entgegenstehen:*
   - Der Patient ist akut suizidgefährdet. – Hier ist eine Notaufnahme in einer Psychiatrischen Klinik eher indiziert.

Ansatz – psychoanalytisch – humanistisch – verhaltenstherapeutisch – kognitiv – systemtheoretisch
Organisationsform / Setting – Einzeltherapie – Paartherapie – Familientherapie – Gruppentherapie
Prozeduren – handlungsbezogen – erlebnisbezogen – interpretationsbezogen
Ebenen – organisch-physiologisch (z. B. Autogenes Training) – motorisch-verhaltensmäßig (z. B. Verhaltenstherapie) – subjektiv-erlebnismäßig (Rational-emotive Therapie)

Abb. 10-4: Therapeutische Interventionen

- Der Patient ist alkoholabhängig oder drogensüchtig. – Hier ist eine Überweisung in eine Klinik für Alkohol- oder Drogenkranke indiziert.
- Der Patient ist psychotisch oder präpsychotisch. Auch hier ist eine psychiatrische Indikation notwendig.
- Der Patient befindet sich in einem körperlichen Zustand, der einer Reflexionsarbeit entgegensteht (z. B. status asthmaticus, z. B. akute Infektionserkrankungen mit hohem Fieber).
- Der Patient ist nicht motiviert und beispielsweise auf eine somatische Ursache seiner Erkrankung fixiert.
- Der Patient wünscht eine ambulante Psychotherapie.
- Der Patient hat durch eine stationäre Aufnahme einen sekundären Krankheitsgewinn.
- Der Patient profitiert mehr von einer Therapieform, in der der Tag durchstrukturiert ist (Tagesklinik).

Fallbeispiele

Das erste Fallbeispiel fokussiert die Simultandiagnostik von Psyche und Körper, während beim zweiten Fallbeispiel das Augenmerk stärker auf den Perspektivenwechsel von Psycho- und Familiendynamik gelegt wird. Schließlich dokumentiert das letzte Fallbeispiel, wie Erfahrungen anderer Institutionen bei der Diagnostik und Indikationsentscheidung einbezogen werden.

Fallbeispiel 1:
Ein 52jähriger Patient mit einem Zustand nach einem vier Jahre zurückliegenden Herzinfarkt, der eine Hochdruckanamnese verneint, eine Fettstoffwechselstörung vom Typ IV a dagegen bejaht.
Während des Zweitgesprächs, bei dem das Blutdruckverhalten gemessen wurde sowie die Pulsfrequenz und der periphere Gefäßwiderstand, zeigte sich neu, sowohl für den Patienten wie für seinen Arzt, eine hypertone Kreislaufregulation. Aufgrund der Tatsache, daß das Gespräch auf Tonband aufgenommen wurde, konnte man die Gesprächsinhalte anschließend in zeitliche Beziehung zu dem Blutdruckverhalten setzen. Dabei zeigte sich der Anstieg des Blutdruckes in dem Moment, als von dem Tod einer jungen Frau gesprochen wurde, die drei Kinder hinterlassen hatte und deren Mann mit dem Patienten befreundet war. Es ging jetzt um die Kondolenz. Der Patient hatte Scheu, seinem Freund zu kondolieren. Er wußte nicht genau «wie». Erst als das Thema gewechselt und paradoxerweise im medizinischen Sinne von der Nierenerkrankung gesprochen wurde, fiel der Blutdruck wieder ab. Gleichsinnig verhielt sich der periphere Gefäßwiderstand.
In dem Nachgespräch wurde folgende Hypothese aufgestellt:
Unter der emotionalen Belastung der Todesthematik kam es zu einer Umschaltung und zu einer sympathikotonen Einstellung. Der periphere Gefäßwiderstand bleibt solange erhöht, bis sich der Patient in einer ihm vertrauteren

Thematik wieder entspannen kann. Die psychosomatische Hypothese lautete also: Die mit der Todesthematik verbundenen Ängste stellen einen unbewußten Wunsch dar, sich zu entziehen und auch die eigene vitale Bedrohung eher zu verleugnen.
Die Indikation für eine stationäre psychosomatische Behandlung war relativ gegeben, der Patient war aber zu dem damaligen Zeitpunkt an einer aufdekkenden Therapie nicht interessiert.

Fallbeispiel 2:
Anders der zweite Patient – 22 Jahre. Er fiel in der internistischen Notfallambulanz auf, und zwar wegen eines gewissen infantilen Verhaltens, weil er etwas Altkluges hatte, etwas Unbeholfenes und doch etwas Hilfesuchendes. In die Notfallambulanz war er mit Blutdruckwerten 180/110 mmHg aufgenommen worden. Die erweiterte Anamnese (Form B) ergab berufliche und familiäre Belastungssituationen. Er war angelernter Lagerverwalter und konnte seine Arbeit meistens auch zur eigenen Zufriedenheit und der seiner Vorgesetzten ausführen. Durch eine familiäre Belastung war er jetzt außer Tritt geraten und wurde deswegen vorgestellt.
Familiär war er sowohl von Vaters wie von Mutters Seite her belastet. Beide Eltern hatten eine Hypertonie, mit der sie trotz eines schon stattgefundenen Schlaganfalls der Mutter eher verleugnend umgingen, d. h. auch in der Medikamenteneinnahme unzuverlässig waren. Diese Informationen führten während der stationären Abklärungszeit zu einem Familiengespräch, aus dem sich eine mehrjährige ambulante Begleitung der Familie ergab mit dem Ziel, durch die Institutionalisierung eines Familien/Arzt-Systems der ganzen Familie Entlastung zu verschaffen. – Dieses Arrangement wurde trotz großer Zweifel von der Familie selbst etliche Jahre eingehalten. Es gab nebenbei dem Patienten die Möglichkeit, an einer ambulanten Nachbetreuungsgruppe teilzunehmen.

Fallbeispiel 3:
65jähriger Patient kommt mit der Diagnose Colitis ulcerosa in die Ambulanz der Poliklinik für Psychosomatische Medizin und Psychotherapie in Aachen mit der Bitte um eine Weiterbehandlung nach einem vierwöchigen stationären Aufenthalt in der Psychosomatik einer anderen Universitätsklinik. An aktuellen Beschwerden schildert er 6–8 wäßrige Stuhlgänge mit teilweiser Blutbeimengung. Darüber hinaus beklagt er sich über starkes Schwitzen, innere Unruhe und Herzklopfen.
Die Diagnose ist seit 10/1980 bekannt, in den Jahren 1980 bis 1991 folgten neun stationäre Aufenthalte. Dort galt er immer als Querulant, der für eine aufdeckende Psychotherapie ungeeignet erschien.
Im Erstgespräch wirkte der Patient äußerst mißtrauisch, Mitmenschen wertete er fast ohne Ausnahme ab. Das war auch der Grund dafür, warum er zweimal seinen Hausarzt wechseln mußte, nach Querelen mit Mitpatienten war er für zwei Hausärzte nicht mehr tragbar.

Nach eingehender Beratung mit der Psychosomatik der anderen Universitätsklinik wird mit dem Patienten vereinbart, daß aufgrund seiner Lebensgeschichte und seiner momentanen Situation unterstützende Gespräche, die auf eine Stabilisierung der jetzigen Lebenssituation hinauslaufen sollen, im Vordergrund stehen. Im Rahmen der Gespräche gelang es dem Patienten zunehmend, seine auf die Mitmenschen fixierten grüblerischen und feindseligen Gedanken zugunsten solcher Einstellungen aufzugeben, die die jetzige Lebenssituation bejahen.

Zusammenfassung

1. Bei der psychosomatischen Diagnostik sind immer somatische, psychische und soziale Dimensionen einzubeziehen, notwendig ist also eine Simultandiagnostik.
2. Psychosomatische Diagnostik erfordert ein adaptives Vorgehen, das auf die spezifische Situation des Patienten abgestellt ist. Wir sprechen deshalb von einem patientenorientierten Vorgehen, bei dem technologische Regeln kaum verfügbar sind wie z. B. in der Röntgendiagnostik. Das patientenzentrierte Vorgehen erfordert eine situationsspezifische Interviewtechnik, die von dem Anfänger eher standardisiert wird als von dem Erfahrenen. Optimal ist eine situative Entfaltungslogik.
3. In der Psychosomatik ist der Diagnostiker selber Instrument der Diagnostik, er übernimmt eine Katalysatorfunktion. Das impliziert, daß er als Mensch auf den Patienten reagiert und verpflichtet ist, auf seine Eigenwahrnehmung zu achten. Supervision kann deshalb zu einer lebenslangen Notwendigkeit werden.
4. Psychosomatische Diagnostik ist ein Balanceakt zwischen Breitbandverfahren und punktueller Diagnostik, die sehr viel stärker als Breitbandverfahren auf Exaktheit abgestellt ist. Das kann zu einem Reliabilitäts-Validitäts-Dilemma führen.
5. Psychosomatische Diagnostik erfordert eine klinische Urteilsbildung. Das meint, daß es keinen medizinpsychologischen Supertest gibt, der aufgrund statistischer Daten eine gültige diagnostische Einordnung zuläßt. Vielmehr ist vom Diagnostiker eine differenzierte Wahrnehmung und eine ausgewogene Informationsauswertung für eine verantwortungsvolle Indikationsentscheidung gefragt.

Die letzte Abbildung – wiederum in Gestalt eine Würfelmodelles – faßt noch einmal die wichtigsten Aspekte der Informationsverarbeitung bei der psychosomatischen Diagnostik zusammen.

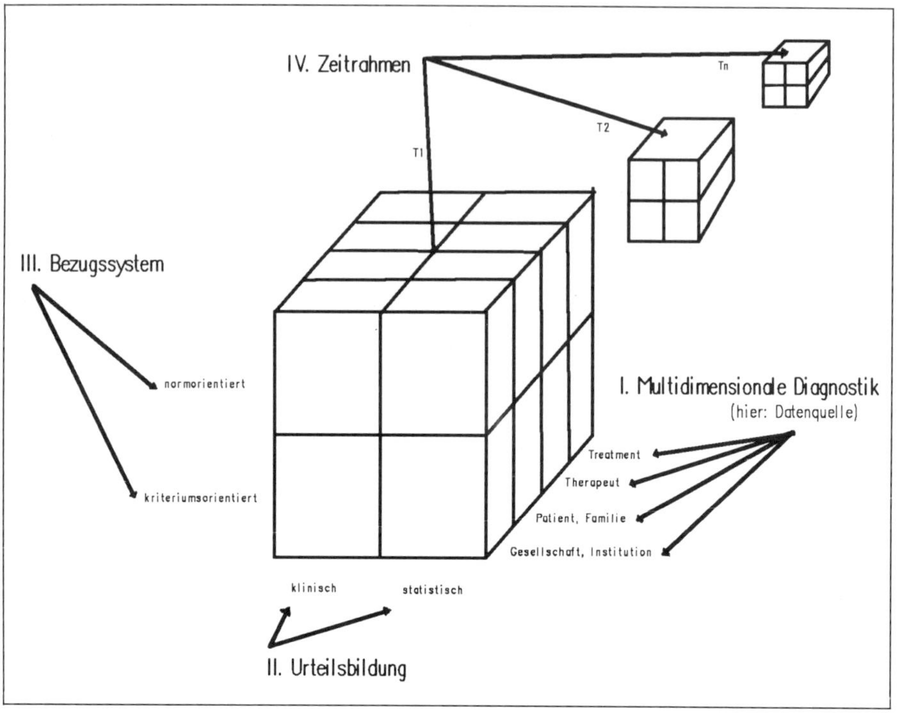

Abb. 10-5: Diagnostik in der Psychosomatik – Aspekte der Informationsverarbeitung

Literatur

Bateson, G. (1981): Oekologie des Geistes. Suhrkamp, Frankfurt am Main

Bommert, H., Henning, Th. & Wälte, D. (1990): Indikation zur Familientherapie. Kohlhammer Verlag, Stuttgart

Jäger, R.S. (1986): Der diagnostische Prozeß. Eine Diskussion psychologischer und methodischer Randbedingungen. Dr. Hogrefe Verlag, Göttingen

Klauer, J.K. (1983): Kriteriumsorientierte Tests. In: Feger, H. & Bredenkamp, J. (Hg.): Messen und Testen. Dr. Hogrefe Verlag, Göttingen, 693–726

Krehl, L., zitiert nach: Hahn, P., Petzold, E. und Drinkmann, A. (1991): Internistische Psychosomatik in Heidelberg 1979–1988. Esprint Verlag, Heidelberg

Hahn, P. (1980): Allgemeine klinische und psychosomatische Medizin. Entwicklung und Standort. In: Heidelberger Jahrbücher XXIV. Springer, Berlin, Heidelberg, New York. S. 125–145

Hahn, P. (1988): Ärztliche Propädeutik. Gespräch, Anamnese, Interview. Einführung in die anthropologische Medizin – wissenschaftstheoretische und praktische Grundlagen. Springer, Berlin

Malherbe, J.F. (1990): Medizinische Ethik. Echter Verlag, Würzburg

Pawlik, K. (1976): Diagnose der Diagnostik. Klett-Cotta Verlag, Stuttgart

Petzold, E. (1990): Implizite Axiome in der klinischen Psychosomatik: Der simultandiagnostische Würfel. In: Huber, W., Petzold, E., Sundermeier, Th. (Hrsg.): Implizite Axiome. Tiefenstrukturen des Denkens und Handelns. Chr. Kaiser Verlag, München, S. 39–57

Petzold, E., Herzog, W. und Kröger, F. (1987): Der simultandiagnostische Würfel und einige Überlegungen zur Familientherapie. In: Zielke et al. (Hrsg.), die Entzauberung des Zauberbergs. Modernes Leben, Dortmund

Seidenstücker, G. & Baumann, U. (1978): Multimediale Diagnostik. In: Baumann, U., Berbalk, H. & Seidenstücker, G. (Hrsg.): Klinische Psychologie. Trends in Forschung und Praxis, Bd. 1. Huber Verlag, Bern, 134–182

Weizsäcker, V. v. (1940): Der Gestaltkreis. Theorie der Einheit von Wahrnehmen und Bewegen. Thieme, Leipzig. Neuauflage: Suhrkamp, Frankfurt (1973)

Literaturliste zu den psychologischen Tests

Abels, D. (1961): Konzentrations-Verlaufs-Test: KVT. Dr. Hogrefe, Göttingen

Amthauer, R. (1973): Intelligenz-Struktur-Test: I-S-T 70. Dr. Hogrefe, Göttingen, Toronto, Zürich

Beck, A. T. et al. (1961): An Inventory for measuring depression. Archives of General Psychiatry, 4, 561–571

Beckmann, D., Richter, H.-E. (1972): Giessen-Test: GT. Huber, Bern

Brickenkamp, R. (1981): Aufmerksamkeits-Belastungs-Test: Test-d-2. Dr. Hogrefe, Göttingen, Toronto, Zürich

Cierpka, M. (1991): Der Familien-Einschätzungsbogen: FAM-III. Anleitungsheft. Abt. Psychotherapie. Universität Ulm. Am Hochsträß 8, Ulm

Düker, H. & Lienert, G. A. (1959): Konzentrations-Leistungs-Test: K-L-T. Dr. Hogrefe, Göttingen, Toronto, Zürich

Eggert, D. (1983): Eysenck-Persönlichkeits-Inventar: E-P-I. Dr. Hogrefe, Göttingen, Toronto, Zürich

Engfer, A., Schneewind, KA. & Hinderer, J. (1977): Die Familienklimaskalen (FKS). Ein Fragebogen zur Erhebung perzipierter Familienumwelten nach R.H. Moos. Arbeitsbericht 16. EKB-Projekt, München

Fahrenberg, J., Hampel, R., Selg, H. (1989): Das Freiburger Persönlichkeitsinventar. FPI. Dr. Hogrefe, Göttingen, Toronto, Zürich

Hathaway, S.R., McKinley, J.C. (1987): MMPI Testmaterial. Minnesota Multiphasic Personality Inventory, bearbeitet von O. Spreen. Huber, Bern, Stuttgart, Wien

Hautzinger, M.(1992): Beck-Depressions-Inventar: BDI. Testzentrale des Berufsverbandes Deutscher Psychologen. Dr. Hogrefe, Göttingen

Horn, W. (1983): Leistungsprüfungssystem: LPS. Dr. Hogrefe, Göttingen

Janke, W., Erdmann, G., Kallus, W. (1985): Streßverarbeitungsfragebogen: SVF. Dr. Hogrefe, Göttingen

Kröger, F., Drinkmann, A., Becker, S., Petzold, E. (1988): SYMLOG, eine Möglichkeit zur Selbst- und Fremdbeschreibung von Familien. Erste Erfahrungen und Validierungen. In: Schüffel, W. (Hrsg.), Sich gesund fühlen im Jahr 2.000. Springer, Berlin, Heidelberg, New York, S. 526–532

Laux, L., Glanzmann, P., Schaffner, P & Spielberger, C. D. (1981): Das State-Trait-Angstinventar: STAI. Beltz, Weinheim

Pudel, V. & Westenhöfer, J. (1989): Fragebogen zum Eßverhalten: FEV. Dr. Hogrefe, Göttingen, Toronto, Zürich

Rorschach, H. (1962): Rorschach-Test. Huber, Bern

Schneewind, K. A. (1988): Das familiendiagnostische Testsystem: FDTS. Ein Fragebogeninventar zur Erfassung familiärer Beziehungsaspekte auf unterschiedlichen Systemebenen. In: M. Cierpka (Hrsg.), Familiendiagnostik. Springer, Heidelberg

Tewes, U. (1991): Hamburg-Wechsler Intelligenztest für Erwachsene: HAWIE-R. Huber, Bern, Stuttgart, Toronto

Ullrich de Muynck, R. & Ullrich, R. (1979): Der Unsicherheitsfragebogen. Testmanual U. Anleitung für den Therapeuten. Pfeiffer, München

Zerssen, v. D. (1976): Paranoid-Depressivitäts-Skala und Depressivitäts-Skala: PD-S. Beltz, Weinheim

Zerssen, V. D. & Koeller, D.-M. (1976): Beschwerdenliste: B-L. Beltz, Weinheim

Zielke, M & Kopf-Mehnert, C. (1978): Veränderungsfragebogen des Erlebens und Verhaltens: VEV. Beltz, Weinheim

Zielke, M. (1979): Kieler Änderungssensitive Symptomliste: KASSL. Beltz, Weinheim

11 Diagnostik und Indikation in der Psychotherapie – wo stehen wir heute und wo könnte es hingehen?

W. Schneider

Das Verhältnis der unterschiedlichen psychotherapeutischen Ansätze zu diagnostischen Fragen – im Sinne der klassisch psychiatrischen, nosologisch orientierten Diagnostik – war in der Vergangenheit aus den verschiedensten Gründen kritisch bis ablehnend.

Als **gemeinsamer Kritikpunkt an der nosologischen Diagnostik** wird von allen Psychotherapieschulen formuliert, daß die entscheidenden behandlungsrelevanten Variablen und Parameter von diesen Diagnosenmodellen nicht berücksichtigt werden würden. Vertreter der Psychoanalyse fragen z. B., inwieweit die klassische psychiatrische Diagnostik nicht primär durch das Bedürfnis motiviert ist, die angstinduzierende Behandlungssituation zu strukturieren, stellen eine Unterscheidung zwischen diagnostischem und therapeutischem Prozeß in Frage und sehen die Bedeutung von klinischem Oberflächen- Material (den Symptomen) gegenüber der zugrunde liegenden Psychodynamik als gering an (siehe z. B. Schumacher 1985). Auch die Verhaltenstherapie hat in der Vergangenheit immer ein eher kritisches Verhältnis gegenüber der psychiatrischen Diagnostik aufgewiesen, das sich jedoch in der letzten Zeit durchaus zu verändern scheint; ich werden später noch einmal auf diesen Aspekt zurückkommen. Setzt die Kritik der Psychoanalyse an der psychiatrischen Diagnostik eher an deren Orientierung am medizinischen Modell im Sinne einer Individualpathologie an, so wird die klassische psychiatrische Diagnostik von seiten der klinischen Psychologie vor allem aufgrund ihrer geringen Nützlichkeit für die Therapieplanung oder die empirische Forschung infolge ihrer mangelnden Reliabilität und Validität (Wittchen und Schulte 1988) kritisiert. Diese Sichtweise wurde auch von vielen Psychiatern geteilt; die Entwicklung standardisierter deskriptiver Diagnosensysteme ist so insbesondere dadurch motiviert, die methodischen Schwächen der klassischen Diagnostik bezüglich der Reliabilität zu überwinden (Spitzer und Fleiss 1974, Häfner 1978). Bei der Konstruktion der operationalen diagnostischen Klassifikationssysteme wurde die Verbesserung der Reliabilität insbesondere über die standardisierte Befunderhebung mittels Selbst- und Fremdbeurteilungsverfahren, Checklisten und Interviews erzielt. Darüber hinaus wurden diagnostische Kriterien und Verknüpfungsregeln expliziert, um die Zuordnung zu unterschiedlichen diagnostischen Klassen zuverlässiger zu gestalten (Wittchen und Schulte 1988, Stieglitz 1988).

Wenn wir den Zusammenhang zwischen diagnostischen Problemen und der Indikationsstellung zu einer spezifischen Form der Psychotherapie fokussieren, können wir uns an den Befunden im Bereich der vergleichenden Psychotherapieforschung orientieren. Das Ziel dieses Forschungsansatzes bestand darin, **Aussagen für eine differentielle Indikationsstellung** zu formulieren. D. h. **spezifischen psychotherapeutischen Ansätzen sollten spezielle Störungsbereiche oder Patientengruppen zugeordnet** werden.

Im Verlauf der sechziger Jahre bis Anfang der achtziger Jahre ist eine große Zahl an Therapievergleichsstudien mit dem Ziel vorgenommen worden, die spezifische Leistungsfähigkeit einer speziellen Therapieform bei einer besonderen Störung nachzuweisen oder, prägnanter, die Überlegenheit des einen psychotherapeutischen Ansatzes gegenüber einem anderen auszuweisen. Bekannte Studien sind z. B. die Arbeiten von Sloane et al. (1975), die den Effekt einer analytisch orientierten Psychotherapie mit dem Erfolg von verhaltenstherapeutischen Maßnahmen bei neurotischen Patienten untersucht haben; die Untersuchung von Grawe und Plog (1976), in der ein Vergleich zwischen gesprächs- und verhaltenstherapeutischen Behandlungen bei phobischen Patienten vorgenommen wurde, und die Hamburger Therapievergleichsstudie (Meyer und Bolz 1981), bei der die Effekte von Gesprächspsychotherapien und analytischen Kurzpsychotherapien bei neurotischen Patienten untersucht worden sind.

In den Therapievergleichsstudien hat sich eine Vielzahl unterschiedlicher Effekte der einzelnen Therapiemethoden herausarbeiten lassen. Die Bewertung der Ergebnisse hat jedoch aufgrund der Heterogenität der Untersuchungen erhebliche Probleme aufgeworfen.

Um eine systematische Beurteilung der vorliegenden Therapievergleichsuntersuchungen zu ermöglichen, sind diese seit Anfang der 70er Jahre einer Reihe von **Metaanalysen** (z. B. Luborsky et al. 1971 und 1975, Smith und Glass 1977, Kazdin und Wilson 1978, Smith et al. 1981) unterzogen worden. Die Ergebnisse der Literaturanalysen haben die Frage, ob Psychotherapie wirksam ist, grundsätzlich bejahen lassen; nach den bislang zitierten Autoren hat sich jedoch keine eindeutige Antwort auf die differentielle Indikationsfrage (Welche Therapie bei welcher Störung? oder Welche Therapie ist bei welchem Patienten erfolgreicher?) finden lassen. Weiter wurde formuliert, daß es bei diesem Vergleich der Effektivität der unterschiedlichen Therapieansätze keinen klaren Sieger oder Verlierer gegeben hat (**Äquivalenz-Paradox**). Diese Sicht hat über das letzte Jahrzehnt einen festen Platz im Selbstbild der Psychotherapieszene erobert und weist insbesondere für Vertreter von Therapieschulen, die kein oder nur ein geringes Engagement hinsichtlich der empirischen Überprüfung ihrer theoretischen und praktischen Ansätze zeigen, eine durchaus entlastende Funktion auf. Es ist jedoch mehrfach betont worden, daß das Äquivalenzparadox nicht im Sinne einer «Alle sind gleich»-Aussage mißverstanden werden darf. Meyer (1991) weist darauf hin, daß die Aussage, daß empirische Überprüfungen der Effektivität unterschiedlicher psychotherapeutischer Ansätze keinen klaren Verlierer ergeben haben, natürlich nicht für jene Psychotherapieverfahren gilt, die in kontrollierten Vergleichen regelmäßig schlecht abgeschnitten haben und auch nicht auf die Verfahren anzuwenden ist, die sich «nie oder nur ganz vereinzelt strengen Überprüfungen unterzogen haben». Als Beispiel für die erste Gruppe führt er das Autogene Training an; als Vertreter der zweiten Gruppe nennt er die Jung'sche Psychotherapie. Wäre dies der aktuelle Stand, so könnte man also sagen, daß für eine Gruppe von theoretisch und praktisch relevanten psychotherapeutischen Ansätzen, zu denen z. B. die Verhaltenstherapie, die Gesprächspsychotherapie und psychoanalytische Verfahren gehören, die Welt weitestgehend in Ordnung ist. Die Situation hat sich jedoch innerhalb der Scientific Community wieder dramatisch verändert, nachdem zuerst sukzessive (Vorabstellungnahmen im Rahmen von Verträgen), dann geradezu in der Form eines wissenschaftspolitischen Grundsatzreferates die Lage der differentiellen Psychotherapieforschung von K. Grawe (1992) neu beurteilt wurde. Die von der Berner Arbeitsgruppe um K. Grawe durchgeführte Metaanalyse ist hinsichtlich der Frage der unterschiedlichen Effektivität von psychotherapeutischen Ansätzen zu anderen Ergebnissen als die zuvor genannten Metaanalysen gekommen. In der Berner Analyse wurden ca. 900 konteollierte psychotherapeutische Ergebnisstudien, von denen nahezu 600 Untersuchungen im Versuchsplan Kontrollgruppen berücksichtigten, systematisch ausgewertet. Die einzelnen Studien wurden mit Hilfe eines umfassenden Beurteilungsstandards (berücksichtigt wurden über 200 Merkmalsbereiche und Ergebnisaspekte) bewertet. Diese Analyse auch der differenzierteren Untersuchungsvariablen und die Berücksichtigung von spezifischen Problemen der Bewertung von inferenzstatistischen Ergebnissen im Bereich der Psychotherapieforschung, auf die hier nicht näher eingegangen werden soll, hat dazu geführt, daß die Annahme des Alice-im-Wunderland-Paradigmas «Alle haben einen Preis gewonnen» von der Berner Arbeitsgruppe nicht länger gestützt wird. Grawe (1992) betont ausdrücklich, daß es sowohl Verlierer und Gewinner im Wettstreit um die Effektivität unterschiedlicher psychotherapeutischer Schulen gibt. Ein großer Teil der sich aktuell in Mode befindlichen psychotherapeutischen Verfahren hat bislang nach den Kriterien der empirischen Forschung keinen Nachweis seiner Wirksamkeit erbracht. Die Methoden sind bislang 1. entweder nicht empirisch untersucht worden, dazu gehören z. B. Verfahren wie das neurolinguistische Programmieren, die Jungsche analytische Therapie oder die Primärtherapie nach Janov, oder sie sind 2. empirisch untersucht, ohne daß ein Nachweis der Wirksamkeit erbracht werden konnte. Zu diesen Verfahren, deren Effektivität umstritten ist, gehören z. B. die Bioenergetik, das Kathatyme Bilderleben, die Individualtherapie und die Transaktionsanalyse.

Für die Gestalttherapie und die systemische Familientherapie hat Grawe «Hoffnung», daß sie sich in der Zukunft als «wirksam qualifizieren können» (139).

Nachgewiesen haben lediglich drei therapeutische Ansätze in einer größeren

Zahl an empirischen Studien, daß sie therapeutisch wirksam sind: die kognitiv-behaviorablen Therapiemethoden, die Gesprächspsychotherapie und psychoanalytische Therapieverfahren. Die Verhaltenstherapie wird von Grawe eindeutig aufgrund der empirisch vorliegenden Resultate als Gewinner des Effektivitätsvergleichs gewertet; für die psychoanalytischen Methoden betont er, daß bislang nur für die psychoanalytische Kurztherapie (ca. 30 Sitzungen) und für Behandlungen mittlerer Dauer ein empirisch gesicherter Wirksamkeistsnachweis vorliegt. Insbesondere für die Langzeitverfahren (mehrere hundert Stunden Dauer) liegen bislang keine empirischen Befunde vor. Darüber hinaus gäbe es ernsthafte Hinweise dafür, daß gerade psychoanalytische Verfahren sich bislang bei psychosomatischen Erkrankungen nicht als wirksam erwiesen hätten.

Die Ergebnisse der Metaanalysen und insbesondere der Berner Studie sind bereits politisch wirksam geworden, da sie in die Beurteilung des Expertengutachtens zum Psychotherapeutengesetz (Meyer et al. 1991) eingegangen sind. Grawe formuliert 1992 in zwei Arbeiten (a und b), daß sich durch die Ergebnisse seiner Studie doch gezeigt hat, daß die Besetzung der bundesdeutschen Lehrstühle für Psychotherapie und Psychosomatik mit Psychoanalytikern «im völligen Widerspruch zur Befundlage der Psychotherapieforschung» stehe.

Die Befunde der empirischen Psychotherapieforschung werden insgesamt jedoch sehr unterschiedlich rezipiert. Innerhalb der Gruppe der wissenschaftlich ausgerichteten Psychotherapeuten gibt es jedoch einen schulenübergreifenden Konsens dahingehend, daß die empirische Beforschung der substantiellen Persönlichkeits-, Krankheits- und Behandlungskonzepte unter wissenschaftlichen Gesichtspunkten und Versorgungsaspekten dringlich ist. Dies gilt auch für Vertreter der Psychoanalyse (siehe z. B. Meyer 1990, 1991, oder die Antwort von Hoffmann auf die Arbeit von Grawe in der Psychologischen Rundschau 1992). Große Gruppen von ausschließlich praktisch arbeitenden Psychotherapeuten oder Psychoanalytikern haben jedoch sicherlich bislang sowohl die Notwendigkeit als auch die Ergebnisse der Psychotherapieforschung negiert.

Wir haben gesehen, daß die Befundinterpretation der differentiellen Psychotherapieforschung problematisch ist. Eine Reihe von Autoren hat sich mit methodenspezifischen Problemen des metaanalytischen Ansatzes zur Beurteilung der Ergebnisse der Therapievergleichsstudien befaßt (für den deutschsprachigen Raum siehe z. B. die Arbeiten von Wittmann und Matt 1986, Bozok und Bühler 1988 oder Meyer 1990 b).

Kritisiert wird z. B., daß in den meisten Metaanalysen vor allem die mittleren Effektmaße zur Beurteilung des Therapieerfolges verwendet werden und die real stattfindenden Veränderungen der einzelnen Patienten im Sinne des Vorher-Nachher-Vergleichs nicht berücksichtigt werden (Meyer 1991 b).

Weitere generelle Kritikpunkte setzen daran an, daß der Vergleich der in den Studien untersuchten Patienten- und Therapeutenvariablen sowie der Aspekte des therapeutischen Settings und der Rahmenbedingungen aufgrund der Heterogenität der verschiedenen Bedingungen in den Studien problematisch ist.

Weitere Kritikpunkte betreffen die geringen Stichprobengrößen, die Art der erhobenen Effekte sowie das Fehlen von katamnestischen Untersuchungen (siehe z. B. Bozok und Bühler 1988).

Problematisch ist sicherlich die ungleichgewichtige Startposition der verschiedenen Therapieschulen im Wettbewerb um den Sieger im Therapievergleich, aber auch der Therapieprozeßforschung. Hinsichtlich der Möglichkeit zur Operationalisierung und Quantifizierung zeigt sich die Psychoanalyse mit ihren weiten Konzepten und theoretischen Konstrukten bislang gegenüber der Verhaltenstherapie doch noch im Nachteil; die Bereitschaft zur empirischen Überprüfung relevanter Fragestellungen ist jedoch auch im deutschsprachigen Raum in den 10–15 Jahren enorm gestiegen, nachdem diese über lange Zeit hinweg praktisch gleich Null war. Einen guten Überblick über die Vielzahl von Ansätzen zur psychoanalytisch orientierten Psychotherapieprozeßforschung geben z. B. Tschuschke und Czogalik (1990).

Für die bisherige Psychotherapievergleichsforschung formuliert Czogalik (1990), daß die psychoanalytischen Verfahren eben bereits dadurch einen Nachteil gegenüber der Verhaltenstherapie gehabt haben, daß die bevorzugt eingesetzten veränderungssensitiven Meßinstrumente (Symptom- oder Beschwerdenlisten) den Behandlungskonzepten und Zielen der Verhaltenstherapie näher waren als der stärker an Traitkonzepten orientierten Psychoanalyse.

Die hier formulierten Bedenken und Kritikpunkte bezüglich der empirischen Psychotherapieforschung sind sicherlich auch an die oben referierte Metaanalyse der Berner Arbeitsgruppe anzulegen. Das zentrale Problem dieser Studie scheint mir die Frage der Validität zu sein. Dies trotz aller akribischen Auswertungsansätze.

Aber auch die Frage der Vergleichbarkeit der verschiedenen in die Auswertung eingegangenen Untersuchungen, ist natürlich zu diskutieren.

D. h.: Sind in den verschiedenen Studien Patienten oder Patientengruppen behandelt worden, die miteinander vergleichbar sind?

Hier besteht vor allem das Problem der erhobenen diagnostischen Merkmalsbereiche. Von Bedeutung für den Therapieerfolg sind sicherlich nicht nur die Art der vorliegenden Störung, sondern auch Charakteristika des Verlaufs der Krankheit wie z. B. der Schweregrad oder das Ausmaß an Chronifizierung. Darüberhinaus spielen die Gesichtspunkte der Behandlungsmotivation, des Zugangs des Patienten zu psychologischen Themenstellungen (Introspektionsfähigkeit, Psychological Mindedness) eine Rolle und sicherlich nehmen auch Umgebungsfaktoren (z. B. Bekannte oder Angehörige) einen gewissen Einfluß auf den Behandlungsverlauf. Wir sehen, daß allein die Variable des Patienten durch ihre komplexe Determiniertheit ein hohes Ausmaß an Unschärfe der Interpretation vorhandener Therapieergebnisse bedingt; dies gilt umso mehr,

wenn wir verschiedene Behandlungsergebnisse miteinander vergleichen wollen. Die Wahrscheinlichkeit, daß in den verschiedenen Studien Patientengruppen behandelt worden sind, die entlang therapierelevanter Variablen erhebliche Unterschiede aufweisen, ist nicht so schlecht.
Die Gültigkeit der Aussagekraft der in der Berner Metaanalyse eingegangenen Studien für den klinischen Alltag ist dann zu prüfen, bezüglich der relevanten Patienten-, Therapie- und Therapieoutcomevariablen.
Es ist von immenser Bedeutung, ob die in den Studien untersuchten Patienten überhaupt in den relevanten Merkmalsbereichen, mit den von uns in den unterschiedlichsten therapeutischen Settings (z. B. ambulante Behandlung, stationäre Therapie) behandelten Patienten vergleichbar sind?
Dann ist zu fragen, ob die in den Studien realisierten «typischen» Behandlungsansätze tatsächlich als Referenz für die therapeutischen Verfahren gewertet werden können, über die sie heute eine Aussage machen.
Gegenüber dieser «interpretativen Unschärfe» zeigt sich Grawe doch bemerkenswert unbekümmert und formuliert entsprechend weitgehende «politische» Aussagen. – Diese Haltung ist bedauerlich, denn sein grundlegendes Anliegen ein mehr an wissenschaftlicher Transparenz für den Bereich der Psychotherapie herauszuarbeiten, ist grundsätzlich zu unterstützen.
Wenn ich hier – wie eine große Zahl anderer psychoanalytisch orientierter Autoren auch – ein Plädoyer für eine wissenschaftliche Überprüfung der psychoanalytischen Krankheits- und Behandlungskonzepte auch nach den Kriterien der empirischen Psychologie abgebe, möchte ich jedoch nachhaltig darauf hinweisen, daß in relevanten Punkten erst einmal die methodischen Voraussetzungen für eine derartige Forschung geschaffen werden müssen. Die immer wieder vorgebrachten Bedenken, daß sich die von der Psychoanalyse als bedeutsam angesehenen Konzepte gegenüber der Übersetzung in «quasi experimentelle» Designs sperren, haben doch ihre substantielle Berechtigung in der Eigenart des psychoanalytischen Denk- und Handlungsmodells. Damit möchte ich jedoch nicht indirekt dem Verzicht auf die wissenschaftliche Überprüfung das Wort reden, sondern darauf hinweisen, daß neben den nomothetischen, an einem großen N ausgerichteten Forschungsansätzen gerade für unseren Bereich auch die Methode des Einzelfalls ein taugliches und entwicklungsfähiges Instrument darstellt. Diese immer wieder auch von Vertretern der klinischen Psychologie geforderte Ergänzung des Forschungsvorgehens wird von dieser in der Regel zur Untersuchung physiologischer oder biochemischer Parameter eingesetzt, auf dem Feld eigentlich psychologischer Merkmale (wie affektiver und kognitiver Prozesse) jedoch weitgehend vernachlässigt. Dies obwohl doch innerhalb der akademischen Psychologie gerade auch ideographische Ansätze eine lange Tradition aufweisen und auch heute aus dieser Richtung eine Vielzahl von auch klinisch-psychologisch relevanten Arbeiten resultieren (siehe z. B. Jüttemann und Thomae 1987, Jüttemann 1990).
Wir stehen also immer noch vor der Aufgabe, unsere Therapieinhalte und -ziele in eine gegenstandsangemessene wissenschaftliche Sprache zu übersetzen

und die Regeln für diesen Übersetzungsvorgang zu explizieren, um damit unser Handeln allgemein nachvollziehbar und überprüfbar zu machen. Dabei gibt es Fragestellungen, die sich leichter in die Sprache der traditionellen klinischen Psychologie übersetzen lassen, dazu zählen z. B. die verschiedenen Beschwerden und Symptome der Patienten, die natürlich auch für psychoanalytisch orientierte Therapeuten von Interesse sind und Problemstellungen, deren Operationalisierung erheblich größere Mühen mit sich bringen.
Es ist jedoch mittlerweile eine Vielzahl von empirischen Ansätzen zur Untersuchung auch komplexerer psychologischer Merkmalsbereiche entwickelt worden, wie z. B. das SASB (Structural Analysis of Social Behavior, Benjamin 1974), das der Analyse des interpersonalen Handelns dient; oder das Konzept des «zentralen Beziehungskonfliktes» (Luborsky 1988), das letztlich einen Ansatz der Operationalisierung psychodynamischer Psychotherapie darstellt. Diese Methoden haben auch im deutschsprachigen Raum Anwendung gefunden; in diesem Band berichten Buchheim, Dahlbender und Kächele über erste Erfahrungen der Ulmer Arbeitsgruppe mit dem Modell des ZBK (Zentraler Beziehungskonflikt).

Obwohl, wie oben ausgeführt, eine Fülle von Arbeiten zur Therapieerfolgsforschung vorliegt und die Wirksamkeit einer Reihe von therapeutischen Ansätzen so als erwiesen anzusehen ist, liegen meiner Ansicht nach bislang kaum empirisch gesicherte Kriterien für eine differentielle Indikationsentscheidung vor, obwohl auch für diese Fragestellungen eine größere Zahl von Untersuchungen durchgeführt worden ist. Dabei waren insbesondere Patientenvariablen sowie Wirkfaktoren der jeweils untersuchten Behandlungsfaktoren in ihrem etwaigen Einfluß auf die Therapieeffekte von Bedeutung.
Grawe (1992) formuliert in seinem Grundsatzpapier zur Psychotherapieforschung zu Beginn der neunziger Jahre, daß die Suche nach empirischen Indikationshinweisen «zwar eine große Anzahl von Einzelbefunden» ergeben hat, diese jedoch in sich widersprüchlich und zusammenhanglos sind, daß man nach «dem Lesen der zitierten Übersichten so klug zu sein glaubt wie zuvor, nur erheblich verwirrter» (148).
Er zieht drei «Lehren» aus den Erfahrungen der bisherigen Forschungsergebnisse: 1. daß die traditionellen Aussagen der Therapieschulen über Zusammenhänge zwischen Patientenmerkmalen und bestimmten Behandlungsverfahren sich überwiegend «nicht bestätigt» haben und die zukünftige Suche nach Indikationskriterien von «neuen inhaltlichen Vorstellungen über die Wirkungsweisen von Psychotherapien geleitet werden sollte» (148); 2. daß, um Wechselwirkungen zwischen bestimmten Patientenmerkmalen und spezifischen Behandlungsverfahren analysierbar zu machen, insbesondere die Unterschiede zwischen den «Eigenarten des therapeutischen Vorgehens» klar und eindeutig operationalisiert werden müssen; 3. folgert Grawe daraus, daß es zukünftig um die theoriegeleitete Prüfung «spezifischer Wechselwirkungen zwischen den Patienten- und Therapiemerkmalen gehen muß».

Diese Argumente Grawes treffen zurecht in das «Herz» der Praxis der Indikationsstellung innerhalb der Psychoanalyse. So hat die Langzeitstudie der Menninger Foundation (1952–1982, Wallerstein 1986) gezeigt, daß die traditionelle Polarisierung von aufdeckender (expressiver) Psychoanalyse und supportiver Psychotherapie wenig mit der therapeutischen Realität übereinstimmt. Insbesondere zwei Ergebnisse der Studie sind m. E. nennenswert: 1. auch die längerfristigen hochfrequenten Psychoanalysen enthielten mehr stützende Elemente als ursprünglich angenommen; und 2. daß die supportiven Verfahren wohl eine größere therapeutische Wirksamkeit aufweisen als die aufdeckenden Elemente der Behandlung (Wallerstein 1990).
Auch die Arbeiten von Luborsky und Mitarbeiter im Rahmen des Penn Psychotherapy Projects habe die große Bedeutung der therapeutischen Beziehung für den Therapieerfolg betont (z. B. Luborsky et al. 1980, 1983, 1985).
Die institutionelle Psychoanalyse tut sich scheinbar schwer, ihre gewohnten Indikationsaussagen kritisch zu hinterfragen. Die aktuelle Praxis der Krankenkassen und deren Psychotherapiegutachter nur noch Behandlungen mit höchstens drei Wochenstunden zu akzeptieren, hat z. B. die Problemsituation für die Mitglieder der Deutschen Psychoanalytischen Vereinigung (DPV) aufgeworfen, die spezifische Indikation zu einer zumindest vier-, wenn nicht gar fünfstündigen Behandlung zu formulieren. Bislang hat sich die Organisation nur wenig um die inhaltliche Begründung der Notwendigkeit einer «hochfrequenten» Behandlung bemüht, obwohl die gesellschaftliche Realität sie gerade in diesem Punkt erheblich fordert.
Auf der Ebene der unmittelbaren therapeutischen Fragestellungen sind für die Indikationsstellung zur Psychotherapie tatsächlich die Beziehungen zwischen charakteristischen Patientenmerkmalen und spezifischen Therapiemerkmalen von Bedeutung. Die Praxis der Indikationsstellung wird natürlich im Alltag von einer Vielzahl von eigentlich therapiefremden Faktoren beeinflußt. Dazu gehören z. B. die Struktur des Gesundheitssystems mit seinem spezifischen Versorgungsangebot, die bestehenden «ideologisch» gebundenen Selektionsprozesse und ähnliche Faktoren (siehe auch Schneider 1990). Ich möchte jetzt diese für die alltägliche Praxis der Indikation immens relevanten Gesichtspunkte vernachlässigen und mich mit der einen Seite des Indikationsproblems, den Patienten, näher befassen.

Diagnostische Aspekte in der Psychotherapie

Im klassischen psychiatrischen Verständnis wird unter Diagnostik die «unterscheidende Erkennung, Benennung und Beurteilung von Krankheitsbildern» (siehe auch Dilling in diesem Band) verstanden. In der Psychologie wird psychologische Diagnostik als eine wissenschaftliche Disziplin aufgefaßt, deren Funktion darin besteht, «eine Methodologie zu entwickeln und anzuwenden. Die Methodologie wird aufgefaßt als Regeln, Anleitungen, Algorithmen zur

Bereitstellung von Instrumenten, die der Gewinnung von psychologisch relevanten Charakteristika von Merkmalsträgern sowie der Integration gegebener Daten zu einem Urteil, der Vorbereitung und Evaluation von Entscheidungen dienen» (Jäger und Kaiser 1987, 178). Als Merkmalsträger kommen sowohl Einzelpersonen als auch Gruppen sowie z. B. Institutionen oder auch Situationen in Frage. Hier wird Diagnostik als ein Prozeß, aber auch als eine Methode verstanden, die neben dem klinischen Aufgabenfeld noch viele andere mögliche Gegenstandsbereiche aufweist. Die enge Fokussierung auf das Pathologische, die für die Medizin und die Psychiatrie typisch ist, stellt so einen Ausdruck eines spezifischen Verständnisses von Diagnostik dar; auf die mit diesem Herangehen zusammenhängenden diagnostischen Zielsetzungen (z. B. syndromatische vs. nosologischer Diagnostik) und weiteren diagnostischen Entwicklungen (Einführung mehrdimensionaler und multiaxialer Konzepte) ist Dilling eingegangen.

Wenn das Verhältnis von Indikation und Diagnostik bestimmt werden soll, möchte ich noch einmal mit Seidenstücker und Baumann (1979) das Indikationsproblem präzisieren: «Bei welchem Patienten mit welcher Problematik / psychischen Störung ist welche Behandlungsmaßnahme bzw. welche Sequenz von Behandlungselementen durch welchen Therapeuten zu welcher Zielsetzung wie angemessen, wie effektiv und effizient?» (382). – Im folgenden soll der Schwerpunkt der Diskussion auf die Erörterung wichtiger Patientenmerkmale gelegt werden, wobei die Indikationsstellung zur Psychotherapie und damit auch die diagnostischen Prozesse, nicht im Sinne eines einmaligen Geschehens zu interpretieren sind; dies sind sie nur dann, wenn ein Patient lediglich einmal in einem Indikationsgespräch gesehen wird, in dem keine Indikation für eine Behandlung gestellt wird und er auch später nicht zu einem anderen Fachmann geht, um die Behandlungsfrage neu klären zu lassen. Bastine (1981) weist darauf hin, daß nach der grundlegenden Abklärung, ob eine Psychotherapie indiziert ist, im positiven Fall der Aufnahme einer Psychotherapie, im therapeutischen Prozeß immer wieder Entscheidungen über den Einsatz spezifischer Behandlungsmethoden mit neuen oder veränderten Zielsetzungen sowie dem Zeitpunkt ihres Einsatzes in einem interaktionellen Prozeß zwischen dem Patienten und dem Therapeuten – im Sinne einer prozeßorientierten oder adaptiven Indikation – erarbeitet werden.

Diagnostische Aspekte sind somit sowohl auf der Ebene der Eingangskriterien (Statusdiagnostik) als auch auf der Ebene der Effektmaße von Bedeutung (welche Therapieeffekte messen wir). Die Therapieeffekte können je nach Fragestellung zur Verlaufskontrolle zu beliebig vielen Meßzeitpunkten gemessen werden. Wie bereits oben angedeutet, haben Psychotherapiestudien in der Vergangenheit unter anderem darunter gelitten, daß sie keine einheitlichen diagnostischen Bezugssysteme verwendet haben, die Beschreibung und Quantifizierung der Symptome nur ungenügend war und somit ein Vergleich der Ergebnisse unterschiedlicher Studien oftmals allein aufgrund dieser Heterogenität und Unschärfe der störungsbezogenen Charakterisierungen nur einge-

schränkt möglich war. Im wissenschaftlichen Sprachgebrauch sind derart erhobene Befunde oder Ergebnisse nicht oder nur eingeschränkt «kommunikationsfähig». Auch wenn ich hier für eine exakte und vergleichbare Klassifikation der Störung plädiere, muß betont werden, daß die nosologische oder «störungsorientierte» Diagnostik uns nur eingeschränkte Handlungsanweisungen für die differentielle Indikationsstellung und die Therapieplanung vermittelt und sich daran wohl auch in der Zukunft nur wenig ändern wird. Dieser Umstand liegt jedoch nicht in der mangelnden Qualität der verfügbaren diagnostischen Klassifikationssysteme (wie z. B. DSM-III-R und ICD-10) begründet, sondern vor allem in der Komplexität des Indikations- und Behandlungsprozesses, die durch eine Vielzahl anderer Aspekte determiniert werden. Insbesondere werden therapeutische Wirkweisen oder Effekte in der Regel nicht nur von der Art der vorliegenden Erkrankung beeinflußt, sondern auch durch andere Faktoren bestimmt.
Auch wenn, wie später noch ausführlich beschrieben, m. E. eine Vielzahl von anderen Patientenmerkmalen eine große Bedeutung für den Behandlungsverlauf aufweist, ist das Statement von Grawe (1992), daß die Bedeutung von störungebezogenen Diagnosen keinen Einfluß auf den Behandlungsverlauf hat, nicht haltbar. Die Störung bzw. die Symptomatik wie der Krankheitsverlauf stellen nicht einen isolierten Aspekt des zu behandelnden Individuums dar, sondern sind ein Merkmalsbereich einer konkreten Person, der mit einer Vielzahl von anderen Eigenschaften, affektiven und kognitiven Voraussetzungen und Verhaltensmöglichkeiten dieses Individuums eine enge Wechselwirkung aufweist. Trotz dieser engen Verbindung zwischen der Symptomatik undkomplexen Persönlichkeitsmerkmalen ist es der Verhaltenstherapie gelungen, für bestimmte enger beschreibbare Krankheitsbilder (spezifische Phobien, Depressionen, siehe z. B. Bastine 1992) die Effizienz spezifischer symptombezogener therapeutischer Interventionen zu belegen. Diese Ergebnisse leiten sich meiner Ansicht nach aus bestimmten Problemkonstellationen ab, die eine Reihe von – in den entsprechenden Arbeiten nicht berücksichtigten – Voraussetzungen aufweisen. Entscheidend ist m. E., daß die verhaltenstherapeutischen Interventionen vor allem bei Patienten mit einer speziellen Persönlichkeitscharakteristik und einem spezifischen Krankheitsverlauf effektiv sind; für die mit dem hoch selektiven psychotherapeutischen Ansatz, der vorrangig die Symptome fokussiert, gute Therapieergebnisse zu erzielen sind. Die Aufgabe zukünftiger Forschung zu den Fragen dieser symptomorientierten Psychotherapieverfahren besteht so u. a. darin, über die Beschreibung der Symptomatik hinaus, die entsprechenden Eingangsvoraussetzungen auf der Ebene der Persönlichkeitsentwicklung, des damit in Zusammenhang stehenden Krankheitsverlaufs und der Krankheitsverarbeitung zu verdeutlichen. Anders – als durch Selektionsmechanismen, die gegebenenfalls nicht bewußt sind – lassen sich für mich derartige Ergebnisse nicht erklären.
Hier bildet sich die Problemstellung ab, daß die vordergründigen Annahmen über die konstituierenden Bedingungen von Veränderungsprozessen häufig

nur eingeschränkt mit den realen Wirkmechanismen korrespondieren; das Wissen über psychotherapeutische Wirkmechanismen, wie bereits oben dargelegt, noch sehr begrenzt ist. Diese These gilt gleichermaßen für die Psychoanalyse und die Verhaltenstherapie.

Die unterschiedlichen Formen der Psychotherapie legen entsprechend ihrer divergenten theoretischen Grundannahmen (Persönlichkeits- und Krankheitskonzept, Behandlungsmodell) so keine einheitlichen Kriterien für die Behandlungsplanung an. Die **Verhaltenstherapie** orientiert sich aktuell wohl bei der Therapieplanung und Indikationsstellung weniger an störungebezogenen Diagnosen als an der Herausarbeitung einer «Typologie von Therapieproblemen», die neben der «Beschwerdendiagnostik» auch eine Diagnostik der die Symptome auslösenden und aufrechterhaltenden Bedingungen sowie therapeutische Zielvorstellungen umfassen sollte (Schulte und Wittchen 1989, Schulte 1994). D. h. im Prozeß der Indikationsstellung und Therapieplanung werden nicht nur die Beschwerden des Patienten fokussiert, wie im Modell der klassischen nosologischen Diagnostik. Auch Zielke (1981) teilt diese Position einer konsequent handlungsgeleiteten Diagnostik, wenn er fordert, daß sich die Diagnostik möglichst eng an den therapeutischen Interventionen und Zielsetzungen orientieren sollte. Hier zeigt sich m. E. doch ein rein technologisches Verständnis der Diagnostik, in dem das Nützlichkeitskriterium vollständig überstrapaziert wird. Wir werden nur noch das im diagnostischen Prozeß suchen und sehen, was uns eine oftmals eng umgrenzte therapeutische Methode inklusive ihrer therapeutischen Zielsetzungen nahelegt.

Die diagnostischen Problemstellungen sowie das diagnostische Vorgehen der **Psychoanalyse** bzw. der psychoanalytisch orientierten Therapieverfahren unterscheiden sich ebenfalls gravierend von der klassisch psychiatrischen Diagnostik und auch den operationalisierten und standardisierten Diagnosemodellen, wie Janssen und Schumacher (beide in diesem Band) gezeigt haben. Im folgenden soll das grundlegende Verständnis psychoanalytischer Diagnostik kursorisch dargestellt werden (siehe auch Schneider und Hoffmann 1992).

Auf der Grundlage des psychoanalytischen Krankheits- und Behandlungsmodells richten sich die diagnostischen Prozesse nicht nur auf die Störung bzw. die Symptomatik des Patienten und den Ausschluß von etwaigen Organerkrankungen aus, sondern erfassen auch die Aspekte der Persönlichkeitsentwicklung, wie z. B. der Ichfunktionen, Abwehrmechanismen und der Beziehungsfähigkeit, der allgemeinen und spezifischen psychosozialen Anpassung sowie die Krankheitsverarbeitung. Diagnostiziert werden also nicht eigentliche Faktoren und Phänomene, sondern Prozesse (Trieb-Abwehr-Konflikte) und Interaktionsmuster (Subjekt-Objekt-Subjekt-Abläufe).

Die Beschreibung und Klassifikation der für uns relevanten Patientenmerkmale dient so der Charakterisierung des Patienten auf der Basis des psychoanalytischen Persönlichkeits- und Krankheitskonzeptes und soll idealtypisch eine ätiologische Zuordnung der Erkrankung ermöglichen und auf dem Hintergrund des psychoanalytischen Behandlungsmodells Handlungsanleitungen

für den Behandlungsprozeß zur Verfügung stellen. In diesem Zusammenhang muß jedoch einschränkend gesagt werden, daß bislang kaum emprisch gesicherte Kriterien für die differentielle Indikationsstellung der unterschiedlichen psychoanalytischen Therapieansätze zur Verfügung stehen (siehe auch Schneider 1992). Dies liegt wohl neben den oben bereits beschriebenen methodischen Schwierigkeiten vor allem daran, daß im Bereich der Psychoanalyse über lange Zeit – quasi aus programmatischen Gründen – auf den Einsatz empirischer Forschungsansätze verzichtet worden ist. Letztlich werden empirisch gesicherte differentielle Indikationsstellungen innerhalb eines komplexeren psychotherapeutischen Ansatzes wie z. B. der Psychoanalyse – Fürstenau (1972) bezeichnet dies als Binnendifferenzierung – über lange Phasen hinweg auch zukünftig nur unbefriedigend aufgrund empirischer Befunde vorgenommen werden können; es ist deshalb aktuell bedeutsam, daß der theoretische Bezugsrahmen, aus dem heraus Entscheidungen getroffen werden, verdeutlicht wird und daß die Regeln der Entscheidungsfindung expliziert und so nachvollziehbar und überprüfbar werden. In einem nächsten Schritt muß es dann darum gehen, die relevanten Konstrukte oder Konzepte in ihrer Bedeutung für den Behandlungsprozeß soweit als möglich auch mit empirischen Mitteln zu überprüfen. Für einen großen Teil der nachfolgend angeführten Fragestellungen ist jedoch erst einmal eine Operationalisierung der wichtigen Konstrukte zu leisten; darüber hinaus ist insbesondere für psychoanalytisch orientierte Behandlungsverfahren die Herausarbeitung der therapeutischen Wirkmechanismen eine notwendige Voraussetzung dafür, daß wir zu empirisch geprüften Aussagen zur differentiellen Indikation kommen können.
Auf dem Hintergrund des psychoanalytischen Persönlichkeits-, Krankheits- und Behandlungsmodells sind die folgenden Aspekte als relevant für die Indikationsstellung zur Psychotherapie anzusehen:

1. die Bestandsaufnahme der verschiedenen psychopathologischen und körperlichen Beschwerden; die Erhebung des Krankheitsverlaufs
2. die Herausarbeitung etwaiger psychodynamischer Hinweise auf die Ätiologie der Störung
3. der Bereich der Persönlichkeitsentwicklung des Patienten (Strukturniveau, Ichfunktionen, Abwehr, Beziehungsfähigkeit)
4. die Erhebung von krankheitsverlaufsrelevanten Lernprozessen sowie die Identifikation von verhaltensbezogenen affektiven und kognitiven Einstellungen, die in der Lage sind, die Symptomentwicklung zu beeinflussen und gegebenenfalls eine Chronifizierung der Störung begünstigen können
5. der Bereich der Krankheitsverarbeitung, zu dem z. B. der Leidensdruck, die Laienätiologie, die Behandlungsmotivation sowie die Anpassungsfähigkeit (Copingmechanismen) des Patienten an die mit der Erkrankung verbundenen physischen und psychosozialen Folgen gehören. Für eine indikationsorientierte Diagnostik sind krankheits- und behandlungsbezogene Einstellungen und Verhaltensweisen des psychosozialen Umfeldes des Patienten von Relevanz, da sie die Krankheitsverarbeitung und die Behandlungserwartung des Patienten und damit den Therapieverlauf bzw. die Art der Indikationsstellung beeinflussen können (siehe auch Schneider 1990 b).

Insbesondere im Bereich der Psychosomatik ist die Abklärung des Verhältnisses von psychosozialen und somatischen Faktoren von Bedeutung. Dabei ist zu beachten, daß die Diagnose einer psychosomatischen, funktionellen oder konversionsneurotischen Störung positiv auf der Grundlage der oben explizierten Regeln und nicht nur im Sinne einer Ausschlußdiagnose zu stellen ist (Hoffmann und Hochapfel 1991).
Gerade für diese Problemstellung ist eine enge Kooperation zwischen Psychosomatikern und Organmedizinern notwendig.
Wir sehen, daß sich für die Psychoanalyse oder die psychoanalytische Psychotherapie diagnostische Aufgaben in einer vielfältigen und hochkomplexen Weise stellen, da die oben angeführten diagnostischen Perspektiven in der Regel eine enge Wechselbeziehung zueinander aufweisen. Auch wenn prinzipiell alle angeführten Faktoren indikationsleitend sein können, so ergeben sich im klinischen Alltag in der Regel doch im diagnostischen Prozeß wie in der Behandlung Schwerpunktsetzungen, die u. U. ein selektives Vorgehen in der diagnostischen Erhebung nahelegen, das sich an der aktuellen Problemsicht und Kooperationsfähigkeit des Patienten orientiert. So kann beispielsweise die diagnostische und therapeutische Arbeit mit Patienten mit chronischen Erkrankungen durch die körperliche Krankheit, u. U. liegt Multimorbidität vor, und die mit dieser Erkrankung verbundenen somatischen Behandlungsmaßnahmen begrenzt werden.
In der Arbeit mit Patienten mit funktionellen Störungen, die häufig ein organmedizinisches Krankheitskonzept und somatische Behandlungserwartungen aufweisen, ist so in der Regel erst einmal eine Diagnostik der Krankheitsverarbeitung sowie der Behandlungsmotivation von Interesse, um den Patienten im therapeutischen Vorgehen nicht zu überfordern und einen psychotherapeutischen Kontakt (Schneider et al. 1990) erst einmal zu ermöglichen. Erst in späteren Behandlungsphasen werden u. U. Fragestellungen thematisiert, die etwaige psychodynamisch relevante Problemfelder betreffen. D. h., daß der Patient in der Diagnostik und der Therapie dort abgeholt werden muß, wo er steht.
Im Bereich der Psychotherapie und Psychosomatik sind diagnostische und therapeutische Aufgaben, wie bereits oben angesprochen, nicht eindeutig trennbar. So haben z. B. Erstinterviews und initiale Behandlungsphasen in der psychoanalytischen Therapie unter anderem die Funktion, die Behandlungsmotivation und die Beziehungsfähigkeit des Patienten zu prüfen (diagnostische Aufgabe); gleichzeitig dienen sie dem Patienten als Feld, spezifische Interaktionsmuster und «Problemsichten» zu erproben und zu erlernen (therapeutische Funktion). Diagnostik auf dem Hintergrund des psychoanalytischen Bezugssystems ist also multidimensional, ohne daß zu jedem Behandlungsbeginn eine umfassende – alle Ebenen betreffende – diagnostische Abklärung notwendig oder möglich wäre, da sich eine Reihe von diagnostischen Parametern (z. B. Hinweise über das Niveau der Persönlichkeitsentwicklung) ohnehin erst im therapeutischen Prozeß verdeutlicht.

Psychoanalytische Diagnostik wird als ein interaktionaler Prozeß verstanden, bei dem die atmosphärischen Elemente der Gesprächssituation eine wichtige Rolle bei der Erhebung der psychodynamisch bedeutsamen unbewußten Motive und Konflikte einnehmen. Der Prozeß der Diagnostik vollzieht sich kontinuierlich im Verlauf der Therapie und führt gegebenenfalls zur Veränderung und Modifikation des therapeutischen Vorgehens. Damit ist der Therapeut permanent auch in der Rolle des Diagnostikers, der auf dem Hintergrund der aktuellen Veränderung des Patienten im Behandlungsprozeß spezifische therapeutische Vorgehensweisen – im Sinne einer adaptiven Indikationsstellung nach Bastine – indiziert. Soweit der Therapeut das diagnostische «Erhebungsinstrument» darstellt, kann im Diagnoseprozeß eine Vielzahl an diagnostischen Fehlerquellen aus seinen Gegenübertragungen (Heising und Beckmann 1971) resultieren, die sich z. B. in der Form von Wahrnehmungsverzerrungen und Beurteilungsstereotypien (Blaser 1977, Leuzinger 1980 a und b) niederschlagen können.

Daraus folgt, daß der Therapeut sich im diagnostischen Prozeß als einen die zu untersuchenden Merkmalsbereiche mit beeinflussenden Faktor reflektieren muß. Darüber hinaus wirken die Modalitäten und institutionellen Rahmenbedingungen der Gesprächssituation wie das psychosoziale Umfeld des Patienten auf den diagnostischen Prozeß und den Behandlungsverlauf ein.

Die symptom- oder beschwerdenorientierte Diagnostik stellt so eine wichtige Meßebene unserer mehrdimensionalen Diagnostik dar. Diese diagnostische Ebene kann unterschiedliche Funktionen aufweisen.

1. Sie läßt eine Hypothesenbildung über die Art der zugrundeliegenden Störung (z. B. organisch vs. psychische Störung oder welche Art von psychischer Störung) zu und stellt so Weichen für den weiteren diagnostischen und therapeutischen Prozeß. Die Art der Symptomatik kann im Kontext des psychoanalytischen Krankheits- und Persönlichkeitsmodells Hinweise für die Art der Persönlichkeitsstruktur oder Ich-Funktionen wie z. B. den charakteristischen Abwehrmechanismen geben.
2. Die Art der Symptomatik, z. B. Suizialität in Verbindung mit depressiven Störungen, massiv begrenzende Angstzustände oder körperliche Krisen bei psychosomatischen Erkrankungen können darüber hinaus die Indikation zu einer stationären Form der Psychotherapie notwendig werden lassen.
3. Im wissenschaftlichen Bereich dient die Symptombeschreibung und -messung, d. h. Quantifizierung, als ein Parameter der Therapieevaluation (dies gilt sowohl für die Pharmaforschung als auch für die Psychotherapieforschung; auch psychoanalytisch orientierte Verfahren können sich diesen Kriterien der Effektivitätsbeurteilung nicht verschließen, soweit sie klinisch relevante Arbeit leisten wollen).

Das Verhältnis der psychoanalytischen Psychotherapie zur deskriptiven Diagnostik

Wir sehen, daß die diagnostischen Fragestellungen, die durch die deskriptiven Diagnosenmodelle wie DSM und ICD in ihren jeweils aktuellen Fassungen abgebildet werden, einen oder auch mehrere Ausschnitte (DSM ist ein multiaxiales System, das auch die psychosoziale Anpassung und Belastung IV und V berücksichtigt; auch für die ICD-10 sind drei Achsen geplant; siehe z. B. den Artikel von Freyberger in diesem Band) unseres diagnostischen Gegenstandsbereiches darstellen. Darüber hinaus ist ICD-9 und wohl demnächst ICD-10 für den klinischen Alltag (Krankenkassen) längst Realität; die diagnostische Bezugnahme auf eines der standardisierten Verfahren im wissenschaftlichen Bereich ist mittlerweile sowohl auf der Ebene der Forschungsförderung als auch auf der Ebene der Publikationen etabliert.

Das Verhältnis der Psychoanalyse zur deskriptiven Diagnostik wird stark durch ihr vorherrschendes Wissenschaftsparadigma bestimmt. Bislang haben sich Psychoanalytiker sowohl in der Diskussion um die Entwicklung des DSM in den USA als auch in den deutschsprachigen Ländern bezüglich des DSM oder der ICD ausgesprochen zurückgehalten (siehe auch Bayer und Spitzer 1985, Schneider und Freyberger 1990) und das Feld den Psychiatern oder passager den Verhaltenstherapeuten überlassen. Wenn wir jedoch, der bisherigen Argumentation in dieser Arbeit folgend, davon ausgehen, daß Ansätze der empirischen Kontrolle der Psychoanalyse grundsätzlich sinnvoll sind und gleichzeitig eine Relevanz für klinische Realitäten aufweisen, können wir unsere Augen vor diesen diagnostischen Ansätzen nicht verschließen. Daraus folgt, daß wir die inhaltlichen Möglichkeiten und Grenzen einer standardisierten Diagnostik erkennen und in unserer Arbeit berücksichtigen sollten.

Auf der Grundlage dieser Erwägungen hat sich seit 1989 im Bereich der deutschen Psychotherapie und Psychosomatik eine Arbeitsgruppe von Psychoanalytikern bzw. psychoanalytisch orientierten Psychotherapeuten konstituiert, die sich intensiv mit Fragen der Nützlichkeit standardisierter diagnostischer Systeme befaßt hat. Neben der eher theoretischen Auseinandersetzung mit diesen Modellen hat sich diese Gruppe an einer multizentrischen Feldstudie zur Überprüfung der Forschungskriterien der ICD-10 beteiligt. An dieser Untersuchung nahm im deutschsprachigen Raum eine große Zahl von Zentren aus den Bereichen der Erwachsenenpsychiatrie, der Kinder- und Jugendpsychiatrie sowie der Psychotherapie und Psychosomatik teil. Aus dem letztgenannten Bereich nahmen elf Institutionen teil, von denen zehn Zentren eine psychoanalytische Orientierung aufweisen und eine Klinik verhaltenstherapeutisch arbeitet. Neun der elf Institutionen waren Universitätsabteilungen. Der Fokus des allen drei Bereichen gemeinsamen Studienansatzes lag in der Untersuchung von Fragen der Reliabilität, der Trennschärfe sowie der Schwierigkeit der Diagnosenstellung auf der Grundlage der ICD-10-Forschungskriterien. Für den Bereich der Psychotherapie und Psychosomatik wurde die Untersuchungs-Fragestellung um die Aspekte der Validität sowie der klinischen Relevanz der ICD-10-Diagnostik (z. B. Wie aussagekräftig sind die mit Hilfe dieses Modells gestellten Diagnosen für therapeutische Indikationsstellungen) erweitert, wobei neben quantitativem Material auch qualitative Daten erhoben wurden. Ich möchte hier nicht näher auf die Ergebnisse dieser Untersuchung eingehen, da diese ausführlich andernorts dargelegt sind (siehe Schneider et al. 1993). Allgemein formuliert, hat sich jedoch gezeigt, daß unsere Teilnahme an dieser Art von Diagnostikforschung insgesamt zu einer höheren Sensibilität für diagnostische Probleme sowohl unter klinischen als auch unter wissenschaftlichen Gesichtspunkten in der psychoanalytischen Psychotherapie / Psychosomatik geführt hat und ein positives Beispiel eines multizentrischen Forschungsansatzes in unserem Fach darstellt. Als zentrale Aussagen bezüglich der ICD-10 lassen sich formulieren:

- daß sie in ihrer aktuellen Form erst einmal nur eine Achse (Symptom- bzw. Syndromachse) eines multidimensionalen diagnostischen Ansatzes in der Psychotherapie / Psychosomatik anzusehen ist. Dabei sind einige Störungsbereiche wie z. B. die Somatisierungsstörungen oder die Persönlichkeitsstörungen auf der deskriptiven Ebene relativ gut abgebildet, demgegenüber sind andere Krankheitsbilder wie die depressiven Störungen oder insbesondere die klassischen psychosomatischen Krankheiten, die letztlich nahezu «ausgesperrt» werden, da sich keine differenzierteren diagnostischen Kriterien finden, auch nach phänomenologischen Standards unbefriedigend bearbeitet;
- die aktuell geplanten drei Achsen für die ICD-10 (siehe Mezzich 1992) erscheinen wenig geeignet, den Anforderungen einer mehrdimensionalen psychodynamisch orientierten Diagnostik gerecht zu werden;
- die Frage der Kompatibilität bzw. der Verträglichkeit von psychodynamischen diagnostischen und therapeutischen Ansätzen sowie deskriptiven Diagnosemodellen wird dabei uneinheitlich beurteilt.

Abschließende Überlegungen

Die bisherigen Ausführungen haben meines Erachtens gezeigt, wie vorläufig und begrenzt unser Wissen über tatsächliche Zusammenhänge zwischen diagnostischen Kriterien und therapeutischen Effekten nach empirisch gesicherten Maßstäben zumindest für den Bereich der psychoanalytischen Therapie ist. Dies, obwohl innerhalb der Psychoanalyse der Gesichtspunkt der differentiellen Indikationsstellung für die unterschiedlichsten aus ihr hervorgegangenen Verfahren doch in den letzten dreißig Jahren immer wieder von verschiedensten Autoren (z. B. Ehlhardt 1958, Hau 1972 oder Heigl 1978) aufgegriffen worden ist, nachdem sich bereits Freud 1905 mit den Fragen der Indikation und Kontraindikation für das Standardverfahren befaßt hat. Beurteilt Grawe (1992) die Situation sachgerecht, wenn er formuliert, daß die bestehenden

schulspezifischen Indikationskriterien «revisionsbedürftig» sind und «in der Praxis nicht verwendet werden sollten» (148) und dabei insbesondere auf die Psychoanalyse zielt? – Ich denke, daß die differentiellen Indikationskriterien wie auch die Konzepte über die differentiellen Wirkweisen der unterschiedlichen psychoanalytisch orientierten Behandlungsverfahren zukünftig tatsächlich einer intensiven Reflexion und auch wissenschaftlichen Überprüfung unterzogen werden sollten; kann jedoch nicht nachvollziehen, daß sie sich aktuell klinisch – im Sinne des Alltagshandelns – als derart untauglich erwiesen hätten, daß sie sich generell als nicht geeignet oder gar gefährlich für unsere Patienten erwiesen hätten. Ich möchte «völlig unwissenschaftlich» argumentieren, daß meine klinische Erfahrung in unterschiedlichsten psychotherapeutischen Settings mit den verschiedensten Patientengruppen mir doch gezeigt hat, daß eine derart pessimistische Auffassung der hier anstehenden Problematik nicht gerechtfertigt ist. Diese Sichtweise entlastet die psychoanalytische Therapie jedoch nicht von der Zukunftsaufgabe, sich um den wissenschaftlich geführten Nachweis ihrer Effizienz in der Versorgung von Patienten zu kümmern.
Aber auch für verhaltenstherapeutische Ansätze, die Theorien «mittlerer Reichweite» (Schulte 1993) bevorzugen, erscheinen mir die empirisch gesicherten Befunde bezüglich einer differentiellen Indikationsstellung aus klinischer Sicht nicht unproblematisch, da der Praxisbezug derartiger Ergebnisse oftmals nur begrenzt ist. Dennoch läßt sich nicht wegdiskutieren, daß die Verhaltenstherapie für spezifische Patientengruppen und Problemkonstellationen ein beachtenswertes Repertoire an effektiven therapeutischen Techniken entwikkelt hat.
Für beide Ansätze, die ich hier aufgrund ihrer prominenten Stellung innerhalb der Psychotherapie fokussiert habe, gilt jedoch, daß die zentralen Fragen der therapeutischen Inhalte und Ziele u. U. nur eingeschränkt vergleichbar sind, da sie aus grundlegend divergierenden Denk- und Sprachmustern resultieren (Westmeyer 1981). Für Westmeyer sind gemeinsame Standards bezüglich der zentralen Begriffe der Indikationsfrage (z. B. der Störungsbegriff, der relevanten diagnostischen Informationen oder der therapeutischen Handlungsregeln) mit der genuinen Existenz unterschiedlicher Therapieansätze wenig vereinbar. «Wer hier künstlich Vereinheitlichungen einführt, wird sich den Vorwurf gefallen lassen müssen, zentrale, wesentliche Aspekte eines Ansatzes zu verfehlen oder zu verfälschen. Ansatzübergreifende Indikationsstudien setzen deshalb eigentlich eine gemeinsame Sprache voraus, in der therapeutische Handlungsregeln in vergleichbarer Form beschrieben werden können, also unter Bezugnahme auf einheitliche Taxonomien von Störungen, Diagnosen und Zielen.» Westmeyer formuliert weiter, daß er die Erfüllung dieser Voraussetzungen als illusorisch ansieht, und letztlich nur politische Sachverhalte zu einer derartigen Vereinheitlichung therapeutischer Essentials führen könnten. Weiter wird zurecht argumentiert, daß es sich bei der vergleichenden Indikationsfrage – wie z. B. bei den Therapiezielen – weniger um wissenschaftliche

Probleme handelt, als um «persönliche, subjektive Wertungen», die respektiert werden sollten.
Diese Argumente möchte ich zur Beurteilung der allgemeinen «schulenübergreifenden» Indikationsfrage als hinreichend ansehen und zum Schluß den Blick noch einmal auf die Psychoanalyse ausrichten. Hier stellt sich die Frage, inwieweit die Psychoanalyse sich dem Grundsatz der «Wirksamkeit» unterwirft (Eagle 1988); in diesem Fall wird sie nach Kriterien der «Kosten-Nutzen-Relation» beurteilt und die Aspekte der «Wahrheit» oder der «Selbsterkenntnis» verlieren an Argumentationskraft. Wir müssen also das Dilemma des Vergleichs unterschiedlicher psychotherapeutischer Ansätze neben der pragmatischen Ebene noch aus einer wissenschaftlichen Perspektive heraus diskutieren. Von Interesse ist die Frage der «Gültigkeit» theoretischer Annahmen, und dies betrifft sowohl die Aspekte der Persönlichkeits-, Krankheits- und Behandlungstheorie wie der therapeutischen Zielsetzungen. Hier zweifelt Eagle an, ob die Methode der Fallgeschichte, die im Behandlungszimmer entwickelt wird, das geeignete wissenschaftliche Kriterium darstellt, und fordert Ansätze der systematischen Überprüfung der Konzepte.
Wie sich gezeigt hat, stellt die Indikationsfrage sowohl ein (gesundheits-) politisches als auch ein wissenschaftliches Problem dar; auf beiden Ebenen haben die Psychoanalyse wie auch die anderen therapeutischen Ansätze Stellung zu beziehen. Die Verhaltenstherapie entspricht aufgrund ihres Menschenbildes und ihrer Therapieziele eher aktuell relevanten Wertorientierungen. Die Psychoanalyse steht vor der Aufgabe, sowohl unter wissenschaftlichen Gesichtspunkten die Gültigkeit ihrer Theoreme auszuweisen, als auch unter gesundheitspolitischen Gesichtspunkten ihre Wirksamkeit zu erweisen.

Literatur

Bastine R.: Adaptive Indikationen in der zielorientierten Psychotherapie. In: Baumann U. (Hrsg.), Indikation zur Psychotherapie. Urban & Schwarzenberg, München, Wien, Baltimore, 158–168, 1981

Bastine R.: Differentielle Psychotherapie in der Entwicklung – einige Bemerkungen zu dem Artikel von Klaus Grawe. Psychologische Rundschau, 43, 171–173, 1992

Bayer R. & R.L. Spitzer: Neurosis, Psychodynamics and DSM III. Arch. Gen. Psychiatry, 42: 187–196, 1985

Bozok B., K.-E. Bühler: Wirkfaktoren der Psychotherapie – spezifische und unspezifische Einflüsse. Fortschr. Neurol. Psychiat. 56, 119–132, 1988

Benjamin L.: Structural Analysis of Social behavior. Psycholog. Review, 81, 392–425, 1974

Blaser A.: Der Urteilsprozeß in der Indikationsstellung zur Psychotherapie. Huber, Bern, Stuttgart, Wien, 1977

Czogalik D.: Wirkfaktoren in der Einzelpsychotherapie. In: Tschuschke V., D. Czogalik (Hrsg.), Psychotherapie – Welche Effekte verändern? Zur Frage der Wirkmechanismen therapeutischer Prozesse. Springer-Verlag, Berlin, Heidelberg, New York, 7–31, 1990

Diagnostisches und Statistisches Manual Psychischer Störungen DSM-III-R, deutsche Bearbeitung und Einführung von H. U. Wittchen, H. Saß, M. Zaudig & K. Köhler, Weinheim und Basel, 1989

Eagle M. N.: Neuere Entwicklungen in der Psychoanalyse. Eine kritische Würdigung. Verlag Internationale Psychoanalyse, München, Wien, 1988

Ehlhardt S.: Welche Indikationen zur Psychotherapie gibt es für den praktischen Arzt? Heilkunst, 1958

Freud S.: Über Psychotherapie (1905), Studienausgabe. Ergänzungsband, 107–204, Fischer, Frankfurt, 1975

Fürstenau P.: Probleme der vergleichenden Psychotherapieforschung. Psyche, 26, 423–462, 1972

Grawe K., U. Plog: Differentielle Psychotherapie I: Indikation und spezifische Wirkung von Verhaltenstherapie und Gesprächspsychotherapie. Eine Untersuchung an phobischen Patienten. Huber, Bern, 1976

Grawe K.: Psychotherapieforschung zu Beginn der neunziger Jahre. Psychologische Rundschau, 43, 132–162, 1992

Grawe K.: Therapeuten: Unprofessionelle Psychospieler? Psychologie Heute, 19. Jahrg., 22–28, 1992

Hau T.: Einführung in die klinische Psychotherapie. In: Hau T. (Hrsg.), Klinische Psychotherapie in ihren Grundzügen. Hippokrates und Vandenhoeck und Ruprecht, Stuttgart und Göttingen, 1972

Häfner H.: Psychiatrische Epidemiologie. Geschichte, Einführung und ausgewählte Forschungsergebnisse. Springer, Berlin, 1978

Heigl F.: Indikation und Prognose in der Psychoanalyse und Psychotherapie. Vandenhoeck und Ruprecht, Göttingen, 1978, S. Aufl.

Heising G., D. Beckmann: Gegenübertragungsreaktionen bei Diagnose und Indikationsstellung. Zschrft. für Psychotherapie und mediz. Psychologie, 21, 208–219, 1971

Hoffmann S. O.: Bewunderung, etwas Scham und verbliebene Zweifel. Anmerkungen zu Klaus Grawes «Psychotherapieforschung zu Beginn der neunziger Jahre». Psychologische Rundschau, 43, 163–167, 1992

Hoffmann S. O., G. Hochapfel: Einführung in die Neurosenlehre und Psychosomatische Medizin. Schattauer, Stuttgart New York, 1991

Internationale Klassifikation psychischer Störungen ICD-10 Kapitel V; Herausgegeben von H. Dilling, W. Mombour, M. H. Schmit, Hans Huber, Bern, Göttingen, Toronto, 1991

Jäger R.S. & A. Kaiser: Biographische Analyse und biographische Diagnostik. In: G. Jüttemann, H. Thomae (Hrsg.), Biographie und Psychologie. Springer-Verlag, Berlin, Heidelberg, New York, 178–193, 1987

Jüttemann G., H. Thomae (Hrsg.): Biographische Analyse und biographische Diagnostik. Springer-Verlag, Berlin, Heidelberg, New York, 1987

Jüttemann G. (Hrsg.): Komparative Kasuistik. Asanger, Heidelberg, 1990

Kazdin A.E & G.T. Wilson: Evaluation of behavior therapy. Ballinger Publishing Company, Cambridge, 1978

Leuzinger M.: Kognitive Prozesse bei der Indikation psychotherapeutischer Verfahren. Unveröffentl. Dissertation, Zürich, 1980a

Leuzinger M.: Denkprozesse bei der Indikationsstellung. Berichte aus der Abteilung Klinische Psychologie. Universität Zürich, 1980b

Luborsky L., Chandler M., Auerbach A., Cohen J. & H. Bachrach: Factors influencing the outcome of psychotherapy: Review of quantitative research. Psycholog. Bulletin, 75, 145–185, 1971

Luborsky L., Singer B. & L. Luborsky: Comparative studies of psychotherapy. Arch. Gen. Psychiatry, 32, 95–108, 1975

Luborsky L., Mintz J., Auerbach A., Christoph P., Bachrach H., Todd T., Johnson J., Cohen M. & P. O'Brien: Predicting the outcomes of psychotherapy. Findings of the Pen psychotherapy project. Arch. Gen. Psychiatry, 47, 471–481, 1980

Luborsky L., Crits-Christoph P., Alexander L., Marguolis M. & M. Cohen: Two helping alliance methods for predicting outcomes of psychotherapy; A counting signs vs. a global rating method. J. Nerv. Ment. Dis. 171, 480–492, 1983

Luborsky L., Mc Lelland A.T., Woody G., C. O'Brien & A. Auerbach: Therapist's sucess and its determinants. Arch. Gen. Psychiatry 42, 602–611, 1985

Luborsky L.: Einführung in die analytische Psychotherapie. Springer, Berlin, Heidelberg, New York, 1988

Meyer A.E., W. Bolz: The Hamburg short psychotherapy comparison experiment. Psychotherapy and psychosomatics. 35, 81–201, 1981

Meyer A.E.: Wodurch wirkt Psychotherapie? In: H. Lang (Hrsg.), Wirkfaktoren der Psychotherapie. Springer, Berlin, 179–189, 1990

Meyer A.E.: Sicherheit vs. Ambiguität: Eine Replik auf Eysencks Kritik meines Editorials (Replik). Zeitschrift f. Klinische Psychologie, 3, 268–273, 1991

Meyer A.E., Richter R., Grawe K., Graf v.d. Schulenburg & B. Schulte: Forschungsgutachten zu Fragen eines Psychotherapeutengesetzes. Im Auftrag des Bundesministeriums für Jugend, Familie, Frauen und Gesundheit, 1991

Schneider W.: Leitlinien der Indikationsforschung zur Psychotherapie – Forschungsstrategien, Begrenzungen und Unterlassungen. In: Schneider W. (Hrsg.), Indikationen zur Psychotherapie Anwendungsbereiche und Forschungsprobleme. Beltz, Weinheim und Basel, 15–62, 1990a

Schneider W.: Die Psychotherapiemotivation – Behandlungsvoraussetzung oder ein zu vernachlässigendes Konstrukt? In: Schneider W. (Hrsg.), Indikationen zur Psychotherapie Anwendungsbereiche und Forschungsprobleme. Beltz, Weinheim und Basel, 183–202, 1990b

Schneider W., H.J. Freyberger: Diagnostik in der psychoanalytischen Psychotherapie unter besonderer Berücksichtigung deskriptiver Klassifikationsmodelle. Forum Psychoanal, 6: 316–330, 1990

Schneider W., Freyberger H.J. und B. Beisenherz: Therapy Expectations in Different Groups of Patients with Chronic Diseases. Psychotherapy Psychosomat 54, 1–7, 1990

Schneider W., S.O. Hoffmann: Fundamenta Psychiatrica 1992, 6: 137–142

Schneider W.: Aktuelle Gesichtspunkte der differentiellen Indikationsforschung zur Psychotherapie. Zsch. psychosomat. Medizin und Psychoanalyse, 38, 182–193, 1992

Schneider W., Freyberger H.J., Muhs A. und G. Schüßler (Hrsg.): Diagnostik und Klassifikation nach ICD-10 Kap. V – eine kritische Auseinandersetzung mit dem Kapitel V der ICD-10. Vandenhoeck u. Ruprecht, Göttingen 1993

Schulte D. & H. U. Wittchen: Wert und Nutzen klassifikatorischer Diagnostik für die Psychotherapie. Diagnostica, 41, 1, 85–98, 1988
Schulte, D.: Diagnostische Ansätze in der Verhaltenstherapie. In: P. L. Janssen und W. Schneider (Hrsg.), Diagnostik in Psychotherapie und Psychosomatik. G. Fischer, 1994
Schumacher W.: Psychodynamische vs. psychiatrische Diagnose. Zschrft. Psychoanalyt. Theorie Praxis, 0, 47–63, 1985
Seidenstücker G. & U. Baumann: Zur Situation der Indikationsforschung. Bericht über den 31. Kongreß der deutschen Gesellschaft für Psychologie. Bd. 2, Hogrefe, Göttingen, 379–386, 1979
Sloane R. B., Staples F. R., Cristol, A. H., Yorkston N. J. & K. Whiple: Psychotherapy versus behavior therapy. Harvard University Press, London, 1975
Smith M. L. & G. V. Glass: Meta-analysis of psychotherapy outcome studies. American Psychologist, 32, 753–760, 1977
Smith G. M. L., Glass G. V. & T. I. Miller: The Benefits of Psychotherapy. Basic Books, New York, 1981
Spitzer R. & J. L. Fleiss: A re-analysis of reliability of psychiatric diagnosis. Brit. Journ. Psychiatry, 125: 341–347, 1974
Stieglitz R.: Klinische Selbst- und Fremdbeurteilungsverfahren. Diagnostica, 34, 1, 28–57, 1988
Tschuschke V., D. Czogalik (Hrsg.): Psychotherapie – Welche Effekte verändern? Zur Frage der Wirkmechanismen therapeutischer Prozesse. Springer-Verlag, Berlin, Heidelberg New York, 1990
Wallerstein R. S.: Forty-two Lifes in Treatment. A Study of Psychoanalysis and Psychotherapy. Guilford Press, New York, 1986
Wallerstein R. S.: Zum Verhältnis von Psychoanalyse und Psychotherapie. Wiederaufnahme einer Diskussion. Psyche, 44, 11, 967–994, 1990
Westmeyer J.: Allgemeine methodologische Probleme der Indikation in der Psychotherapie. In: Baumann U. (Hrsg.), Indikation zur Psychotherapie. Urban & Schwarzenberg, München, Wien, Baltimore, 187–192, 1981
Wittchen H. U. & D. Schulte: Diagnostische Kriterien und operationalisierte Diagnosen. Grundlagen der Klassifikation psychischer Störungen, Diagnostica, 34, 1, 3–27, 1988
Wittmann W. W. & G. E. Matt: Meta-Analyse als Integration von Forschungsergebnissen am Beispiel deutschsprachiger Arbeiten zur Effektivität von Psychotherapie. Psychologische Rundschau, 37, 20–40, 1986
Zielke M.: Der Stellenwert der Diagnostik bei Indikationsfragen. In: U. Baumann (Hrsg.), Indikation zur Psychotherapie. Urban & Schwarzenberg, München, Wien, Baltimore, 141–156, 1981

Praxis der Musiktherapie

Herausgegeben von Prof. Dr. Volker Bolay, Heidelberg und Volker Bernius, Frankfurt. Die Schriftenreihe "Praxis der Musiktherapie" erscheint gemeinsam in den Verlagen Gustav Fischer und Bärenreiter.

* Vorzugspreis für Bezieher der gesamten Reihe sowie für Mitglieder der Deutschen Gesellschaft für Musiktherapie e. V.

Band 13 • Grießmeier/Bossinger
Musiktherapie mit krebskranken Kindern
1994. Etwa 180 S., 20 Abb., kt. etwa DM 42,–/etwa DM 37,80*

Band 12 • Schumacher
Musiktherapie mit autistischen Kindern
Musik-, Bewegungs- und Sprachspiele zur Integration gestörter Sinneswahrnehmung. 1993. Etwa 208 S., 3 Abb., kt. etwa DM 48,–/ etwa DM 43,20*

Band 11 • Kapteina/Hörtreiter
Musik und Malen
in der therapeutischen Arbeit mit Suchtkranken. 1993. XII, 299 S., 42 Abb., kt. DM 68,–/DM 61,20*

Band 10 • Vogel
Lebensraum: Musik
1991. XIV, 124 S., 6 Abb., kt. DM 32,–/DM 28,80*

Band 9 • Ruland
Musik als erlebte Menschenkunde
1990. X, 100 S., 6 Abb. u. 5 Notenbeisp., kt. DM 32,–/DM 27,20*

Band 8 • Alvin
Musik für das behinderte Kind und Musiktherapie für das autistische Kind
1988. XII, 237 S., 5 Abb., 16 Notenbeisp., kt. DM 44,–/DM 39,60*

Band 7 • Loos
Spiel-Räume
Neuauflage in Vorbereitung

Band 6 • Keemss
Werkstatt: Perkussion
Anleitung und Hörbeispiele zur Spielpraxis. 1986. XIV, 181 S., 62 Fotos u. über 100 Notenbsp. u. Abb., 1 Tonbandkassette, kt. DM 78,–/DM 70,20*

Band 5 • Munro
Musiktherapie bei Sterbenden
1986. XII, 108 S., 16 Abb., kt. DM 32,–/DM 28,80*

Band 4 • Bright
Musiktherapie in der Altenhilfe
1984. X, 140 S., 24 Abb., kt. DM 32,–/DM 28,80*

Band 3 • Nordoff/Robbins
Schöpferische Musiktherapie
Individuelle Behandlung für das behinderte Kind. 1986. XX, 232 S., 37 Abb. über 100 Notenbsp., 1 Tonbandkass., kt. DM 78,–/DM 70,20*

Band 2 • Schubert
Klänge und Farben
Formen der Musiktherapie und der Maltherapie. 1982. VIII, 120 S., 45 farb. Abb., kt. DM 36,–/DM 32,40*

Band 1 • Priestley
Musiktherapeutische Erfahrungen
Grundlagen und Praxis. 1982. XIV, 215 S., 3 Abb., kt. DM 48,–/ DM 43,20*